胎教百科

王琪 编著
- 北京妇产医院及妇幼保健院围产医学科主任医师
- 北京人民广播电台教育台孕妇学校嘉宾主持
- 中国生殖健康网嘉宾

中国妇女出版社

图书在版编目（CIP）数据

胎教百科／王琪编著．—北京：中国妇女出版社，2012.5

ISBN 978-7-5127-0408-4

Ⅰ．①胎…　Ⅱ．①王…　Ⅲ．①胎教—基本知识

Ⅳ．①G61

中国版本图书馆 CIP 数据核字（2012）第 038870 号

胎教百科

作　　者：王　琪　编著

责任编辑：乔彩芬

责任印制：王卫东

出　　版：中国妇女出版社出版发行

地　　址：北京东城区史家胡同甲 24 号　　邮政编码：100010

电　　话：（010）65133160（发行部）　　65133161（邮购）

网　　址：www. womenbooks. com. cn

经　　销：各地新华书店

印　　刷：北京联兴华印刷厂

开　　本：170×240　1/16

印　　张：30

字　　数：600 千字

版　　次：2012 年 5 月第 2 版

印　　次：2013 年 3 月第 2 次

书　　号：ISBN 978-7-5127-0408-4

定　　价：38.00 元

前言

计划生育是我国的基本国策，“只生一个好”已成为国民的共识。三口之家成为社会的主流，独生子女更是每一个家庭瞩目的焦点。因此，从女性怀孕、新生儿的出生以及母婴如何护理到如何让新生儿健康成长，就成了每个家庭重点关注的问题。

对于初为父母者来说，面临的一切都是新鲜而又令人手足无措的新课题。新生儿有哪些发育特点；新生儿该如何喂养、如何护理；如何进行早期培育；婴儿每个月的发育特点有哪些变化；婴幼儿的营养特点有哪些；如何进行早期培育；如何进行饮食指导；如何进行智力开发；如何培养孩子的良好习惯等都让初为父母者格外关心。因此，我们组织专家编写了《胎教百科》一书，对所有望子成龙、望女成凤的父母们给予科学的指导，使每一个宝宝都能健康地成长，从而迈好人生的第一步。

《胎教百科》一书有许多值得向读者推荐的理由。第一个理由就是作者权威，由全国著名妇幼保健专家精心打造。第二个理由便是全面实用，从胎教与优生的关系到对胎教的基本认识，胎教的具体实践，音乐胎教、语言胎教、行为胎教、环境胎教、美育胎教、智力胎教，以及孕妇的饮食与保健都做了详尽的介绍。第三个理由是系统、新颖，汇集了妇产临床近几年最新的研究成果和专业精华，内容前卫、时尚。第四个理由也是最值得肯定的，即文字表达方式的通俗易懂，能极为有效地将原本晦涩的专业性知识，转化为惠泽大众的常识。相信广大的读者一定能够从这本百科式的全书中，得到许多实际的帮助和启示，成为你身边必备而忠实的良师益友。

目 录

第三篇 孕期各阶段的保健与胎教

第四篇 孕期食谱

第七篇 胎教方案

第八篇　胎教步骤

第九篇　胎教中不可忽视的问题

第一篇 胎教的知识

第一节 胎教的理论依据

一、胎教概述

(1)胎教的理论基础

胎教理论来源于胎教实践，反过来又从更高的层次上指导胎教活动，并在胎教的实践中得到检验和发展。胎教研究的历史较长，研究较多，其理论十分丰富。

①胎教的教育学理论：胎教的教育学理论认为，胎教实际上是对胎儿进行超早期教育，是人一生中所接受的全部教育中最基础的部分。因此这种理论重视孕妇在胎教过程中的主导作用，主张胎教必须从孕妇自身做起，认为加强孕妇的知识、道德修养、培养孕妇良好的行为习惯和审美情趣是胎教的关键。

②胎教的心理学理论：这种理论强调暗示、期望、焦虑、应激等心理现象对胎儿生长发育的影响，注重用心理学的有关原理去分析、研究孕妇的心理变化和胎儿心理的发生发展规律，主张让孕妇掌握必要的心理学知识，使之能够把握自己的心理活动，以愉快的情绪和积极的心态去对待胎教。

③胎教的生理学理论：这一理论倾向于把胎教过程看作是一种生理过程，重视对

胎教生理机制的探讨，认为一切来自母体外部的社会心理因素，都首先引起母体内部的生理变化，进而再影响胎儿的生长发育。因此胎教的主要任务就是为胎儿创造出一个良好的生物化学环境和生物物理环境，如保证孕妇血液循环、正常的内分泌和子宫内温度、压力等的恒定。

④胎教的优生学理论：从优生优育的观点出发，认为制约和影响胎儿生长发育的因素很多，而胎教实际上就是对这些因素进行人为的控制，以消除不良刺激对胚胎和胎儿的影响，使之得到更顺利、更完善的发展。具体地说，像合理营养、预防疾病、谨慎用药、忌烟戒酒、节制性交、保持心情愉快、避免强烈振动、远离射线和毒物等均属于胎教范围。胎教的优生学理论，实际上是运用教育学、心理学、生理学、医学、卫生学等多种学科的知识，对胎教进行综合研究，代表了胎教理论发展的方向。

(2) 胎教的原则

胎教原则是人们进行胎教时必须遵循的准则，它反映了胎教的客观规律，同时也是对千百年来胎教实践经验的概括和总结，贯穿于胎教的整个过程之中，对具体的胎教活动起着极为重要的指导作用。自觉遵循胎教的基本原则，是胎教成功的前提和保证。

①自觉性原则：自觉性原则要求孕妇在正确认识胎教的重要意义的基础上，主动学习和运用胎教方法，有目的、有计划地进行胎教。

②及时性原则：胎教过程具有不可逆转性，因此胎教必须尽早地及时地进行。否则错过了胎教的最佳时机，再采取措施也难以弥补。一般来说，胎教的最关键时期是怀孕后的5～7个月。

③科学性原则：以科学的教育学、心理学和生理学、优生学等理论为指导，根据胎教的基本规律，恰当地选择胎教方法，引导胎儿在母体内更顺利、更健康地成长。

④个别性原则：根据孕妇本人及其家庭的具体情况，选择适宜的方法。由于孕妇本人的智力、能力、气质、性格等许多方面都存在着个体差异，所以，胎教的途径和手段也应该因人而异。此外，家庭经济状况、文化背景和生活情趣等也会给胎教活动带来一系列影响。遵循个别性原则，能够扬长避短，收到较好的效果。

(3) 胎教能增智吗

胎教已渐渐得到社会的重视，音乐胎教、语言胎教、抚摸胎教、饮食胎教、环境胎教等也渐渐被人们认识和运用。这些胎教有一个共同的特点，就是都包含了审美的因素，都有美的内容和形式。据美国著名心理学家布卢姆对千余名儿童多年的研究，最后得出的结论是：人的智力的获得，50%在4岁以前，余下的30%是在4～8岁之间获得的，另有20%是在8岁以后完成的。4岁以前完成50%，应该包括胎教在内。现代科学的发展，证明在妊娠期间对胎儿反复实施良性刺激，可以促进胎儿大脑的良好发育。古今中外的大量事实也表明，胎教对促进人类智商的提高是至关重要的。

(4)胎教也是一门科学

胎儿每时每刻都依靠胎盘从母亲血液中获得营养和氧气，母亲血液里的激素和其他化学物质成分的变化也势必影响胎儿的生理活动。一般来说，在胎儿神经系统的发育过程中，感觉神经，特别是前庭神经发育较早，这是因为胎儿在子宫内经常受到体位改变的刺激所致。胎儿听到母亲的声音，则会产生安全感，处于祥和安稳状态。胎儿在24周以后对子宫血管的血流声、肠管的蠕动声、外界的嘈杂声、猛烈的关门声都会做出反应，表现出胎动增加。胎儿甚至可以听到成年人所听不到的极高和极低频率的声音，低频音可抑制胎儿活动，高频音可增加胎儿活动。32周时，子宫收缩或受到外界压迫时，胎儿则会猛踢子宫壁进行有力的抵抗，并能够正确地感知母亲的高兴、激动、不安和悲伤，同时迅速做出不同的反应。人们发现，把婴儿抱在左侧胸前，使之贴近母亲心脏部位，最容易使其安静。其原因就是孩子在未出生前已经听惯了母亲心跳的声音、节律，这种声音带来了温暖、安宁和爱。有人将母亲的心跳音录成唱片给孩子听，是有一定道理的。优美、和谐的音乐，也会使胎儿感到愉快。

胎教通过外界环境、母亲精神情绪等对胎儿生长发育产生影响，或者说是企图通过这些因素促进胎儿智能的良好发育。人们处在恐惧、愤怒、烦躁、悲哀等情绪之下，身体的机能，包括各种激素的分泌都有很大变化。这些变化有很大一部分通过母体的血液来影响胎儿，大量的肾上腺皮质激素可明显阻碍胚胎的分化与发育，因而引起唇裂、腭裂等畸形。孕妇有悲哀、恐惧、愤怒、不安等精神方面的压力，会引起体内循环、消化系统的功能改变，降低对营养物质的吸收，母亲健康受到损害，胎儿营养及发育也受到影响，甚至可导致流产和早产；母亲血管功能失调可能导致子宫出血、胎盘早期剥离等，不仅影响胎儿生长，甚至能导致胎

儿死亡。有人发现孕妇情绪不佳时，胎动的频率和强度以及持续的时间都会增加和延长，说明胎儿窘迫不安。现代科学的发展证明，在妇女妊娠期间对胎儿反复实施良性刺激，可以促进胎儿大脑的良好发育。世界卫生组织的调查资料表明，在两次世界大战中出生的胎儿，精神病、胃肠道疾病、心脑血管病、畸形儿发病率明显升高，其原因是孕妇的高度紧张情绪、生活动荡不安和营养不良等因素。

科学地实施胎教是必须的。孕妇要创造一个安逸优美的环境，避免噪声和尖锐刺激性声响，少到声音嘈杂的地方去。和谐的、柔美的、节律鲜明的音乐是需要的。避免污浊空气、剧烈的颠簸和振动，如坐汽车经过坎坷不平的路面等。孕妇还要保持坦然舒畅，愉快的心情，充满美好的向往，避免沮丧、忧虑，避免精神刺激和创伤等。孕妇可以听音乐、欣赏美术作品，看轻松愉快的小说故事，追忆美好的童年往事，力求使孕妇不断产生美的享受，刺激胎儿大脑的发育。游公园、漫步田野、观看湖光山色等，能促进孕妇分泌酶，调节全身的血流量，对大脑神经细胞具有正常的兴奋作用，从而改善胎盘的供血状况，促进胎儿智力和全身各器官的迅速发育。家庭和睦、爱人体贴、父母关心、邻居和工作单位同志热情、融洽、相互帮助，以及阅读有关妊娠与分娩方面常识的书籍，可以增加孕妇的保健卫生知识，减少孕妇对妊娠与分娩的恐惧，均可使孕妇保持心情舒畅、情绪安定、生活规律，从而为优生创造重要条件。可见，胎教不仅是母亲的事，父亲、家庭及社会都有责任。

(5)何谓胎教

提到胎教，大多数人的直觉反应是“听轻柔的音乐”、“和腹中胎儿说话”或是“保持愉快的心情，多看美好的事物”；老一辈则强调“不可动到胎神”。然而，科学的胎教并不仅限于此。

提示

顾名思义，胎教，一方面是胎，另一方面是教，是胎与教相结合的学问。当然，这只是字的表面意思，并不是胎教的真正含义。今天我们谈胎教，不能局限于人类本能的传宗接代，而应从更深层次去认识包含在现代科学技术体系之内的人体科学中的一个最基本的问题——优生，亦即是广义的“胎教”。

胎教是集优生、优养、优教于一身的学问。它包括：优身受孕、优境养胎和胎儿教育3个方面。

①优身受孕。优身受孕是指健康的父母在最佳年龄段，在最佳的身心状态下使精子和卵子结合成受精卵的过程。

若要生个健康聪明的宝宝，优身受孕是十分必要的。若要达到优身受孕需要夫妻双方的共同努力。受孕之前，夫妻必先优身优心。妻子怀孕，丈夫不能袖手旁观，完全置之度外。丈夫同样对胎儿有着直接和间接的影响。因为后代的优劣在很大程度上

取决于精子的质量。丈夫对妻子的关心和爱护，对妻子的照料和帮助，对妻子的支持和引导，同样会对后代产生相当重要的影响。

怀胎，妻子是当事人，也是最直接的责任者，妻子自身的状况对胎儿有着直接的影响。妻子必须拥有良好的身体素质，保持健康的心理状态，保持优秀的品质和修养。妻子的一举一动、一言一行都会作用于胎儿，这是自古就有的胎教思想。

②优境养胎。优境养胎是指为胎儿创造一个良好的生活环境，使胎儿受到更好的教育。

胎儿的生活环境根据母体分为内环境和外环境。内环境包括母亲的精神状态、思想意识活动、自身营养状况、内脏器官、内分泌系统及自身的品格和修养等。内环境直接作用于胎儿。外环境是指母体之外的能够对母体产生影响，引起母体内环境发生变化，进而对胎儿产生影响的自然和社会环境。如欣赏大自然的景观，会使准妈妈精神饱满、心旷神怡。大自然景观就是通过为准妈妈营造良好心境，来改变胎儿的内环境，从而使胎儿受益。外界环境，正是通过对准妈妈的眼、耳、口、鼻等感觉器官的刺激以及大脑的思维活动，间接地对胎儿发生作用，使胎儿的成长受到影响。积极的、高尚的、乐观的事物给胎儿以有利的影响，消极的、低级的、悲观的事物给胎儿以不利的影响。准妈妈与胎儿之间虽无直接的神经联系，但可以通过血浆中的化学物质来进行沟通。胎儿通过母体中化学物质的变化来感知母亲的情感意图。母亲的情绪会直接影响胎儿神经系统的发育和性格的形成，这正是优境养胎的原因。

③胎儿教育。胎教的本意就是有意地对胎儿进行教育。胎儿教育分为直接教育和间接教育。直接教育是指直接作用于胎儿，使胎儿受到良好影响的教育。如给胎儿听音乐，把听筒放在母亲的腹部，让胎儿直接听，这就是对胎儿的直接教育。间接教育是指通过对母亲的作用来影响胎儿。如孕期保健操，通过母亲做操来达到母胎同受锻炼的目的。还有母亲读一篇优秀的作品，这是母亲的学习过程，同时也是胎儿的学习过程。

怀孕后，母亲胎儿结为一体，母亲的言行举止无时无刻不在影响着胎儿。母亲为培养胎儿需要有意识地学习一些东西，母亲学习的时候也是胎儿接受教育的时候。

因此,母亲在孕期要多学一些、多看一些、多做一些积极向上的事情。

(6)胎教是否真有作用

①胎儿到底能不能受教育?每一对想要孩子的父母,都会希望自己能生育一个聪明、健康、活泼、天赋高、品行端正的孩子。怎样才能生育这样一个孩子呢?随着科学研究的不断深入以及科学新发明的不断出现,胎教作为一门新的学科,现在已越来越受到人们的关注,不少人把希望放到了胎教上。那么,胎儿到底能不能受教育?胎教的效果到底如何?如果有效果,什么样的方法才是正确的,什么样的方法才有利于胎儿的身体、智力的发育呢?这是广大准父母迫切关心的问题。

到目前为止,人们对胎教还存有不同的理解,有人认为胎教根本没什么意义,不会对胎儿产生什么作用,只要孕妇生活起居有规律、注意营养,使胎儿在母体内营养得当、能安然成长、不受干扰就可以了。他们的依据是,不少杰出人物的父母亲是平民,文化水平并不高,也根本没有搞过什么胎教,他们的孩子照样很优秀、能成才。

近20年来,医学诊断技术发展很快,尤其是超声波诊断技术和电子显像技术的快速更新,使人们可以很直接地、很具体地观察到孕妇子宫内胎儿的成长、活动状况以及胎儿对外界刺激的反应情况,于是,世界各国有不少专家便开始了更加深入、更加科学的胎教研究。他们通过科学仪器仔细观察胎儿每个月的发育状况、胎儿的活动情况,观察胎儿对外界各种刺激的反应情况,将这些情况与孕妇的生活起居情况以及出生后婴幼儿的性格特征和智力水平进行比较分析,努力从中发现有关联的因素,使胎教研究获得了十分喜人的成果。

提示

总结世界各国最新的胎教经验,以及中国古代、民间长期积累的胎教经验,我们可以发现,胎教还是有其不可忽视的意义的,那些出身普通却有杰出表现的人,其家庭、父母往往在不经意中有其独到的地方,也是可以总结出一些可贵的经验的。这种总结至少对防止准父母因无知、经验不足而造成的胎儿、婴儿身体、智力上的损伤有极其重要的意义。

为什么有的人身体发育各方面不平衡?为什么有的人情绪容易不稳定?为什么有的人智商高、有的人智商低……许多问题不能完全归于胎教有没有、是否得当,但科学家们已经得出结论,这些问题都可以从胎儿父母和家庭的人格、氛围、智力、生活起居方式及对胎儿的关爱等方面找到相应的线索和一定的关系。

② 胎教就是大人在外面教,胎儿在里面学吗?这么理解胎教是片面的。胎教可以从两个方面来理解,一是直接效果的胎教,即直接针对胎儿的教育,指用音乐语言等直接刺激胎儿,以促使胎儿在音乐、语言及身心各方面得到更好的发育,如在胎儿听力发育的关键时期,通过经常给胎儿听优美的音乐,来提高胎儿的音乐反应能力、接受能力

和辨别能力；在胎儿有语言感受能力的时候，给他读优美的散文诗歌等情调性美文，来提高胎儿的语言感受能力。直接效果胎教的要点是增加对胎儿的智力、情感方面的良性刺激。

二是间接效果的胎教，即主要针对孕妇的教育，指母亲及胎儿的其他亲人通过改善胎儿生长的内部环境和外部环境来促使胎儿更好的成长。如关注每日胎儿营养的全面性，母亲尽可能不偏食，并适当补充容易缺乏的营养成分；母亲善于调整自己的情绪，尽量保持开朗乐观的心情，不自寻烦恼、不与人吵架；母亲阅读一些优美的散文、诗歌，以此自娱并使自己处于欣赏美的情绪状态；家人尽可能创造快乐宁静的家庭氛围，使母亲心情恬静、愉快；母亲尽可能注意天气冷暖，保证自己气血调和等。间接效果胎教的要点是为胎儿创造全面、和谐、愉悦的良好的内部和外部生存环境。

其实无论是直接效果的胎儿教育，还是间接效果的胎儿教育，最终效果只有一个，就是为胎儿的成长创造更好的内部、外部条件，使胎儿接受更多的良性刺激，从整体上提高胎儿的身体和智力素质。

③什么是直接效果的胎教？目前有不少中外专家在进行直接效果胎教的研究。它主要包括音乐胎教、光照胎教、抚摸胎教、语言胎教、夫妻共同做的胎教等，目的是给胎儿提供积极的刺激，尽可能消除不经意的消极刺激。

日本科学家在研究中发现，胎儿时常能聆听母亲、父亲进行的语言胎教，出生后对母亲父亲的声音会有较明显的辨别力；通过显像屏还可以观察到，胎儿听到经常对他说话的母亲或父亲的声音时会有动一下、扭过头去等反应，有时甚至会露出很安静聆听的样子，而对别的声音却没有这样的反应。

美国科学家发现，经常对其诵读诗文的胎儿，出生后对语言的接受能力会明显强于没有接受过语言胎教的孩子，开口说话时间会提早，今后对语言的理解能力也会比一般孩子强。

· 给胎儿提供良性的外界刺激

胎儿对外界刺激是有一定反应能力、接受能力和记忆能力的。我们所说的直接效果胎教，其实并不像有些人理解的那样狭隘，是大人在外面教，胎儿在里面学，即今天你教胎儿一首唐诗，明日他出生后不用人教就会背这首唐诗，并且明白其中的所有意

思；或天天给胎儿听优美的音乐，他日后长大就一定会成为一个大音乐家。这样直接的功利效果，一般是不可能从胎教中获得的。胎教不同于孩子出生以后的文化教育，即使是直接效果的胎教，它的作用也只能从间接效果，即给胎儿带来了什么深层次的影响这一点上去理解。给胎儿提供良性的信息刺激和影响，尽早开发和锻炼他的各种能力，这就是直接效果胎教的主要内容和真正意义所在。

·胎儿是有感觉的生命体

进行直接效果的胎教，首先要理解的一点是，父母必须明白胎儿不是一个无感觉的东西，而是一个有感觉的、他的感觉经过不断的外界良性刺激会得到更好发展的生命体。父母明白了这一点就会很好地理解胎儿和胎教的关系。科学家们发现，在胎儿听力发育的关键阶段，父母如能经常放优美的音乐给胎儿听，胎儿的听觉能力就会比一般的胎儿发育得好，今后孩子的音乐辨别力也会比一般的孩子强，有的经过胎教音乐训练的孩子甚至会出现出生后能记得某些音乐片断的现象。所以科学家认为，音乐是直接效果胎教的最好手段，至少它所创造的情调和氛围会对胎儿的情绪有着很直接的影响，甚至可能由此而影响胎儿的智力和个性。

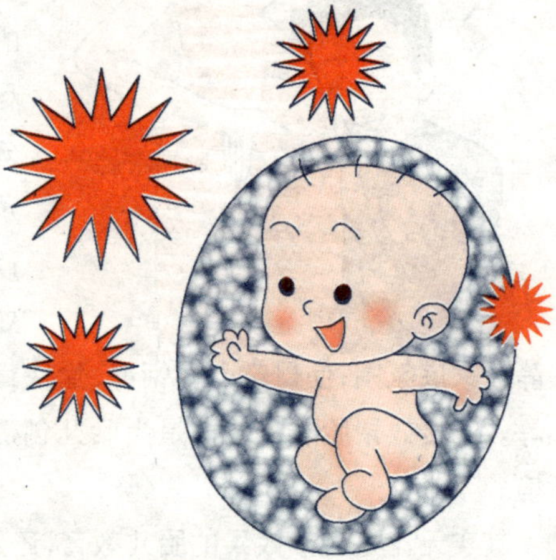

·胎教产生的是一种潜移默化的影响

在胎儿教育实践中，像婴儿出生后能记得胎教时常听的音乐——这类明显的、直接出效果的现象并不多见，而且通常只有在音乐胎教中才有，光照、抚摸、语言等胎教的结果只表现为间接的效果，有的孩子身上甚至连间接效果也不明显，但对胎儿素质的潜移默化的影响还是可以在以后观察出来的。所以我们所说的直接效果胎教，其实也还是一种间接效果胎教，只不过是用直接刺激方法来取得间接效果而已。

适当的胎教对孩子身体、智力的发展肯定是有积极意义的，它增加了对胎儿的良性刺激，给胎儿成长创造了更好的环境和氛围，锻炼并增加了胎儿自身发展的潜力，提高了胎儿的综合素质，这一点是可以肯定的。

提示

研究者发现，在胎儿视力发展的各个阶段，不时对胎儿进行光照刺激，胎儿会转头寻找光源，会表现出兴奋或自动转头避开光源，这样做会有助于孩子对刺激做出反应，从而提高机体的活动能力和大脑与机体的反应能力。

抚摸胎教对孩子会有非常好的情感教育意义。从超声显像屏上可以看到，胎儿是一个有感觉能力的活体，当父母亲用充满温柔、充满爱意的手抚摸时，胎儿会显得安静，显然这样做有助于消除胎儿的不安，会使他感到舒服和平静，这自然会有利于胎儿的睡眠，有利于胎儿形成良好的个性心态。

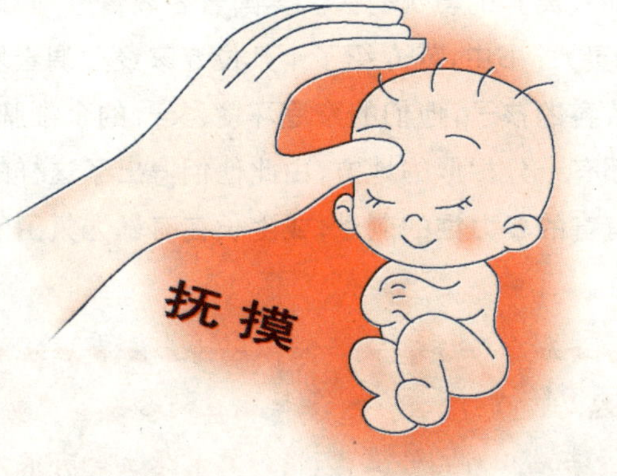

语言胎教具有相同的刺激功效，当母亲一边轻柔地抚摸，一边用充满爱意的、温柔的语调对胎儿说话时，胎儿会显得很愉悦很安静，会静静地聆听，他自然不可能理解父母在说些什么，但他对语言的语调会有感应，这对他今后理解语言是肯定会有帮助的。

有些国外的专家认为，夫妻共同对胎儿做胎教，对胎儿更有好处。父亲的音质、语调与母亲的不一样，父亲的情感、性格与母亲的也不一样，如果双方能配合起来共同对胎儿实施胎教，对胎儿的最初影响就是多方面的，这会有助于胎儿性格情绪的全面、平衡发展。

胎儿在其不同的生长发育阶段，他的 6 种感觉能力——耳朵的听觉、舌头的味觉、皮肤的触觉、鼻子的嗅觉、眼睛的视觉和躯体的运动感觉，会处在不同的发育水平，有的在胎儿发育早期形成，有的则较晚一些；有身体不同的发育阶段，其大脑的功能也处在不同的发育阶段，这些感觉能力的发展和大脑活动能力的发展，都要靠外界提供的信息来刺激，才能得到不断的发展。一般适当刺激越多，这些能力的发展就会越好，没有刺激，感官和大脑的发育发展就会延缓，显得平平。如果孩子出生后就将其放到没有光线、不与人接触的环境里，他迟早会变成傻子。

所以我们提倡对胎儿进行直接效果的胎教，不是向胎儿直接传授点什么知识，而是增加对胎儿的外界良性刺激，以促进胎儿各种感官和大脑的更好发展。这是对直接效果胎教的正确理解。

④什么是间接效果的胎教？间接效果的胎教，也就是从广义上理解的“胎教”一词的意义，指的是给胎儿提供更好的内部和外部环境。胎儿成长必须有好的内部和外部环境，既然胎儿是在母亲腹腔中成长的，他与母亲的机体健康、心理状况、感情以及生活方式、生活环境就会有必然的联系，所以胎教就有了广义上的内容，也就是环境胎教、情绪胎教、智力胎教、品格胎教以及源自中国古代的气血胎教，所有这些胎教方法关注点不是教育胎儿本身，而是教育与胎儿有着千丝万缕联系的母亲，包括母亲自身

的调理和修养，通过这一点，来影响胎儿的身体、感情、智力和性格。

外在环境对胎儿影响很大。

国外专家经研究发现，婴儿出生时往往就已具有明显的性格特征，有些具有胆小、忧郁内向、暴躁、情绪不稳定性格特点的婴儿，往往与其母亲在怀孕时经历过恐惧惊吓、情绪不安、经常与人争吵等场面有关。如不少孩子所具有的孤僻、反社会倾向、暴躁心理问题与母亲怀孕时经历父母争吵、离异的境况有关。美国著名教育家、心理医生罗宾·K·赖斯在其《育婴室里的幽灵》一书中，就介绍了十几位专家经过调查发现的一个事实，即许多因少年暴力而被收容的孩子，他们的家庭环境、父母的个性脾气、他们在胎儿时期和幼儿时期的经历，都有十分相似的地方，由此他们得出了这样的结论：胎儿期如果大脑经常受到频繁的有害的暴力性的刺激，或生长在有暴力氛围的环境中，孩子长大后也就容易有暴力倾向。

提示

中国的古人强调孕妇要在生活起居、为人处世方面保持端正的心态和姿势，也强调了母亲气血是否通畅和品格是否端正对孩子品格、情绪及智慧上会有很大影响这一点。一位整日心情愉悦安定、不时对胎儿进行充满爱意的抚摸和对话、不时静听优美的音乐、不时阅读精美诗歌散文、适当劳动并散步、起居有规律、能够给胎儿提供全面的和更好的营养的孕妇，与一位整日处于不安定的生活之中，内心充满了忧愁和失望、对人对生活充满了仇恨、不时与人为琐事争吵、精神懒惰懈怠、起居无规律、饮食无节制的孕妇，她们生出的孩子必定会在智力、能力等天赋素质和个性气质上存在极大差异，这一点是不用怀疑的。

所以关注广义上的胎儿教育，对整体提高胎儿素质、培养胎儿良好的先天禀赋、性格，无疑会是很有意义的。

二、古代胎教

(1)古代的胎教记载

我国许多地方惯用“虚岁”，即把人在妈妈肚子里“成长”的那一年也算进去。这说明我国是一个重视胎教的国家。我国最早论及胎教的著述是公元前100年的《大戴礼》和《烈女传》。两书均提到：准妈妈的言行举止宜端庄纯正，并注意饮食起居及精神情绪；还强调“慎胎”，认为母亲的行为会影响胎儿。

在女性怀孕的过程中，中医重视体质的调理，只有妈妈的体质调好了，胎儿的健康自然才有保障，出生后一些遗传性疾病也不会表现得那么明显。

在父母体质与优生方面，《千金要方》认为：“盖儿之生，受气于父，形成于母，父母

俱强者，则形气有余；父母俱弱者，则形气不足。”说明父母体质强弱直接影响下一代的健康，父母健康强壮，则婴儿健康，父母羸弱者则婴儿体弱，即我们常说的“先天不足”。所以古人云：“男精女血，混合成胎，子形之肖于父母者，其原因有所自矣。”

生育者，必阳道强健而不衰，阴癸应候而不愆，阴阳交畅，精血合凝，而胎之易成矣。因此小儿是否健康成长，与先天禀赋强弱、后天调养适宜有很大的关系，尤其先天禀赋因素，更为重要，说明父母体质与优生有密切关系。

关于晚婚晚育与优生，褚澄曰：“合男女必其当年。男虽十六而精通，必三十而娶，女虽十四而天癸至，必二十而嫁。皆欲阴阳充实，然后交而孕，孕而育，育而子坚壮强寿。”由此可见祖国医学在几百年前就已经认识到，晚育有利于优生，与我国近代提出的女性婚龄、育龄相当接近。

孙思邈在《求子论》中指出：“凡人无子，当为夫妻俱有五劳七伤，虚羸百病所致，故有绝嗣之患。”陈自明《求男论》记载：“凡欲求子，当先察夫妇有无劳伤痼疾，而依方调治，使内外和平则有子矣。”《大戴礼·本命》“五不娶”中就有，“世有恶疾不娶”的说法，因此婚前检查就是保证优生的第一关，也是实施胎教的第一步。

关于近亲结婚与优生，在我国春秋战国时代的典籍中就有“男女同姓，其生不蕃”的说法。《礼记·内则》指出：“娶妻不娶同姓”，表明对近亲通婚的危害已经有所认识（在古代，同姓的人往往有一定的亲缘关系）。

关于性生活卫生与优生，论述更多。孙思邈《千金方》指出：“大风、大雨、大寒大暑、阴晦日月蚀，皆不易交接，所生男女，痴聋，四体不完矣。”

陈自明《妇人良方》指出：“凡求子宜择良日交会，当避丙丁及弦望晦朔，大风雨雾，寒暑雷电霹雳，天地昏暝，日月无光，虹霓地动，日月薄蚀，及日月火光星辰神庙，井灶圊厕冢墓尸柩之旁，若交会，受胎多损，父母生子，残疾夭枉，愚顽不孝，若交会如法，则生子福德智慧，验如影响，可不慎哉。”

明万全《广嗣纪要》指出：“已上时地禁忌，切须慎之，不可交合，犯之者，令人寿夭，小则生病。或若生男，令其丑貌怪相，形体不全，灾疾夭寿。”并明确指出性生活禁忌“神力劳倦，愁闷恐惧，悲忧思怒，疾病走移，发赤面黄，酒醉食饱，病体方痊，女子行经。”

古人认为以上交合禁忌，不可犯之，犯之则令人虚损，子嗣不良，足见古人早已充

分认识到性生活的卫生对男女双方及子嗣的影响。

(2) 古代对胎教的认识和实践

我国是对胎教学说认识和实践较早的国家之一，可以说是历史悠久。早在《史记》中就有对胎教事例的生动介绍，书中记载："太妊之性，端一诚庄，惟德能行。及其有娠，目不视恶色，耳不听淫声，口不出傲言。生文王而明圣，太任教之，以一识百。卒为周宗，君子谓，太妊为能胎教。"古人所说的胎教，是指在妊娠期间为有利于胎儿在母体内的成长发育而对妈妈的精神、饮食、生活起居等方面所采取的措施，以便使母子的身心都得到健康的发展。

要进一步了解胎教的理论、方法及其运用，我们还必须从古代的胎教开始谈起。

> 古代的胎教多见于我国史籍中。具体来说，我国古人所说的胎教，大体是指母体在妊娠期间为给胎儿在体内创造一个良好的生长发育的环境而自我采取的有关精神、饮食、生活起居等方面的有力措施，以使母子的身心都能得到健康的发展。古代胎教的主要内容有以下几个方面。

①调情志。妊娠是女性生理上经历的一个特殊过程，在这个过程中，孕妇在生理上不仅要发生一系列的变化，心理上同样也会发生相应的反应，这种心理反应的集中体现就是孕妇的情志变化，也就是情绪的变化。比如，《产孕集》就指出："人有清浊厚薄之异，智愚善恶之殊，揆期所始，皆由祖气。祖气者，先天之气也。气清则善，气浊则恶，清则圣哲，浊则昏愚。"这段文字就是说，孕妇要有博大的胸怀和温文尔雅的修养内涵，要语言文明、举止端庄、气质清纯。孕妇的情操气质典雅与否，对后代影响很大，因此，孕妇一定要加强自身修养，做到心无邪念，耳无淫声，目无非视，口无妄言，不粗鲁，不暴躁，不鄙俗，不琐屑。古人还认为：凡有孕之妇，宜情志舒畅，遇事乐观，喜、狂、悲、思皆可使气血失调而影响胎儿。这就是说，孕妇在怀孕期间要保持舒畅的心情，及时消除烦恼，不要大动肝火，因为这样会导致气不顺，气不顺则孕胎不安，而气顺了孕胎才能安，若长久地气不顺，孕胎必受影响。对于恼怒与胎安的关系，另一本古籍《傅青主女科》中也有"大怒小产"的论述。

由此可见，孕妇的情绪和心境对胎儿的生长发育有着直接的影响，所以孕妇应该做到心情舒畅，遇事通达乐观。

②忌房事。房事是指夫妻的性生活，尽管房事是受孕怀胎的必要条件，但为了胎儿能健康平安地生长发育，受孕之后，夫妻房事必须要节制。古籍《产孕集》对此论述道："怀孕之后，首忌交合，盖阴气动而外泄，则分其养孕之力，而扰其固孕之机，且火动于内，营血不安，神魂不密，形体劳乏，筋脉震惊，动而漏下，半产、难产、生子多疾。"把这一段论述与具体生活结合起来，就是说，怀孕以后，首先要禁房事，因为怀孕早期（头3个月）孕妇由于妊娠的不适，常有恶心、厌食、嗜睡、疲劳等症状发生，而这又常常会导致自身及胎儿的营养供应不足，这时若仍行房事，则易造成流产；而在怀孕末期（7个月以后），孕妇腹大身重，行动不便，此时胎儿又即将入盆，阴道受压变短，若仍行房事，则会造成难产或"生子多疾"。由此可见，孕妇在孕期的头3个月和7个月以后禁房事，不仅能安胎养孕，还能防止流产、难产。

③节饮食。由于胎儿的营养直接来源于母体，而母体的营养又直接来源于饮食，所以母亲饮食和营养的摄入对胎儿的生长发育有着直接的影响。古籍《万氏女科》中说："妇人受胎之后，最宜忌饱食，淡滋味，避寒暑，常得清纯平和之气以养其胎，则胎之完固，生子无疾。"这就是说，受孕之后，孕妇的饮食要讲求节制，既不能少食，又不能过食，特别是不能饥一顿，饱一顿，暴饮暴食。平日饮食应以清淡为宜，避免大凉大热的东西。

由此可见，孕妇只有节饮食，多吃清淡平和的食物才能有助于养胎，孕育一个健康的宝宝。若孕妇饮食失节，饥饱无度，嗜食重味，则易导致消化功能失常，使胎失所养。

④适劳逸。我们知道，生命在于运动，适度的运动有利于身体的健康代谢，因此，孕妇切不可贪图安逸，坐着不动。由于孕妇承担了2个生命的"运转负荷"，也不能过于劳累。按照传统医学的说法，人禀气血以生，胎赖气血以养，太逸则气滞，太劳则气衰。若劳逸失宜，举止无常，攀高负重量，则会致其胎心坠，甚而导致难产。

由此可见，为了增强体力和为将来的分娩做准备，保证供氧充足，改善血液循环，增进食欲，保持旺盛的新陈代谢，促进胎儿大脑、神经及各器官的发育，孕妇一定要有适当的活动，只不过强度一定要适宜。具体安排最好为：怀孕5个月以前以安逸为主，5个月以后以小运动量为主。

⑤慎寒温。寒温，顾名思义就是指自然界气候的冷热变化。我国传统医学认为，孕妇怀孕以后，由于生理上发生了特殊变化，极易受风、寒、暑、温、燥、火的侵袭，尤其是遭受风寒侵袭之后，极易感染疾病，重则危及胎儿的生命。

因此，孕妇要注重怀孕期间的健康保护，慎起居，慎寒温，对孕育一个健康的胎儿尤为重要。

⑥戒生冷。喜食辛辣生冷是一些人特殊的口味嗜好，本无可厚非，但这种嗜好对孕妇来说，则必须暂时割舍。一般来说，怀孕以后，孕妇由于生理上的变化往往口味不佳，尤其喜欢吃一些生冷的东西，这是正常的现象，中医认为这是由于怀孕后阴血下注以养胎儿，致阴血偏虚、阳气偏旺所致。殊不知，孕妇若贪生恋冷，便会导致脾胃受伤，呕吐、腹泻、痢疾等病症会乘虚而入，既伤孕妇之身，又伤胎儿，造成的危害不可小视。

因此，孕妇的饮食一定要忌生冷，流畅气血，给胎儿提供一个健康的发育环境。

此外，准妈妈衣着宜宽大合体，腰带不宜紧束，以免气血周流不畅而影响胎儿发育。这也是准妈妈所应注意的事项。

(3)古人的胎教智慧

早在三千年前的中古时期，中国的古人就发现了胎儿身体素质、智力、品格与母亲的情绪、个性和修养、生活起居、生活环境之间的关系。为了养育一个身体健康、品格健全、智力超人的孩子，他们经过观察、实践，积累了不少可贵的经验，这些经验可以说是中华智慧的不可忽视的一部分，到现在仍极有参考意义。

中国古人的胎教与养胎、保胎密切相连，可以说是自成一体的胎教方法。

①西汉刘向的观点。西汉大学问家刘向在他所著的《烈女传·周室三母》中就提到，早在周朝时妇人怀孕就很讲究："寝不侧、坐不边、立不跸、食不邪味、耳不闻于淫声，夜则令瞽人诵诗、道正事。"意思是睡觉不侧身睡，坐着不胡乱坐在席子的边上，立着不靠门框，吃食不碰味不正的东西，听乐不听声音淫荡的音乐，夜晚聆听盲人诵读优美的诗歌、讲解正义和正气的美好事情。认为这样的孕妇生下来的孩子就会"生形端正，才德必过人(体形相貌端正，才气品德必定超过常人)"。

②隋代名医巢元方的观点。隋代名医巢元方在他的医学名著《诸病源候论·妊娠候》中也谈到了母亲保持正气、气血调和对孩子会有很大影响："子欲端正庄严，常口谈正言，身行正事。"意思是你要孩子生得端正庄严，就得嘴里常谈好的正气的言语，常做好的正气的事情。

③唐代名医孙思邈的观点。唐代名医孙思邈在他的医学名著《千金要方·养胎》中也提出了孕妇要想保持血气正常、生出聪明健康的孩子，就得"调心神，和惰性，节嗜欲，遮事清净。"意思是调理自己的心情和精神，去掉懒惰性情，节制自己的各种欲望，万事保求清净。

④宋代名医陈自明的观点。宋代名医陈自明在他的《妇人大全良方》中，从中医气血理论的角度讲到了母亲健康、血气调和对孩子的健康和气质健全的影响："夫人以胃气壮实、冲任荣和，则胎得所，如鱼处渊；若气血虚弱，无以滋养，则始终不能成也。"意

思是母亲必须胃气壮实，阴阳之气调和荣盛，那么胎儿就会有好的生长条件，如鱼游在深水里一样；如果母亲气血虚弱，胎儿就得不到滋养，那样胎儿从头至尾就成长不好。所以要培育健康健全的孩子，必须“阴阳平均，气质完备，成其形尔。”意思是只有阴阳平衡，孩子才会气质完全，各个方面有正形。

⑤明代名医张景岳的观点。明代名医张景岳在他的医学名著《景岳全书》中谈到了胎气不安现象的原因，他认为：“盖胎气不安，必有所因，有虚有实，或寒或热，皆能为胎之病。”意思是胎儿出现不安现象，一般都与孕妇饮食起居不当有关，可能是孕妇营养不当，身体过虚或过实，可能是孕妇寒热没有调理好以致受寒或受热，这都会引起胎儿的毛病，所以孕妇饮食起居必须十分小心才是。

⑥名医陈文中的观点。古代名医陈文中在他的著作《小儿病方论》中除了强调孕妇饮食起居必须十分细心外，还提到了孕妇适当参加劳动的好处：“儿在腹中，其母作劳，气血功用，形得充实……且易生产（怀孕时，孕妇适当做些体力劳动，对气血调和很有好处，可以使身体壮实，日后分娩也会变得容易）。”

陈文中还在书中谈到了富贵家庭女子怀孕易遇到的问题，他认为：“豪贵之家，居于奥室，怀孕妇人，饥则辛、酸、咸、辣无所不食，饱则欲意坐卧，不劳动，不运动，所以腹中之胎，日受软弱，儿生之后少有坚实也。”意思是富家女子往往由于生活条件过好，居住在不怎么晒得到太阳的又深又大的屋子里，饮食随意，酸甜咸辣全不注意，吃饱后只是坐着躺着不去劳动干活，也懒得参加运动，气血会变得积滞，所以胎儿会渐渐变得虚弱，出生后少有身体结实的。

⑦清代名医陈复正的观点。陈复正在他的《幼幼集成》中，对富贵生活以及孕妇生活不当的危害，同样做了相当明确的分析：“夫高粱者，形乐气散，心荡神浮，口厌甘肥，身安华屋，卧养过厚，身质娇柔，而且珠翠盈前，娆妍列侍，纵熊罴之叶梦，难桂柏以参天。”意思是说富贵人家的女子，整天过着快活的日子，真气容易散失，心神容易浮荡不安分，嘴里吃的尽是甜美肥腻的食物，住的是安逸美丽的房子，老是卧着养着过于懒散，体质容易变得娇弱，即使有生育强壮男儿的欲望，终难获得像参天桂树柏树那样健康的孩子。倒是贫贱之家的女子，反而能“形劳志一，愿足心安（身体总在劳动，一心一

意过日子没有非分的想法）”，所以能“胎婴自固（胎儿婴儿都能健康结实）”。

《幼幼集成》中还谈到了孕妇自身心理志向不当对胎儿的不利影响：“复有痴由贪起，利令智昏者；有雪案萤窗，刳心喷血者；有粟陈贯朽，握算持筹，不觉形衰气痿者；有志高命蹇，妄念钻营，以致心倦神疲者。”意思是说，孕妇如果只顾贪婪为利而丧失智慧；或为了追求自己的事业而拼命苦读呕心沥血；或为了囤积财富整日算计费心，不顾气虚形体憔悴；或不自量力拼命钻营，弄得心神疲倦不堪，都会造成胎儿气血失调、先天不足而得病，所以不可不慎。

陈复正认为“凡思虑火起于心，恚怒火起于肝，悲哀火郁于肺，甘肥火积于脾，淫纵火发于肾，五欲之火隐于母胞，遂结为胎毒。”意思是，孕妇如果思虑、愤怒、悲哀、饮食不节制、淫欲过度，都会形成胎毒，造成胎儿的先天性疾病。

⑧明清名医张璐的观点。明清时期江南名医张璐在他的《张氏医通》中十分强调孕妇情志健康与否对胎儿的重大影响，认为孕妇如“郁火弥炽（情绪忧郁，内火旺）”，胎毒就会过盛，孩子多痘疹；孕妇如受惊或常处于恐惧惶惑之中，胎气就得不到滋养，胎儿容易多惊悸，以后会得癫痫病；孕妇如心中总是忧郁不畅，郁气会结于胎中，使孩子“多结核流注”；“怀子常起贪妄之念，则子多贪吝（孕妇常有贪心或过分的欲望，怀子大多会有贪婪吝啬的个性）”；孕妇如常有愤怒情绪，或诡诈骗人的行为，孩子就会变得“暴狠”、“伪诈”（即狠毒、善于欺诈）。所以孕妇调节好自己的心理情志，保持情绪的健康，保持良好的品格，注重修养很重要。将做母亲的人如懂得“适其自然之性，使子气安和，即所谓胎教也（保持心情平静自然，使胎气安康调和，这就是胎教的方法）。”

提示

孩子的健康和智力、德性是否完备，都与先天气血有关，与孕妇生活的方方面面密切相关，对此，我国古代明智的医学专家有十分细致的观察，他们积累的经验对我们今天的孕妇及妇幼保健研究者、工作者仍是十分有参考价值的。

三、现代胎教

尽管我国古代的胎教术从心理和生理上对孕胎进行了较为系统的探索和尝试，但重胎养而轻胎教却是它的明显不足和不完善之处。随着社会的进步和科学的发展，人们对胎教的认识越来越深入，把控制和调查母体的内外环境当成实施胎教的最重要的内容，提出了更为全面和科学的胎教内涵和理念。

现代医学把胎教的内涵扩展为：保持孕妇心情愉快，生活规律，饮食均衡，环境卫生、安静，创造最优良的条件以保证胎儿正常发育，并采用某些适宜的方法对胎儿进行

感觉教育。这种教育是通过母体对胎儿的综合影响来实施的，也就是说，胎教是一项系统工程，它包括两个方面的内容，一是科学地“养胎”，二是开拓地“教胎”。

根据现代胎教的理念，人们提倡在更科学的养胎的基础之上进行胎教，着力加强了孕妇和胎儿的沟通，强调了孕妇对胎儿的刺激以及孕妇对胎儿的影响，开发了音乐胎教法、对话胎教法、游戏胎教法、抚摸胎教法等。

这些具体而可行的胎教法在继承了传统胎教精髓的基础上，不仅充实和完善了现代胎教的理论，还对现代胎教理论进行了可贵的实践，使得胎教真正成为一门系统的科学。

(1)胎教三大学派

目前全世界研究胎教的学派包括：

①日本学派。由妇产科医师组成，指导准妈妈从生理和心理入手，让胎儿处在最有利的成长环境中。

②美国学派。由精神科医师组成，较注重心理层面，其研究方向包括：

· 在孕前及产前，研究能让女性心情松弛的方法。

· 研究胎儿的生理及心理反应。

③中国学派。根据胎儿的感知能力，适时进行音乐教育启蒙，做了许多相关的研究。

现代胎儿学的进展，主要是借助超声波等手段，监测胎儿在妈妈腹中的身心发育状况，让准爸爸和准妈妈能在胎儿尚未出生前就能够更精确地获知胎儿的发育动态。

美国知名的胎幼儿心理学先驱汤玛士·维尼博士根据其多年临床研究，设计出一套包含声乐、抚摸、跳舞、按摩、做梦和对话等内容的胎教课程。不管是哪一种方法，准妈妈在学习的过程中，其直接途径就是借助上述这些胎教课程，让胎儿在环境中学习；其间接途径就是准妈妈本身在接受这些胎教课程时心情会较稳定，因而会产生好的激素，这些好的激素会经由内分泌系统传输到胎盘、脐带，从而影响胎儿，开发胎儿的潜能。

上述胎教内容，不管是借助直接还是间接的影响途径，殊途同归，其作用就是开发胎儿的潜能。胎教大致有下列三大影响：

· 安抚情绪：安抚胎儿情绪，让胎儿将来有较高的 EQ。

· 刺激胎儿：刺激胎儿的感觉神经和运动神经。

· 胎内沟通：直接可以和胎儿通过血液、心灵来沟通。

胎儿是一个看得到、听得见、能够记忆、具有高度感觉能力的个体。因此，我们更可以确切地相信，胎教是有其必要性与可信度的。

(2) 国内胎教进展

自20世纪60年代起，由于现代医学的发展，不少学者借助现代科学检测技术，如生理描记器、胎儿监护仪、B超、神经递质的测定和心理测验等，对生命在子宫内的形成过程进行了大量的科学观察，发现胎儿在子宫腔内能对外界的触、声、光等刺激发生反应，为直接胎教法的实施奠定了科学基础。

国内有报道提出，传统的胎教之道是预防先天性残疾的首期工程，我国传统的胎教法以加强孕妇自身保健、提高孕妇自身的生理心理素质为本，进而通过孕妇影响胎儿来优化胎儿生理，被称做间接胎教法。其方法概括为以下4种：

①营养法。孕妇应严格遵循妊娠饮食之宜忌。

②护胎增益法。加强孕妇自身保健的养胎护胎。

③外感内化法。使孕妇接近美好的事物，回避淫邪丑恶。

④自我修养法。加强孕妇自身的思想品德修养，培养高尚美好的心灵。

提示

上海市某区计划生育协会对胎教的效果进行了调查。他们以200例实施胎教的周岁内婴儿为一组，未实施胎教的200例婴儿为对照组，进行Apgar评分、婴儿智商测定及婴儿发病情况的调查。其结果各项指标胎教组均优于对照组，说明在孕期实施胎教对婴儿的生长发育有一定的效果。

四、外国胎教

(1) 西方的胎教学

一千多年前，西方创建了"生前心理学"、"胎儿心理学"的理论，从而形成西方的胎教学。在胎教的过程中，最重视孕育胎儿的母亲的身体与心理两方面的健康。胎教通过使胎儿本身直接接受各种刺激，并接受各种训练活动，主要是利用语言和音乐等听

觉刺激信号，通过胎儿的听觉器官来促进胎儿的语言和大脑的发育；利用抚摸准妈妈腹部的动作刺激信号去诱发胎儿的各种动作，促进动作和大脑的发育。

英国心理学家克利福德·奥茨经过多年研究后发现，音乐能帮助胎儿“治病”，使胎儿的心脏脉搏跳动更有规律，当胎儿的心脏跳动出现紊乱现象的时候，聆听音乐会使胎儿转危为安。

(2)美国的胎教发展史

1905年，美国的一位学者发现，妊娠末期的胎儿对声音有反应，并成功地观察到外界声音的刺激，可使胎儿活动增加、心率加快。20世纪70年代，美国医学家将特殊透镜引入对胎儿的研究中，使人们对胎儿的了解进一步加深。到了20世纪80年代，B超的应用和普及完全揭开了胎儿生活、发育的奥秘，人们可以更直接、更安全地了解、研究胎儿。

①胎儿大学。胎儿大学创办于1979年，是美国加州妇产科专家尼·凡得卡创立的。他主张从怀孕第4个月起，孕妇就可以对胎儿进行教育，胎教的方法形式不一，目的是使胎儿在机体和精神方面得到健康发展，从而为以后婴儿学习知识、适应社会打下良好的基础。凡得卡要求孕妇及其丈夫一道加入胎教活动，这不仅能增进夫妻感情，而且对胎儿以后的发展具有良好的作用。

②胎儿大学课程：“胎儿大学”的课程从妊娠第5个月开始，每天上两次课，每课用5分钟。每次上课前，母亲用手轻拍胎儿脚踢的部位，告诉胎儿：“好孩子，现在上课了。”

·运动课

5个月的胎儿可以与母亲玩游戏，当妈妈感到胎儿踢肚时，就轻轻地拍打被踢的部位；然后等待胎儿再次踢肚；大约过一两分钟，胎儿会再踢，妈妈再轻轻地拍打几下。如此反复。经过一段时间，妈妈可以改变轻拍的地方，而胎儿也会往发生了变化的地方踢。

·音乐课

母亲把一个玩具乐器或耳机放在腹部，让

胎儿听美妙的音乐。

·语言课

母亲用传声筒对腹内胎儿讲话、重复字句。在胎儿7个月时，开始把外界的声音介绍给胎儿。母亲用扩音器每讲一个字，便用动作在腹部进行表示，如敲、摸、摇、提、划、压等。比如，妈妈一边用指头轻轻敲打腹部，一边告诉胎儿："好孩子，这是敲。妈妈在轻轻地敲你"。到第8个月，开始教那些形容光线、音乐和笑声的字句。最后一个月，开始教生后半年需要接触和理解的字眼。如奶、吻、口、鼻、爱等。到胎儿从母体分娩出来的时候，他已经初步懂得15个词汇的意思。

接受胎儿教育的胎儿在出生后几个小时就可以领到胎儿大学的毕业文凭了。胎儿大学从1979年创办以来，已经培养了数千名"学生"。经过指导出生的孩子大都与众不同，这些孩子显得更聪明、更易于理解数学和语言、更快地认识父母等。事实表明，认真接受胎教的150名婴儿，在听、讲、使用语言方面的测验中都获得相当出色的成绩。可见，胎儿大学是对孩子进行出生前教育的良好课堂。

尼·凡得卡认为，这种胎教方法能使婴儿出生后学习更容易，并认为此法有助于让胎儿智力发育，同时可使他们在精神发育方面得以顺利发展。同时，该学院也鼓励孕妇的丈夫参加育婴活动，不但是在胎儿出生后，而且还在妻子怀孕时期。

(3)日本研究胎教的情况

在外国，重视胎教并于民间广为流传的首推日本。从江户时代开始，胎教学说便和人们的经验结合在一起，以各种方式传了下来；直到西方医学进入日本，因尚未及时重新研究"胎教"的真正意义，才一度被误解成"胎教是迷信"。但近20年来，日本随着经济和科技的蓬勃发展，借助于现代先进的技术与设备，一些医学专家及教育学专家，从胎儿医学、教育心理学和超前教育学等几方面，重新弄清楚了胎教的科学根据和施教方法，因而成为世界上在学术领域中提倡胎教最为强烈的国家。

首先，日本的医学专家，以用胎儿镜直接触碰胎儿手脚等的刺激方法，观察和记录胎儿的听觉、视觉与触觉反应，证明了5个月以后的正常胎儿，可以听到外面传入子宫内的声音，并可见到外面透入子宫内的光线，以及经羊膜镜直接进入子宫内的光照，引起胎儿闭眼的动作。

日本已故医学教授室冈一先生，当他证实了母体外的声音确实能传到胎儿的耳朵后，便将子宫内胎儿所听到的声音、母亲的心音和血液流动声，用录音机录下来，给刚出生的婴儿听，让他感到安心而停止哭泣。后来，他又制作了装有能发出这种声音装置的小布羊和唱片，把小布羊放在正哭泣中的婴儿旁进行实验，婴儿果然立即停止哭泣而安详入睡。如果是出生一周左右的婴儿，则效果更加明显。这种现象反映出婴儿在母体内便已开始"声音的学习"，记住了在母体内熟悉的声音。

· 英才造就工程

"英才造就工程"是日本科学家阿部顺一主持的项目。他通过自己的观察和科研，得出"后代的智力明显受到胎儿期间各种因素的影响"的结论，并对127名孕妇进行了科学的胎教指导，内容包括按他的规定进行体格锻炼、排演短剧、欣赏音乐、阅读书籍、互相交谈等。实验结果是令人兴奋的，在这127名孕妇所生的孩子中，有71%智力发展显著优于平均水平。

(4) 英国研究胎教的情况

据报载，英国李斯特大学心理学院的音乐研究小组对11名孕妇进行研究，要求她们自选一首音乐，在临盆前3个月经常播放，古典音乐、流行曲或摇滚乐均可。

在婴儿出生后的一年内，这群母亲不可给婴儿听任何音乐，待11名婴儿满周岁后进行测试，重播那首他们曾在母腹内听过的音乐，以及另播一些他们从未听过的同类音乐。结果显示，11名婴儿都被那首他们在母腹内曾听过的音乐所吸引，望向音乐来源的时间明显较长；另一组作为对照的11名普通婴儿则对任何一首音乐均无明显偏好。另外，科学家也发现婴儿比较容易被节奏明快的乐曲所吸引。

科学家一直以为婴儿记忆力只能维持1～2个月，但带领这项研究的拉蒙特指出："我们知道母亲怀孕20周后，胎儿听觉已完全发展。如今我们发现原来婴儿能记得，并且喜爱一年前曾在母腹中听过的音乐。"

(5) 法国研究胎教的情况

法国的巴黎健康卫生科学院，在20世纪80年代也做了胎教方面的实验。1985年应法国政府邀请，中国医学代表团到法国参观访问，在访问期间，代表团成员之一——北京医科大学胚胎学教授、试管婴儿专家刘斌，应巴黎健康卫生科学院生殖专家邀请，参观了一项胎教试验：一名28岁的孕妇，从妊娠8个月开始，每隔一天就到科学院做一次音乐胎教。方法是将耳筒置于孕妇腹壁上，孕妇本人的耳朵则用耳塞堵住，使她听不见耳筒传出的声音，然后闭上眼睛，处于一种安静平卧的状态，每次

都放同一种音乐，就这样一直持续到分娩。在孩子出生的第三天，他们为了测试孩子对出生前所听的音乐有无记忆，将孩子绑在试验的椅子上，下颌用托架托住，让他既能吸奶，双手也能自由活动；当他听见在子宫内听惯的音乐时，就会出现有节奏的吮奶动作，双手也随着音乐做出有节奏的摆动，当音乐停止或改放其他音乐时，婴儿就不再吃奶，双手也不再摆动或虽有摆动但不规则了。这个试验说明，胎儿在出生前便可接受教育，因为孩子在胎儿期有记忆，出生以后有回忆。

(6) 俄罗斯人的胎教

俄罗斯人历来是十分关注胎儿教育问题的，民间的育儿经验也十分丰富。他们的孕妇常唱优美的俄罗斯民歌给胎儿听，参加欢快活泼的民间音乐会、舞会，有教养的孕妇总会去音乐厅听优美的音乐演奏，去艺术博物馆看名画，在家读精美的小说散文。这使得不少俄罗斯孩子具有较高的艺术素质，无论在音乐、舞蹈、体操、绘画、文学等方面都表现出相当高的天赋，从而使这个民族在艺术上显得得天独厚。

第二节　胎教的可能性

一、胎儿有受教育的生理基础

(1) 胎儿的大脑是怎样发育的

做父母的都想得到一个聪明伶俐、活泼可爱的好孩子。然而，聪明孩子的前提却取决于胎儿期大脑的发育情况。现在我们就来看看胎儿的大脑是怎样发育的。

早在受孕后的第 20 天左右，胚胎中已有大脑原基存在；妊娠第 2 个月时，大脑里沟回的轮廓已经很明显；到了第 3 个月，脑细胞的发育进入了第一个高峰时期；妊娠第 4 ~ 5个月时，胎儿的脑细胞仍处于迅速发育的高峰阶段，并且偶尔出现记忆痕迹；从第

6 个月起，胎儿大脑表面开始出现沟回，大脑皮层的层次结构也已经基本定型；第 7 个月的胎儿大脑中主持知觉和运动的神经已经比较发达，开始具有思维和记忆的能力；第 8 个月时，胎儿的大脑皮层更为发达，大脑表面的主要沟回也已经完全形成。

据有关报道，胎儿的大脑从妊娠 6 个月起就已具有 140 亿个脑细胞，也就是说已经基本具备了一生中所有的脑细胞数量，其后的任务只是在于如何提高大脑细胞的质量，若想再增加一些脑细胞，恐怕是回天无力了。

由此可见，胎儿期是脑的发育十分关键的时期。仅仅从这一点来看，从胎儿期开始的系统科学的胎教就势在必行。当然，胎儿脑的发育还不够成熟，尤其起重要作用的脑神经末梢尚未完全形成，大概要到出生后 10 岁左右才能全部发育完成。未来的父母在胎教过程中应注意到这一问题，切不可急于求成，否则只能是欲速则不达。

(2) 胎儿在子宫内是怎样学习的

人们发现，婴儿从出生第一天起就能辨认出母亲的声音，而且对这种声音表现出极大的兴趣。法国学者曾经对一些婴儿进行过法语和俄语的选择试验，结果发现他们对法语发音反应更为强烈。这就说明了这样一个问题：这个小生命在胎儿时期就已经具备了学习能力。

人们都说婴儿是一张白纸。其实，早在胎儿时期这张白纸上就已经开始描绘图画了。瞧，深居在母亲子宫内的小生命伸出小脚来探测他的胎盘，“这是什么东西”？经过几个回合的研究，他终于放心了，确认这是一个柔软、安全的物品；一个偶然的机会，胎儿的手碰到了漂浮在旁边的脐带，“这又是什么东西”？很快，脐带就成了胎儿的玩具，一有机会便抓过来玩弄几下；对于包围他的羊水，小生命更是潜心研究，不时地吞咽几口品尝一下；母亲子宫的血流声、肠道的蠕动声以及心跳的搏动声，对于胎儿来说无异于一首美妙动听的曲子，统统被收入大脑，储存进记忆系统，以至出生后依然念念不忘；对于外界传入的音乐声，胎儿也颇感兴趣，转动头部，让耳朵贴近外部世界认真倾听。久而久之，一旦这种声音传来，胎儿便产生一连串的动作作为反应。

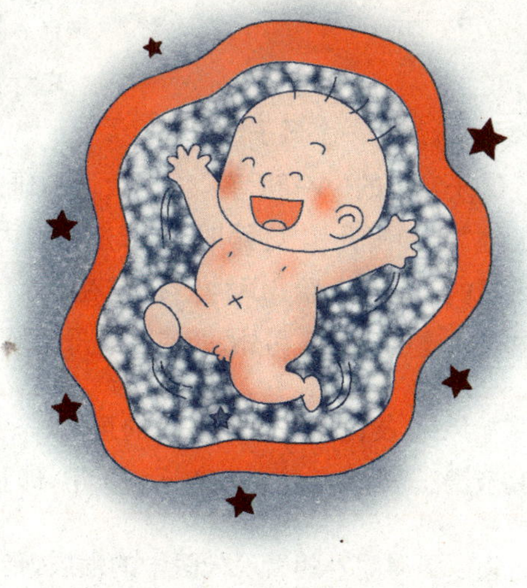

总而言之，子宫内的小生命具有出色的学习能力，他将利用一切可能的机会抓紧

学习。他学习吞咽、学习吮吸、学习运动、学习呼吸……当然，他还是一个小小的“心理学家”，通过母亲传递过来的一切信息揣摩着母亲的心绪，学习心理感应。鉴于胎儿这种潜在的学习能力，母亲在妊娠期间，尤其是后半期应强化与胎儿的交流，及时实施早期胎教，通过各种可能的渠道，使胎儿接受有益的刺激，获得良好的胎内教育。

(3)胎儿在聆听世界

①科学家的深思。出生几天的婴儿，哭闹是常有的事。如果母亲把婴儿抱在左胸前，婴儿会很快安静下来，歇息入睡。这也许并未被年轻妈妈注意，可是却引起了科学家的深思，这是因胎儿在母亲体内时，就已习惯了母体血液流动的声音和血管的搏动，出生后，婴儿的耳朵贴近母亲的胸脯，这种声音和跳动，把婴儿带回昔日宁静的日子和安全的环境中，这种早已体验过的安全感，是任何优美的催眠曲无法比拟的。

这使人们自然联想到胎儿的感觉器官和功能的发育。胎儿的眼、耳、鼻、皮肤等感觉器官，在妊娠早期就已形成，但功能的建立和发展，则是妊娠中后期的事，这也和感觉的司令部——大脑的发育有关。妊娠 4 ~ 5 个月，脑的结构已日趋完善，胎儿的各种感觉就逐渐发挥了作用。譬如，妊娠中期，胎儿对声音已相当敏感。这声音既包括母体体内的声音，如大血管的搏动，其节律是与心脏相同的，这也许是胎儿出生后对母亲心音有亲昵感的缘故；胎儿还十分熟悉子宫动脉和脐带血管的搏动以及肠蠕动等；另外，也包括母亲体外的声音，如外界的各种响动。有人发现，孕妇的一次大声喷嚏，也会使胎儿为之一惊，这说明，母亲与胎儿已建立起一套信息传递系统，形成一个母子统一体。

②子宫内的“小窃听者”。据最近的研究结果显示，自妊娠 6 个月起，胎儿就开始不断地“凝神倾听”。妊娠期间，母亲的腹内(子宫)是一个非常“嘈杂”的场所，因此，有大量的声音传入胎儿耳内。在传入胎儿耳内的声音中，最为嘈杂的是母亲胃内发出的咕噜咕噜的声音。另外，即使是父母比较低微的谈话声，胎儿也会全神贯注地倾听。

但是，支配胎儿所处环境的声音，毕竟是母亲那富有节奏的心脏搏动声。如其节奏正常，胎儿就会知道一切正常，即胎儿会感到所处环境安全无忧。

何以见得呢？随着现代医学的发展，借助于 B 型超声波诊断仪，人们已能观察到胎儿在母体子宫内的活动情况以及吞吐羊水的有趣模样。胎儿能接受外界的刺激，并做出反应。当胎儿听到音响时，胎心音会变快；听到汽车的喇叭声时，会出现频繁的胎

动。用光照射孕妇的腹部，胎儿会有眼球活动。

在聊天中，做母亲的也常常讲起自己的亲身体会：猛然一下关门声，腹中胎儿竟会缩成一团；置身于车水马龙的街头，噪声与喇叭声常会引起频繁的胎动。

有人还做了这样一个实验：在妊娠期间，父母给胎儿起一个小名，并让父母常常向腹中的胎儿呼唤他的小名。胎儿出生后，当他听到呼唤他的小名时，会突然停止吃奶或在哭闹中安静下来，有时甚至会露出似乎高兴的表情。这项试验结果在一定程度上说明，胎儿不但具有听力，而且有一定的领悟能力。

数年前的一项研究对照结果表明，在新生儿室内给一部分新生儿播放心脏跳动的录音时，听到这种录音的新生儿比没有听到这种录音的新生儿表现得活泼，饮食和睡眠状况良好，体重迅速增加，呼吸能力不断增强，不爱哭闹，不易生病。

专家们认为，胎儿在宫腔内被羊水包围，是生活在一个水环境中，而水对声音具有选择的过滤作用，它能除去一部分低音而对高音则有较多的保留，故胎儿对声音具有很强的敏感性。

究竟哪种解释更为合理，或二者兼而有之，这里并不想下结论。重要的是胎儿对母体的声音具有依赖性与敏感性，这是与胎教直接有关的问题。

③听觉在胎教上的重大意义。听觉系统是胎儿与环境保持联系的主要器官，也是进行听力训练即音乐胎教的物质基础。因此近年来人们对胎儿听觉机能研究越来越重视了。到20世纪80年代，人们用现代科学技术对胎儿听力进行测定，除证明胎儿有完整的听力外，进而提出胎儿在子宫内能接受“教育”，进行“学习”，并形成最初的“记忆”。这种新的认识，为胎教提供了科学依据。

随着对胎儿听觉系统的研究，胎儿若患先天性耳聋，在子宫内就能得到诊断，当他出生后，可进行早期听觉训练，为避免部分儿童失去听觉提供了可能。

(4)胎儿在腹内是在认真听吗

胎儿的听觉系统在怀孕期间就已大部分形成，因此，胎儿一直在腹内倾听着各种各样的声音。为此，我们做过一些实验。将诗句录入磁带，在母亲的腹部放给胎儿听，结果发现孩子出生以后，对磁带中的诗句有明显的反应。另外，住在噪音很大的机场附近的产妇所生的新生儿，很少有被巨大声音惊吓而啼哭的情况，因为他在胎儿期就

已经听习惯了。

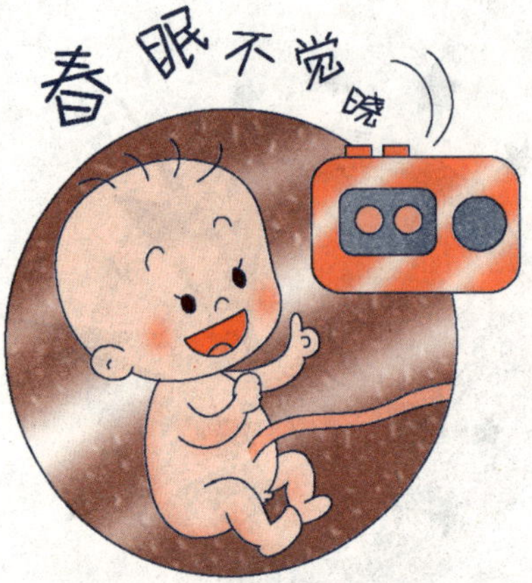

别人都哄不好的孩子，由母亲来哄就很容易停止啼哭，因为他能记得在母腹中听到的母亲的声音。

不只是声音，胎儿对光线也有反应。在母亲的腹部照以强光，腹内的胎儿就会有反应，有时会转变方向。

胎儿听得最熟悉的难道不是母亲的心跳吗？是的。母亲心跳的声音是胎儿在体内听得最熟悉的声音。

(5)胎儿听觉何时发育

研究表明，在胎儿的几种感觉器官中最为发达的就是听觉系统了。早在受孕后第 4 周，胎儿听觉器官已经开始发育，第 8 周时耳廓已经形成，这时胎儿听觉神经中枢的发育尚未完善，所以还不能听到来自外界的声音。到了第 25 周，胎儿的传音系统基本发育完成，28 周时胎儿的传音系统已充分发育完成并可以发生听觉反应，至此，胎儿就已经具备了能够听到声音的所有条件。

实验证实，声音可透过体表进入体内，形成声波，如果孕妇肌肉层不太厚，7 个月的胎儿完全可以听到从母体外透入子宫内的声音。

(6)胎儿具有分辨声音的能力吗

研究结果证明，胎儿对声音具有分辨能力，对不同的声音能产生不同的反应，如对不同的音乐产生不同的喜恶表现。1985 年美国妇产科杂志发表了一篇题为《唤起胎儿惊吓反应——一种供宫内神经检查的方法》的科学研究报告。

该报告称此项研究是经“人类研究委员会”批准的。30 位受试孕妇是曾分娩过正常婴儿的志愿者。她们躺在安静房间里接受 B 型超声波诊断仪对胎儿做扫描检查。转换器放在能够看到胎儿前臂的长轴上，人工喉轻放在母腹的胎头所在的方位上。每隔 5 分钟人工喉发声一次，每次发声 3 秒。30 名孕妇的胎儿总共接受 100 次声波刺激，结果每次均可见胎儿前臂立即运动，每次运动的时间平均为 8.2 ± 2.3 秒。重复对同一个胎儿的声波刺激，可反复产生抬臂运动的反应。

该报告肯定了一个健康胎儿在听力建立后，可被母体外的声响所惊吓做出相应的反应，结合正常新生儿受声音刺激产生突发的惊吓反应中所表现出的臂动现象，说明胎儿可听见母体外的声音。专家们认为用声音唤起胎儿惊吓反应的方法，可用做检查宫内胎儿神经发育的一种定量反应的手段。

☞**提示**

美国佛罗里达大学医学院和芝加哥伊利诺大学医学院妇产科，由医学博士等人做了胎儿对声音刺激反应的实验研究，证实了舒缓轻柔的音乐和强节奏的迪斯科音乐对胎动和胎心变化有不同的影响。如给胎儿以强节奏迪斯科音乐刺激时，胎动次数明显增加，胎动幅度也增大，厉害时伴有胎心率增快和抽泣样呼吸。当给轻柔舒缓音乐刺激时，胎动次数明显减少，心率减慢，胎儿甚至处于安静睡眠状态。

(7)胎儿有视觉吗

胎儿的视觉比其他感觉的发育要缓慢，其原因是显而易见的。子宫虽说不是漆黑一片，却也不适于用眼睛看东西。然而，胎儿的眼睛并不是完全看不见东西，胎儿从第4个月起，对光线就非常敏感。母亲进行日光浴时，胎儿就可感觉到光线强弱的变化。

对母亲腹部直接进行光线照射，有时会使胎儿感到不快。这时，即使胎儿不背过脸去，也会显出惊恐不安的样子。现代医学利用B超观察发现，用手电光一闪一灭地照射孕妇腹部，胎儿心搏数就会出现剧烈变化。

刚刚生下不久的婴儿，视觉并不特别敏感。而且其视野比较狭窄，但不至于把一棵树看得像一个足球场那样大，这只不过是个比喻。其实，树木也好，球场也好，都不是新生儿所关心的东西。如果把一样东西放在新生儿眼前，新生儿能够十分清楚地看到那件东西。而且，新生儿还能够在离自己15～30厘米处看清母亲表情的变化。甚至还有报告说：新生儿能够在离自己3米左右的地方，看清手指的轮廓。

艾伯特·赖利博士从理论的角度精辟地论述了这一点。据博士讲，新生儿视觉上的缺陷，至少还部分地残留着胎内生活习惯的痕迹。如果说新生儿只关心30～40厘米以内的物体，那是因为这一距离与他所刚刚脱离的子宫长度相等。几年前日本的小林登教授用强光照孕妇的腹部，发现胎儿闭眼。近两年间发现，当摄影灯突然打开发出强光后，强光透过躺着的孕妇腹壁进入子宫内后，胎儿马上活动起来，要等几分钟的适应之后，才使胎动减弱下来。为了避免因强光的热效应刺激了孕妇腹部而引起的胎儿反应，北京某医院产科在实验中把白炽灯泡浸入装水的玻璃槽内，光线透过装水的玻璃照在孕妇腹壁，然后光线透入子宫内，同样发现了受光线突然照射，引起了胎动增强。

1981 年，美国哈佛医学院发现，利用新近研制的仪器得以目视观察妊娠后半期的胎儿眼睛显影，辨认区分眼动的方式。妊娠期 16～42 周的胎儿的眼睛有 90% 以上可以目视可见。孕 16 周出现慢速眼动，孕 23 周开始出现快速眼动，而在妊娠 24～35 周较频繁出现。

(8) 胎儿有触觉吗

上面已经介绍了胎儿的听觉和视觉，其实，胎儿的感觉功能远不止这些，同时还具有皮肤感觉(触觉)、嗅觉以及味觉等感觉功能。

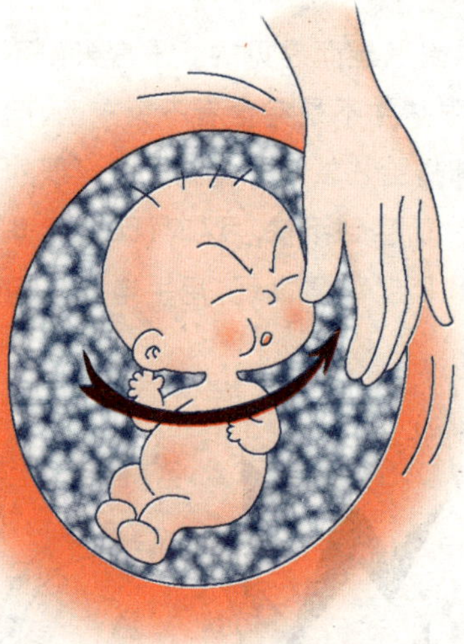

胎儿的触觉出现得早，甚至早于感觉功能中最为发达的听觉。由于黑暗的宫内环境限制了视力的发展，所以胎儿的触觉和听觉就更为发达。妊娠第 2 个月时，胎儿就能扭动头部、四肢和身体。妊娠 4 个月时，当母亲的手在腹部摸触到胎儿的脸时，他就会做出皱眉、眯眼等动作。如果在腹部稍微施加一些压力时，他立刻就会伸小手或者小脚回应一下。有人通过胎儿镜观察发现，当接触到胎儿的手心时，他马上就能握紧拳头做出反应，而接触到其嘴唇时，他又努起小嘴做出吮吸反应。更为有趣的是，国外一些研究人员根据超声波图像分析，生活在子宫内的男性胎儿阴茎居然能够勃起。这一切都充分地说明了胎儿触觉功能的存在。当用头发刺激胎龄 4～5 个月的引产胎儿上唇时，胎儿出现嘴巴开闭活动；触手心时，小手便会握紧；触及足底时，足趾活动，膝和髋部还会屈曲。

胎儿对触觉刺激的反应灵敏，对人工流产的研究进一步证实了这一点。如 2 个月的胎儿即可对头发尖的刺激产生反应活动。胎龄 4～5 个月时，触及他的上唇或舌头，就产生嘴的开闭活动，好像是吮啜的样子。用胎儿镜观察还发现，如果用一根小棍触碰胎儿的手心，他的手会握紧手指，碰他的足底，他的脚趾可动，膝和髋还可屈曲。

(9) 胎儿有嗅觉吗

胎儿的鼻子早在妊娠第 2 个月就开

始发育，到了第7个月，鼻孔就能与外界相互沟通。但是，由于被羊水所包围，所以他虽然已经具备了嗅觉，却无法一展身手，自然其嗅觉功能也就不可能得到较大的发展。尽管如此，胎儿的嗅觉一出生就能派上用场，新生儿在吃奶时能闻出母体的气味，而且以后只要他一接近母亲就能辨别出来。

(10)胎儿有味觉吗

同鼻子一样，胎儿的嘴巴也发育于妊娠第2个月。在妊娠4个月时，胎儿舌头上的味蕾已发育完全。尽管羊水稍具咸味，胎儿还是能够津津有味地品尝。新西兰科学家艾伯特·利莱通过一个简单的实验证明胎儿的味觉在4个月时已经出现。他在孕妇的羊水里加入了糖精，发现胎儿正以高于正常一倍的速度吸入羊水。而当他向子宫内注入一种味道不好的油时，胎儿立即停止吸入羊水，并开始在腹内乱动，明显地表示抗议。

(11)胎儿有记忆能力吗

这是一个有争议的问题。有人认为从妊娠第4个月开始，胎儿的大脑中已经偶尔会出现记忆痕迹；也有人认为8个月以前的胎儿不可能具备记忆功能，但同时又认为记忆能力从胎儿期就已经开始萌芽。目前医学界多数人都认为，胎儿具有记忆、感觉的能力，而且这种能力还将随着胎龄的增加逐渐增强。

这是一个有趣的例子，讲的是钢琴家鲁宾斯坦、小提琴家梅纽因以及乐团指挥罗特等人的经历。在他们的演奏生活中都曾对一些从未接触过的曲子"似曾相识"，即使不看乐谱，乐曲的旋律也不由自主地在脑海中源源不断地涌现。究其原因，发现原来是他们的母亲在怀孕时曾经反复弹奏过这些乐曲。加拿大哈密尔顿乐团的指挥鲍里斯在一次演奏时，一支从未见过的曲子突然在脑海里出现，而且十分亲切，这使他迷惑不解，原来他的母亲曾是一位职业大提琴演奏家，在怀鲍里斯时曾多次演奏过这支曲子。一位名叫海伦的女性经常给她腹中7个月的胎儿唱一首摇篮曲，等孩子出生后，不论其哭得多么厉害，只要海伦一唱那首摇篮曲，孩子立即就安静下来。这些例子都无可辩驳地说明了这样一个问题：胎儿具有一定的记忆能力。西班牙萨拉戈萨省成立了一所专门研究产前教育的研究所，研究的中心课题是：腹中胎儿的大脑功能会被强化吗？研究结果表明，胎儿对外界有意识的激励行为的感知体验，将会长期保留在记忆中，并对其未来的个性以及体能和智能产生相应的影响。有关研究表明，胎教是教育的启蒙。由于胎儿在子宫内通过胎盘接受母体所供给的营养和母体神经反射传递的信息，使胎儿脑细胞在分化、成熟过程中不断接受母体神经信息的调节与训练。因此，妊娠期母体"七情"的调节与子女才干的发展有很大的关系。

(12)为什么记忆从胎儿开始

德国医生、催眠疗法的先驱人物保罗·比库博士治疗过一位男性患者。这位患者的情况，清楚地证明了胎儿期的潜在记忆对人的一生将产生巨大的影响。这位患者遭受剧烈不安时，全身常出现暂时性发热感觉。

为查明原因，比库博士将患者引入睡眠状态。于是这位患者渐渐回到胎儿时期，回想起当时发生的重大事情。他在讲述胎儿7个月以前的情况时，语调平缓、神情自若。当开始讲述其后的情况时，突然嘴角僵硬，浑身颤抖，身体发高烧，露出惊惧的神色。显而易见，这位患者回忆起了导致他出现这一症状的胎儿时期的体验。然而，其原因何在呢？数周后，博士走访了这位患者的母亲。据患者的母亲说，当她妊娠7个月后曾洗过热水浴，试图堕胎。

在出生前数月内，胎儿的行为渐趋复杂、成熟。这是因为迅速增大的记忆储存促进了自我形成，并开始引导胎儿行为的发展。

在某一个阶段内，人的对立情绪皆起源于记忆，不管这一记忆是有意识的，还是无意识的。譬如说，比库博士所治疗的男患者，在他的记忆中并未储存不安的发生源，但从其发生源中产生的恐怖却并未因此而销声匿迹。因为20年来，胎儿期的深刻记忆一直潜在地支配着这一患者的行为。每个人都有自己已被忘却的记忆，而且这种记忆，正在无意识地对人们的一生产生着影响。

(13)胎儿能上学吗

在母亲腹中的胎儿能够到学校学习。这话听起来挺可笑，但这的确是事实。

近年来，胎儿教育越来越受到人们的重视。美国加利福尼亚州成立了一所胎儿大学，担当教员的有产科医生、心理学家和家庭教育学家。怀孕5个月的妇女便可入学，在教员的指导下，孕妇用扩音器对胎儿讲话，同时用手在腹部做各种示范动作，与胎儿做游戏，如推、拍、摇、抚摸等。选择一些优雅动听的音乐让孕妇和胎儿听，有时还让孕妇唱一些歌曲。

另外选择一些最常用的词汇，包括牛奶、打嗝、笑笑、看看、尿尿等教给胎儿，为每个胎儿都起一个动听的乳名，按时上课，按时休息。经过一段时间的学习，胎儿出生时已懂得大约15个词汇和其中的意思，并能对这些词做出反应。在我国，怀了孕的妇女可和家人制定胎教计划，在家上课。

(14)胎儿的性格与习惯

胎儿和新生儿的区别仅在于是否经历分娩这一过程，其实作为一个具有能力的人来说，两者是没有本质区别的，他们都有自己的性格。比如，刚出生的新生儿有只爱睡觉的，有睁着眼睛东张西望、手舞足蹈的，也有低声长时间哭泣的；胎儿也一样，有爱动

的，也有不爱动的，他们的性格特征随母亲体内的环境和母子组合的不同而呈现出不同的特点。

研究报告证明，若对孕妇施以雌激素和黄体酮（或是其中之一），那么所生的孩子就具有明显的女性特征。另一个事实是，由于所服药量与行为有密切联系，所以，同时注射了雌激素及黄体酮等雌激素化合物的孕妇所生的孩子，与只注射雌激素孕妇所生的孩子相比，前者更具有女性特征。胎儿过分接受母体的特定激素，就会引起器官上的变化，使胎儿的性格发生变化，从而导致胎儿出现先天的性格变异。这种先天的异常，不仅表现为行为上的异常，心神不宁，性格变异，而且还表现为缺乏男孩子气质或女孩子气质。

提示

黄体酮和雌激素均为孕妇血液中常见的激素，其分泌量的多少取决于孕妇植物神经与中枢神经互换信号的平衡状态，控制这种信号的正是孕妇日常精神状态，即孕妇的思维、感觉、行为和语言。由此看来，胎儿的个性和母亲妊娠期间的环境、生活方式、身体状况有密切的关系。因此，为了培养胎儿良好的性格，孕妇就必须调整好自己的精神状态，在此前提下对胎儿实施的科学胎教才能有所成效。

据瑞士小儿科医生舒蒂尔曼博士的研究报告分析，新生儿的睡眠习惯是由母亲在怀胎后数月内决定的。舒蒂尔曼博士在此项研究中将孕妇分为早起和晚睡 2 种类型，分别对她们所生的孩子进行了调查，结果不出所料，早起型的母亲所生的孩子一生下来就有早醒的习惯；而晚睡型母亲所生的孩子，一生下来则有晚睡的习惯。这表明，胎儿在母亲腹中就会准确地适应母亲的日常生活节律，他的习惯与母亲的习惯密切相关，而且出生前就与母亲之间存在“感通”。据舒蒂尔曼研究，在胎儿出生前的数月内，母亲和胎儿就已经能把生物节律和情绪相互连接在一起了。出生后母子间的“感通”是出生前就早已存在的那一“感通”过程的延续。因此，“感通”不仅为胎教提供了科学的依据，也是胎教实施的途径。

二、从实验看胎教

关于胎教是否有利于优生，国外行为遗传学家设计了一个被称之为“丰裕环境”的实验。科学家们安置了 2 个不同的环境，分别饲养了 2 组大鼠，饲养在“丰裕笼”里的大鼠，可以享受充足的美食、舒适的洞穴，有好玩的云梯、转车、跳板、滑绳，还有它们喜爱啃的木头、磨牙的物品等；而对照组小笼里的大鼠，则除了给予充足的饲料和水之外，没有任何玩耍条件。经过一段时间饲养后，经对比发现，2 种饲养条件下的大鼠其脑重量、同神经有关的酶的比例、神经的解剖形态都有显著的差异。1970 年，科学家研究了“丰裕笼”鼠室里出生的 544 只小鼠的脑平均重量后还发现，鼠脑重量随着母体条件优化而增加。由此可见，环境的复杂性不仅能增加鼠脑重量，而且能增强其生存适应能力。

针对此实验结果，专家们认为，基因决定遗传行为，比如“老鼠的儿子会打洞”，这些基因在自然选择过程中受到优待，从而不断强化了祖辈的适应性行为。同理，“丰裕环境”下的大鼠，其适应环境的遗传基因被强化了，所以其孕育的后代要比普通笼中的大鼠所生的后代更聪明，这正说明了良好的孕胎环境对强化基因的重要作用。

让我们再看一组科学家的胎教实验。在某家医院的育婴室里，让实验组 120 名正常的新生儿夜以继日、毫不间断地听一种复制的 85 分贝、每分钟 72 跳的正常心搏声，除每隔 4 小时送往母亲处喂奶这一短暂间断外，婴儿所有时间都在育婴室里；对照组的 120 名正常新生儿则安置在另一间没有心搏声的育婴室里。4 天后，有 70% 的听心搏声的新生儿增加了体重，而对照组的新生儿只有 33% 增加了体重。实验还对 2 个育婴室里的新生儿哭闹的时间进行了测算，结果显示，听心搏声的新生儿哭闹时间占 38%，而对照组新生儿哭闹时间为 60%。由于这 2 组新生儿的饮食没有重大差别，因此，有理由相信，应该是由于听心搏声的新生儿哭闹时间少，从而帮助他们增加了休息。

这个实验从表面上看，是在测定新生儿对心搏声的反应，实际上它是在模拟胎儿在出生前所处的母体环境，并力求探索胎儿对这个生前环境的感觉。毫无疑问，每一位母亲都有心搏声，而且这种节奏均匀的声音一刻不停地伴随着胎儿直到出生，胎儿熟悉这种声音并有一定的习惯感和印象。实验结果证明，胎儿对母体的环境是有记忆和反应的，这就为胎教实施找到了科学的依据；同时也表明，孕妇的平和心态带来的节奏均匀、声音柔和的心搏声，有助于胎儿的安宁和静养。

那么，生长在平和环境下的胎儿学习的远期效果又如何呢？科学家又对 26 名从 1.5 岁到 4 岁的在收养院等待别人收养的孩子进行了实验。科学家们把他们分成 4 组：一组睡在一间有每分钟 72 次正常心搏的二联搏动声的房中，一组睡在一间有每分钟 72 次四节拍器发出的单搏声的房中，一组睡在一间播放催眠曲的房中，一组睡在一间没有任何声响的房中。所有的孩子都轮流在上述 4 种条件下睡觉，每种条件睡 4 个晚上，实验人员记录下了使每个孩子入睡所需的时间。结果显示，处在有心搏声条件下的孩子，入睡所需时间大约是其余条件下的一半；在其余3种没有心搏声的条件下，孩子们入睡所需的时间是差不多的，往往是几个小时或更多一些。可见，心搏声具有其他声音所达不到的效果。

科学家的实验再一次证明了新生儿以及婴幼儿对类似母亲孕体中的心搏声有明显的反应，从而推断出胎儿在孕妇体内不仅有一定的听力，而且具有记忆力，进而得出推论：胎儿在孕妇体内具有有记忆地学习的可能性。

对此，我们可以看一看这样一个有趣的实验：日本的幼儿教育家井深先生请播音员录制了小林一茶的俳句："秋风扶枝摇，飒飒落叶遍地飘，猫儿追逐跳。"之后，他将录音带交给孕妇请她每天听录音2次，每次3分钟。由于这句俳句有一种独特韵律，这样一来使深居子宫内的胎儿反复受到这种声音的刺激。新生儿出生后2～6天，实验人员分别对在母亲体内听过此俳句和从未听过此俳句的2组新生儿进行测试，即让他们听上述俳句、其他俳句和普通讲话3种录音带，看2组新生儿听后分别产生什么样的反应，观察指标是记录新生儿的心脏跳动次数。结果，发现了一个十分有趣的现象。在胎儿期从未听过俳句的新生儿，听了这3种录音带后都做出了相同的反应；而在胎儿期反复听到上述俳句的新生儿，再次听到上述俳句时反应比较稳定，而听到其他句子时则显示出强烈的反应。由此可见，新生儿能够把在母体内一直听过的俳句同其他相似而又不同的俳句准确地区别开来。

对此实验结果，研究了20多年幼儿教育的井深先生认为："新生儿在母亲体内听过'秋风'俳句以后一直把它记在心上，当他再次听到这首韵律相同但内容不同的俳句时，做出反应'这是什么呀?'"

总之，上述几个实验都证明了胎儿在母体内对声音、语言的反复刺激有记忆能力，这就为胎教的科学性和可行性找到了依据，同时也证明了胎教的切实作用及意义。

第二篇 优婚优孕

第一节 遗传与胎教

一、优生始于择偶

随着人们对优生学认识的深化，对配偶的选择已不局限于品貌端庄、身体健康，而是更加重视遗传素质和其他的因素。因为择偶不仅仅是男女的结合，个人的幸福问题，也关系到后代的素质和民族的强盛。所以说，青年男女选择对象是很需要有科学性的。

那么选择什么样的配偶好呢？当然每个人都有自己的选择标准，从优生的角度，科学地择偶，对后代的智能、体格等各方面会更加有利。希望广大青年朋友们能从以下几个方面考虑：

(1)家庭史

如果父母双方或一方有遗传病，那么他们的子女或部分子女就会承袭该遗传病，而且还会按遗传病规律一代一代地延续下去。比如，一个母亲如果患了“先天性肌强直”，到了第 4 代时就有 10 个患此病者，到了第 5 代就会增加到 19 名患者。有人调查

了近50万人，发现智力低下、痴呆、白痴和精神病4种遗传病中，父母都患病者所生的子女发病率达73%，父母一方发病者子女发病率达39.4%，而父母均无病的子女发病率只有0.25%。有的人表面上看和正常人一样，但却带有遗传病的基因(隐性遗传)，虽然本人不发病，但可以遗传给下一代，使其发病。因此青年男女在选择伴侣时，不但要注意对方已经表现出来的遗传病基因症状，还要注意到遗传病携带者。可以通过观察对方家庭中是否有遗传病患者，或者双方本人通过医学诊断，如果是遗传病基因携带者，就不要选择。

(2)扩大择偶区域

过去由于人们对优生科学不够了解，思想比较愚昧，认为亲上加亲是最好的姻缘。于是一个个狭窄的通婚圈造成了一幕幕的人间悲剧，实在让人触目惊心。

据世界卫生组织调查证实，近亲结婚子女患智力低下、先天畸形和遗传性疾病要比非近亲结婚子女高150倍，近亲结婚子女的死亡率是81‰，而非近亲结婚子女的死亡率只有0.54‰。

所以说，在选择配偶时要尽可能地扩大区域范围，可以跨县、跨市、跨省、甚至跨国。社会上曾流传说："南方人和北方人结合所生的孩子聪明。"这种说法不无道理。优生理论认为，血缘关系越远的婚配，他们之间相同的致病基因越少，其后人患遗传病的可能性也很少。因此，他们所生的后代多数比较聪明而且身体健康。

(3)无性病

有些性病如梅毒、淋病等不但对人体健康有害，而且能够直接影响后代健康，必须加以重视。例如：如果一方患梅毒病，婚后通过性生活就会传染给对方使其患病，当女性怀孕时，梅毒螺旋体就会通过胎盘侵入胎体，造成流产、早产、死胎或出生后造成先天性梅毒儿。还有，淋病会引起新生儿脓眼病，致使患儿失明。这就要求在择偶的时候，要尽量选择身体健康无性病的人为伴，这也是一种行之有效的预防方法。

(4)取长补短

一个人的智慧与能力是与遗传有关的，因此选择配偶最好在智力和能力方面的差项中以不相同为好。比如：一位女性的文学水平较高，语言表达能力强，或擅长音乐、舞蹈，那么她就应该选择一位数学能力强，具有抽象的逻辑思维和分析思维能力的伴侣，这样的互补比较好些。我们知道孩子的特点来自于父母的遗传，父母

将自己各自的优秀基因遗传给后代，使其子代获得父母各自一半的优势而变得更加聪明。同时在胎儿期及出生后，父母还可以利用各自的所长，对胎儿和出生后的孩子施之以教育，岂不更好？此外我们每个人的外表特征也有所不同，有的美、有的丑、有的胖、有的瘦、有的高、有的矮、有的白、有的黑……各自都存在着某些不足，那么选择的时候也要全面比较一下优、缺点，尽量做到“取长补短”。比如：长相差一些的可以选择长得漂亮一些的，身材矮小的可以选择身材高大些的，较瘦的人可以选择较胖的人。这样就可以弥补双方某一方面特征的“缺陷”，使其子代能较为均衡地发育。

(5)优者配优

积极优生学认为，若优秀者与优秀者相婚配，会使后代一代更比一代强，从而培养出更优秀的人类个体。这一点从古今中外的优秀家族的家族史中不难看出，如世界闻名的巴赫家庭8代136人中，就有50个男人是著名的音乐家。

我国南北朝著名的科学家祖冲之，他的儿子祖恒之、孙子祖皓都是机械发明家，又都是著名的天文学家和数学家。还有人发现年龄与后代智能有着很大关系，他们认为父亲年龄在30~40岁、母亲年龄在25~29岁时出生的孩子优秀者最多。

因此在基本条件都比较好的情况下，应在文学水平、数学能力、音乐、体育、观察能力、逻辑思维等各种能力方面选择与自己同样优秀之配偶，才有可能生育出比自己更为优秀的后代。

二、应该进行婚前体检

婚前体格检查关系到我们每一个家庭的幸福，关系到后代的聪明、健康，是提高人口素质的一项重要工作。

早在1963年，欧美许多国家已经把婚前检查列入卫生系统而加以重视。日本则通过法律规定：男女双方结婚时，必须互相交换健康证明方可成婚。我国医疗部门设有婚前检查门诊，对履行结婚手续的男女双方进行规定的体格检查，从中发现了不少遗传病、传染病和一些影响婚育的疾病。据上海市对10个区婚前检查的一项统计表明，在被调查的11232人中，其中40人患有痴呆、癫痫、畸形、低智能、精神病等遗传病或不宜结婚生育的疾病，比例高达0.36%。试想，如果没有婚前检查这一关，那么还不知道有多少不健康的孩子出生，给多少家庭带来不幸，给国家增添多少负担。

提示

因此，婚前检查是非常必要的，它是我们国家提高民族素质的一项措施，也是保证我们每个家庭幸福的重要措施，有百利而无一害。

三、近亲结婚的危害

(1)危害

英国伟大的自然科学家达尔文是生物进化论的创始人，他伟大的发现却不幸地和家庭的悲剧交织在一起。

1839年1月，达尔文同他舅舅乔赛亚的小女儿埃玛在梅庄教堂举行了婚礼，新娘是个高雅、贤淑、聪明、美丽的姑娘。尽管达尔文与妻子之间互敬互爱，但由于他们是表兄妹，他们的真诚结合却拉开了达尔文意料之外的家庭悲剧的序幕。达尔文结婚以后，埃玛一共生了10个孩子，其中长女安娜·伊丽莎白、次女玛丽·埃莉诺和最小的儿子查理·费林均幼年夭折，另外的7个孩子也都患有程度不同的各种疾病。达尔文的二儿子乔治、三儿子费朗西斯、五儿子霍勒斯和终生未嫁的四女儿伊丽莎白均患有程度不同的精神病。其他三个孩子，长子威廉、三女儿亨利埃塔和四儿子伦纳德虽然没有明显的精神病症状，但他们婚后却没有留下后代。

据后人考证，达尔文的家庭长期有一种神秘的疾病，这种疾病到达尔文这一代已经表现得很明显。达尔文从中年起就患上了"精神抑郁症"，这个病折磨了达尔文的后半生。由于近亲结婚，使达尔文家庭的疾病在后代中完全显现出来。

达尔文的家庭悲剧启示了其表弟高尔顿。高尔顿创立了优生学、遗传学和分子生物学，揭示了近亲不能结婚的科学道理。

然而时至今日，偏远、落后的贫困地区，近亲婚配的坏习俗还较为流行。我国湖北某县就有两个傻子村——石磙村和马家冲村。其遗传病率高过15.5%，其中智力低下的傻子竟占34.5%。

武汉市某科研小组进入两村实地调查，他们采用问病史、体检、智力测验及染色体培养等方法，调查了1231人，查出各种遗传病患者191人，其中仅傻子就有66人之多。

研究小组确认这是近亲结婚造成的恶果。相传在清代，龚、李两家农民进入这大山区谋生，连续五代都是两姓通婚。往后，虽有少数外地人进山，但由于山大人稀，来居住者甚少，难以改变近亲婚配的旧例。清朝雍正年间实行禁教，少数虔诚的天主教徒逃入石磙一带继续信教、传教。教会规定，教徒只能与教徒结婚，这样更限制了选择配偶的范围。山区地瘠民贫，交通闭塞，内不得出，外不愿进，在这种封闭的状态下，人们只好一代接一代“亲上加亲”。虽然他们把姓改为刘、廖、杨、肖、张等各种姓氏，但实际上基本都是龚、李两姓的后代。由于延续300年的近亲通婚，使遗传病基因代代相传，遗传病发病率达到惊人的程度。

研究小组对13个家系361人进行调查，发现智力低下者达96人。其中有一家，母亲傻，父亲半傻，4个子女全傻。像这样全家都是傻子的家庭，全村共有4户。这是多么可悲的延续啊！

近亲婚配殃及家庭，殃及民族，殃及国家，殃及人类的发展。由于“血缘婚配”子女比“无关婚配”的子女隐性遗传病的发病率高出150倍，因此我国《婚姻法》已经明确规定：禁止“直系血亲和三代以内旁系血亲”结婚；对智力低下者应当实行强制绝育，以期在我国减少“傻子”的数量。

(2)近亲结婚子女易患遗传病

有些遗传病，其基因位于第1～22对常染色体上，基因的性质是显性的(一对基因中只要有一个有病，就能在下一代中表现出来)。我们把这种遗传叫做常染色体显性遗传病。

显性遗传病的特点在于患者双亲之一是发病的，患者的同胞中有1/2也是发病的患者，而且男女发病的机会均等，往往在连续几代中都有发病的患者。

还有些遗传病，其基因位于常染色体上，基因的性质是隐性的(只有一对基因都有病，才能在下一代中表现出来)，这种遗传病就叫做常染色体隐性遗传病。

隐性遗传病的特点在于，一对基因都是致病的，才能发病。如果有一个显性基因是正常的，另一个致病基因的作用就不能表现出来。这样的个体虽然不发病，却能将致病基因传给后代，因此叫做携带者。

父母本人虽没有发病，然而却是遗传病基因携带者。患者同胞中有1/4人发病，其他人虽然未发病却有2/3人可能是携带者。

隐性遗传病患者的双亲往往是近亲结婚，因为近亲中具有很多相同的遗传致病基因，又都是携带者。就表兄妹来说，他们之间基因就有1/8的可能性是相同的，使致病的基因相遇的机会大大增加。因此，在近亲婚配时，其子女易患遗传病。

据世界卫生组织估计，人群中每个人约带5～6种隐性遗传的致病基因。在随机婚配时，由于夫妻两人毫无血亲关系，所以相同的基因甚少，他们所携带的隐性致病基因也不同。我们假设丈夫携带的隐性致病基因为A、B、C、D、E，妻子则携带H、S、F、G、M，这就不容易形成隐性致病基因的患者。而近亲结婚时，由于夫妻两人携带相同的隐性致病基因可能性很大，丈夫带有A、B、C、D、E等隐性致病基因，妻子也很可能带有这些基因，因此容易形成隐性致病基因的患者，从而使后代遗传病的发病率升高。

提示

目前已经发现的遗传病种类达44种，经医学专家研究表明，近亲结婚的婴儿死亡率比非近亲结婚的婴儿死亡率要高3倍，而近亲结婚子女先天畸形率也逐年增多。近亲结婚的子女易得遗传病和先天畸形，并且体质较弱，所以做夫妻还是以不“亲上加亲”为好。如果已经结婚，一定要听从医生的指导，以免产生严重后果。

四、优生与胎教

中国有句俗话，叫做“种瓜得瓜，种豆种豆。”这句话包含了遗传的全部内涵。就是说，自然界的万物都是按照一定的规律来繁衍后代的。各类生物只能产生同种的后代，并继承前代的基本特征。猫的后代只能是猫，而绝不会是老鼠；苹果树只能开苹果花、结苹果，而不可能结出葡萄。具体到人类，孩子在容貌、举止、神态等方面都多少和父母有些相像。只是有时候某个地方像父亲，某个地方又像母亲，甚至还有一些地方像祖父母、外祖父母或其他亲属。这种现象就叫做遗传。

提示

遗传是优生的基础，也是胎教的先决条件。在自然界，只有素质良好的种子才有可能结出优良的果实。同样道理，只有继承了父母双方良好遗传基因的健康胎儿，才有可能达到优生的目的，也才谈得上胎教。我们知道，胎教就是对腹中胎儿的感觉器官进行刺激，前提是胎儿必须具备健全的感觉器官、神经系统及全身各器官。显然，一个先天性痴呆的智残胎儿是不可能接受胎教的，所谓“对牛弹琴”正是这道理。

五、遗传与优生的关系

婚后生育子女，当然希望生育身体健康又聪明的子女。子女各方面的性质，一部分受到父母的遗传影响，另一部分乃受到生活环境的影响，换言之，遗传提供材料，而环境再对这个材料进行加工。

决定遗传部分的是遗传因子，生育出来的婴儿所带的遗传因子是承受了父母双方各一半，所以，夫妻双方如果有恶劣的遗传因子，就很难生育出无缺陷的婴儿。因此，在选择配偶时，必须选择没有恶劣遗传因子的配偶，这样才有优良的后代子女。

现在的年轻人生育子女数量减少，也有人就持着不生育子女的想法结婚，这种人也许会对配偶的意见提出抗议说："我不打算生育子女，不必考虑遗传问题。"这种观念是错误的，因为遗传性的精神病、神经病会侵害肌肉、眼睛，有很多都是从青年期至壮年期才发病的，所以，即使从未打算生育子女，也必须重视遗传。

配偶为终生的伴侣，如果配偶由于遗传的精神病而发作，则幸福的婚姻也会被搞得一塌糊涂，所以，无论在什么心情下结婚，都应该重视遗传。

六、遗传与智力的关系

在一个家庭中，父母亲双方有一方智力低下的，他们所生的子女中智力低下的发生率明显高于父母亲智力均正常所生的子女；同样，父母亲都是智力低下，他们所生的子女智能低的发生率更高。这说明了智力与遗传的关系。智力虽然和某些遗传基因有关，但是，遗传也不是起着决定性的作用，还受着外界环境的影响子女从小耳濡目染，受到环境熏陶，而且父母有意识在这方面给予的培养，加上本身主观努力，刻苦求学，才能取得成就。

在以往多子女的家庭中，同一个家庭的子女，有的孩子长大后取得了惊人的成就，而有的则一生平平。这也充分说明了遗传固然能传给下一代某些天赋，但后天因素如家长的教育、父母的行为对孩子的影响以及个人学习和实践、刻苦的程度是造成智力差异的重要因素。

七、遗传与疾病的关系

正常人的体细胞有23对(46个)染色体，其中22对是常染色体；另1对是性染色体，女性为XX，男性为XY。在每1对染色体上有许多基因，基因由脱氧核糖核酸(DNA)组成，当DNA的结构有变异时(即有病的基因)，就会出现遗传性疾病患者。不少流产、早产、死胎的胎儿中，有相当一部分是严重的遗传性疾病，不能在胎内继续存活。生后存活的遗传性疾病患者中，一部分有明显的症状，例如某一系统、器官的残缺，畸形、智能迟缓等，成年后个人生活不能自理或丧失劳动力而需别人照顾，给家庭、社会带来很大的负担。但也有一部分遗传性疾病，外表上虽然正常，可是在传宗接代、子孙繁衍的过程中起到很大的不良作用，隐患无穷，严重的影响民族的素质。遗传性疾病可分为单基因遗传病、染色体病、多基因遗传病3类，各自遗传方式有所小同。

（1）单基因疾病

指仅有1对基因突变成病态所引起的疾病。单基因病绝大多数是代谢病，包括氨基酸、糖、脂肪、黏多糖、嘌呤、羟化酶等的代谢失调，引起数以千计的疾病。其中又分为：常染色体隐性遗传性疾病；常染色体显性遗传性疾病；性X连锁遗传性疾病。

（2）染色体疾病

主要是染色体的数目或结构的异常。又分常染色体疾病如21一三体综合征；性染色体病，如先天性卵巢发育不全，即女性的性染色体应该为XX，而本病是XO，缺少1个X染色体。

（3）多基因疾病

当由2对或2对以上的致病基因起作用而致病，虽然每对致病基因起的作用不大，但各对致病基因的累积作用就不小。多基因遗传病受到遗传因素及环境因素的影响。唇裂、腭裂、先天性心脏病、癫痫等均属多基因遗传病。

八、遗传病的危害

180多年前，在大西洋彼岸，曾有这样一个奇怪的家庭，其子孙双手的手指和双脚的脚趾呈现钳形，像螃蟹爪子一样，行动蹒跚，模样丑陋，被世人称之为“蟹足家族”。这个“蟹足家族”的形成，追溯根源，是因为老祖母是一个患有性病的女人，她生下了一个手足似蟹足的男孩子，这个男孩子长大结婚所繁衍的子孙便全都是蟹足状的人。历经时日，全家族的200余人都是蟹足状。

这群畸形人，智力并不低下，但因肢体畸形，受到世人的歧视和厌恶，他们自己则自惭形秽，在世人面前，简直无地自容，只得迁入与世隔绝的穷乡僻壤度日。其中悲愤地举斧砍去手足或饮恨自尽者不在少数。也有的干脆破罐子破摔，充当杂技团丑角、怪物，供人赏乐，聊以苟活人世。

以后，在这个家族中，曾生出一个手足正常的男孩儿。大家都喜出望外，以为噩梦就此结束了。这个孩子长大以后，特意寻得一个正常的女子结婚，希望永绝蟹族后代。遗憾的是，他们的孩子竟依然是蟹足形儿，妻子愤而不顾别人的阻拦，将婴儿摔死，她本人也蒙羞自杀……

此后，这个家族的男女再也没有婚嫁，慢慢地灭绝了。

九、遗传的奥秘

俗话说："种瓜得瓜、种豆得豆。"孩子长得像父母，这种亲代和子代在形态结构、生理功能和外貌特征相似的现象就叫遗传。那么人类的这一特征和特性是怎样传给后代的呢？人们对这一问题一直迷惑不解，几千年来这个谜始终被诸多科学家们所探讨着。

早在两千多年前古希腊名医希波克里特提出，遗传是由精子把前人的性质带给下一代。到 17 世纪有个哈特沙克的学者幻想精子内部有个小人儿托着一条脐带盘腿而坐，人的特征就是由这"小人儿"传下来的。直到近百年来由于高尔顿、孟德尔、摩尔根和克里克等人的工作建立了现代遗传学和分子遗传学，这才使人们对遗传有了较深入的了解。

我们知道人类的繁衍是由父母的生殖细胞即精子和卵子结合、发育分化来完成的。人类遗传的秘密就藏在父亲的精子和母亲的卵子中。它被称为染色体，存在于细胞核内，因极易被碱性染料染色故而得名染色体。人的染色体有 46 条，生殖细胞在形成过程中经过不断地减数分裂，最后每个生殖细胞染色体就只有 23 条。

提示

染色体如同一间贮存有许多物质的仓库，其中有一条形状非常奇妙如同梯子的双轨螺旋。这个梯子不是我们想象的只有几级，几十级，而是几万或几十万级，在医学上我们称它为脱氧核糖核酸，它掌握着人类遗传信息的物质——基因就在这个梯子上。基因携带着遗传的信息，控制着人类遗传的性状，使后代和亲代相似，人类基因有一二百万个，而每一个基因，就像电报密码一样携带一种遗传信息，控制人的一种特征或特性。

当各带 23 条染色体的精子和卵子相结合成为受精卵时，又重新合成原来的 46 条染色体，其中常染色体 44 条，性染色体 2 条。常染色体男、女都一样，而性染色体却不同，男性为 Y、Y 两种染色体，而女性两条性染色体都是 X。

根据以上道理我们知道父母的染色体各占婴儿一半，也就是说精子中 23 条染色体带来了父亲的遗传信息，而卵子中 23 条染色体带来母亲的遗传信息。因此说孩子所得的遗传因子就是父母的各一半。所以孩子有的地方像父亲，有的地方像母亲，人类就是这样将遗传的特征一代一代地传下去，永无止境。同时人类的各种遗传病也一代一代地传下去，如果不采取措施加以控制，就会扩散，为了能生一个健康、聪明的后

代，就要对遗传学知识有所了解，发现异常及时找医生商量对策，减少或杜绝遗传病儿的出生。

十、遗传性疾病的特点

如果对各种遗传病种类做了一个统计，出现一个惊人的数字：4000 多种，虽其种类很多，但都具有 3 个共同的特点，现加以介绍以便有所了解：

（1）先天性

这是由于遗传病基因本身就存在于父母生殖细胞中且数量很多，或是父母的精卵细胞结合时都正常，但在发育过程中受到某些不良因素的影响而使基因发生突变。因此这种疾病在胚胎时期或胎儿发育早期即已形成，婴儿出生时就已经患病。

（2）终生性

遗传性疾病到目前为止绝大多数难以治愈，如：21 三体综合征（先天愚型）、白化病等。但也有少数疾病如能早期发现及时治疗可以缓解症状或避免发病，如：苯丙酮尿症的病人在出生前 3 个月如果能及时做出诊断，6 岁前坚持低苯丙氨酸饮食，就能避免出现智力发育迟缓的现象。

（3）遗传性

由于致病的基因有的是显性遗传（从父母身上明显地表现出来），也有的是隐性遗传（父母是遗传基因携带者，但本人不发病），因此说遗传的方式也各不相同。①能代代相传或隔代相传，如白化病。②男女都可发病，如多发性家族性直肠息肉病，遗传性舞蹈病等。③选择性遗传：有一种叫伴性遗传，如红绿色盲、血友病等。这种遗传性疾病具有传男不传女的特点，虽然生男孩发病生女孩不发病，但所生女孩为遗传基因携带者，虽然本人不发病但可以传给后代。

十一、先天愚型儿与遗传病

所有的新婚夫妻都希望自己将来能生一个智力超群、体格健壮、活泼漂亮的小宝宝。可是在我们日常生活中却能见到一些智力低下的孩子。这些孩子刚生下来时，表面上看不出与别的孩子有什么不同，但随着年龄的逐渐长大，会发现孩子双目无神，口中流涎，张口吐舌的怪样子，到了三四岁了还不会叫爸爸和妈妈，经医生检查方知是患了先天愚型这种遗传病。这对一个幸福的家庭来说无疑是一个很沉重的打击。

为什么看起来好端端的父母会生出先天愚型儿呢？这就是遗传病造成的，由于父母的生殖细胞的染色体和基因有了病变，把病变的基因传给了后代。但有的父母并无遗传病，也会生出先天愚型儿呢？这是由于在父母的生殖细胞结合形成新的小生命时，受到了不良因素的危害，造成子代细胞中染色体或基因发生突变而发病。这就是为什么看起来“好端端”的父母会生出一个先天愚型儿的原因。

十二、遗传病的预防

为了控制或减少遗传病的发生，提高我们中华民族的人口素质，要采取以下措施。

(1) 实施优生

明显表现出遗传性疾病的患者如先天愚型、智力低下、遗传性精神病，显著的遗传性躯体疾病如舞蹈病和肌紧张病、白化病等均应避免生育。

(2) 避免近亲结婚

近亲之间具有相同遗传因子的可能性很高，这自然会增高遗传病的发病率。经医生统计证实“肝豆状核变性”病人非近亲婚配，后代中的发病率为四百万分之一，而近亲结婚，后代中的发病率为1/64。还有近亲婚配所生子女智力差的比非近亲结婚的高3.8倍。因此近亲结婚严重影响后代的素质。

(3) 遗传咨询

如果有以下情况时，孕妇应该想到腹中的胎儿是否正常，并及时到医院做遗传病检查：①近亲结婚；②35岁以上高龄初产妇；③夫妇一方或双方有遗传性疾病家族史：④生过患遗传病，或先天性畸形的孩子；⑤有习惯性流产、死胎、死产、新生儿死亡等孕产史：⑥夫妻双方之一是遗传病或染色体病者；⑦孕妇在妊娠早期（前4个月内）接受过射线，接触过有毒化学物质或受到病毒的感染；⑧早孕期服用某些药物。如有以上所列举情况，孕妇应及时到医院与医生取得联系，采取有效的措施，必要时终止妊娠。

(4) 产前诊断

经过遗传咨询后，如果对胎儿有怀疑可抽取羊水检查看是否患有先天愚型；或做胎儿镜检查，以此判断是否有肢体残缺或B超检查是否出现无脑儿。一旦确诊胎儿患有严重疾病时一定要终止妊娠，避免先天异常儿的出生。

十三、患了遗传病怎么办

首先不要惊慌失措，夫妻双方不要相互埋怨，要采取相应的措施，如果患有严重的遗传病就不能生育子女，已经怀孕的要做人工流产或引产。有些遗传病，只传给男孩

不传给女孩，或只传给女孩不传给男孩，那么夫妻就有机会生育，但必须有选择性地生育。但如何选择性别？应听取医生的建议。

第二节 优孕指导

一、孕前心理准备

(1)最佳怀孕情绪

孕妇应该保持心情愉快，情绪乐观，避免不良情绪的出现。这对孕妇自身健康，特别是对于胎儿的健康发育，是非常有好处的。

因为孕妇的情绪变化，会导致生理功能、身体质量与健康状况的改变，而这些改变又会直接或间接地影响到胎儿的生长和发育。所以，孕妇对此必须要有足够的重视。

孕妇发怒的时候，血液中的激素水平会很快升高，体内的有害化学物质的浓度也会在短时间内增多。这些物质通过血液循环很快遍及全身，而且能够通过胎盘屏障进入羊膜腔。这些物质会在胎儿身上直接发生作用，日后在性格、情绪上会重现母亲的性格和情绪。可见，这样的结果是很不好的。

血液中的白细胞是健康的“卫士”。人在生病时，白细胞特别是白细胞中的巨噬细胞便与侵入体内的细菌、病毒进行搏斗。而孕妇发怒，恰恰会使血液中的白细胞减少，这无疑会使体内抵抗疾病的战斗力减弱，降低了人体免疫功能。所以，有可能更多地感染疾病，这不仅对自身健康不利，也会由于经常生病而影响胎儿的生长发育。而且，孩子出生之后的抵抗疾病能力也比正常孩子差一些。怀孕期间孕妇的情绪不佳，对健康造成的不利后果是多方面的。

另外，一些发生腭裂、唇裂等缺陷的婴儿，其母亲在怀孕期间往往情绪不好。怀孕7~10周这段时间，正是胎儿口腔腭部和上颌骨形成的时期，而此时孕妇的情绪不稳定，受到一些不良刺激和影响，很可能就是形成出生缺陷的一个不可忽视的因素。

孕妇的情绪好不好，同样对胎儿有直接的影响。性情暴躁、急躁、情绪波动大、容易发怒、多愁善感、敏感多疑、心胸狭窄的孕妇，妊娠早期以及中期发生流产的，要比正常孕妇高出3~5倍。而且这些孕妇所生的孩子，比正常孕妇生的孩子体重明显要轻一些，并且分娩时出现难产情况的也多于心理正常的产妇。

孕妇的情绪如何，既关系到自身的健康，也关系到下一代的生长发育，的确是一个应该认真对待的大事。至于在怀孕期间如何保持健康、良好的情绪，需要注意的方面很多。家庭要尽可能创造和谐、欢乐的生活气氛，夫妻之间要多交流、多理解，尤其是发生不愉快事情的时候，要多从积极的方面开导孕妇，避免孕妇受到不良刺激。作为孕妇自己，同样要正确对待生活中发生的大大小小的矛盾，对一些无足轻重的事情，不要过分认真和计较，尤其不应该多疑，尽量减少对家里其他人的误解。即使遇到什么不顺利的事情，也要豁达一些，应该学会多做一些自我安慰，这样，情绪就不容易受到影响而波动了。要知道，保持健康的情绪，让自己始终有一种良好的心境，对自己、对胎儿，都有好处，自然对家庭也就有好处。

(2)调整孕前心绪

夫妇孕前在情绪和心境方面所持的状态非常重要，它对孕期母子健康有着微妙的影响。

情绪是人反映性心理活动的表现。从性质上说，它可以分为积极的、消极的或不确定的三种状态。这三种状态的形成，与一个人的期望值和实现值之间所表现的关系有着密切联系。比如，有一对夫妇，希望很快地顺利怀孕，但由于某种原因未能如愿，就有可能导致消极的或不确定的情绪状态产生；相反，如果这对夫妇持坦荡、乐观的态度，即使没有及时妊娠，也仍然会保持积极的情绪状态。

心境是使人的一切体验和活动都染上情绪色彩的一种持续时间较长的状态。它有暂时的和稳定的两种表现形式。夫妇之间，彼此的心境有强烈的感染性，它的形成，同社会、家庭、生活、工作和环境等因素有关。因此，善于协调上述各种因素，特别是善于处理上述因素导致的夫妇间的矛盾，就成为保持良好的孕前心绪的前提。

(3)和谐的孕前心理

对于新婚夫妇来说，心理环境的内容十分丰富，包括夫妻彼此在气质上的互补和性格上的协调等。和谐的孕前心理环境有这样几个鲜明的特征：

①夫妻善于主动调节相互之间的心理平衡，当一方由于气质上的或性格上的原因失去正常的心理状态时，另一方善于引导对方摆脱困境。

②善于安排适宜的生活节律，以消除某种容易导致心理失调的因素。

③彼此都善于在特定情况下，加大自身处理与对方关系中的“容忍度”。平常有可能要进行适当争论的非原则性问题，这时可先容忍下来，留待以后适当的时机解决，也

可借其他方法使之自然消化。

(4) 为怀孕做好准备

良好的心理因素与和谐的性生活紧密结合，是达到优生的重要因素。所以，优生的性生活应具备下列心理准备：

做爱时，夫妻双方的注意力要集中，完全排除其他无关意念、事情的干扰。

夫妻双方都有做爱的要求，并为此感到轻松愉快，而不仅仅是单方需要，或者视为负担和痛苦。

夫妻双方都有正常的性欲望和性冲动，而不仅仅是一方。

夫妻双方要在高度的兴奋、愉悦、舒坦、满足中完成性行为，而不是索然无味。

性交过程中，夫妻双方激动、兴奋、欢快的情绪应趋浓烈，并互相影响、感染、激励。如果一方的一言一行，甚至呼吸、表情、姿势、语调等方面显出勉强、不自然或者为难的表示，就会削弱对方欣快、欢愉的情绪。

并非每次性生活夫妻双方都要具备这些特点，有时因偶然因素，使性生活不尽如人意，缺乏正常性快感，只要体谅对方，即可在下次性生活中得到补偿。

根据夫妻性生活的心理特点，为保持性生活的和谐，提高满意度，避免心理性的性功能障碍，夫妻双方同房时应创造良好的环境，排除一切情绪干扰，全身心地投入做爱之中，并同步进入性兴奋、性高潮期，和谐地度过消退期，正确对待和妥善处理性生活中可能出现的种种问题。只有这样，才能使夫妻性生活保持最佳心理状态，获得极大的精神愉悦。

(5) 喜迎妊娠到来

夫妇之间，如果能够有意识地进行迎接妊娠的情感投资，无疑是一种生育智慧。

以迎接节日一样的心境迎接妊娠，是建立优生心理的开始，它将对未来一代的身心健康产生深远的影响。

不要向周围的亲友掩饰符合计划生育原则的妊娠愿望，经常有幸接受与妊娠有关的良好祝愿和关切，将有助于烘托这种“节日”般的气氛，对改善妊娠心理也很有裨益。

夫妇双方不妨安排一点带有纪念意味的举动。譬如在准备妊娠的时候合影留念，也可以更浪漫一点儿；夫妇分别执笔给未来的小宝宝写一封欢迎的信函并各自珍藏，并相约在适当时机展示等。这样做，不只是具有优化妊娠心理方面的作用，还将对孕妇顺利度过妊娠中的生理适应过程有明显的“支柱”作用。

(6) 妊娠是爱情的升华

妊娠，在新婚夫妇生活中，它应该是巩固爱情的纽带，而不应该是弱化夫妇情感的“导火线”。

对于妊娠的期望，无论夫妇哪一方都应给予充分重视，但它毕竟不是爱情生活的全部目的和全部意义。优生，并不意味着生育目的优于爱情生活的其他方面，常见有一些夫妇虽然未能达到适时妊娠的愿望，甚至终生未能妊娠，仍能和谐相处，生活幸福；有一些夫妇却由于一时未能妊娠而各奔东西。对于后者，由于原因复杂，未必完全没有道理，但是其中也确有一些本来感情基础尚好，也并非没有生育希望的夫妇，只是由于一时没能摆正妊娠在爱情生活中的位置，而造成婚姻失败，并导致对人生道路的消极态度，这是很不值得的。

提示

生育，从家庭伦理角度来看，是一种爱的传递，它是以夫妇情感的发展为基础的。从期待妊娠到实现生育目的的过程，应该是发展夫妇挚爱，并从而进一步激发对生活的热爱的过程。把握了这一点，同时也就获得了平衡妊娠心理的强有力的支点，因此，可以说，这是搞好孕前心理准备的关键。

二、孕前生理准备

(1) 调适生理机能

人类的延续并不是单纯的生殖系统的生活，孕前生理准备机能的调适自然也不只是指生殖机能的调适。

人类要健康地生活，自然时刻都要注意生理卫生，特别是对于准备生育下一代的新婚夫妇来说，尤其显得重要。年轻的夫妇应制定一系列的生理机能保健措施，针对婚前检查所发现的有关疾患和不够理想的生理机能问题，进行治疗、调养和功能性锻炼。特别是要保持精液的正常成分和卵子成熟的质量以及生殖器官的健康状态。必要时，在孕前，夫妇可以主动接受生育门诊的指导。

(2) 调理肾气

天下做父母的，都希望生个健康、聪明、活泼的孩子。父母的健康，是孩子健康的基础。要想生个健康的孩子，必须做到如下几点：要求在30岁左右结婚（女的24～28岁，男的25～30岁），结婚后同房次数要以事后不感疲乏为宜，保持男女双方健康。凡是男女有一方正在生病，或病虽然好转，但未完全康复之前，不得要孩子；保持肾精的充足，采取食疗与药疗相结合的方法。不论男方与女方出现肾阴亏（症见腰痛、耳鸣、口干，同房时，男方精液少，女方阴道分泌物少）均可用滋阴补肾法。

①食疗方：黑大豆30克，黑芝麻30克，新鲜猪腰一对，或猪尾骨60克同煲食，可放少许食盐调味，每天1剂，或3天1剂，连服1个月。

②药疗方：杜仲15克，桑寄生15克，女贞子10克，山药10克，山萸肉10克，枸杞子10克，核桃肉10克，炙甘草6克，每日1剂，用水煎服。或用六味地黄丸每日3次，每次1丸，连服1个月。

如果出现肾阳不足（男方症见腰痛、小便多、性欲减退、房事勃起无力或阳痿；女方症见腰痛、小便多、性欲减退），可以用下方疗之。

③食疗方：猪鞭（狗、牛亦可）1条，羊肉30克，煲熟后加入30～40毫升三花酒冲服。每日1剂，连服1个月。

鲤鱼卵30克煲熟后，加入少许三花酒冲服。

鸡睾丸30克煲熟后，加入少许三花酒冲服，每日1次，服1个月。

④药疗方：仙灵脾10克，仙茅10克，巴戟天10克，故纸10克，韭菜子、川断各10克，炙甘草6克，每日1剂，用水煎服，连服1个月。

附桂八味丸或龟鹿补肾丸，连服1个月。每日3次，每次1丸。

(3)提高身体素质

有些青年男女平时不注意锻炼身体，在妊娠之后才开始讲求优生，这自然比不讲求要好，但是终究显得有些迟了。

优生应始于择偶，择偶的科学意识，显然应包括对意中人身体素质的考察。新婚之后，为保持身体素质的良好状态，最关键的一条是建立有助于两性生活健美化的节律和格调。这不仅是家庭生活幸福的源泉，从生育观点看来，也关系到未来的父母所产生的性细胞——精子和卵子能否始终处于最佳状态，并有利于新生命在形成过程中获得优良遗传基因的第一个生存环境。

孕前身体素质调养方式，最关键的是夫妇要分别坚持进行健美活动，包括健美运动和有益于健美的艺术活动。沉湎于自我封闭式的新婚生活，无节制地纵欲则是重要的“禁忌”。保持健康的精神状态，是身体素质向正常发展的“精神卫生”条件，万万不可忽视。

(4)孕前生活安排

在孕前，注意衣食住行也不只是女方的事。譬如，国外已经发现，经常穿紧身裤的

男性，由于使睾丸压向腹股沟而增温，以致造成生精功能减退，这尤其需要喜欢穿牛仔裤的新婚男性注意。女性在衣着方面宜宽松，使乳房及腹部能够保持自然松弛状态，以利于生理功能的协调。饮食方面，男女双方均应禁忌刺激性的食物，尤其应禁酒和烟。最好不要偏食碱性或酸性食物，以免破坏身体酸碱性的平衡；居住环境应尽量避免噪声污染；应尽量躲避有害于生育的放射线源的危害。在行动方面应避免过分剧烈的运动方式，因为过于激烈的竞技心理状态，往往会影响生理机能的平衡。如果必须参与时，应适当推迟孕期，以期获得尽可能完美的优生效果。

(5)孕前锻炼方法

①健身锻炼。健身锻炼，应该贯穿于人的一生之中。人们通过锻炼达到健身的目的，也可以通过锻炼达到重塑体形的目的。健身可强健人的身体或健全人的体格。由于两性存在着生理上的差异，因此应选择适当的健身手段。如女性在速度、力量和耐力上与男性相比有很大的差距，因此应选择有利于提高女性身体机能的运动项目，使其全身及腰背部和盆底部肌肉协调均匀地发展，保持女性健美的体形，维持子宫的正常位置。女性在锻炼中应注意对运动量和时间的限制，防止出现运动过量或运动损伤。

锻炼对人体是如此重要，那么锻炼是怎样提高人们身体素质的呢？锻炼可以改善神经系统的功能，使其反应灵活迅速，准确协调。我们通常在观看体育比赛时，被运动员那精细、微妙的动作所折服，这是其长期刻苦训练的结果。当然常人健身是以强健体魄为宗旨，但经常锻炼则可使身体反应更敏捷、灵活；锻炼可以消除脑细胞疲劳，提高学习效率以及增强大脑活力，有效地延缓大脑细胞的衰老。

锻炼可以增强心脏功能，使心肌更厚实，肌肉纤维更丰满，心脏收缩更有力，每次搏动能输送更多的血液；能使血液中的红细胞、白细胞以及血红蛋白的含量增加，提高血管功能，改善微循环功能。总的说来，可以提高血液的输送氧气和养分的能力。

锻炼可以提高呼吸系统功能，使呼吸强度加大，呼吸频率减慢，使人体能承受更大强度的运动和劳动负荷；也能使肌肉更加丰满有力，关节更加牢固、灵活，骨骼更加坚硬，韧性更强。通过锻炼可以加强女性骨盆部的肌肉，有助于以后的分娩。

此外，锻炼还可以增加身体的耐受力，这也有利于身体对不良环境的适应，同时也有利于女性的分娩。锻炼增加人的性欲以及对性的敏感性，使夫妻能从性生活中得到更多的乐趣。

锻炼虽能给身体带来许多好处，但是不当的锻炼也能使身体受到损伤。为了避免不应有的伤害，在锻炼时应注意采取积极主动的方式锻炼，因人而异、量力而行。同时应注意锻炼过程中循序渐进，持之以恒，全面锻炼。

在选择锻炼方法时，应注意由于男女生理结构的不同，应选择不同的项目。对于

女性来说，力量小，耐力相对差，但柔韧性及灵活性较强，因此选择健美操、游泳、慢跑、

旅游等对体力要求较低的运动较为适宜。这类活动对于维持女性的体形有非常好的效果，如健美操把适宜的体育活动与音乐结合起来，使单调、乏味的肢体运动更生动活泼，运动者不易失去兴趣。同时，健美操的运动是全身性的，并有相当的运动强度，能消耗体内过多的脂肪。而男性的锻炼内容则相对来说比女性的多，选择的余地更大。不管选择什么样的锻炼形式，都应该循序渐进，并坚持不懈。由于机体的变化是缓慢的，也只有不断地锻炼，才能使身体素质得到提高，机体对于外界的防御功能得到增强。

②散步。怀孕后，孕妇不宜再进行剧烈体育锻炼，不宜疲劳过度，但也要适当锻炼。散步是孕妇安全、有效的锻炼方法，无论孕早期、中期、晚期均可以采用这种方法。因此建议准备怀孕的妇女现在就采用这种锻炼方法。一是为孕期散步寻找一条僻静、空气环境好的路线；二是养成一种习惯使得孕期锻炼能顺利进行下去。孕前每天散步应在 3 千米以上，时间选在早餐或晚餐后较为合适。

(6) 孕前检查

孕前检查多指婚前体格检查。

①检查的好处。通过婚检全面了解男女双方的健康状况。如果发现一方患病可以及早治疗，如果发现有有碍婚育的遗传病，劝阻不要结婚或不要生育。对有生理缺陷影响婚后正常性生活者，可以用手术或药物治疗，以免婚后才发现，影响夫妇感情或造成家庭纠纷，使双方精神遭受痛苦。

此外，在进行婚前检查的同时，医生还可以对青年男女进行有关婚后性生活方面（性知识、计划生育、优生）的知识指导。

有利于生育健康的后代。天下父母，谁不想生一个健康、聪明、活泼、可爱的孩子？尤其现在一对夫妇只生一个孩子就更是如此。但是有些问题在怀孕时很难知道，比如：夫妻有一方是遗传病携带者，其本人不发病，但是所生的孩子就有可能发病。凡是这样的父母，通过婚前检查可以查出，并根据这种遗传病的遗传规律和方

式，估计子代发病率有多大，从而向男女双方进行指导，告诉本人应该怎么办。这样，就可以减少身体不健康或智力有问题的孩子出生，不但减少家庭和社会的负担，而且可以防止这些遗传病在家庭中延续，对我国民族兴旺发达有很大的好处。

②检查的主要内容。它包括对男女双方疾病史的了解和进行系统的体格检查。

·家族史。包括对三代以内直系、旁系亲属的健康情况的询问，尤其是有无遗传病、精神病和传染病史等。

·血缘关系。了解是否近亲婚配，如果是，则不可以结婚。

·健康状况。患有心、肝、肺、肾等病或高血压急性期，待病情痊愈后方可结婚。患有先天愚型、严重的精神病、麻风病、梅毒和红斑狼疮者应该禁止结婚。

·生殖器官。判定是否有严重的生殖器官畸形和异常。患有无法矫正的生殖器畸形的人，不宜结婚，因为这些患者婚后不能进行正常的性生活，会造成婚姻不协调，甚至导致离婚。

总之，欲婚男女进行婚前检查，可使双方互相了解对方是否健康。同时，医生可以利用这一机会向男女青年讲解生理知识，宣传优生优育知识以及性生理、性卫生等保健知识。欲婚男女青年，应该本着科学和坦诚的态度，认真回答医生提出的每一个问题，并积极虚心地请教。

(7)孕前须治疗的疾病

①贫血。平时有眩晕或站起来头发晕、头痛、呼吸困难等症状的具有贫血倾向的女性，在决定妊娠前一定要进行血液检查。检查后，如果确认患有贫血症，应先治愈，再考虑妊娠。贫血症主要疗法为食疗，平时加强饮食营养，多进食含优质蛋白质和铁质丰富的食物，如动物肝脏、瘦肉、海藻类、蛋黄、花生、芝麻等。应提倡多吃豆制品，豆制品是植物蛋白质和铁质的最佳来源，经济又实惠。

轻度贫血不属病理范围，不必担心，若日常生活稍注意些，一般很快就可以纠正过来。因妊娠而贫血的孕妇，要适当减轻工作量。如果血红蛋白在7克/100毫升以下者，就应完全休息，以减少机体对氧的消耗，同时也可避免因头晕、乏力导致晕倒而发生意外。

②高血压。年轻人患高血压被称为“青年性高血压”。高血压患者一旦怀孕，血压会更高，这种情况很容易演变为妊娠高血压疾病，那么对孕妇而言就很危险了。

那些准备生育的女性，对自己的血压值不大清楚的，平时又有剧烈头痛、肩酸、失眠、眩晕、浮肿等症状的，一定要在妊娠前上医院测量血压。检查后，发现血压偏高的女性要注意平时饮食、起居，加强体育锻炼，最好能在妊娠前保持正常的血压。

患高血压症的孕妇应避免过度疲劳，保证足够的睡眠时间，保持情绪稳定，少吃多餐，减少盐分摄入，每天食盐量控制在2克以内，少食高脂肪、高热量的食物。

根据病情，在医生指导下，服用些利尿剂、降压剂等。

③慢性肾炎。妊娠前患有慢性肾炎的，一旦怀孕，会使肾脏功能进一步恶化，妊娠早期就会诱发妊娠高血压疾病。孕妇患者胎盘血液循环发生变化，供养不足，胎儿生长发育也会受到很大影响。另外，产后母体会留下后遗症。所以，慢性肾炎患者不能妊娠。盼子心切的，应积极治疗，在医生指导下进行妊娠。

如果得到医生允许，还必须和产科、内科医生取得密切联系，才可保证顺利妊娠、分娩。

慢性肾炎主要症状是浑身无力、容易疲劳、全身浮肿等，有的伴有尿蛋白和血压升高等症状。妊娠前一定要及早发现肾脏疾病，及时治疗。

妊娠后患有肾炎的孕妇，日常生活中应多休息，增强营养，多吃含蛋白质丰富的食物，补充足量维生素，饮食宜淡不宜咸，增强身体抵抗力，避免各种病毒感染。慢性肾炎患者要严格节育，生第一胎后最好做绝育手术，因为多生一胎，就多冒一次生命危险。

④肺结核。患过肺结核的女性，妊娠后很容易复发。因此肺结核痊愈的女性，决定生育前最好上医院复查原病灶有没有复发倾向，然后由医生决定是否妊娠。正常情况下，结核非活动期，已经趋于稳定或已经钙化，应该可以妊娠。但是，仍不能排除妊娠期和产后旧病灶复发的可能。肺结核患者应强调计划生育，以病愈至少两年后再生育为宜。

结核菌一般不会经胎盘侵入胎儿体内，即母体不会把结核病传染给腹中的胎儿。但是，如果母亲患的是开放性肺结核，又隔离不严，就很容易传染给刚出生的新生儿。因此，新生儿必须在出生后24小时内接种卡介苗，严禁母乳喂养。

早期结核病往往不易被发觉。如果出现持续数日低热，容易疲劳、咳嗽、咳痰、盗汗等症状，应怀疑是否患结核病，并立即上医院诊治。

结核病患者在接受抗结核病菌药物治疗的同时，要注意加强营养，保持居室安静、空气流畅。户外散步有利于病情好转，多晒太阳有利于钙吸收。孕妇患者还要每天定时测量体温、检查血沉和做胸部透视，以掌握病情现状。严重患者还需做手术。

⑤糖尿病。糖尿病是遗传性较强的疾病。即使母体在妊娠前没有表现出病症，但

实际上，母体在出生时就已携带了糖尿病的发病基因，而在各种诱因下，发病基因会表现出病症，妊娠就是诱因之一。因此，妊娠前必须追询一下直系亲属中，有没有糖尿病患者。

孕妇患糖尿病，会引起流产、早产、妊娠高血压疾病、羊水过多症和胎儿巨大等。所以，有糖尿病家族史的妇女妊娠前，应该到内科诊断，根据检查结果来确定妊娠情况，对于不宜妊娠却怀孕了的女性，应尽早终止妊娠。

患糖尿病的孕妇，必须在医生指导下进行严格的饮食控制。一般热量为每天8.12千焦左右，主食每天约350～400克，蛋白质每天每千克体重为1.5～2.0克，同时应注意摄入维生素、钙和铁等，多吃牛奶、蔬菜和豆制品，含糖多的根薯类和水果、糖果等则要少吃。

产妇患者要提前3～4周住院待产。产褥期要注意防止感染。每天测体温4次。重症糖尿病患者不宜哺乳，轻症患者可以哺乳，但要加强乳房护理，保持清洁，防止感染。

为了及早发现糖尿病，有家族病史的女性和孕妇要在不同时期做尿糖测定。值得注意的是，化验呈阳性者，不一定就是糖尿病患者。因为妊娠期间可引起肾性糖尿，妊娠后期乳腺功能活跃，就会出现乳糖尿，而这些均属生理性糖尿。因此，怀疑患糖尿病的要进行多次认真检查才能确定。

⑥心脏病。妊娠后心脏必须负责向子宫输送大量血液，而机体耗氧量的增多和体内水、钠潴留等，则会导致心脏负担过重。到临产分娩时及产后1～3天内，心脏负担更重，这时很容易发生心力衰竭。因此，心脏病患者在妊娠中病情会进一步恶化，由于心脏承受不了供血负担，会引起流产、早产，而且心脏病还是妊娠高血压疾病的诱因。

有呼吸困难、身体易疲倦、心悸等症状的女性，怀孕前要做心脏检查。心脏病Ⅲ级和Ⅳ级患者要严禁怀孕，最好做绝育手术，如果是避孕失败，要及早进行人工流产。

Ⅰ和Ⅱ级心脏病患者可以妊娠，妊娠后应尽可能请心脏病专科医生、产科医生进行定期会诊。要随时观察，留意心脏功能情况，以防发生心力衰竭，危及母婴生命。

患心脏病的产妇要提前数周住院待产，并且选择条件较好的医院分娩。临产时，要尽可能休息好，每天不要少于10个小时睡眠，选择富含维生素和蛋白质的食物，饮食以清淡为主。心情不要紧张，要树立信心，要相信在医务人员的精心护理下，一定会顺利生出可爱的宝宝。产后不要过早出院，多住几天，便于观察静养，同时要预防感染，防止细菌性心内膜炎的发生。不宜哺乳。最好做绝育手术，这对心脏病患者很有必要。

⑦病毒性肝炎。肝炎患者妊娠后，不仅影响母体健康，而且危及胎儿。因为肝炎病毒，可以通过胎盘感染胎儿，诱发流产、早产、死产和畸胎，即使侥幸生出胎儿，而该新生儿也会是肝炎患者，死亡的可能性仍然很大。所以，病毒性肝炎患者，应积极治疗，待肝功能恢复正常后才可妊娠。

如果有浑身无力、侧腹疼痛、发热，甚至出现黄疸等症状，应怀疑是否患有肝炎，并尽早上医院接受诊断和治疗。曾经患过肝脏疾病的女性，在妊娠前或妊娠早期要及时告诉保健医生，并做血液化验和尿检。

患病毒性肝炎的孕妇，必须在内科和产科会诊的基础上，采取相应的处理措施：

·妊娠早期可以考虑治疗性流产的方法。如果病情严重，应先控制病情，在病情缓解的情况下再做治疗性流产。

·到了妊娠中、晚期就不宜流产了，必须严格预防妊娠高血压疾病，加强围产期保健。

·分娩时要先验好产妇血型，大多数患者分娩后需要要输血。

·产褥期要特别注意预防感染，定期做肝功能检查。新生儿要和母亲隔离，并注射抗病毒肝炎血清。母亲不能哺乳。

⑧子宫肌瘤。患子宫肌瘤的孕妇本身没有什么特别感觉，大多数也能自然分娩。但是，由于黏膜下肌瘤妨碍受精卵着床，反复引起流产，就必须先施手术把肌瘤摘除后，再考虑妊娠。

妊娠后发现患有子宫肌瘤，若不影响妊娠的继续，不必处理，但要严格观察子宫肌瘤的变化情况。如果子宫肌瘤生长的部位严重妨碍分娩，如阻碍胎儿头部娩出，那么就应采取剖宫产，并且可以同时摘除肌瘤。

⑨梅毒。梅毒可经胎盘侵入胎儿体内而造成流产、早产、死产、畸胎和导致新生儿脑膜炎等。新生儿先天性梅毒的主要症状是：塌鼻梁、血性鼻涕、皮肤出现梅毒疱疹、骨骼异常等。

认为自己有可能患梅毒的女性，妊娠前一定要进行血液检查，千万不要存侥幸心理，否则危害十分大。被确诊为梅毒的患者要接受治疗，待痊愈后才可考虑妊娠。

梅毒的主要症状是：初被感染，只是生殖器溃疡，即外阴部受损伤，数天后伤口会自行愈合，但实际上病根未除，约12周后又重新发作，并伴有头痛、高烧、皮肤上出现红斑等症状。因此，自己曾有过或丈夫有过生殖器官溃疡的，一定要上医院进行全面体格检查。

患梅毒的孕妇若能早期发现，早期治疗，赶在胎盘尚未形成之前痊愈，那么就不会传染给胎儿，否则只有采取人工流产，终止妊娠了。

⑩膀胱炎、肾盂肾炎。女性尿道短，并且尿道口离阴道和肛门又很近，因此细菌较容易侵犯到膀胱，引起膀胱炎。病情若没有得到控制，感染还会延伸到肾盂，导致肾盂肾炎。

膀胱炎的主要症状是尿频、尿急、尿痛、尿道口有烧灼感等。患者常可通过大量饮水而使症状有所缓解。如有上述症状，应尽快接受检查治疗，不要耽误。

膀胱炎容易复发，尤其是在妊娠期，阴道分泌物增多，稍不注意清洁，极易导致复发。因此，患过膀胱炎的女性治疗要彻底，即使一般症状消失，尿化验也正常，也必须持续服药一周左右，以防复发。

孕妇要预防膀胱炎，就得勤洗澡，勤换内裤，保持外阴部的清洁；平时多饮水，禁用香辛类调料，避免过度劳累，勿受凉。如果发现得了膀胱炎要及时治疗。如果症状在妊娠 36 周前或分娩一周后出现，可用热水坐浴，以减轻症状。

⑪阴道炎。阴道炎大多数是由白色念珠菌感染引起的，念珠菌是一种霉菌。如果阴道炎未被治愈，分娩时可在产道感染胎儿，引起新生儿患鹅口疮。

阴道炎患者最好是先治愈后再生育，否则会影响疾病的治疗，影响妊娠。霉菌性阴道炎的主要症状是阴部发痒，严重时，痒得令人坐卧不安，阴道分泌物为豆腐渣状，阴道口周围发红，似湿疹。如果发现有上述症状，应及时上医院诊治。

霉菌性阴道炎的预防关键在于外阴的清洁和消毒隔离。患糖尿病的女性，要特别注意预防。

(8) 孕前饮食与用药

搞好孕前饮食的目的，是为了提高胎儿的身体素质和智力素质，所以，孕前饮食首先要为男女双方提供合格的精子和卵子服务，其次要为女方做好孕期的营养储备。

男女双方因为精子和卵子不合格而引起受孕失败的例子较为常见。在改善和排除不利因素对精子和卵子的影响时，适当地注意饮食，加强营养，也会改善精子和卵子的某些缺陷。

计划受孕前的食物不要太精细，食用五谷杂粮最好，加上含有丰富的促进生育的微量元素锌和各种维生素的花生、芝麻等，以及适量的含动物蛋白质较多的猪肝、瘦肉、新鲜蔬菜和各种水果，就会对男子精液的产生起到良好的促进作用。同时应注意食物不能太咸，尤其是炒菜应少放盐，过多摄入盐，会给孕妇带来不便，易引起高血压和水肿，给胎儿身体的某个器官，如心血管发育留下不良隐患。

合理饮食除能提供合格的精子、卵子外，还给准备受孕的女性提供了在体内储存一定养料的机会。因为在妊娠早期，胚胎需要的养料还不是靠母亲每日饮食和胎盘来输送到胎儿体内的，主要是从子宫内膜储存的养料中取得的。倘若在怀孕前期营养不足，无法储备，怀孕后又因反应较大，呕吐频繁，不思饮食，势必影响到胎儿大脑发育时所需要的养分供给（胚胎先发育大脑，在妊娠第10～16周即两个半月到4个月前这段时间，是胎儿大脑的一个发育高峰）。

孕前因病或其他原因服药时，也要特别注意。因为一些药在体内停留和发生作用的时间比较长，有时会对胎儿产生影响。还有一些女性怀孕之后身体没有明显变化，也不出现妊娠反应，自认为没有怀孕，于是完全不考虑所服的药品是否会对胎儿产生什么影响，结果无意之中伤害了非常脆弱的胎儿，留下了终身遗憾。为了防止上述情况的出现，在计划怀孕前3个月就应当慎重地服药。

如果经过慎重考虑，认为需要在某月怀孕，那在怀孕前6个月首先应当停服避孕药品，因为避孕药中含有影响精子和卵子质量的激素，为了保证高质量的精子和卵子结合，必须排除各种不利的干扰因素。

抗组胺剂、起解热镇痛作用的阿司匹林等，不宜长期服用。为治疗贫血而服用铁剂时，在准备怀孕前，要同医生商量，了解是否会对胎儿产生影响。

由于药物而导致胎儿畸形，有相当一部分是在还未发现妊娠的时期，所以，在准备怀孕前的一段时间内，用药时就要格外谨慎。用药前要了解某些药物在体内影响和停留的时间以及是否会对数月后的怀孕、胎儿的形成及发育带来影响，最好能够认真地请教医生或有关专家。

三、孕前的物质准备

（1）舒适的居室环境

居住环境，是人们休息、学习的地方，人生大部分时间都是在居住的环境中度过的。良好的生活环境，可以减少母亲情绪的变化，有利于胎儿在母体内的发育。

孕妇的居室应是整齐清洁，安静舒适，有充足的阳光，光线柔和、亮度适中、通风良好的居室最好。居室的布置应协调，房间色彩应与家具色彩相互配合，因为居室色彩

具有强烈的心理暗示作用。

居室中的白色可以给人以清洁朴素、坦率、纯真的感觉，而蓝色可以给人以宁静、冷清、深邃的感觉。这两种颜色可以使神经尽快地松弛，使体力和精力得到很好的恢复。房间中各种色彩的合理搭配，可以使紧张劳累了一天的孕妇在回到家后，尽快地解除疲劳。选择孕妇喜爱的颜色、图案来装饰居室，可使孕妇心情舒畅，精神愉悦，有利于腹中小生命的发育。

居住环境应远离嘈杂的噪声，要求居室的大环境能安宁、宁静，给人以美的享受，使人产生遐想。孕早期，旋律轻快、优美的音乐可以调节孕妇的情绪，间接作用于胎儿，使胎儿安静；而在孕中、晚期，音乐还可直接刺激胎儿的脑细胞，促进大脑的发育。

居室中适宜的温度和湿度，有利于孕妇的休息。温度、湿度太高或太低均易使人感到不舒适，不利于孕妇休息。

(2) 适体的内衣

要选择吸水性强、有收缩性的材料进行制作，最好使用纯棉制品。如果去商店购买成品，也应按此原则。由于内衣要勤洗勤换，还应注意选购易洗及柔软的衣料；因孕期要经常检查和进行乳房保养，所以还应注意选购和制作容易穿、脱的胸衣。最好购买几条宽大的平脚内裤，孕期穿三角内裤有时会出现着凉现象，同时，在肚子相当大时，三角内裤就无法穿了，内裤和衬裤都不要松紧带，以免勒着肚子、压迫胎儿。最好使用带子，以便根据腹围的变化进行调节。

(3) 宽松的外衣

可到孕妇商店选择那些宽大的、穿在身上不感到紧，并能使鼓起的肚子不太明显的服装。颜色和衣料可根据个人的爱好进行选择，但最好以简单、朴素为好。这样可以给人以精神振奋和愉快的感觉。大红、大绿或色彩鲜艳的图案会增加孕妇的臃肿感，条状花纹能使孕妇看上去相对苗条一些。

(4) 合适的鞋

怀孕之后，身体的重心发生变化，一双合适的鞋对于保证行走安全有着极为重要的作用。选购鞋时应注意以下几点：

①有能支撑身体的宽大后跟。

②鞋跟高度在 2 厘米左右。

③鞋底上有防滑纹。

④宽窄、长短适度。

⑤鞋的重量较轻。

孕妇不要穿高跟鞋，一则稳定性差，稍不注意就会出现扭脚、摔跤等现象，而孕期跌跤有时会出现早产、流产等情况；二是穿着高跟鞋腰板和后背都很难受地支撑着，容易产生腰痛。但低跟鞋也不理想，走路时的振动会直接传到脚上。

还要准备一两双稍大一点的鞋子，因为怀孕后期容易出现脚部浮肿。

(5)胎教工具

准备一些适合胎教的音乐唱片、磁带以及一些比较好的书籍，在孕期实行胎教时用。

(6)孕期理财

怀孕期间花费最大的是生活费用。从怀孕开始，要增加孕妇的营养，并且在怀孕的不同时期，应适当调整孕妇的饮食，以满足孕妇对营养物质的需求。在孕妇的饮食中要注意各营养成分的平衡，要求饮食多样性。在计划怀孕时，应将这部分开支考虑在内。

随着妊娠月份的增加，女性的身体外形会发生改变，因此，需要通过穿着打扮来修饰身体的变化，如设计裁剪良好的孕妇装，保护孕妇和胎儿的腹带等。这些服装或用品的专用性非常强，当怀孕结束后就不会再使用，所以在购买时，价格因素占有重要的地位，但是更重要的是这些物品使用的舒适性。特别是购买化妆品，不仅要考虑到使用的效果，还必须要考虑到是否会对胎儿产生不良的影响。在考虑购买这些日常用品时，应慎重，多加咨询和选择。在计划孕期费用时，应适当考虑这方面的开支。

在孕产期，为保证胎儿和孕妇的安全，同时为分娩做必要的准备，例行的产前检查是不能免的。怀孕期间，有可能会出现许多意想不到的事情，如前置胎盘、早产等。在计划时，应将这些可能出现的意外考虑在内，做适当的心理和费用准备，以免在事到临头时，慌乱不堪。

为了保证母儿的安全，孕妇应在医院分娩，因此应考虑到分娩时的手术费用、住院费用以及新生儿出生后的费用。

在计划孕期和分娩时的费用时，应适当地准备宽绰一些，以备临时急需。具体费用多少，请向有关医院咨询。

四、孕前最佳营养食谱

生一个活泼健康的孩子，是每对年轻夫妇的愿望。要想实现这个愿望，夫妇双方从孕前就要开始注意调节好饮食，做好孕前营养准备。孕前，夫妇双方都要具有良好的营养状态。只有夫妇双方具有健康的体魄，才能产生高质量的精子和卵子，为受精卵良好的发育打下基础。同时，在人生的各个时期中，没有哪个阶段像胎儿这样依赖于母体，母体的营养与胎儿的发育密切相关。在妊娠期，母亲与胎儿具有密不可分的关系。胎儿的营养完全依赖于母体的供给，母体的不良健康状况将对胎儿的健康造成影响。下面列举一些营养食谱供参考。

(1) 榨菜鸡丝汤

原料

榨菜 40 克，鸡翅肉 80 克，竹笋 50 克，木耳少量，水或高汤 4 杯，盐 1 匙，油 1 匙，麻油少量。

做法

①把榨菜外层的红辣椒粉洗去切丝。

②生的鸡翅从骨头上剥下肉，切丝后倒入少许酒拌匀。

③竹笋纵切两半，切丝；木耳泡软洗过后切丝。

④锅内放高汤烧开，把鸡肉放入锅内煮，除去浮于表面的渣。改成中火，加竹笋、木耳，再放榨菜，煮 1 ~ 2 分钟。用盐、酒、麻油调味，关火。

特点

味道鲜美，汤清爽口。含有丰富的优质蛋白质、多种矿物质及维生素。

(2) 鸡蛋炒饭

原料

米饭适量，鸡蛋 3 个，葱半根，大蒜、豌豆各少量，油 6 匙，盐、酱油各 1 匙。

做法

①将鸡蛋打碎加少量的盐，锅内放 3 匙油加热，将鸡蛋炒熟后，置于容器内。

②葱斜切，大蒜切末。

③锅内放 3 匙油加热，把大蒜和葱放下去炒，再放入米饭，用中火慢慢地炒透，待饭粒充分地分开后倒入炒熟的鸡蛋，用盐调味。从锅边淋 1 匙酱油，充分地混合。

④可以加一点番茄酱。若想要颜色漂亮，则可放入绿豌豆、甜玉米或胡萝卜。

特点

鲜香柔软，含有蛋白质、脂肪、碳水化合物、多种矿物质和维生素。

(3) 奶油牛舌

原料

牛舌、马铃薯各400克，胡萝卜200克，海带1片，大蒜1头，豌豆荚100克，香油1匙，水4杯，味精、盐、奶油各适量。

做法

①将牛舌(或猪舌)用刷帚洗净，放入足量的热水中煮，外皮呈白色后即取出，用菜刀把白色外皮削切干净，切成2.5厘米见方的丁。

②将马铃薯、胡萝卜切成较大块的丁，与牛舌搭配合适。大蒜切成薄片。

③平底锅下香油加热，按顺序放入牛舌、马铃薯和胡萝卜，炒完取出置于容器中。

④锅内放少量的水和味精煮化后，加海带、牛舌、马铃薯、胡萝卜，用小火煮2个小时，时常搅拌一下。

⑤出锅前放入豌豆或豆荚，下盐调味。

特点

强腰补肾，含有丰富的优质蛋白质和脂肪。

(4) 蔬果沙拉

原料

核桃仁10克，红椒40克，腰果、葡萄干各10克，猕猴桃40克，酸奶100克，黄椒40克。

做法

①将猕猴桃去皮、切成小丁，黄椒及红椒洗净，去子、切成小丁。

②将所有材料混合，淋上酸奶即可。

特点

富含维生素C、铁，能增加免疫力，味道爽口。

(5) 橘子果冻

原料

大蜜柑1个，洋菜粉1包，水3匙，砂糖半杯，水3/4杯，香草精少量。

后3项为A。

做法

①洋菜粉加3匙水，弄湿后放着。蜜柑横切两半，用匙挖出果肉榨汁。

②煮A的原料，待砂糖融化后，加入①中的洋菜粉，使用的分量以不溢出为原则，用小火煮

化。再把①的果汁和香草精混合后加入，倒入果冻模子，放入冰箱凝固。

③不使用果冻模子，倒入橘子内也可。使用橘子皮时，用匙挖出果肉，不要破坏果皮，再把前述原料倒入切成一半的橘皮内，放入冰箱内冷冻凝固，再切成两半即可食用。

特点

清新爽口，消食解暑，含有多种维生素。

(6) 菠菜炒肉

原料

菠菜 500 克，猪五花肉 50 克，大蒜 2 粒，胡萝卜 1 个，小沙丁鱼干少许，香菇 2 个，麻油、酒、盐、淀粉各少许。

做法

①菠菜 1 棵，留下根部红色部分，用水冲洗。把菠菜叶分开，放于滤水盆排好，红色根部不要扔，要洗净放着。然后手持菠菜茎，用流水洗叶；再持叶部，用同样的方法冲洗，直至把沙子全部洗净为止。洗毕放在滤水盆沥干水分。

②把菠菜红根用菜刀切成末。将五花肉、胡萝卜、香菇（去柄）切成小丁（香菇泡汤，于后面要使用上面澄清的部分）。菠菜叶折断。

③将淀粉、盐、酒混合，大蒜切成片。

④锅内下麻油加热，放入大蒜炒成浅褐色，出锅后放置一边。

⑤把香菇、小沙丁鱼干炒熟，置于锅边，再倒入肉、胡萝卜。

⑥最后倒入菠菜茎、叶，炒匀。

⑦最后倒入香菇泡汤即告完成。

特点

清淡鲜香，含有多种维生素和叶酸等营养成分。

(7) 酸梅茶

原料

盐渍酸梅 40 克（中型 8 ~ 10 个），粗砂糖 4 匙，柠檬薄片 4 杯。

做法

①将酸梅去核，撕成块，若是小粒的，可以不撕。

②锅内放 1 杯水煮开，加入酸梅肉和核煮 5 分钟，再放入粗砂糖煮化。

③容器内汤加少量酸梅肉和柠檬薄片趁热食用。

特点

清热解暑，消食健脾，利汗解尿。富含维生素 C 和叶酸。

(8)酸奶南瓜

原料

酸奶 60 克，南瓜 150 克，奶油 2 克，草莓 20 克。

做法

①将草莓洗净、切块；南瓜洗净，去皮、去子，入蒸锅中蒸至熟烂；奶油入烤箱融化，与南瓜混合拌匀。

②用挖冰器将南瓜制成半球形，淋上酸奶并摆上草莓即可。

特点

富含叶酸，酸甜可口。

(9)煮大白菜卷

原料

大白菜 4 片，盐少量，鸡胸肉饺碎 200 克，生面包粉（粉状）1/4 杯，牛奶 1/4 杯，酒 1 匙，盐 1 匙，以上为 A；高汤 3 杯，盐少量，牛奶 1 瓶，淀粉少量，水少量，以上为 B。

做法

①用加了少许盐的热水把大白菜烫软，把柄部厚的地方削掉。

②把 A 的原料充分混合后，分成 4 等份。

③把大白菜的叶展开，撒上盐，把②的原料放入，卷好。

④把卷好的大白菜卷排在锅内加入汤、盐煮 20 分钟左右，煮熟后倒入牛奶煮开，用淀粉勾芡。

特点

汤白如奶，口味香美。含有蛋白质、多种维生素和矿物质。

(10)红枣茶

原料

红枣 4 个，粗砂糖 4 匙，姜 8 克，水 700 毫升，白兰地适量。

做法

①将红枣洗净，在两边切口。

②锅内下适量的水和姜加盐用大火煮开后，改用小火煮 30 分钟，把姜捞出，加粗砂糖煮化。

③要食用时加少量白兰地，尽量趁热慢饮。

特点

红枣含有丰富的钙、磷、铁，还含有蛋白质、脂肪、碳水化合物及多种维生素，具有健脾胃、补气血的功效，同时，对缺铁性贫血有较好的防治作用。

(11)蚌虾同舟

原料

文蛤500克，虾仁30克，鱼泥30克，盐1/4匙，料酒1匙，香油1/2匙。

做法

①将文蛤洗净，用锡纸包住，入烤箱烤至开口，将肉取出。

②虾仁与鱼泥及调味料混合拌匀，酿入文蛤中，入蒸锅蒸熟。

③另起锅，将文蛤汤汁加热，加入香油后，淋在蒸好的文蛤上即可。

特点

富含锌，肉嫩味鲜。

(12)姜煎饼

原料

吐司面包4片，酒4匙，砂糖4匙，鸡蛋2个，姜汁4匙，奶油80克，季节性水果适量。

做法

①把面包边缘的皮切掉，一片切成6小片。

②鸡蛋内加酒、姜汁、砂糖充分地混合，放进面包内。

③平底锅加热放入奶油溶化，用中火把面包的两面煎成浅褐色。

④煎好的面包放在容器里，配合季节性水果食用。

特点

酒香浓郁，暖胃健脾；含有丰富的蛋白质、脂肪、碳水化合物。

(13)糯米香菇饭

原料

糯米400克，猪里脊肉100克，干香菇10克(泡软后成50克)，姜25克，酒2匙，盐1匙，干虾米20克，麻油2匙半，酱油1匙半，水一杯半。

做法

①将糯米洗净泡一晚，隔天要蒸前，先沥干水分，用热的蒸笼蒸40分钟。

②将猪肉切成丝，香菇去柄切丝，虾米洗净泡在少量的水中，泡软。

③生姜带皮用刷帚充分擦洗，用菜刀敲扁后切末。

④锅内下麻油加热后放入姜，再放入猪肉，炒至变色，再把虾米、香菇放入，继续炒，然后放入酒、酱油、盐煮开，把蒸熟的糯米放入，仔细地混合，放在容器内。

特点

益气健脾、补中养元；此菜有很强的改善血液循环、促进消化、增进食欲、促进蛋白质合成的功效。

(14)苋菜豆干合子

原料

苋菜200克，黑豆干1块(约100克)，干香菇4个，鸡蛋1个，市售冷冻葱油饼或烙饼3张，油2匙，盐、白胡椒粉各少许，盐1/4匙，香油半匙。

做法

①将苋菜洗净滤干水分，切碎；香菇用水浸泡5分钟，洗净换水继续泡15分钟，待软后取出切碎。黑豆干用凉开水冲洗，并拭干水分，切成小丁，备用。

②鸡蛋加入盐、胡椒粉打匀；炒锅预热，加1匙油烧热，倒入鸡蛋液以中火快炒至熟，使其呈细碎状，盛起备用。

③将所有材料混合，加入调料盐、香油、白胡椒粉拌匀，备用。

④饼皮摊开放入馅料，饼皮边沾少许水，对折两半将饼皮边紧压粘紧，使其呈半月形；平底锅加1匙油预热，将馅饼放进锅内，用小火慢煎至饼皮膨胀，即熟。

特点

富含维生素A、维生素B、维生素C及钙、铁、磷等营养成分，味道味美。

(15)童子鸡露

原料

童子鸡1只(重量约250~300克)，料酒、生姜、精盐、白糖各适量。

做法

①将鸡宰杀，剖洗干净，切成块，沥干水分，待用。

②把生姜去外皮，清洗净，切成片，待用。

③将鸡放入大碗内，酌加料酒、生姜片、精盐、白糖，不放水，在蒸锅内清蒸4小时，每晚睡前食用。

特点

益肾填精，大补元气。适用于肾虚精亏，面色萎黄，形体消瘦，心悸失眠，饮食减少，疲惫劳乏，自汗盗汗，男子阳痿早泄，精液清冷，女子月经不调，久不孕育等症。

(16)益母煲鸡蛋

原料

鲜益母草60克，当归15克，鸡蛋2个。

做法

①将益母草去杂，与当归一起放入水中洗净，用清水3碗煎制成1碗，用纱布滤渣，待用。

②把鸡蛋洗净，入锅煮熟，去外壳，用牙签扎小孔数个，加入药汁煮半小时，吃蛋、饮汤，每周2～3次，1个月为1个疗程。

特点

调经养血。适用于婚久不孕症，饮用此汤，可增加卵子的排出，提高受孕的机会。

(17) 西芹百合双脆

原料

西芹100克，百合50克，鲜鱿鱼、墨鱼各100克，盐1/2匙，醋1匙，葱姜汁2匙，水淀粉1匙，色拉油适量。

做法

①将鲜鱿鱼切花刀，加盐、葱姜汁腌入味。

②墨鱼切连刀片，加盐、葱姜汁腌入味。

③西芹去筋切成象眼块，百合洗净待用。

④锅中倒油，加入西芹、百合、鱿鱼、墨鱼，炒匀，加葱姜汁调味，淋醋，勾芡即可。

特点

色泽清淡，富含蛋白质，能润补肾阴。

(18) 枸杞米粥

原料

枸杞子20克，大米100克，蜜糖适量。

做法

①将大米淘洗干净，下锅加清水用火烧开。

②把枸杞子洗净，放入米锅内，同煮成粥，加入蜜糖调匀，即可食用。

特点

温肾养血，调补任冲。主治妇人肾气不足引起的婚后久不孕者。

(19) 鸡肝菟丝子汤

原料

雄鸡肝3个，菟丝子15克。

做法

①将鸡肝放入清水中洗净，每个切成4块，待用。

②把菟丝子略洗一下，装入纱布袋内，扎紧袋口，待用。

③将沙锅洗净，把鸡肝、药袋放入沙锅内，加入清水850毫升，先用旺火煮沸，再改用文火煮熬30～40分钟，捞出药袋。每日当汤饮。

特点

益气壮阳。适用于肾阳气虚所致的男子阳痿早泄、滑精遗尿和女子久婚不孕或胎漏、习惯性流产等病症。

(20)酥炸核桃

原料

去衣核桃肉400克，盐1/4匙，砂糖、白芝麻各2匙，柠檬汁数滴，麦芽糖、砂糖各2匙。

做法

①将核桃肉放入开水中煮3分钟盛起，冲净控干水分。

②将白芝麻洗净，沥干水分，炒熟。

③烧开水4杯，加入砂糖及盐，放入核桃煮3分钟盛起，吸干水分。

④煮溶麦芽糖，加入柠檬汁，放入核桃煮5分钟，盛起沥干。

⑤净油烧至微滚，加入核桃炸至微黄色盛起，撒上芝麻即成。

特点

核桃含有蛋白质、脂肪油、矿物质及多种维生素，对胎儿的中枢神经发育、血液形成及骨骼成长很有帮助。酥炸甜核桃入口香甜松脆，芝麻能滋养强身，适宜作为素食者零食。

(21)金栗扒白菜

原料

栗子150克，大白菜400克，盐1匙，鸡汤600克，淀粉1匙。

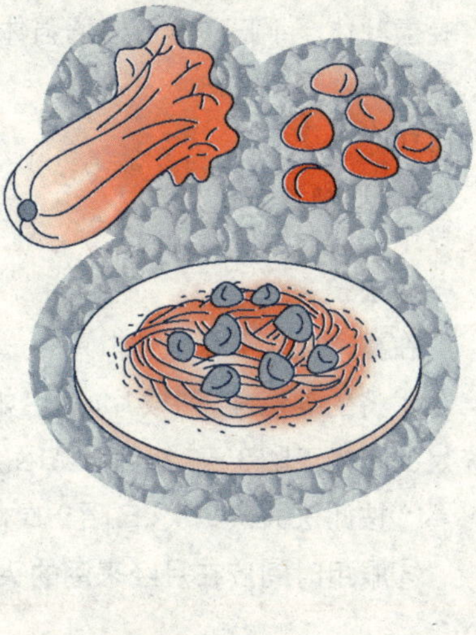

做法

①将栗子洗净，加鸡汤煮熟。

②大白菜根部切条，放入盘中加鸡汤。

③大白菜放少许盐，上锅蒸熟，摆在盘中，栗子放在白菜上面。

④将蒸煮白菜、栗子的原汁倒入锅中，调味，勾芡淋在白菜上即可。

特点

富含蛋白质，维生素、纤维素，色泽光亮，能补肾强筋。

(22)素炒三鲜

原料

竹笋肉250克，芥菜100克，水发香菇50克，麻油、猪肉、精盐、味精各适量。

做法

①将竹笋肉切成丝，放入沸水锅里烫一烫，入凉水洗净，沥干水分，待用。

②把水发香菇用刀切去老蒂，用清水洗净，切成丝，待用。

③将芥菜择去杂质，用清水洗净，切成末，待用。

④把炒锅洗净，置于旺火上，倒入油，下入笋、香菇丝，煸炒数十下，加少许清水，用大火煮开后，转用文火焖煮3～5分钟，下入芥菜末，炒1～5分钟，调味，勾芡淋上麻油，即可食用。

特点

素炒三鲜是素食者的上佳食谱，内含蛋白质、脂肪、碳水化合物、钙、磷、铁、维生素 B_2、烟酸等营养成分，可开胃纳食，增强食欲。

(23)菟丝炖鹌鹑

原料

菟丝子15克，鹌鹑3只，川芎10克，艾叶30克。

做法

①将鹌鹑杀死，用开水烫，去毛及内脏，洗净，待用。

②把菟丝子、川芎、艾叶洗净，用清水3碗煎至1碗，用干净的纱布滤渣，待用。

③将鹌鹑及药汁放入大汤碗内，置于火上，隔水炖至熟烂，吃肉饮汤。

特点

补虚壮体。平日常食可以增强体质，对妇女子宫寒冷、久不受孕者有一定疗效。

(24)姜糖膏

原料

鲜姜、红糖各500克。

做法

在夏季三伏天做最佳。

①将生姜洗净，切成片，捣烂如泥，调入红糖，放入锅内蒸1小时，取出，放在充足的阳光下晒3天，然后再蒸晒。

②按此法共蒸9次，日晒9次，即每伏蒸晒3次。

③服用时间应在月经来潮的头一天开始，每日3次，连服1个月，不得间断。

特点

温肾养血，调补冲任。主治妇人肾虚证，如婚久不孕、月经延期、量少色淡、性欲淡漠等。

注意：服药期间禁忌房事。

(25)什锦排骨汤

原料

牛蒡半根，胡萝卜半根，玉米1个，干香菇(小)6个，排骨300克，清水1500毫升，盐1匙。

做法

①烧一锅开水，放入排骨氽烫5分钟，捞起后冲凉水洗去杂物及血水，备用。

②香菇泡水5分钟，洗净换水续泡15分钟，待软即捞起，备用。

③牛蒡削皮，切成约4厘米长的段，泡水3分钟即捞起。将胡萝卜切成滚刀块，玉米洗净切4厘米段状，备用。

④将所有材料及清水放进汤锅内，移置炉上用大火烧开后，改用中小火煮1小时，加入盐调味，即可食用。

特点

此菜富含菊糖、纤维素及胡萝卜素，能增强体质。

(26)青虾炒韭菜

原料

青虾250克，韭菜100克，精盐、味精、猪油各适量。

做法

①将韭菜择去杂质，用清水洗净，切成段，待用。

②把青虾剪去头足，挤出虾仁，用清水洗净，沥干水分，待用。

③将炒锅洗净，置于火上，倒入油，再放入虾仁，用旺火烧熟，最后倒入韭菜及精盐，反复快速翻炒至熟，酌加少量味精，即成。

特点

补肾壮阳。适用于阳虚所致阳痿、早泄、性欲减退、滑精遗尿和妇女宫冷不孕等证。

第三节 受孕与胎教

一、最佳怀孕年龄

一般来说，女子年满 20 岁后，身体发育虽然到了一定程度，但还没有达到完全成熟阶段。就骨骼而言，要完成全部骨骼的钙化，一般要到 23 ~ 25 岁之间。如果过早地结婚、生育，正在急速发育中的母体本身就需要较多的营养物质，则难以及时供给胎儿生长发育所需的大量营养，如蛋白质、糖类、维生素、无机盐和微量元素等。这不仅会造成母亲的骨质疏松与肌肉劳损，也会直接影响胎儿的体力和智力发育。据统计，20 岁以下的年轻母亲所生子女中，先天性畸形及低体重儿发生率较高。早育往往由于母体骨盆韧带松弛不够，再加上精神紧张、产力不足，往往造成难产，新生儿死亡率也随之增加。此外，早婚早育的男子所产生的精子数量少、质量低，并且容易发生精子体残缺、染色体异常等情况，会影响胚胎的发育。

男女青年在 20 岁左右，大脑发育正处于内部构造逐渐复杂化的过程中。此时结婚，一方面由于大脑皮质的抑制能力尚未健全，不易控制过度的性冲动，可能影响健康；另一方面，过度的性生活也可影响大脑皮质的活动和大脑的发育，对智力发育不利，影响学习和工作。

对于结婚较早的人来说，早生育的可能性相对较大。统计表明，有些妇女病的发生与生育过早有关。子宫颈癌发生在早婚、早产和多产的女性中较多，比其发生在适龄结婚和生育少的女性要高出数倍。但是，过晚生育也不好。因为，35 岁以上产妇生育的子女畸形率明显上升，例如先天性痴呆，由 30 岁前的 0.07% 上升到 0.4% ~2%；婴儿的死亡率也比 30 岁前增加 30% ~50%。另外，高龄初产妇分娩时容易出现难产。所以，一般提倡妇女在 24 ~ 30 岁之间生育孩子比较合适，再晚也不要超过 35 岁。但这不等于说丈夫的生育年龄不用考虑了，据统计，丈夫年满 55 岁，即使妻子的年龄在 35

岁以下，因精子畸变率增加也容易生先天性痴呆的孩子。

除了高龄孕妇会有较高染色体异常概率外，父亲高龄对优生也不利。父亲高龄与胎儿染色体异常的基因突变有关。

男性超过40岁致孕后，新生儿痴呆症的机会明显提高，而且每提高5岁，其新生儿染色体异常的概率提高1%。因此，有以下情况之一者应做产前优生诊断：

①夫妻双方皆超过41岁。

②夫妻之一方超过41岁，另一方35～40岁。

③孕妇超过41岁，丈夫小于35岁。

④孕妇小于35岁，丈夫超过50岁。

与父亲高龄有关的单基因突变疾病可分为3大类：

①高关联性：包括软骨发育不全、侏儒症、骨化性肌炎、马凡氏综合征、尖头并指畸形等4种。

②中关联性：包括视网膜胚细胞瘤、神经纤维瘤、结节性硬化症等3种。

③隔代关联性：包括A型血友病、勒西·尼汉症候群、杜肯氏肌萎缩症，这3种疾病与外公的生育年龄太高有关。

另外，超过40岁的男性，生育出畸形儿的机会可高达4‰～6‰，较40岁以下的男性高出20%。

晚婚晚育虽应提倡，但高龄生育也不利优生。所以，广大育龄夫妇应适龄受孕，以利后代健康。

二、最佳怀孕季节

人生活在自然环境中，必然受其影响。虽然我国各地区的气候、地理条件不尽相同，但一般说来，受孕月份以春末夏初较为理想。因为这时怀孕，孕后正处于瓜果、蔬菜生产和销售的旺季，适合妊娠早期孕妇饮食和营养的多方面需要。同时，妊娠前3个月是胎儿致畸敏感期，如果选在寒冷季节，孕妇容易受到流行性感冒、风疹等病毒的感染，造成胎儿畸形。到了妊娠中期，胎儿正值发育旺盛时期，对营养的品种和数量的需求与日俱增。恰好这时气候已从炎热的夏季步入凉爽的秋季，孕妇的妊娠反应逐渐消失，食欲增加，胎儿需要的各种营养都能从母体中得到充分供给。经过一冬较好的休息，到第2年临产之时，正是春暖花开之际。此时孕妇分娩和新生儿降临人世，对母子健康都有益。这个季节出生的婴儿，随着天气越来越暖和，穿衣盖被少，身体活动不受限制，且户外活动机会多，利于婴儿早期智能的发育。

三、最佳怀孕时机

选择适宜的受孕时机，也是生育一个身心健康的孩子不可缺少的条件之一。何时受孕比较合适呢？

婚后经过一段时间，双方在生活习惯、爱好等方面都彼此适应了，感情也更深厚甜蜜，如果正值女方最佳生育年龄，那么，宝宝就可以在夫妇的安排下孕育了。为了确保受孕成功，就必须注重选择合适的受孕时机。主要应从以下几个方面加以注意：

(1)从新婚开始测基础体温

在有条件的情况下，每天清晨未起床前，女方应先用体温计测量一下基础体温。在坚持每天测量的基础上掌握体温下降和复升的时间，以确定排卵的日期，并及时提醒丈夫(女方一般应测3个月以上)。

基础体温的测量和记录方法是：

①早上醒来后，在身体不动的状态下，用温度计测出体温(以口腔温度为准)。

②将测出的体温数标在基础体温图表上。

③将一段时间的体温数用线段连接起来，形成曲线，由此曲线可以判断出是否正值排卵期。

④每日要在同一时间测量。女性的基础体温是对应月经周期变化的，这是因为孕激素的作用。孕激素的分泌活跃时，基础体温上升；孕激素不分泌时，则出现低体温。正常情况下，从月经开始那一天起，到排卵的那一天，因孕激素分泌很少，所以一直处于低温，一般为36.2℃~36.5℃；排卵后，空卵泡分泌孕激素，基础体温猛然上升到高温段，一般在36.8℃左右。

可以把从低温段向高温段移动的几日，视为排卵日，这期间同房，容易受孕。

(2)在排卵期前应减少同房的次数

这可使男方养精蓄锐，以产生足够数量和质量的精子。有些地区因落后的习惯势力影响，讲究在女方月经期同房，认为这样受孕会保险一点。其实这是不符合女方生理特点的，不但不会使女方怀孕，反而会使细菌乘虚而入，给女方生殖器官造成炎症，结果只能是影响正常排卵，根本不能保证

受孕。

(3)注意衣服穿着

在计划受孕前(指女方排卵期以前),男女双方均不要穿紧身裤,如尼龙裤、牛仔裤等。因为这些织物透气性差,容易给病菌形成滋生地,导致女方患阴道炎,直接影响受孕成功;男方则易使睾丸压向股沟管,增加睾丸的温度,使其生精功能减退。在这种情况下受孕,畸形儿或有先天性缺陷的婴儿出生率会有所增高。

(4)注意环境、心理因素

我国古代对胎教、对受孕时双方的情绪和环境都很重视,指出天气阴冷、风雨交加、电闪雷鸣、龌龊湿地、荒凉野地,或者是男女心情不佳、悲伤凄惨、惊恐痛苦之时,均不利于受孕。而夜深人静、居室清洁、心境恬和、恩爱缠绵之时,则被认为是最好的受孕时机。这可能是因为良好的心情和外界条件能对夫妇产生较好的心理暗示作用,是有一定道理的。总之,只要夫妻是在思维、语言、情感诸方面都达到高度协调一致的时候同房受孕,出生的孩子就会集中双亲在身体、容貌、智慧等方面的优点。事实证明,智力活跃、身心健康的婴儿,一般不会脱胎于酗酒、嗜烟、爱吵架、没修养的家庭。同时,智商较高的儿童的父母常常是文明的,彼此情投意合、互相体贴关心的。在这种情况下受孕的胎儿,质量自然会好。

四、把握受孕瞬间的胎教

父母大凡都希望孩子能继承双方的优点,是一个强壮、聪慧、俊美的宝宝。请注意,受孕瞬间正是关键的时刻。

祖国医学认为,男女交合时必须心情良好,才能为孕育、优生打下良好的基础。《景岳全书》指出,“男女交合应在时和气爽,情思清宁,精神闲裕”下进行。这样“得子非唯少疾,且聪慧贤驯”。因此,在你选择好的最佳受孕日里,下班后应早些回家,夫妻双方共同操持家务,在和谐愉快的气氛中共进晚餐。饭后最好夫妻单独待在一起,在录音机里放上一盘轻音乐,一边听一边进行感情交流:可以体会对方的情感和需求。可以表达自己的感受,也可以共同回忆恋爱中的趣事,憧憬未来的家庭和孩子……当夫妻双方在情感、思维和行为等方面都

达到高度协调时同房。在同房的过程中，夫妇双方都应有好的意念，要把自己的愿望转化为具体的形象，想象大自然中一切美好的东西，带着美好的愿望和充分的激情进入“角色”，极大限度地发挥各自的潜能。

这样，用夫妇的爱培育出的孩子将集中双亲在身体、相貌、智慧等方面的优点，并且“青出于蓝而胜于蓝”，是个健康、聪明的优秀宝宝。

五、爱是胎教的基础

人们常常说，孩子是爱情的结晶。因此，胎教首先源于爱。

爱是胎教的基础首先表现为，受孕的那一刻正是男女感情达到高峰的一个瞬间。因此，我们建议准备怀孕的夫妇在选择好了最佳受孕的日子里，尽量培育夫妇间浓浓的爱意，制造温馨的氛围，培养甜蜜的感觉，让双方在情感、心理和行为等方面都达到高度和谐时同房，为孕育一个健康优秀的宝宝打下基础。

爱是胎教的基础其次表现为，在妻子怀孕期间夫妇间和美浓厚的爱意，能为胎儿成长提供一个优教的环境。心理学家研究表明，结婚后妻子对丈夫的依赖性较强，特别是在妻子怀孕之后，对丈夫的依赖表现得更为强烈，情绪也更为不稳，这种心理和情绪上的焦躁很正常。这时，丈夫如果能在这种特殊的日子里给予妻子更多的关爱和体贴，就为家庭和睦奠定了基础，从而也为胎教创造了和美温馨的环境。爱一个人就意味着为他的幸福去做能做的一切，正是从这个意义上，我们说，只有爱才能实现最高层次的胎教。

爱是胎教的基础还表现为，父母实施胎教时必须充满着爱心。母亲只有用充满爱的心灵去哺育胎儿，才能时刻关注胎儿的成长，并积极把爱付诸行动，与胎儿进行积极的交流和沟通。同时，在这样一个充满爱心的孕育过程中，母亲才能深切感受到胎儿的点滴变化，体验到从未有过的母爱，情感逐步得到升华，并能缓解和转移烦躁与不安情绪，从而产生出一种对胎儿健康成长极为重要的母子亲情。正是这种感情，给意识萌芽中的胎儿传递了一种爱的信息，为日后胎儿形成热爱生活、积极向上的优良性格打下基础。反之，孕妇若怀着怨恨和烦躁的心理，把孕育胎儿当做一种负担，就不能让胎儿感受到母亲深深的爱意和情感，胎儿的心智发育必然受到消极影响。所以，十月怀胎对孕妇来说不仅是一个孕育生命的生理过程，也是一段艰辛的心理历程，在这个过程中实施胎教，对胎儿的父母来说都是爱心和耐心的挑战。父母能否坚持下来，能

否充满爱心地去与一个胎儿沟通、交流、感知，是胎教最终能否成功的关键。同时，父母实施胎教的爱心越强烈，胎教效果也就越好，爱心确是胎教的精神保证和精神基础。

胎教从孕前开始，胎教从爱心起步。充满爱心的生活，科学的生活规划，就是胎教的起跑线。

六、环境与胎儿发育

地球上的一切生物，没有一个是可以脱离环境在真空里生长的。胎儿从一个卵子受精后成为受精卵而开始了生命的起点，从此就生长在母体子宫内，在这个环境里，胎儿居住的子宫腔是个恒温的环境，光线很暗但有时又会受母体外光照的影响而变亮一些。在这个环境里有来自母亲腹腔内肠子蠕动产生的肠鸣音、腹主动脉内血液流动的声音、脐带动脉的血流声、母亲身体或四肢活动的震动声等，也有来自外界的说话声、音乐声或噪音等。总之，胎儿是生长在母体的内环境之中，又不时地接受来自母体外的外环境的各种刺激。

环境对胎儿有无影响以及环境和遗传之间有无关系，目前仍是国内外一些医学家共同关心和研究的问题。

首先，人们已经十分清楚有关母体内环境对胎儿所产生的影响，如由于母亲患糖尿病使胎儿受影响而体重过重，最大的出生体重可高达 7 千克，这种巨大胎儿易发生呼吸困难，而且母亲患有糖尿病，胎儿受其内环境的影响而发生先天性心脏病或无脑儿的发病率高达 2.9%；还有由于母亲甲状腺功能低下，胎儿受其内环境的影响容易产生骨和牙齿的畸形、隐睾、伸舌状痴呆、甲状腺肿大等，其他如母亲患有心、肺功能不全、严重贫血（尤其大细胞性贫血）、高血压症、妊娠高血压疾病时，胎儿会出现畸形或死于子宫内。

关于外环境对胎儿的影响，目前的研究和调查已经很明确地发现，有以下几种影响因素：外环境中放射线的影响、职业和嗜好的影响、环境污染和烟尘及噪音的影响。

在受孕 18～20 天接受 X 射线照射后，受精卵会因死亡而被排出。在受孕 20～50 天接受放射线 100～200H 后，会引起胎儿的中枢神经、眼、骨等严重畸形，量再大则可引起胚胎死亡。因此，怀孕早期应当严禁 X 光线照射腹部，其他如怀孕的头 3 个月也应当禁止做超声波检查，因为在怀孕早期也易受其影响而引起胎儿畸形。怀孕 4～5

个月以后再接受超声波检查，对胎儿不易产生不良影响。

关于职业和嗜好对胎儿的影响，也有一些研究报告。如孕妇是医院的麻醉师或手术室护士，由于工作性质的关系，孕期因经常接触麻醉药而会引起腹内的胎儿畸形或流产；有吸烟嗜好的孕妇由于尼古丁的毒性刺激，以致胎儿身高体重发育不良。由于尼古丁使胎盘血管收缩，而胎儿在子宫内是通过胎盘从母亲的血液中获得氧气和营养素的，如此就必然导致对胎儿的供氧量减少。烟中的一氧化碳被孕妇吸入肺泡内，进入肺泡壁毛细血管而入母血中，这时母血中的一氧化碳浓度升高，而含氧量降低，于是造成胎儿发育迟缓、体重减轻，再加上其他有害成分的毒害，就会引起胎儿畸形、流产、早产或胎儿死亡。

关于烟酒对胎儿的影响，前面已有专题叙述，这里再强调一下。据调查资料证实，因为孕妇吸烟，新生儿体重比不吸烟孕妇的新生儿平均轻150～200克；又如，出生体重低于2500克的新生儿，在不吸烟产妇所生婴儿中只占4.7%，在吸烟孕妇的新生儿中占7.7%～12%。吸烟容易引起早产和流产，比不吸烟者高2～3倍。吸烟能引起胎儿畸形，其先天性心脏病的患病率为不吸烟者的2倍，而且常常是较严重的心脏畸形。

吸烟对胎儿影响巨大，为使胎儿正常生长和发育，孕妇应严禁吸烟，丈夫也应戒烟。无论主动或被动，孕妇都应严防受到吸烟的毒害，只有这样，才能使胎儿处在一个正常的生长环境中。

除了吸烟之外，还有喝酒的嗜好也会影响胎儿的发育。孕妇喝酒过多，会使胎儿发生“胎儿酒精中毒综合征”。1968年有人对69名慢性酒精中毒的孕妇做了调查，发现有相当比例的孩子发育迟缓及精神运动障碍，并且有多发性的畸形。

提示

法国图克曼、迪普来两位教授在法国科学院发表的研究报告指出，孕妇酗酒是造成胎儿先天性畸形和先天性愚型及脊髓膜膨出、以致引起智力缺陷的原因之一；酗酒妇女所生婴儿畸形的危险性比不饮酒的妇女高2倍。胎儿酒精中毒综合征引起的胎儿生长发育上的缺陷有：胎儿出生体重低、中枢神经系统发育障碍、小头畸形、面部的前额突起、眼裂小、斜视、鼻底部深、鼻梁短、鼻孔朝天、上口唇向里收缩、扇风耳等，另外还有心脏及四肢畸形。

酒精的毒害作用和饮酒的时间、数量有关。一般来说,妊娠早期喝得越多,其出现畸形也就越加明显。但是,这并不意味着怀孕期有所谓的饮酒“安全期”,也不意味着有“安全量”。为了胎儿免遭酒精毒害,孕妇应该一滴酒也不要喝。

环境污染中的影响,目前国内外的研究一致认为,噪音对胎儿的影响最大。医学专家的实验研究发现,噪音刺激胎儿会使胎儿的大脑受损,主要表现在大脑皮层听觉中枢部位(利用电子显微镜透射观察了颞横面〈听区〉的超薄切片)的神经细胞线粒体肿胀,一些线粒嵴断裂。以上是噪音刺激引起大脑的器质性的病变,而噪音引起人体神经系统功能紊乱的研究,也有许多具体的结果,例如:国内外发现噪音刺激引起听力障碍者的血压比听力正常者的血压为高,因而认为噪音有慢性升压的作用。又如,有实验研究发现,对耳朵发出噪音刺激,能促使有高血压倾向的人血压升高,同时,发现血浆肾上腺素和去甲基肾上腺素均增高,尿中的儿茶酚胺排出也比正常人高;更多的研究发现,噪音能导致内耳毛细胞和神经细胞的退行性变,使听力不断下降直到耳聋。

过去人们受技术设备条件所限,无法直接观测环境噪音能否传入体内,特别是传入子宫腔内刺激胎儿。因此,噪音被认为是通过刺激孕妇本人,引起孕妇神经系统和内脏功能紊乱,再通过孕妇神经——体液系统去影响胎儿,因而在噪音防护上采取给孕妇带耳塞等措施,却忽视对胎儿本身的直接防护。

近几年来,日本已用将录音器放入子宫内的方法,证实外面声波可以透过人体进入子宫腔。

为了胎教的正常进行,以期达到有利于胎儿大脑发育的目的,应当格外重视环境噪音问题,并坚决防止或完全避免。

最后要再一次重申的是,环境噪音对胎儿的影响,不仅只有机器噪音或马路车辆噪音而已,其他如比较吵闹的流行音乐、流行歌曲也应格外注意。因为吵闹的音乐或歌曲所能引起的胎动增加、胎心率增快和机器噪音所引起的程度几乎相同。奉劝喜爱迪斯科或摇滚乐的孕妇为了胎儿的安全和听力,还是克制一段时期不要再听这些音乐为好。

关于环境能否影响遗传的问题,这也是早已由医学家特别是生物遗传学家、生物化学家们的科学研究所证实了的问题。环境中不同类型的刺激,如 X 射线、紫外线及高温等都会影响到遗传的改变,而药物进入体内通过改变体内环境的成

分、性质，也可以影响遗传。

遗传对人的智力影响是客观存在的，一般调查显示，父母智力高的，其子女智力往往也比较高；父母智力平常，则子女智力亦较普通；父母智力有缺陷者，子女也可能智力发育不全。但是，谁也不能否认环境对智力的影响。如“狼孩”这个自幼被狼掠走由狼哺喂长大的婴儿，由于在智力发育阶段生活于狼群之中，他爬行、狂叫、咬人的特性早已形成，当他重新回到人群中也不能恢复人的本性，这就说明狼群构成的环境，已改变了人性的遗传。

就智力而言，遗传仅提供了上下限度，即智力发展高低的可能性。对大多数人来说，胚胎发育时期孕妇的营养状况、精神状态和对胎儿施行胎教等措施的有或无，以及出生后的养育好坏、环境如家庭与社会的影响、个人学习和实践的状况，综合起来影响其智力的高低。遗传（特别是指智力上的遗传）具有可塑性，而环境（包括母体内外的各种环境因素）就是塑造一个人智力的重要力量。正是这种原因，我们常见到这样的现象：一对智能普通的农民夫妇，生育了一位科学家或艺术家，或一对智能较高的教授夫妇，却生育一个智力只是一般的普通劳动者。

提示

综上所述，我们深刻认识到，胎教是优生工作中打基础的工作，通过胎教，使胎儿大脑发育更好，并塑造一个在出生时即具备较高智能潜力的孩子。然而光靠这些还不够，出生后的合理教养和充分的营养供给，以及出生后的教育训练，是充分开发先天智力基础的必要条件，也是使胎儿婴儿得以继续教育成才的必经之路，否则，就如一个音乐世家的子弟，被放到一个没有音乐的环境中，他是永远也成不了音乐家的。历史上也有先天条件好，但后天却“不用而废”的早慧儿，如控制论的先驱维纳曾在自传中写道：与他一起被称为“神童”的另外3～4个人，后来都因为不爱学习、不求上进最终毫无作为。

七、烟酒对胎儿的影响

(1) 香烟对胎儿的影响

烟酒不分家，都是胎儿冤家。孕妇吸烟导致胎儿畸形者为不吸烟孕妇的3倍。胎儿多患有先天性心脏病，而且常常是严重的法乐氏四联症。

香烟会给胎儿带来严重危害，这是因为吸烟能中断母体向胎儿提供氧。如果母体不能供给胎儿适当氧，构成胎体的细胞就会发育迟缓，生的孩子即使智力正常，往往也会体格矮小，且体弱多病。上学时，孩子读书能力普遍低下，而且产生精神障碍的现象也很普遍。

(2)何谓"星期天孩子"

是指那些在星期日怀孕成胎的。时逢假日，夫妇纵情饮酒，而后过性生活而受孕。酒精对生殖细胞是有不良作用的。质量不高的生殖细胞的结合，产生的后代的体力、智力均较低劣，这种低劣的孩子，即所谓"星期天孩子"。

关于酒所造成的出生缺陷，有一点非常清楚，即母亲越是饮酒，胎儿越是智力低下，且易患多动症；随之，会出现心律不齐、头部畸形和脑袋小、耳位低等症状。

据美国国立酒精障碍、酒精中毒研究所的专家讲，如每日饮葡萄酒超过1800毫升，胎儿将出现"胎儿酒精中毒"的所有畸形症状。如每日饮烈性酒300毫升，那简直就像在冒"俄国轮盘赌"（在左轮手枪中只装一发子弹，转动手枪轮之后对准自己的脑袋扣动扳机的一种危险的赌博）之险。这些都严重威胁胎儿的生命和健康，发生严重畸形的概率将是50%。

八、肥胖和怀孕的关系

或许是近年来渐趋讲究美食的关系吧，单纯性肥胖的女性有增多的趋势，无论是年轻的、中年的，或是分娩过的女性，因身材已过度肥胖，致使不适宜怀孕的实例时常可见。针对这种问题，限制卡路里（热量）的摄取及适当的运动，事实上是比任何减肥药都来得有效。

但是，由于若干疾病，诸如甲状腺功能低弱症等患者也会造成身体肥胖，所以还是应该接受医生的建议。此外，相反的，为了维持苗条的身材而极端地过度节食，终致营养失调、贫血、体力衰退的女性也有渐渐增多的趋势，像这些刻意伤害健康的做法，实在应该立即停止，并且必须重新评估身材与健康之间的正确关系。总之，无论是否过重，我们虽然不能一概而论。但一般而言，怀孕前的女性，其身高与体重都有一定的标准比例。

若是你期望的是一个健康优良的宝宝，那么请你在怀孕前不要过胖。万一，你怀孕时已处于肥胖的状态，也请务必遵从医生的指导，力行运动及限制卡路里（热量）的摄取，此时限制卡路里摄取，对胎儿而言并没影响，而且建议你一方面学习计算各种食物所含的卡路里的方法及进食时需注意的细节，另一方面每周要固定测量自己的体重。即使本身并不胖，但一旦怀孕，体重也必定增加，通常最理想的标准是怀孕前及怀孕后期之间的体重差距维持在10公斤以下。

另外，从怀孕中期开始，每周的体重增加应该控制在0.5公斤以下。当然，一般孕妇都了解运动量不足及卡路里的过量摄取是造成肥胖的主要原因，但总是还有一些人不完全了解这种肥胖对胎儿及自己可能造成的伤害。

一般身材肥胖的女性，即使身体没有任何问题，但一旦怀了孕，母亲极易产生糖尿病、尿道感染、难产、弛缓性出血等症状，胎儿容易发生巨大儿、未成熟儿及异常儿等现象。

如果是甲状腺异常，或是由脑下垂体卵巢异常等所引起的肥胖，则容易因无法排卵而导致不孕症。

此外，糖尿病、肾脏病及高血压等病症的患者，如果再加上身材肥胖的话，情况更为严重，必须避孕，因为恢复健康是第一位的。

九、工作和怀孕的关系

现代生活中，职业女性，大凡结婚后仍然坚持工作，因此，有必要探讨一下怀孕前母体的环境。

一般的工作，对于怀孕一般不会产生恶性影响，而且只要在妊娠期中不要工作过度，也不致引发不良后果。但，过度劳累的工作，就会产生问题。持续不断的工作，所引发的若干副作用日积月累下来，自然就有受其影响的可能了。

经常使用含铅化妆品的人容易发生不孕症，或是流产、早产，而且所生下来的婴儿也会因铅中毒而出现各种异常的现象；至于医生、护士及必须接触X射线、放射性元素等工作，对妊娠前及妊娠中的女性，危害性相当大。

此外，在农村，从事农药喷洒工作的女性，因工作的关系，一旦将若干农药的成分积存于体内，则会导致异常。所以，已面临怀孕的女性不要从事喷洒农药的工作。

综上所述，怀孕前应避免接触重金属、放射性物质、挥发性物质（涂料、稀释剂、汽油之类等），远离化学药品等工作场所，因为这些物质被吸入人体后，会产生有毒的作用，对妊娠前的女性危害比较大。

过于粗重的劳动，对孕前女性的身体及精神也会造成不良影响。无论是为了经济生活的需要，或是为了实现这个社会赋予自身的责任，对一个新生命而言，不论是在妊娠前、妊娠中，或是妊娠后，孕妇都是无法替代的母体，所以为了他（或她），请在就业

时，慎重地选择适合自己状况的职业。

此外，迎接小生命的工作，并不只是母亲单方面的事情，父亲的健康与否是非常重要的，所以在结婚之前，希望男性能进行精子检查，让妻子安心完成怀孕、分娩的大事业，并成为妻子身心两方面的支柱。

十、疾病与怀孕的关系

在迎接新生命来临的准备工作中，千万不能忘记的就是母亲本身的健康。一位终日躺卧病榻的母亲，很难在自己的体内孕育出健康的宝宝，事实上，母亲处于生病状态，药物的负面影响会波及胎儿。

现在，由于医药技术的进步，即使身患疾病，只要不是不能生育的重病，是可以一方面接受治疗，一方面进行怀孕、分娩的。

下面介绍几种常见疾病，供大家参考。

(1)心脏病

身患心脏方面疾病的女性，常对怀孕及分娩极度恐慌，不过并不是所有患心脏病的孕妇都十分危险，病况程度较轻的人仍可接受手术治疗，而且在日常生活中不会有很多妨碍或不便之处。不过孕期是心脏负荷最重的时期，所以也必须遵医嘱。

> 在日常生活中，如果在一般的运动后，立即感觉疲劳、呼吸困难、气喘或胸口疼痛、悸动时，则务必接受医生的诊断及治疗，切勿掉以轻心。

心功能不全、高龄(35 岁以上)，或是同时患有肾脏病、糖尿病、凸眼性甲状腺肿(巴塞杜氏病)等并发症的女性，由于只要稍微出力或活动，即会产生气喘、心跳加快、劳累等不舒服的感觉，所以怀孕对这些女性而言，是有相当的危险性的。

如果一味地只希望拥有宝宝，隐瞒自己的病症，或是觉得麻烦而不接受医生的治疗等都是造成将来悲剧的原因。

然而反过来说，虽然具有怀孕及分娩的能力，却只因为心脏方面的疾病，或是心脏手术、肾脏移植等过去的病史而认定自己不能生育，或者因为过于不安的心理，在好不容易怀孕的情况下，却希望实行人工流产的情况甚多，如此反而弄巧成拙，为身

体留下更多不必要的伤害，所以建议和医生好好商量，尽可能勇敢地面对现实，冷静应对。

此外，从胎儿方面来看，母体的心脏病症状不但是容易导致流产及早产的原因，而且怀孕中的胎儿也会有成为未熟儿、低体重儿的可能；同时如果母亲的心脏病是属于先天性遗传，则胎儿也容易发生先天性的心脏疾病。不过，如果是后天性心脏疾病的母亲，则胎儿就不会有类似的情形。

产妇一旦出现心功能不全的症状，即会导致体内酸素不足的状态，而且这种酸素不足的反应也会通过胎盘，使胎儿也产生相同的症状。

(2)肝脏疾病

因急性肝炎或肝硬化而导致黄疸病出现时，女性们当然应该避孕，即使是感染慢性肝炎，亦应该如此。

怀孕初期经常可见呕吐害喜现象，如果过于严重，就会引发各种轻重不一的肝功能障碍，因此怀孕前最好先检查肝脏器官的功能。

一般而言，虽然纯粹因怀孕而引发肝脏方面疾病的病例极为罕见，但一种导致肝脏发炎被称为滤过性病原体(乙肝病毒)的东西却被发现存在于2%～3%的孕妇体内，不过大部分都只是带菌者，且属于无症状性持续感染者，所以并未引起肝脏方面的疾病，甚至截至目前，还可发现约有20%～30%的孕妇因感染这种滤过性病原体，而已成为具有免疫力的HB抗体阳性的人。

因此，在怀孕期请务必进行这方面的血液检查，而且经由这项检查尚可发现引起肝炎的这种滤过性病原体究竟有多少？

提示

当孕妇因具有HB抗原阳性而成为无症状性持续感染者的时候，虽然在妊娠期间不会出现畸形儿、流产、胎儿感染肝炎等现象，但是必须预防出生时，或是出生之后，胎儿从母亲身上接收滤过性病原体，而成为这种病原体的带菌者，所以在分娩、产褥期间请选择能够处理这个问题的医院，只有处理得当，才能让母乳哺育的工作安心进行。

(3)糖尿病

虽然糖尿病发生在30岁以下具有怀孕可能的女性身上并不多，不过，年轻的糖尿病患者中症状较为严重，以至于无法进行治疗的人，则有导致不孕症的可能。然而即使身患糖尿病，如果正在接受彻底的治疗，或是症状较轻微者仍然可以怀孕。

有些人在怀孕之前接受检查并没有任何异常的现象，可是一旦怀孕之后，就开始

产生糖尿病的症状，直至分娩后仍遗留病症；又有些人只在怀孕期间才出现糖尿病的症状。这些孕妇罹患糖尿病之后，虽然只是尿液显示糖分过高，空腹时的血糖值仍然正常，不过若进食过多的甜食，则尿液中的糖分不但增加，而且血糖值亦会增高，如此一来会对胎儿造成影响，可能是造成巨大儿及胎死腹中的原因，而这个婴儿将来年届中年以后，也有引发糖尿病的倾向。

大多数的孕妇在妊娠期接受检查时，多会特别留意尿液中初次出现血糖超值的情况，所以请于怀孕前务必接受一次尿液血糖值的检查。

妊娠期间并发糖尿病的同时，最令人困扰的情形就是极易引发尿道感染症、妊娠高血压等疾病，因此如果发觉尿液中出现血糖过高的情况时，请一定要验血，接受医生所提供的生活指导，并且确实地遵守实行。此外，药物对胎儿也有负面的影响，所以请不要任意地尝试，除非是因治疗所需而必须注射胰岛素等例外情况。感染糖尿病后所引起的并发症，还时常产生视网膜症，从而导致视觉障碍。

糖尿病对胎儿的影响可能还有：羊水过多症导致胎死腹中、巨大儿、未成熟儿、畸形儿，甚至引发新生儿的低血糖、低钙血症及红细胞增多症等，还有流产、早产、新生儿夭折、残障儿等不幸事件的发生。

(4) 肾脏病

怀孕后最令人烦恼的并发症之一就是妊娠期高血压疾病，这种疾病所显示的症状有浮肿、蛋白尿、高血压等，而导致这种症状的真正原因目前尚未完全明了，不过一般认为是由于肾脏及血管系统的障碍而产生的。虽然这种疾病常出现于妊娠中期以后，但多数可从个人的体质上观察出来，换句话说，如果你的母亲在生你的时候曾出现过此种症状，那你则必须严加注意。

除了上述所讲的之外，你必须注意的事情就是下列几种情况：小学、初中或高中时，曾因感染肾炎或蛋白尿而接受治疗；多次患膀胱炎或尿道感染症；少年时期患高血压症；在上次怀孕期间，患妊娠高血压疾病等，即使在分娩完毕后，仍可能发展成慢性肾炎而难以治愈。

因此，凡是患有慢性肾脏炎、蛋白尿、高血压及血尿等疾病的女性，请于怀孕前尽可能地彻底治疗这些疾病。

提示

从怀孕初期开始即显示浮肿、蛋白尿、高血压、血尿及细菌尿等病症时，更应该好好地接受医生的指导，耐心地进行检查，注意日常生活习惯，特别是饮食方面的调节，因为妊娠高血压疾病对胎儿的影响，自怀孕中期起，后果极为严重。

(5)贫血症

因急剧出血而导致的贫血症，由于症状严重，人们大都积极就医，接受详细的治疗。但是，一般的贫血症，若症状轻微，大多数人并不去注意，所以妊娠之前最好还是先检查一下。

除生病之外，日常生活中时常可看到偏食、睡眠不足及过度劳累等现象，如果将这些情形置之不理而依旧怀孕的话，则极易导致卵巢无法排卵，并影响卵子的发育而产生异常的卵子，甚而在怀孕期间出现各种异常现象，不仅仅是流产、早产，还可能陷入妊娠高血压疾病的阴霾中。

自妊娠中期开始，贫血症的病况会更加严重，这是由于在怀孕过程中，胎儿正日日夜夜不留情地从母亲的血液内吸夺铁分来当做自己的血液原料，所以伴随母亲肚子一天天隆起的同时，母亲体内的血液亦渐渐地被稀释了。虽然这是一种自然的生理变化，不过母亲的血色素一旦低到某种程度，就会引起各种异常。

此外，母亲的血液被稀释不但意味着无法输送足够的养分给胎儿，而且摄入不足的胎儿本身也会引发种种胎儿病，严重者会造成死亡。

一般健康女性每毫升的血液中，含有450万个红血球，红血球中的血色素为12～14g/dl，红血球的容积率占血液成分的40%左右，至于普通的贫血，在血液被稀释的状态下，红血球数只有350万个以下，血红素量低于10g/dl，而红血球的容积率则只占血液成分的30%以下。

第四节　爱护胎儿

一、孕妇静坐安胎法

静坐是孕妇极为简易、有效的健身之道。静坐能增强我们生命原有的能力，孕妇

及胎儿都能从中受益，改善身心，是一人静坐、两人获益的好方法。

孕妇若有害喜或身体不适的现象，可以通过练习静坐来调整、改善。

静坐能改善女性因怀孕所带来的心理压力与问题，进而促使胎儿的身心更为健康。

练习静坐前，先进行充分的放松，接着再练习孕妇的静坐法，将会产生事半功倍的效果。如果放松与静坐练习结合得好，对孕妇保身养胎将更为有利。

(1)静坐注意事项

①静坐的环境。孕妇练习静坐时，宜选择安静、空气流通的地方。注意不要让冷气或风直接吹到身上，同时要特别注意身体的保暖。

②避免干扰。练习静坐时，孕妇的感觉会变得比较敏锐，所以应该避免干扰，如电话铃声或突然的巨大声响等。

在练习静坐时，若要使用闹钟定时，也要选择声音较小的，或是用厚布将其盖住，降低其音量，以免静坐时，受到突然的惊吓。

③膝盖、腿部的保暖。在静坐时，要特别注意腿和膝盖部位的保暖。静坐时，腿部与膝盖较易受寒，因此可以用大毛巾盖住腿，以避免寒气侵入。即使是在夏天，仍然需要用较薄的盖腿布来保护膝盖、关节。

④松开身上的束缚。静坐时，尽可能解开身上所有的束缚，轻松舒坦地练习静坐。

(2)静坐的几个要点

静坐有几个基本要领。首先介绍一般静坐的基本姿势。孕妇静坐的姿势，以放松、舒适为原则。

①双足跏趺(双盘)。即是一般所谓的双盘。又可分为“吉祥坐”和“降魔坐”。

先将右脚盘在左大腿上，再将左脚盘上右大腿，此为“降魔坐”。反之先盘左腿再盘右腿即是“吉祥坐”。

由于双盘的坐法比较困难，如果孕妇无法直接采用此坐姿，则可采用单盘，或散盘。

②半跏趺坐(单盘)。半跏趺坐(单盘)有2种姿势：以右足置于左边大腿之上；或以左足置于右边腿之上。手的姿势同双足跏趺坐。

半跏趺坐的坐姿比较不易均衡，容易使脊柱倾斜而将一肩抬高，久坐较双跏趺坐的功效稍逊；但因为大部分人，一开始练习静坐，不易双盘，可先以此替代。

采用此种坐姿时，置于上方的腿，其膝盖常不能贴于坐垫。如果空隙小，可不

必理会；如果空隙太大，可用软垫置于悬空的膝盖下，以填实空隙，使坐姿平稳。

有时双盘太久，觉得腿部酸、麻，疼痛无法忍耐时，可将上面的脚放下，改成单盘。

③散盘。交脚而坐，两脚均置于地面，向内、向后收缩，置于大腿之下。如果你觉得此姿势较为舒服，就安心选择此姿势来静坐。

一般而言，能采用双盘的坐姿是最好的，因为这个姿势能坐得最稳、最久。但是孕妇的坐姿仍以舒适放松为原则，若静坐时，感觉到双腿酸痛，可以通过柔软运动与按摩来调整。

静坐的效果是累积的，若能持之以恒，其功效就会日益显现。再一次叮咛：孕妇静坐时，千万要特别注意双足的足根不要压在腹部上。孕妇的静坐姿势要以舒适为原则，尽量不要有压迫感，要和腹部保持距离，以免引起下腹的不舒适。

(3)一般坐姿

孕妇也可以通过一般坐姿来练习静坐。

孕妇坐于一般的椅子上，两脚平放于地面，两小腿自然垂直，两膝与大腿垂直；背部不要靠着椅背，臀部可坐实，让大腿与小腿呈90度直角。

如果椅子太高，可以在地上加东西把两脚垫高；反之，如果腿太长，则可在椅子上加坐垫，使大、小腿呈直角。

①背脊直竖。将背脊调整挺直竖立的要领是：身心完全放松，逐渐挺直腰背，不要弯腰驼背，也不要前俯、后仰，更不要让全身的筋骨过分用力而导致僵硬。

这时，脊骨自然笔直，全身自然放松。

②手结定印。两手放松垂下，左右手掌相叠，两手掌心向上，手背朝下，把左掌放在右掌上。两拇指轻轻相抵结成椭圆形，自然轻放在大腿上。由于两手微接，血气互通，能使全身气脉自行周流通畅。这是一种很安定的姿势，能使心理产生宁静的感觉，但千万不可紧张用力。

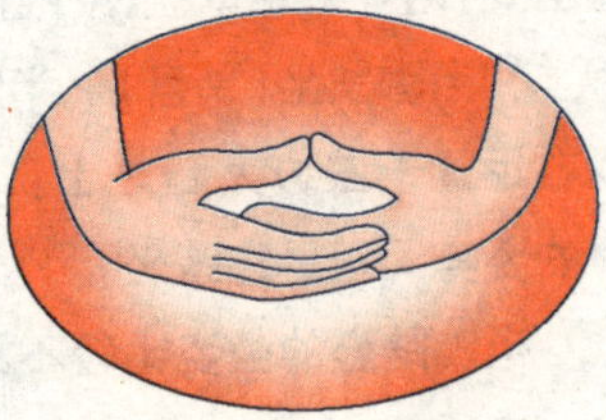

③两肩宜平。两肩肌肉放松，适度平展，此时如果从侧面看，自然成为一直线。平

常弯腰驼背习惯者，两肩可能会向前含胸；太紧张挺胸者则两肩会向后扩张。这都不是正确的。

请轻松地让两肩圆平。

④舌抵上颚。嘴轻轻闭上，让舌尖自然轻微抵于上牙龈，不要用力，因为舌头有许多神经，非常敏感，所以不可用力。

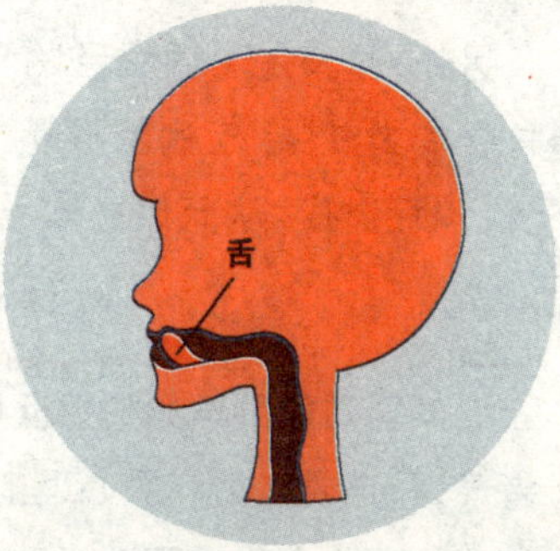

这样的动作会使津液自然产生，如果津液很多，则缓慢顺势咽下。静坐时所产生的津液比平时的口水更为甜美，吞下津液能助益孕妇的健康。

⑤头正，收下颌。下颌向内收，稍微压住颈部左右两条动脉，但不可低头，而是使头保持正直。

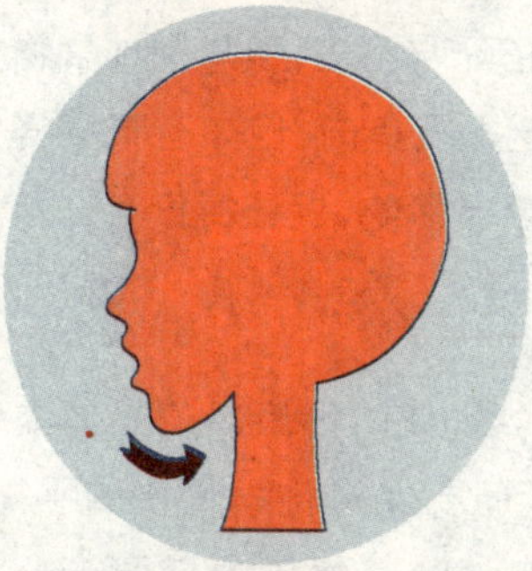

⑥双目微张。我们的眼睛极为敏感，容易受到外物吸引而影响心境，因此静坐时不适合完全张开；但是如果完全闭眼，则容易昏沉、想睡觉，或易于产生幻觉，所以最好是微微张开。

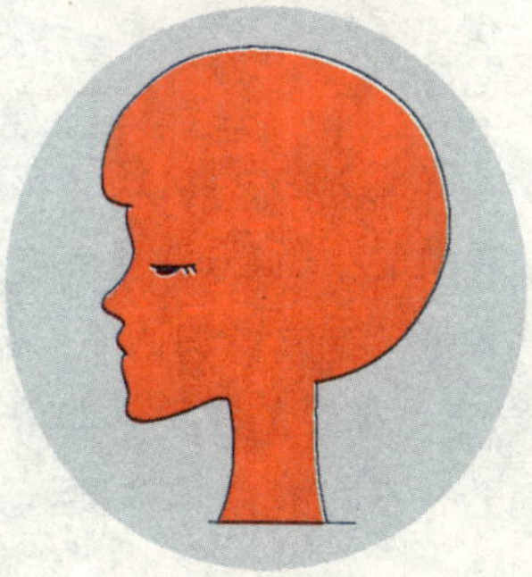

眼睛约微睁开三分，视线投于眼前两三尺的地方，对一切事物仿佛视而不见。

不要将视线投注于某一点，而应要把它看成一片；不要用力看，把心完全用在方法上，睁开眼睛只是预防静坐时睡着而已。

如果睁眼过久，眼睛疲累，可稍闭眼休息一会儿，但最好不要养成静坐闭眼的习惯。

二、孕期提高免疫力保胎法

一旦怀孕，孕妇及其家人都渴望能获得健康聪明的宝宝，同时，孕妇本身也能安全度过孕产期，要达到这一目的，防病、保健非常重要。防病的关键是，提高免疫力，因为孕期孕妇身体负担加重，免疫力较弱。孕期孕妇如何才能提高免疫力，从而尽可能地避免生病呢？以下措施是老生常谈，但在日常起居中还是该注意的。

(1)注意营养的丰富和均衡

饮食要保证一定的量。孕期胎儿生长迅速,营养需求很高,孕妇要保证胎儿充足的营养供应,还要维持自身的营养需要,需要增加饮食的量。有些孕妇很爱惜自己的苗条身材,怕吃多了会使自己变得过胖、身体变形,以后不好恢复,所以节食。一切就要从有利于孩子的健康出发,必须给迅猛发育中的胎儿提供充足的营养,否则容易造成胎儿发育迟缓、智力不足、甚至身体出现残疾。

另外,孕育是个很艰巨的任务,对母亲尤其是个长期消耗性的任务,营养充足,身体抗病力就强,疾病就不易上身。如果孕期营养不足,孕妇自己日后也会因体力不支、消耗过度,从而使身体受到难以挽回的损伤,并且容易被病魔击中,所以不可不注意。

早孕期如果孕妇妊娠反应太厉害,无法进食,或出现偏食,从防病保胎的角度考虑,一定要努力克服心理上的问题,以积极主动的态度找方法克服不适,争取多吃。如有些食物吃不进,可以适当多做些自己能吃爱吃的;有些食物清炖吃不进,但红烧的能吃,就常做些红烧的;有些食物与某种食物搭配吃不进,但与别种食物搭配可以吃,就多做后一类搭配的。有些孕妇早孕期吃不了鱼肉,但如有青菜搭配就能吃些鱼肉,就可以这样吃。总之,要想方设法让自己多吃,保证每日有充足的食量。

饮食上除了量,还要注意多种营养素的搭配要均衡。人体的健康靠的是体内化学物质的平衡,只要有一点不平衡,身体就会出现问题,而要保持化学物质的平衡,饮食是个很关键的因素。如果你吃的东西十分丰富,各类营养物质的搭配十分均衡,身体需要的营养素非常齐全,身体就容易保持平衡了。胎儿在不同的生长发育期会有不同的营养需要,孕妇只有全面提供,才能使胎儿不致因营养缺乏而出现问题。

孕妇要克服偏食的毛病,尽可能什么都吃,每日三餐的食物要多些品种,尽可能红黄黑白、鱼肉蔬菜水果、粗粮细粮杂粮都有。除此还要适当多吃红枣、瓜子、花生、核桃等干果、果仁类食物,以补充身体较容易缺少的微量元素。

提示

孕妇食用的食物要新鲜,尽量少加工,注意多吃新鲜、即时加工的食物,少吃放置时间过长、多次再加工、含有添加剂的食物,因为新鲜食物中所含的活性物质有很好的抗病能力。饮食营养是门科学,孕妇最好也能阅读有关书籍,了解一些基本知识,就会有利于孕妇免疫力的提高,从而达到防病抗病的目的。

(2)劳逸结合

为了孕育胎儿，孕妇在孕期会有较大的体力支出，血容量会大大增加，所有脏器都要超原来负荷地运转，容易疲劳，容易对有些体力活动感到力不从心，尤其是晚孕期，可能走路、站立都会感到累，就需要适当地增加休息，以保护各类脏器的正常运转。休息好，人的免疫力也会增强。

有些孕妇因经商、担任主管，或是演艺界人士工作较忙；有些人平时交际广泛，应酬较多，孕期仍无法摆脱；有些人则兴趣爱好广，喜欢玩麻将、打牌等游戏，容易熬夜，这些都对胎儿不利，也容易削弱自己的免疫力。最好在孕期调整一下工作和休息的节奏，多安排一点休息的时间。休息好，人就精力充沛，抵抗疾病的能力就会增强。

(3)新鲜空气有利于防病抗病

如果室内空气常能保持流通、不时有新鲜空气进来，那么空气中的细菌就会减少许多。通常人是否容易得病，尤其是感冒之类的病，往往与空气中细菌的含量有关。细菌含量低，人就不容易得病。研究一下非典型性肺炎的传播，就可以发现它的主要传播范围是在人口到达一定密度的地区。流行病往往易在密度较大的人群间流行，恐怕就是这个道理。

另外，平常人如常能获得新鲜空气，抵抗力就会大大加强，就不容易得病。女性怀孕后身体抵抗力会下降，变得脆弱，新鲜空气对其防病更是必需的。所以开窗通风，保持室内空气新鲜有两个方面的好处：一是减少了室内空气里的细菌含量；二是给人提供了更多的氧气，使人的抵抗力提高。

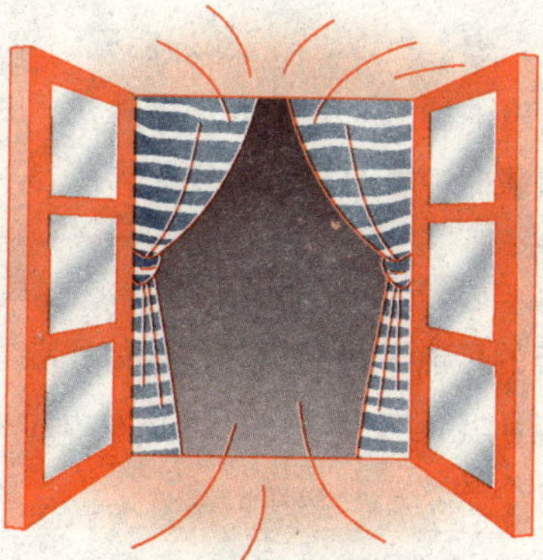

(4)少到空气污浊、通风不良的地方去

在现在的城市生活中，人常接触这样的场合：长时间地待在人群过密的会议室；置身在人群嘈杂、通风不良的车站、机场；在空气浑浊的商场采购……这些场合会削弱人的免疫力，并且病菌较多，对常人的健康尚且不利，对孕妇和胎儿就会更加有害。所以孕妇要防病保胎，应少到这样的地方去。

(5)保持心情愉快、心胸开朗

人的健康与心情是很有关系的，心情调整好了，人就不容易得病，保胎求健康的目的也就容易达到了。

三、保胎要注意哪些问题

即使孕妇一切正常，为了保胎，也需要注意下列这些问题：

(1)防过劳

在生活水平相对较低的年代，孕妇需从事大量劳动，那时婴儿的死亡率比现在高得多。孕妇过劳，过度消耗了体力和氧气，使胎儿得不到足够的氧气和营养，生长发育会受到一定影响。孕妇太过劳还会导致流产。

(2)防过频过热烈的性生活

传统医学认为孕期不宜行房事，否则会“动胎气”，容易造成流产。现代医学认为孕期一般可以有性生活。但孕早期如性生活过剧烈或过频繁，确实会“动了胎气”，造成流产，这一点在医学上早已得到证实；孕中期、孕晚期可以有适当的性生活，但还是不宜太剧烈、太频繁，否则容易造成宫口受伤、胎盘早剥，甚至孕妇会出现早产等危情。所以，孕期夫妻过性生活的要点是有节制、适度，动作要轻，孕早期和孕晚期最好少行房事。

(3)防过热中暑

夏天气压低，孕妇由于需氧量比平时要大，所以容易缺氧而有气闷不适感，胎儿也会受到缺氧的影响有不适感，孕妇此时较容易中暑，而孕妇中暑，胎儿也会因缺氧出现宫内窘迫。所以，孕妇最好能减少体力劳动和活动，尽量待在阴凉通风处，同时也要注意居室的通风。有些人怕屋外热气进到屋内，往往喜欢在大热天关窗户，这容易使人因缺氧而中暑。夏季即使天再热，只要空气能流通，人就不容易中暑。

另外，孕早期孕妇如果泡高温澡、洗桑拿浴或置身于高温中，胎儿患神经管缺陷的可能性就会增加，所以，还要小心避开过于高温的环境。如果已经接触过高温环境，孕妇不必过于担心，因为不是所有的接触肯定就会致畸，如不放心，可去做个羊水穿刺检查。

(4)防感冒

日常生活中，感冒难以避免，如果只是一般轻度感冒只要不随便吃药，对胎儿倒也无多大危害。但重度感冒就要高度重视，无论是细菌性感冒，还是病毒性感冒，都会对胎儿健康产生不良影响，有的甚至会导致畸形。首先是感冒发烧对胎儿是很不利的，39℃以上的发烧会造成胎儿的畸形或使大脑神经受损；其次是某些感冒病毒对胎儿会有致畸作用。另外，孕妇如果感染了风疹，此病毒会使50%的胎儿致畸，出现脑损伤、先天性心脏病、失明、耳聋等残疾；晚孕期感染，胎儿会有明显的脑神经发育不全、智力低下等症状。所以要高度警惕。

(5)防受外伤

孕晚期孕妇腹部格外突出，容易被人碰着，尤其是在人多车杂的城市中心，孕妇被碰或摔跤受伤，极易导致胎盘早剥、羊膜早破、早产，甚至不足月胎儿的流产，所以是马虎不得的事。孕妇此时最好少到人多车杂的地方去，平时在马路上走，一定要小心谨慎，过马路要先看再站一会儿看清过往的车辆，不要贸然过去。

(6)不要逞能

劳动中也要注意安全，不要负重，不要碰撞腹部。

生活中常有身体健康的孕妇，孕期“不让须眉”，非要与男子一样劳动，不要照顾，结果就有因过劳、干过重的活而导致流产的；当然多数胎儿都是强壮的，但即有前例，孕妇在这些方面还是以多加注意为好。

四、导致新生儿先天性缺陷的不良因素

先天缺陷包括先天性结构畸形、功能缺陷以及先天性代谢障碍，常见的有唇腭裂、先天性心脏病、智力低下、聋哑、苯酮尿症等。导致先天缺陷儿出生的常见因素有遗传和环境两个方面。

父母双方或一方有遗传性疾病，或带有导致遗传性疾病的基因，如先天愚型即由遗传造成。母体在妊娠期间接触了高剂量的放射线、有致畸作用的化学物质，服用了有致畸作用的药物，感染了有致畸作用的病毒（如风疹病毒、巨细胞病毒）等，也可导致新生儿先天性缺陷。

在新生儿先天缺陷中，遗传因素起决定作用的占25%，环境因素起决定作用的占10%，其余大部分属于遗传与环境因素相互影响、相互作用而引起的。即使是遗传因素起决定作用时，也不能忽视环境因素的影响，因为环境因素可以诱发基因突变或染色体畸变。反之，在环境因素起决定作用时，先天缺陷的发生也往往与母体及胎儿的基因有关。有的环境因素是可受人控制的，只要我们采取适当措施，就可以避免缺陷儿的出生，并改善和进一步提高现有的遗传素质，以达到优生的目的。

(1)受精时引起的染色体异常

在某些特殊情况下，即使没有先天性遗传基因异常，由于某种原因，受精时也会发生染色体异常的情况。

①常染色体异常。常染色体出现异常时，在多数情况下，其胎儿在很小时就流产了，极少有发育成熟并保留异常而出生的。

常染色体异常中有代表性的是先天愚型。这种病是因为胎儿的第21号染色体有3条，染色体的总数是47条，比正常人多1条。

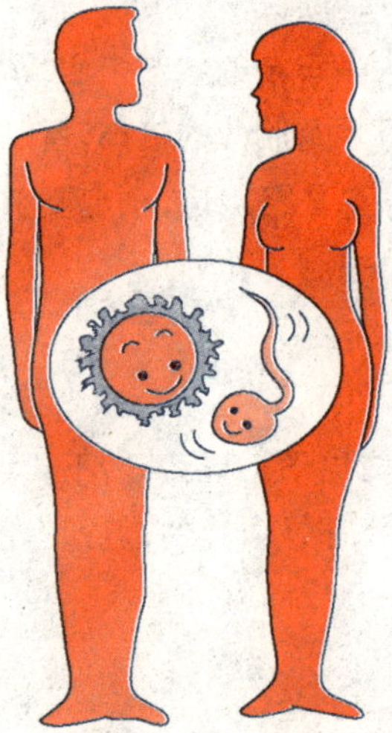

②性染色体异常。性染色体只有1条X染色体的人，为先天性卵巢发育不全，表现为外表上是女性，但是没有卵巢，乳房和子宫不发育。

性染色体为XXY时，为先天性睾丸发育不全症，表现为外表上是男性，睾丸很小，没有精子，智力低下。

性染色体为XXX时，叫做“超雌”，表现为外表上是正常的女性，但能明显看出智力低下。

(2)妊娠早期通过母体引起的异常

胎儿身体各部位的器官，大部分在妊娠早期的5~12周出现和形成。试举几例：脑和神经系统在受精后的15~20天形成；心脏和血管系统在受精后20~40天开始形成。

胎儿各个器官的形成时期，最容易受外界的影响。如果有下述情况，先天异常的危险将会增大。

但比较困难的是，这个时期正是弄不清是否已经妊娠的时期。由于不知道已经妊娠而吃了药或接受了X光照射的情况很多，因此，事后向医生诉说自己的心情不安的人不断出现。

所以，有妊娠可能的女性，即使认为自己没有妊娠，也需要注意。

①风疹和畸形。风疹的别名叫做“三日麻疹”。孕妇如果在妊娠12周内得上这种病，会使胎儿的眼睛、耳朵、心脏出现异常，并且令人担心的是，生出的孩子可能患有心脏畸形、小头症、白内障、耳聋等所谓先天风疹综合征，属先天异常的婴儿。

一般说来，如果母体被毒性强烈的病毒感染，就会胎死宫内，甚至流产，绝不会生出畸形儿。

但是，如果风疹病毒的毒性不强，胎儿不至于死亡，病毒便容易通过母体和胎盘进入到胎儿的体内，导致胎儿畸形。

在妊娠早期，风疹给予胎儿的不良影响，用数字也可以得到证实。据最近调查，孕妇在妊娠早期患风疹，其畸形儿的发生率是：

妊娠4周前孕妇被风疹病毒感染，畸形儿的发病率为58%~60%。

妊娠6~3周孕妇被风疹病毒感染，畸形儿的发病率为12%~36%。

妊娠9~12周孕妇被风疹病毒感染，畸形儿的发病率为7.9%~15%。

妊娠13~16周孕妇被风疹病毒感染，畸形儿的发病率为7%以下。

因为风疹的症状很像感冒，所以常被误认为感冒，有时得上了风疹，不知不觉就好

了。但是不管症状有多轻，也会感染胎儿的，所以切不可粗心大意。

曾得过风疹的人，由于身体里产生了抗体，所以，不用担心再得风疹。是否已产生抗体，需要做风疹抗体值的检查才能知道。准备妊娠的人，一定要进行检查，抗体在8倍以下时为阴性，即没产生抗体。

②流感等预防接种的影响。除风疹外，还有各种病毒感染。虽然所有的感染不见得都直接与畸形有关系，但整个妊娠期，特别是在妊娠早期，应该格外注意，在感冒流行时要严格实行盐水含漱，并避免到人多的地方去。

感冒流行的季节，到底该不该接受预防接种呢？常有人提出这样的疑问。

因为预防接种是往体内注射细菌和病毒，所以，不能说是百分之百的安全无害。因此，在妊娠期还是以不接受预防接种为原则，特别是在对胎儿影响最大的妊娠早期，更应回避。

在整个妊娠期都应禁止接种麻疹、小儿麻痹等疫苗。因为这些都使用活的病毒，虽说毒性不大，但还是有危险的。

除此之外，在危险性较小的疾病流行时，还是以接受预防接种为好。因为传染病会引起流产或早产，所以应防患于未然。

但是，孕妇自己不能贸然做出判断的，要向负责接种的医生讲明自己正处于妊娠，请医生做出判断。

③药物对胎儿的影响。因用药物而使胎儿发生畸形的多发生在妊娠早期，一般是在还未发觉妊娠的相当早的时期。所以，计划怀孕的女性在没有明确是否妊娠时，用药也要慎重。

孕妇在使用药物方面，最重要的事情是不要自作主张，或只听药房的意见就服用，一定要向医生请教，只能服用医生处方的药，并应遵照医嘱服用。

即使是感冒药也不能掉以轻心。抗组胺药、解热镇痛剂，如阿司匹林等，不宜长期服用。

常用营养剂、维生素和钙剂的人，在妊娠前限制一些为好。虽然不至于有太大的副作用，但过于依赖药物，总是不太好。

此外，为改善贫血而饮用铁剂的人，在停止避孕时，要与医生商量，听取医生的意见。

常用的精神安定剂、磺胺剂、降血压剂以及部分抗生素等，也必须慎服。

特别是泻药不能轻易使用。服用效力过强的泻药，就会导致流产或早产，平时因

患便秘而依赖泻药的人，一旦决定妊娠，就要尽量靠饮食保持通便。如果不行，请服用医生开的处方药。

如上所述，对药物采取十分慎重的态度是必要的。

④X 射线和妊娠。常有这样的病例，由于不知道自己已经妊娠，孕妇把孕吐的症状贸然断定为胃肠炎，而接受了 X 线检查。这种情况，应力求避免。

X 线对胎儿的影响在妊娠早期最大，最危险的时期是在妊娠两三周时，此时的辐射会导致胎儿发育障碍或畸形。这个时期有些人还没有发觉自己已经妊娠，这时如果有消化不良、恶心等症状，应在考虑胃肠疾病之前，首先考虑是不是妊娠了？是不是妊娠的反应？

妊娠如果超过 15 周，少量的 X 线辐射对胎儿的影响就会减弱，但大量的辐射会导致胎儿患白血病和肿瘤，还会给生殖功能带来不利的影响。一般的照一两张 X 光片所产生的辐射量，不会发生畸形问题。不必过分担心。

⑤宠物与弓形虫病。弓形虫能引发感染性疾病，会侵入胎儿的中枢神经，导致胎儿脑积水（脑部积水头变大）、无脑儿或出现视网膜异常，所以妊娠期间要尽量远离小动物。

弓形虫以狗、猫、小鸟等小动物做媒介，存在于这些动物的排泄物里，或存在于生猪肉里，所以，在妊娠期尽量不要接近宠物，如果接触了小动物，特别是在处理完小动物的排泄物或生猪肉以后，一定要认真地洗手。

五、常见的畸形

（1）无脑儿

无脑儿是最常见的一种畸形儿。这种畸形儿没有头盖骨，没有脖子，脸直接长在肩上，脑膜直接暴露在外；孕妇的羊水过多，腹部显得特别大，由于胎头很小，分娩时常无阻碍，胎儿出生后数小时即死亡。

（2）大头儿

医学上称为脑积水。胎儿的头特别大，头颅内可积聚脑脊液 500 ~ 1000 毫升或更多，颅骨薄而有弹性，摸上去似乒乓球的感觉，额部前凸，眼球下翻，面部好似倒立的三角形，因大量积水压迫脑组织，患儿常有斜视、肢体瘫痪及智力不足。另一种大头儿，是一种巨脑症，其特点是头大、智力低下。这种患儿发育迟缓，生活多不能自理。

(3) 脊柱裂

胎儿背侧腰骶部的脊柱裂开，脊髓膜直接暴露在外，这种畸形儿和大头畸胎，往往同时存在。

(4) 联体胎

联体胎是多种多样的，如头部联合、胸部和臀部联合等。这种畸形在未出世前，不容易诊断，常被误诊为双胎，直到分娩时困难，才被认识与发现。

(5) 肢体短小

软骨发育不全也属这类畸形儿，因软骨发育有缺陷，四肢长骨的纵向发育受阻，而横向发育正常，故四肢短而粗。

(6) 内脏外翻

胎儿腹壁缺损，腹腔内脏包括肝、脾、肠曲等向外翻出，仅被一层透明的薄膜所覆盖，胎儿常于出生后不久即死亡。

杜绝畸形儿的出生，产前检查很重要，目前，常用的检查手段有：

血液检查：胎儿体内有一种特殊的蛋白质，称为甲胎蛋白。在妊娠16～20周时，只要抽一点孕妇的血，检查其中甲胎蛋白的含量，如连续几天都比正常值高2.5倍以上，就要怀疑有胎儿畸形的可能。

羊水检查：检查孕妇羊水中甲胎蛋白的含量，如果比正常值高10～20倍，基本上可以确定为无脑儿或脊柱裂。

超声检查：B超图像能显示许多种畸形，但一般要在妊娠中晚期时，畸形才有可能被查出。

X线检查：妊娠20周以后，胎儿的骨骼已经骨化，可以在X光片上显示出来。

胎儿镜检查：胎儿镜是一种带有穿刺针的内窥镜，通过孕妇腹部穿刺进入羊膜腔中，直接观察胎儿。

提示

孕妇经过产前诊断，胎儿一旦被确诊为畸形，可根据妊娠周数和子宫大小，采取人工流产或提早引产及时结束妊娠。一般妇女只要做好婚前、婚后和怀孕前3个月的保健工作，畸形是可以预防的。

六、妊娠异常及保胎方法

妊娠不是病，但的确又与平常不同，所以，要慎重从事，预防疾病和异常现象。

流产、早产等异常，不仅会终止妊娠，而且会对母体产生不良影响。如果异常被早期发现并得到早期治疗，不良后果一般是可以避免的。因此，一旦出现异常的征兆，应该立即去医院。

(1) 妊娠剧吐

早孕反应发展到疾病状态即为妊娠剧吐。一般的早孕反应，在某种程度上可以进食，但妊娠剧吐则完全不能进食，几乎不能接受食物，甚至喝口水也要引起呕吐。人渐渐消瘦，以致脱水，甚至出现发冷出汗、脉搏加快、皮肤干燥等症状。严重时，会发烧、手脚痉挛等。

出现妊娠剧吐要积极就医。

在医生的指导下，服用消化剂、止吐剂、维生素等药剂，进行治疗。如果服用这些药仍无效的话，必须住院，补充水分和养料。补充水分和营养后，一般情况会渐渐好转。

住院后如症状仍无改善，母体又很衰弱，必须中止妊娠。

怎样才能防止妊娠剧吐？重要的是对早孕反应的症状不要太介意，放松心情。

(2) 流产

流产是指在妊娠不满24周时，胎儿被排到子宫外。有的胎儿在子宫内已经死亡，有的还活着。即使是活着产出，在外界也不能生存。

流产，多发生在妊娠早期，16周以前的流产占流产总数的75%。因此，这个时期要特别注意。

①原因。流产，有胎儿方面的原因，也有母体方面的原因。妊娠不满16周的流产，几乎都是因为胎儿发育异常，也就是受精卵有严重缺陷。这是一种自然淘汰现象。

与此相对应，妊娠中期的流产，多是由于母体方面的原因。造成流产的具体原因有：子宫及卵巢异常（子宫后屈、子宫肌瘤、颈管无力症等）、感染（流行性感冒等）。除此之外，过激的运动、腹泻、精神上的打击、对子宫的物理冲击、性交等也是造成流产的原因。

②症状。流产的症状，主要是下腹部疼痛和出血。

妊娠早期的流产，从少量的出血开始，在下腹部反复疼痛的过程中，出血越来越严重，大多是在血块和胎盘流出的同时，胎儿也随之流出。

妊娠中期以后的流产，是在类似宫缩的痉挛性的下腹部疼痛反复出现以后破膜，胎儿和胎盘流出。因此，从妊娠早期到中期，如有下腹部疼痛和出血现象，首先必须警惕是否为流产。此外，有时感到腹部忽然发冷，或一直持续的胎动突然停止。

流产，根据症状的发展程度可以分为以下 4 种：

先兆流产：开始发生流产的阶段，有腹痛和少量出血，经过治疗，可以继续妊娠。

难免流产：流产开始，出血量多，腹痛加剧。子宫口开始张开，子宫内容物流出。已经不能继续妊娠。

不全流产：子宫内容物大部分流出，有时会引起大出血。

完全流产：子宫内容物全部流出子宫外，出血停止。

③治疗。在妊娠早期及中期，如有出血或下腹部疼痛等轻度异常感觉，要立即与医生和助产士联系，并卧床保持绝对安静。因为将要流产时，也是胎盘将要从子宫剥离的时候，如活动身体，会更加助长流产。

按照医生的意见，去医院时，要在局部垫上干净的纱布，乘坐的汽车也应平稳行驶，保持安静。经检查如确实是要流产，应注射孕激素，服用止血剂、镇痛剂等，进行治疗，令其安静。如是妊娠中期的流产，大多是可以避免的。但是，妊娠早期的、由于胎儿自身异常的流产，是无法控制的。

经过治疗，出血和下腹部疼痛停止以后，也必须卧床休息 2 周左右。洗澡也要等出血完全停止后过四五天再洗。特别是流过一次产的人更要慎重。不注意这些事，会再次引起流产，那可就很难控制了。

现在，对于刚开始的流产治疗后的情况判断（胎儿是能够生存，还是死亡），可以通过孕妇尿里的胎盘产生的绒毛膜促性腺激素来测定，或用超声断层法测定。

为预防流产、早产，孕妇需要卧床休息，医生会根据流产的程度提出治疗和休息方案，家里人要积极协助。像搬运东西、洗大件衣物，到远处买东西等家务事，都由家里人去做，就可减轻孕妇的负担。这样的关怀，不仅能使孕妇身体得到调养，而且对孕妇的精神方面也十分有益。

④预防。为防止流产，首先要尽可能早一点明确是否妊娠，以便采取适当的措施。如果已经确定怀孕了，就要停止过激的运动，创造一个适宜妊娠的生活环境，生活要有规律，重要的是精神上的调整。

举放重物、长时间站立工作、做下腹部用力的事情、频繁地上下楼梯、着凉等，都应避免。爱好喝酒、抽烟的人，要下决心戒掉。注意不要感冒、腹泻，这也很重要。为此要避免过度疲劳。睡眠和营养要充分保证，注意健康维护。

还有，患有可导致流产的疾病的人，要专心治疗疾病。有的病，可以在妊娠期间动手术。例如，患子宫颈内口松弛的人，在妊娠 12 周前后，如接受颈管缝扎术，即可预防流产。

为了能做到早期发现流产，平时就要监测基础体温。受精后直至胎盘形成的妊娠 13～16 周，是持续高温相。因此，在这之前如果体温下降的话，可能是要流产。

⑤分类。具体来说可分为以下 4 类：

・习惯性流产：流产一次，有可能成为习惯，引发多次流产。流产在 3 次以上的，叫做习惯性流产。习惯性流产的女性，首先要接受健康诊断和相关检查，以明确流产的原因。

找出原因以后，要接受适当的治疗，以安全度过妊娠期。如果原因一时难以确定，接受孕激素注射治疗，一般是可以顺利地维持到分娩。

・稽留流产：和流产稍有不同，即胎儿已经死在肚子里，却排不到子宫外边来。

子宫不能按妊娠周数的比例增大，并有出血现象时，要用超声波断层法或检查尿中促性腺激素浓度法进行诊断。确诊已经流产后，要立即施行手术，取出子宫内的死胎。

如果已经不幸流产，到出血完全停止，最少也需要 1 周。在这段时间内，尽量不要活动，最好卧床安静休息。严禁性生活、饮酒等。1 周后请医生复诊，经允许再恢复正常生活。

如果计划再次妊娠，要注意的是坚持测量基础体温，以便尽早发觉妊娠。有了妊娠的征兆，要立即接受医生的检查，在得知确实没有妊娠以前，不要做对身体有负担的事，尽量保持安静。

据统计，职业女性孕妇比家庭妇女孕妇的流产率要高，因此应特别注意。

・子宫颈内口松弛引起的流产：子宫入口的管状部分（子宫颈管）先天松弛的疾病叫做子宫颈内口松弛。患者妊娠时，由于随着妊娠周数的增加，胎儿越来越大，本来应该关闭的子宫口，有时会自然张开。由于不能支撑胎儿，所以造成流产。因子宫颈内口松弛造成的流产，多发生在妊娠中期。

子宫颈内口松弛不会自然痊愈，每次妊娠都会旧病复发，是习惯性流产的主要原因之一。

治疗方法：如症状不继续发展，可将胎儿推回子宫，缝合颈管的入口。此种手术叫做颈管缝扎术。颈管缝扎术有两种方法，这两种方法在结扎的方法上略有不同，用哪一种方法，都可以防止流产。颈管缝扎术一般在妊娠 12～15 周施行。在即将分娩时拆线。

如果症状继续发展，只好流产。再次妊娠时在胎儿下降前施行缝扎术。

(3) 异位妊娠

受精卵在子宫腔着床是正常的妊娠。但是有时不知什么原因会在子宫腔以外的输卵管或卵巢里着床，这就是异位妊娠。异位妊娠发生在输卵管里，即为输卵管妊娠，在其他部位着床形成的妊娠极为罕见，但偶尔也能见到腹膜（腹腔）妊娠。

①原因。受精卵降不到子宫腔，在输卵管着床，简单地说，是因为某种原因输卵管狭窄，受精卵不能通过。精子比卵子小，能够通过，但受精卵却无法通过。还有，即使输卵管不窄，但输卵管的纤毛运动微弱，也不能运送受精卵。有先天性输卵管狭窄的人和用化学疗法治疗过结核性输卵管炎的人，输卵管也会变窄。

此外，做过人工流产手术的人，也有输卵管变窄的可能性。在输卵管里着床的受精卵，不会在输卵管里充分发育，或中途流产，或导致输卵管破裂。

②症状。尽管是输卵管妊娠，但最初出现的症状却与正常妊娠相同。月经停止，发生早孕反应。到了妊娠 8～12 周，有下腹部疼痛和少量的出血现象，出现好像和流产相同的症状。但是，这种出血难以止住，连续不断，此为输卵管妊娠流产的特征。

还有，输卵管破裂时，有剧烈的下腹部疼痛，患者往往陷入休克状态。下腹部疼痛的原因是由于输卵管破裂引起的腹腔内大出血。

③治疗。在妊娠早期诊断输卵管妊娠，比较困难。已经妊娠了，但子宫却没有明显的变化，有输卵管妊娠的可能性。如果进行检查发现腹腔内有出血，可初步确定是输卵管妊娠。

确诊是输卵管妊娠后，要立即留院治疗。如果耽误了，对母体非常危险。

④预防。为预防输卵管妊娠，要防止输卵管狭窄。不要轻易做人工流产手术。还要注意防止细菌从阴道侵入而引

起输卵管炎，应经常保持阴部清洁。

曾做过人工流产的人或患过输卵管炎的人，如果妊娠了，要特别注意出血和下腹部疼痛。即使稍有异常，也要尽快接受医生的检查。

(4)葡萄胎

葡萄胎是由于构成胎盘的绒毛组织变性而异常增殖，形成葡萄串形状而得名。

①症状。从妊娠8～12周前后，开始表现出各种各样的症状。主要的症状是出血。流一阵停一阵，反复发生。有时从阴道流出像葡萄粒样的白色小球。此外，子宫异常增大，在妊娠3个月时，肚子就膨胀得像五六个月那么大，这是葡萄胎的特征。但也有相反的情况，由于胎儿不长，肚子也没大。

早孕反应严重，持续时间长。有时症状像妊娠剧吐。而且，到了一定的妊娠周数，仍听不到心音，感觉不到胎动。部分患者有卵巢异常肿大的症状。

葡萄胎患者还经常出现蛋白尿、高血压、浮肿等妊娠高血压疾病的症状，但上述这些症状不一定都出现。

②治疗。一旦被确诊是葡萄胎，必须立即住院，除去子宫中的异物。绒毛组织侵入子宫，若不仔细地清除，就会引起大出血。为彻底地摘除异常组织，手术要分两三次施行。

有一部分为侵蚀性葡萄胎，在葡萄胎手术实施后的两三年内，要定期接受检查，直至确认绒毛膜促性腺激素已经完全没有为止，最好到设备齐全的大医院去接受检查、治疗。葡萄胎患者最担心的事情之一是能否再次妊娠、分娩，如果身体状况较好，大部分人是可以再次正常妊娠的。

③预防。实际上，葡萄胎多是在先兆流产、稽留流产清除子宫内容物时才被发现的。

葡萄胎的早期发现很重要，因此，要注意出血，如果发现有出血症状，要立即接受医生的检查。此外，按妊娠周数计算，肚子过大，或没有心音和胎动等现象时，大致可怀疑可能是葡萄胎。

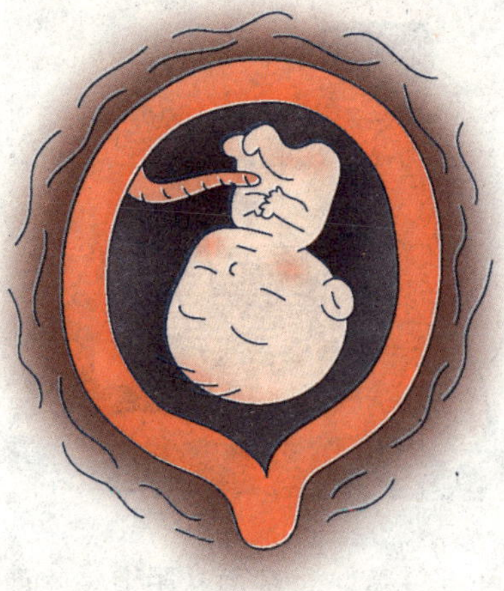

(5)臀位

妊娠中期的胎儿个不大，能在羊水中浮游、并灵活地转动，所以位置不稳定。但一过妊娠8个月，长大了的胎儿就不能转动了，位置也就稳定下来了。

子宫内的胎儿头朝下、屁股朝上是正常的胎位，即头位。与头位相反，头朝上、屁股朝下的胎位叫做臀位。

①原因。造成臀位的原因很多。有的是子宫腔的形状对头位不合适，或胎儿自身稳定在臀位的位置上。有因羊水过多造成的臀位，也有因羊水过少而不能形成头位的。

②臀位分娩。根据最近10年间的统计，臀位分娩占分娩总数的5%左右。

在围产医学日益发展的今天，臀位分娩已不是什么难题了。如果骨盆和胎儿头部的大小相称的话，臀位也能自然分娩。但是，容易引起早期破膜。在分娩过程中，如果脐带在产道受挤压，有时胎儿还会以假死状态生出来。为慎重起见，可以考虑实施剖宫产。最好选择能随时做特别处理的医院。

胎儿臀位分娩时，往往会由于头部堵塞而不能自然娩出。为此，医生和助产士要采用助产手段将胎儿拉出，使分娩完成。

③对策。到妊娠七八个月，胎儿多是头朝上的，这时还不必担心。如果到了妊娠9个月仍是臀位，则臀位分娩的可能性较大，也有部分人到了预产期又自然形成头位，甚至还有到临产前才转成头位的。是不是臀位，医生和助产士从上往下摸孕妇的肚子即可判断，也可借助仪器进行观察。

正如前面所述，臀位分娩也不必担心，但谁都期望尽可能正常分娩。因此，当知道是臀位时，可以进行胎位矫正，这里介绍一种方法。

取趴着的姿势，把胸部贴在床上，屁股翘得高高的。这个动作叫做胸膝卧位。睡觉前取掉腹带，在床上持续做5～10分钟，有效。但是这个姿势很不舒服，不要勉强。肚子发胀时要停做。还有，对临产的孕妇来说，做起来比较困难，以不做为好。此外，让医生从肚子上部帮助婴儿转身，有时也可以矫正臀位，这叫做外倒转术。

如前所述，臀位容易引起早产早期破膜，因此要避免肚子用力，同时要控制性生活。

(6)双胎、多胎

妊娠异常之一，有双胎(孪生子)或多胎。虽不能说是病，但由一般只养育1个胎儿，变成同时养育2个胎儿，对母体和胎儿都容易出现异常。

①原因。双胎有2种，1个受精卵分裂成2个，各自培育出胎儿，生出来的胎儿叫做单卵双胎。

另一种情况是由于某种因素排出2个卵子，而2个卵子分别受精，2个胎儿成长后生出来，这叫做双卵双胎。

单卵双胎性别相同，脸形也相像；双卵双胎性别有的不同，有的相同，脸形有的相像，有的不像。成为双胎的原因不明，但据说与体质有关系。

服用诱发排卵药物会排出2个以上的卵子，分别受精，因此，会成为多胎。

②症状。到妊娠五六个月时，一般还看不到双胎特有的症状，只是肚子比正常孕妇要大些，但是因为每个人的情况不同，只靠这个还难以判断。

但是，到了妊娠七八个月时，根据触诊能知道有 2 个胎儿的头，听诊时能听出 2 个心音，由此，可以断定是双胎。孕妇也应该能感觉到腹部的压迫感超过正常妊娠，但初产妇不太容易知道，有时经产妇也不会发觉。

用超声波断层法和 X 线检查，可以早期确诊。

③注意事项。双胎也能和单胎一样自然分娩，但是要注意的是孕妇在妊娠期间容易得妊娠高血压。而且得病的时间比单胎要早，并且容易变成重症。因此，明确是双胎以后，就要比单胎时更加小心，避免妊娠高血压。保持安静，充分睡眠、限制盐分等注意事项，要严格遵守。

双胎或多胎妊娠造成早期破膜和早产的可能性也高，因此，要特别注意。要避免过度疲劳，多休息，并且要躺下休息。此外，由于必须供给 2 个人或更多人的营养，母体容易贫血。所以，要注意多摄取含有丰富的铁和优质蛋白质的食物。

(7) 妊娠高血压

在妊娠后期的疾病中，最容易得的，也是最可怕的，就是妊娠高血压。近年来，由于妊娠高血压的预防、早期发现、早期治疗等日趋完善，母子的死亡率大为降低。即使这样，作为孕妇死亡的原因，妊娠高血压依然是占第二位的。

①原因。妊娠高血压是如此具有高度危险性的疾病，但至今仍不明其原因。简单地说，是母体不能承受妊娠的负担，引起各种各样的机能障碍，成为一种合并症表现出来的。

②代表性的 3 大症状。妊娠高血压常常在妊娠七八个月以后表现出来，主要是浮肿、高血压、蛋白尿等 3 种症状同时发生。症状的表现因人而异，有 3 种症状同时表现出来的人，也有只表现出 1 种的人。浮肿，是因为血液中的水分从毛细血管漏出，积蓄在皮下组织中引起的。下肢容易出现浮肿，一天总站着的孕妇更加容易出现浮肿。如果是正常状态的妊娠浮肿，夜里睡眠时即可消失。但如果在早晨起床时浮肿并不消失，而且不只是下肢，连手、脸、腹部等都看得出有浮肿，就有可能是妊娠高血压疾病。

此外，由于血液的循环障碍，血压高时，胎盘的血管容易破裂，也是早期剥离的原因。必须引起注意。

由于妊娠中肾脏的活动不充分，即使不是妊娠高血压也会出现蛋白尿。如是妊娠高血压疾病，尿中会排出大量的蛋白质。根据验尿可以做出清楚的判断。体重突然急骤增加的症状，也可判明是妊娠高血压，这种情况叫做潜在浮肿，严重的多半是显示出体内水分积蓄的状态。

严重的妊娠高血压，不能向胎盘输送充分的血液，阻碍胎儿的发育，因此会早产出未成熟儿，即使能维持到预产期，生出的也是只长到妊娠8个月左右大小的未成熟儿，而且和平常出生的未成熟儿相比，患妊娠高血压的孕妇生的未成熟儿体弱、死亡率高，脑性麻痹等后遗症的比率也高。如果症状进一步发展，在妊娠中或分娩时，会引起子痫（脑血管收缩引起的痉挛发作），而且，常常存在有母子双亡的危险。

最近研究表明，妊娠高血压还会导致弥散性血管内凝血，即引起出血不止的疾病。

③治疗。妊娠高血压的治疗应在医生的指导下进行，孕妇应注意以下几点：

日常生活中保持安静。

注意饮食，特别要限制盐分。

服用利尿剂、降压剂等。

轻症，如有中毒倾向的，用限制摄盐和保持安静的办法，有可能好转。限制盐分的程度和保持安静的程度，因症状而异，但要听从医生的指示。

水分也不要摄取过多。

如果症状进一步发展，就应服用利尿剂和降压剂，或具有两种功能的降压利尿剂。继续限制盐分和保持安静，同时服用这些药。药量要遵医嘱，正确服用。病情进一步加重时，要住院治疗。如果住院，能从家务中获得解放，既能保持安静，又能在医院严格的管理之下食用低盐饮食，因此，可以说是治疗妊娠高血压疾病最好的方法。

用上述这些疗法不奏效时，或胎儿的发育令人不满意时，不用等40周，可使其提前分娩，但分娩时间和分娩方法，应在医生慎重的判断下进行。

④预防。为了预防，首先一定要接受产前检查。在产前检查时，要查尿和测量血压。根据蛋白尿、血压的情况，尽早发现妊娠高血压疾病的征兆。

要注意以下的自觉症状，即使只发现一个，也要接受医生的检查。

手、脚浮肿：早上起床时，留心一下脚的胫部和脚背。如果肿起来了，或用手指一按就出现坑凹陷，而且很不容易复原时，要注意。应立即接受医生的检查。如果手背也浮肿，那说明病情已相当严重了。

体重突然增加：在妊娠晚期，体重一般1周增加250～450克，在这个范围内，是正常的。但如果超过这个范围就稍微让人担心了。每周增加500克以上是明显的患病信号。

头痛、眼花：此外还有头重感、失眠、全身无力的症状。

胃痛、恶心、呕吐：类似早孕反应的胃肠症状。

尿量及次数减少：水分积存体内，是浮肿的原因。

视力模糊、眼前冒金星：血压高时能见到的症状。

> 日常应注意的是，无论如何应避免过度劳累，保证充足的睡眠和安静的休息；少吃咸的和辛辣的食品；这是从妊娠早期就应留意的，但进入妊娠晚期则应特别注意。对辛辣的作料等刺激性强的东西也要控制。

再有，初产妇、高龄孕妇（35岁以上）、身体肥胖的人、血压偏高的人、过去患过肾脏疾病的人、工作中的孕妇等，易得妊娠高血压疾病。有以上这些情况的人，要特别注意。

⑤后遗症。妊娠高血压疾病的症状，分娩后会急速减轻，但很难彻底治愈，容易留下后遗症。即使浮肿消退了，也决不可掉以轻心。因为大多会在不知不觉中继续存在高血压和蛋白尿。因此，得过妊娠高血压疾病的人，产后仍要定期接受医生的检查，以便彻底治愈。后遗症彻底治愈的时间，短则需要半年，长则需要2年。即使不再妊娠，也会长期妨害身体健康，甚至会导致暂时性失明。也有的因胎盘早期剥离等原因不得不切除子宫。

提示

> 初次妊娠得妊娠高血压疾病的人，与下次妊娠的间隔时间越长复发率越低。因此，要考虑母体的年龄、家庭的情况，以及初次患病的轻重等，在和医生商量的基础上，再确定下次妊娠的时间。

（8）前置胎盘

通常长在子宫腔上方的胎盘，长到子宫口附近去了，这叫做前置胎盘。这种疾病一般发生在妊娠晚期。

根据从子宫口看得见的胎盘的情况，分为完全性前置胎盘、部分性前置胎盘、低置胎盘。

①原因。受精卵在子宫下方着床的，多是由于子宫里有炎症或肌瘤、畸形等情况，

或多次做过人工流产手术。由于胎盘长在子宫口附近，在妊娠后期子宫口一张开，胎盘的一部分剥离后，那里就会出血，有时甚至会引起大出血，出现对胎儿和母体都很危险的状态。

②症状。妊娠 7 个月后时常出血，到妊娠 10 个月左右，突然大量出血。也有不加治疗出血就被止住了的。

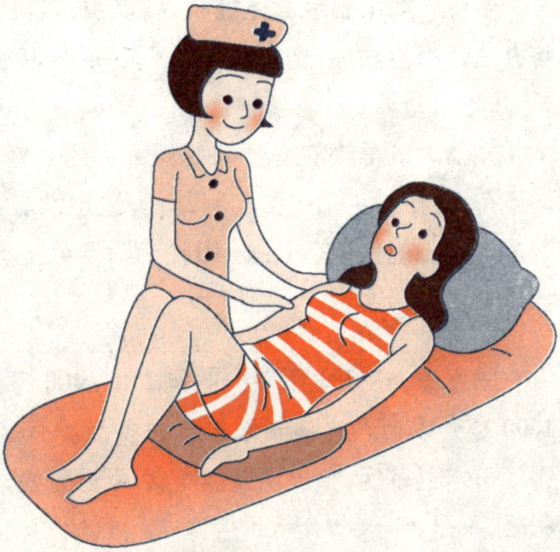

在这个时期出现的异常出血中，还有正常位置胎盘的早期剥离和早产。但是，前置胎盘的出血量会更多，颜色是鲜红的。还有，没有疼痛感也是前置胎盘的特征之一。如有这样的出血现象，即使出血被止住了，也不要掉以轻心，必须接受医生的检查。

前置胎盘的诊断，根据以上这些症状，在内诊时用指尖触摸柔软的胎盘，或用 X 线、超声波断层法检查，就可以发现。

③治疗。程度轻微的，出血也被止住了，仍然可以从阴道分娩。

但是，在一般情况下，由于出血过多，不得不一边输血一边实施剖宫产，实施剖宫产大多能平安分娩，因此不必多虑。

④预防。下面列举的几种人，比较容易形成前置胎盘。在妊娠 7 个月以后如发现出血，应马上接受医生的检查。

多次妊娠、生育的人。

多次人工流产者。

子宫炎症和子宫肌瘤患者。

(9)胎盘早剥

正常分娩通常是在胎儿出生以后才娩出胎盘，在胎儿出生以前胎盘就从子宫内膜剥离的即为胎盘早剥，其发病率占分娩总数的 0.4% ~0.8%。

胎盘早剥，不仅使胎儿不能从母体获取氧气和养料，而且还会引起子宫内大出血，对母子都非常危险。

①原因。这种病，多由妊娠高血压引起，但据最近 10 年的统计，非中毒性的原因多起来了，主要有：肚子被强力撞击或孕妇摔倒，有时粗暴的性交也是原因之一。

②症状。在妊娠后期突然发生腹部剧烈疼痛、出血。腹痛的位置是在肚脐稍微靠

上一点的地方。出血的颜色是暗红色，从阴道流出的数量极少，但是在肚子里发生大出血。剥离面越扩大出血量越增加，肚子又硬又紧，孕妇脸色苍白，发冷，出汗，呼吸也加快，甚至出现休克的症状。

③治疗。如果出现上述症状，要尽快送往医院。医生为缓解休克症状，会采用输血等办法进行抢救后，施行剖宫手术，将胎儿和胎盘取出。剖宫产的目的，既是抢救胎儿，也是抢救母体。

④预防。最重要的是预防妊娠高血压。曾得过妊娠高血压的经产妇，要特别注意。还有，在日常生活中要控制动作，注意别碰撞肚子，别摔跟头，妊娠期间的性生活不要成为孕妇的负担，到妊娠 10 个月时要停止。

(10)羊水过多症

羊水量，在妊娠后期一般是 250～400 毫升以下，但由于某种原因，有时增至 1000 毫升以上。这就叫做羊水过多症。有这种症状的，在孕妇中占 1‰～5‰。得了羊水过多症，会出现微弱阵痛，延迟分娩，容易引起胎膜早破。但大部分症状很轻，不是十分令人担心的病。

①原因。引起羊水过多症的主要原因是羊膜的分泌过多、羊水排泄不畅。羊水的排泄受阻，是由于胎儿有畸形或脐带和胎盘有异常，以及孕妇患有妊娠高血压。除此之外，据说多胎或孕妇患有心脏病、肝脏病、肾脏病、糖尿病、贫血等，也容易得羊水过多症。

确诊是羊水过多症后，要用超声波断层法检查一下胎儿是否畸形，或有无异常。

②症状。羊水过多症的症状有 2 种，一种是羊水一下子突然增多，另一种是一点点慢慢地增长。无论是哪一种，在妊娠中期以后，按妊娠周数计算肚子都偏大，从外部触摸很难弄清胎儿的位置，也听不到心音。而且，由于子宫压迫胃部和胸部，引起孕妇呼吸困难、心动过速、食欲不振、恶心、呕吐、便秘、排尿困难等症状。由于体重增加，行动也不大方便了。

③对策。有上述症状的，或腹围在 1 米以上的，应接受医生的检查，听从医生的指导。

症状重的，要采取措施，抽出少量羊水。有妊娠高血压疾病的，要努力使病情好转，

控制摄取水分等。预防高血压的办法是，在妊娠期间，经常做深呼吸。深呼吸在分娩时也会发挥作用。

在日常生活中，不要做剧烈的活动，不要拿沉重的东西，还要控制性生活，因为性生活容易造成早期破膜和早产。此外，得了羊水过多症以后，争取在设备齐全的医院分娩

（11）早期产（早产）

在妊娠28～36周加6天期间，胎儿就分娩出来的，就是早期产（早产）。和流产不同，早产的婴儿有成长的可能性。

早产儿中，出生时体重在2500克以下的叫做未成熟儿（低体重出生儿）。

①原因。早产的原因与流产相同。容易发生早产的时期，也是容易发生妊娠高血压的时期，而妊娠高血压又多是早产的原因。

②症状。离预产期还很远，却多次反复出现宫缩般的疼痛，或者出血，这就是早产的症状。

一旦出现这样的症状，要立即通知医生和助产士，接受指导。

③对策。如果出现早产的迹象，应当住进医院，保持安静，尽量采取保胎措施。也就是说，让肚子里的胎儿能多少再发育成熟些，然后再分娩。

④预防。流产的预防法和早产的预防法近似，可以照搬。除此之外，应该特别注意的还有几条，首先要控制盐分，以免得妊娠高血压疾病。

还有，在防止腹泻的同时，注意不要便秘。如连续腹泻或便秘的话，排便时的刺激会使子宫收缩，造成早产。如果已经腹泻或便秘，要尽快治愈。吃药、灌肠都不好，应首先通知医生。

早产新生儿用暖箱保育，不久就会与健康婴儿差不多。在体力和智力方面，和40周出生的婴儿相比，发育也不会缓慢。

（12）早产早期破膜、足月早期破膜

所谓破膜，是指包裹胎儿和羊水的卵膜破裂，其中的羊水流出。正常的破膜从分娩开始，也就是发生在有规律的子宫收缩反复出现、子宫口慢慢张开直到全开的时候。但有时临产后的宫缩还没开始就破膜了，这叫做胎膜早破。足月早期破膜是指分娩已开始，但子宫口还没开全时的破膜现象。

早期破膜，因为分娩已在进行中，那样持续下去也不成问题，成问题的是

早产早期破膜。其一是，一旦发生破膜，胎膜内容物（胎儿和羊水）和阴道就连在一起了，阴道中的细菌进入子宫，会引起感染；其二是，脐带脱出，破膜的同时，脐带从子宫口脱出，给婴儿带来危险。

①原因。形成破膜的原因是多胎、羊水过多症、臀位或受外力冲击等。但有这些情况也不一定都发生破膜，这和胎膜本身的强弱有关。外部的力量主要是指性交的刺激，因此，对妊娠晚期的性交要特别注意。

②症状。像“流出热乎乎的像热水一样的东西”、“遗尿了”的说法所表现的那样，突然间，什么疼痛也没有，羊水就哗地流淌出来。其中也有感觉不到破膜的人。

③对策。胎膜早破时，根据妊娠周数采取不同的对策。如在妊娠35周前，置之不理的话，会造成早产、流产。因此，应立即住院，保持安静，尽量采取措施使胎儿成长，待胎儿长到一定的程度后，再使其分娩。如果在妊娠37周以后，即可等宫缩到来后分娩。但是，这些情况不是对所有的病例都合适，只作为一个标准。不管是什么情况，一旦发生破膜，要垫上干净的东西，立即送往医院。躺下并拢双腿，将腰部垫高，这样既可抑制羊水的流出，又可防止脐带的脱出。洗浴是细菌感染的根源，因此要绝对禁止。

④预防。被确诊为多胎、臀位、羊水过多症的孕妇，到了妊娠晚期，要避免需要肚子使劲儿的工作和动作，还要控制性生活。

不要让子宫充血，特别是便秘和膀胱里积尿太多时要十分注意。

七、环境养胎

（1）家庭环境养胎

家庭环境养胎要求准父母多关注家庭环境的美化、卫生，以及采光和通风的良好。家具摆放要整齐，色彩要和谐，可以进行适当的装饰，尽可能美化居室，营造一个温馨宜人的居住环境，对孕妇、胎儿的身心健康会很有好处。准父母也要适当注意改善居住的一般条件，比如将杂物处置一下，使住房尽可能宽敞一些，尽可能远离污染源，对胎儿都会大有益处。

①环境的美化。我们知道，环境的美与洁可以影响孕妇及胎儿的身心健康。既然古人为了使孩子容貌英俊美丽、气质高雅不俗、品行端正无邪，要天天“视美玉”，我们现在也可以时常观看欣赏一下优美的画面或其他艺术装饰品。

所以准父母最好能对居室做一些装饰，不必太复杂、太花力气，只要在墙上挂一些喜欢的画或色彩明亮的小饰品，阳台上养几盆无毒的花草就可以了。孕妇可时常对着画或花草进行欣赏，只要能欣赏生活中的美，就是很好的美育养胎，无论什么形式都可以。

②尽可能保持居室洁净、卫生。细心的人在生活中都可以发现，有些衣冠不整、家中凌乱肮脏、居室光线幽暗、由于很少开窗通风使屋内充满了长期积累的体味的家庭很少会出现气质好、聪明健康、有出息的孩子，而且孕妇、孩子还都容易生病。

现代专家们发现，相比较而言，居住环境整齐、明亮、干净，会大大改善孕妇的精神状态，使之生出较为气质好、聪明、自信、性格健全、情绪活泼的孩子。事实证明，新鲜空气、良好的自然光线、洁净以及雅致宜人的环境，能激活人的生理细胞，强化它们的功能。

③要注意污染问题。装修屋子使用的地板、瓷砖、涂料、胶水等往往会含有苯，苯是一种会使人得癌症、白血病等疾病、使胎儿致畸的有毒化学物质，一定要注意，装修完后最好将房子空晾三五个月再入住，怀孕前、怀孕期间最好不要装修房子。另外，孕妇的生活环境内千万不能堆放农药化肥、化纤和皮革制品、废电池、过多的塑料橡胶制品、油漆涂料、消毒剂等，这些物品有一定污染性，会释放有害气体。

厨房油烟中含有不少有害物质，孕妇最好少去厨房，尤其是正在进行煎炸、烹炒时。

还要注意电磁波污染问题。现代家庭往往会有不少家用电器，彩电、冰箱、立体声音响设备、电脑、电饭锅、微波炉等电器，在一般家庭都已一应俱全，人们的日常生活往往早上一起床便开电视、听新闻，上班路上听音乐，在办公室里是一天面对电脑，晚上回家便是坐在沙发上看电视、听音乐，然后又是坐到电脑前直至深夜。这样的一天接受的电磁辐射的量实在不少，对准父母身体会有不利影响，对胎儿的伤害就更为严重。所以准备要孩子的准父母及已经怀了孩子的孕妇，一定要注意尽可能避开电磁辐射，尽量少使用电器。微波炉前要少停留，使用时人尽可能离远一点；看电视不要时间过长、距离过近，最好不超过一小时，保持一米以外的距离。电脑尽可能少用。

④追求整齐简洁。居住条件差一些的准父母，也会有办法进行环境养胎的。房间小，仍然可以收拾得整齐干净，适当放一瓶绢花或野花，贴一张好看的画，自做一个小装饰品，就可以使居室显得怡人。如果光线不好，考虑一下是否有可能把窗户玻璃换换新或擦擦亮？如门外有树或东西挡住光线，是否能去掉一些树的小枝或拿开东西使光线更多地进屋来？窗户如打不开，是否能改装一下或换个插销使它能够开启？屋内

杂物过多显得拥挤凌乱的，是否能整理掉或搬开一些，使屋子变得简洁明快？另外能保持床单经常更换、沙发罩适时清洗、衣服找地方挂好或叠好了放整齐，杂乱无用的东西及时处理，同样能创造一个怡人的天地。

其实环境不在于是否豪华漂亮，而在于是否洁净舒适、不易生长细菌，在于孕妇是否心情愉悦满足。简单的家具、泥土的地面，只要干净整洁清雅，同样可以起到漂亮居室的环境养胎效果。那些条件好的孕妇若心态不好，可能还赶不上条件一般但会收拾、心态好的孕妇的环境养胎效果呢。

⑤利用室外好环境。如果居室条件实在太差、无法获得较好的通风条件的准父母，也有办法进行环境养胎，就是多到室外活动。只要天气许可，就可出去晒晒太阳，呼吸呼吸新鲜空气，或到附近的树林、小花园、田野散步，感受感受室外的美丽风景，这样的养胎效果当然也不错。

⑥安宁很重要。居住的屋子如果紧挨马路，声音总是很嘈杂，就要想法使孕妇不受干扰、能得到良好的休息。环境宁静对孕妇、胎儿都是极有好处的，环境静，人心就静，心静气血就容易调和，孕妇和胎儿的健康、胎儿的智力发展都需要宁静的环境。如实在不行，就最好让孕妇转移地方，如住到父母家去、暂时在农村租住一段时间等。

孕妇居室一定要安静，能使孕妇得到良好的休息，并能保持宁静的心境。

孕妇居室不能太潮湿、太脏或堆放有害化学物品。

⑦避开其他对胎儿不利的场所。有的机场候机厅、图书馆、学校教室、阅览室、豪华写字楼内的会议厅、办公室等室内容易积聚人群呼出的废气，对孕妇、胎儿健康不利，所以最好避免去这样的场所。

(2)工作环境养胎

准父母在工作环境中，必须细心关注几个问题，就是工作场所有没有化学类的、光电类的、物理类的污染源，工作的节奏、性质、压力大小是否适合孕妇的承受力，人际关系是否良好，不要稀里糊涂影响了胎儿的健康。

①要十分关注工作场所的有害物质。一些工作环境对孕前父亲、母亲会有伤害，从而会对胎儿造成伤害，如油漆厂、化工厂、皮件厂或印染厂、某些药厂、塑料制品厂、电镀厂等直接接触有毒物质的工作，以及长时间在复印机旁、电脑旁、微波炉旁、电磁类仪器旁、X光机器旁作业或者从事放射物研究等工作，这些场所产生的化学、光电、物理危害会引起男子不育，或使男子产生畸形精子或导致血液方面的疾病，会引起孕妇身体不适或内分泌紊乱，有的会直接伤害胎儿的身体。X光辐射会致癌致畸；涂料油漆、胶水、复合木材及皮件物中所含的苯会引起白血病或再生障碍性贫血；高温、汽油、电磁辐射、噪声等会使准父亲的精子畸形。准父母最好对此要有清醒的意识，注意自我防护。

②工作节奏、性质是否适合孕妇，这一点也要加以注意。如表演摇滚乐、表演节奏强烈的舞蹈等节目的专业演员，需经常参加竞技赛的体育运动员，需爬高、举重或挑重物的特殊职业工作人员等，其职业对胎儿都会有伤害，最好怀孕后调离工作岗位。

有些季节性的工作会在某个时间段内特别忙，有些工作需要长期加班加点，有的工作，如流行病医生、律师、商人会一时突然面临巨大工作压力，孕妇如在这些行业工作，最好自己适当调整一下工作强度和压力。

③工作氛围。工作环境中的人际关系好坏，也会极大地影响孕妇和胎儿的身心。怀孕期间准妈妈切不可因一点小事就耿耿于怀、气急败坏、心胸狭窄，否则对胎儿的身心会十分不利。古人认为孕妇郁火盛，孩子就会得胎毒、长痘疹、得癫痫，或变得“暴狠”、“诈戾”。要努力为自己创造一个气氛舒畅的工作环境。

(3)大自然环境养胎

大自然是人类取之不尽的宝库，既是物质宝库，也是精神和生命活力的宝库。

①新鲜空气是大补剂。永远不要忘记大自然能给胎儿最好、最新鲜的空气，而这是保证胎儿健康的关键因素之一。

准父母要关注这一问题，尽可能让胎儿远离污染，多去空气清新的郊外活动，多进

行有氧运动，在大自然中散步、游玩，可以清除肺中的浊气，不仅有利于自己的身体健康，也能使胎儿从中获益。

②大自然会给人带来美好的心情。孕妇如能多去欣赏、观看，从中能获得愉悦和美感，这对胎儿也是极有好处的。

有时一棵树或一片叶子的形状、一朵花的色彩、一只蚂蚱的动作、一两声虫鸣，就足以给人创造美好的心情，就是非常好的胎教材料，孕妇要善于发现美，要好好利用大自然里美好的一切，让它们为胎儿起最好的作用。

③阳光是人和万物的生命力源泉。阳光对人具有神奇的作用，所以孕妇要尽可能生活在阳光充足的屋子里，也要多到阳光充足的大自然环境中活动，这样才能获得活泼健壮的孩子。

④大自然是一种精神资源。大自然是孕育、培养人的活力的最好场所，人不仅能从新鲜的空气、充足的阳光里获得活力，也能从欣赏美、雄伟或优雅的气势中获得活力。

比如，当孕妇面对一座高耸云际的大山时，心中会感觉到它雄伟的气势给自己带来的豪迈和心旷神怡；面对活泼流动的清澈的泉水时，心态会变得非常活泼开朗；面对开阔的原野时，心胸又会有被舒展开的美妙感觉；面对奔跑的骏马时，心里会充满了神奇的力量。风起云涌的天空、布满星星的穹宇、春天鲜花遍布的草地、夏天被风吹动的满池荷叶、秋天金黄色的田野、冬天“山舞银蛇，原驰蜡象”的雪原，还有大自然固有的奇妙的寂静或喧闹的蛙声虫鸣……所有这一切，都可成为一位有修养的孕妇的良好的精神源泉，从而成为胎儿成长的最好“外在营养”，可以说，大自然的美是孕妇进行胎教、养胎的极难得的资源，浪费了真的很可惜。

提示

大自然是人生命的本源，在大自然中孕育的孩子会更有活力、更健康、更有灵性。请孕妇们务必关注这一点。

八、智慧养胎

(1)学会宁静愉悦地生活

宁静和愉悦的心态是一种智慧心态，也是增长胎儿智慧、保持胎儿身体健康的一

种最佳的气血环境。当然我们不是说，为了追求宁静，孕妇最好每日静坐不动。我们所说的宁静是一种精神境界，一种心态，而不是具体动作。

(2)多看有益的、能启发智慧的书籍

书籍是通向智慧之城的最好途径，它通过增加人的知识面、扩大人的眼界、提高人的修养而增长人的智慧，孕妇怀孕期间看些好书还能获得不少乐趣。

中国古人给我们留下了丰富多样的文学作品，是启迪智慧、开阔心胸的极好材料，孕妇如有时间读一读、细细品味品味，绝对是一种人生享受。如能徜徉在好诗的意境中，孕妇不仅自己可得乐趣，胎儿也可能在不知不觉中得到熏陶。

(3)学会欣赏名画、书法艺术、音乐和工艺品

艺术品欣赏的要点是去看它们的色彩、线条、造型、节奏，由此体会它们所包含的情调和哲理，能受它们感染是一大收获，能从中悟到智慧又是一大收获。孕妇多看看，多体味体味还是会有好处的。

第三篇 孕期各阶段的保健与胎教

第一节　孕前期的保健与胎教

一、避免外界的影响

妊娠初期，胎儿若受到外界的不良刺激，将影响其脑部、手脚的发育；妊娠4～8周，孕妇若服用镇静安眠药，就会影响婴儿手脚部分或神经元，使其停止分化；若孕妇在妊娠初期罹患风疹，则婴儿的眼睛、耳朵、手、脚、心脏等发生障碍的比率可高达33%～58%。若孕妇对该病有免疫力，则胎儿可能不致受到滤过性病原体的侵害。其他，如烟、酒、精神上的压力等亦将阻碍婴儿的正常发育。

二、不要勉强进食

早孕反应，使孕妇没有食欲，于是有人担心，怕对胎儿产生不良的影响。

但是，以往的病历显示，一般的早孕反应并不会对胎儿产生不良影响。反之，胎儿已渐渐在成长、发育中，所需的营养并不多，即使孕妇不怎么吃东西，对胎儿而言，短期内不会造成营养不良的现象。若是强迫孕妇进食对胎儿和孕妇都不好。

三、妊娠初期引起出血的原因

经验告诉我们，即使是没有妊娠，亦可能发生月经以外的出血现象，但是，无论如何，在无月经后仍发生出血时，请尽快找妇产科医生检查。

（1）迫切性流产

有出血现象，但腹部并未感到疼痛。有些是因为染色体异常现象所引起的，但一般的妊娠也会有迫切性流产的可能。

（2）进行性流产

正在发生的流产现象，不但出血而且腹部亦感到疼痛，胎儿或绒毛将流出子宫外。

（3）完全性流产

绒毛或胎儿已全部流出。

（4）习惯性流产

胎儿已死，但无出血流产症状，而且维持 6 周以上。对孕妇而言，此种情况最容易产生烦躁不安的情绪。

一般情况，利用超音波检查即可查出腹中的胎儿是否已死亡，但是，如果胎儿心跳不很明显，也难以诊断。若初次检查未听到胎心跳动时，可继续做检查。为了预防感染，要留意日常保健，特别是性行为要停止。

（5）感染性流产

因胎儿或绒毛受到感染而流产，或流产中受到感染，引起发烧、疼痛。必须接受彻底治疗。

另外，在不同的妊娠时期流产的类型也不同。

妊娠 5～7 周，如果胚胎已死亡，只留下胎囊，称之为枯死卵。这时出血、疼痛现象并不明显，这时即使胚胎仍在跳，过了 1～2 周之后亦将停止，常常容易转变成稽留性流产。

妊娠 8 周之后，若有出血现象时，可暂做出“流产”的判断，尽快接受检查治疗。妊娠 8 周左右是属于完全性流产；妊娠 9 周以后，则大部分属于不完全性流产。

妊娠中，可能会发生与流产、早产等完全无关的性器官出血现象。这往往是性交所导致的，是子宫入口的子宫颈管发生炎症所引起的，只要接受治疗即可。

四、合理调配孕妇的饮食

妊娠一个月左右时，胎儿只有 1～2 毫米大小，不需要太多的养分。但是，胎儿是逐渐在长大的，需要从母体那边得到大量的养分。若孕妇偏食，就会造成胎儿在营养

方面的不均衡，为此，孕妇为了满足胎儿生长阶段的营养需要，要努力改善饮食生活。如果饮食不足，孕妇营养状况不佳，会产下体质瘦弱的婴儿。母体的营养状况优劣与否，对胎儿的发育影响极大。

现代的日常生活，温饱不成问题，但是，需要留意的是因为过分偏食而造成胎儿的营养不良。虽然不知应摄取多少的养分才能产下聪明、健康的小孩，但是可确知的是，孕妇营养的不均衡，是很难产下健康的婴儿的。

第二节　孕中期的保健与胎教

一、维护胎儿的健康

维系、抚育小生命的生长，不仅需要营养食物的补给，“母亲温柔善解人意的心思”，对胎儿而言是最重要的营养要素。有时候会因为母亲的精神状况而影响了胎儿的发育状况。例如，夫妇常年吵架将造成胎儿身心发育不健全。若母亲过于兴奋则胃液分泌将不足，小肠未能顺利蠕动，所吃的东西不容易消化，无法全面吸收营养，便无法为腹中胎儿提供丰富的营养，从而对胎儿的成长发育也会造成不良的影响。

妊娠初期，容易让人感到心烦不安，若想得到活泼、开朗的宝宝，不要因为一点小事而生气，随时保持愉快的心情，并且能持之以恒。充满爱心的生活是最好的胎教。

二、不要喝酒

妊娠中，母体中的酒精会通过胎盘进入胎儿的血液中，这对正在发育成长、开始形成中枢神经系统的胎儿而言，不是件好事。何况，这时胎儿的肝脏功能尚弱，分解酒精的力量还不够，如果吸收酒精，也会有醉意，能影响脑部的发育。

母体若持续沉醉于酒中，则产生流产、早产、死产、畸形儿、低能儿的概率会很高，小孩常常发育不良、运动机能有障碍，智能不足。因此，孕妇不要喝酒。

三、妊娠和铁质

未怀孕的女性体内约有2千毫克的贮铁量，而这2千毫克的铁是结合蛋白质而贮存在红血球中的。为了补充失去的铁质，每天需食用1毫克左右的铁质。由于铁质的吸收率只有10%～15%，所以实际上每日需摄入8毫克以上的铁质。在营养均衡的饮食中，若想补充必要的铁分，需要摄入2～3倍以上的高卡路里食物。高热量膳食易造成肥胖。所以，最好是食用低卡路里而高铁分的食物，尽量不服用含有铁的药剂，因为药剂伤胃，容易引起胃痛、食欲不振、恶心反胃等现象。

四、健康标准

妊娠期间，母亲平均体重大概增加了10～12千克，其中约5千克是胎盘、羊水、胎儿的重量，而剩下的约6千克是母亲腰部脂肪、乳房的肥大、血液的增加等。若至妊娠中期，体重未增加，食欲持续不振则应引起注意。

一般，妊娠前至妊娠后期体重的增加，最理想是在10千克左右。“害喜”时体重无法增加，妊娠第4个月时，体重应开始增加。体重增长过快则需要控制体重。控制体重所采用的食物限制法，必须兼顾到胎儿的营养，在胎儿营养足够的情况下控制体重。主要节制的是糖类、谷物（碳水化合物）、动物性脂肪等。

妊娠第8个月以后，过分摄取营养，不仅增加体重，肾脏功能也会恶化，水分堆积在体内而发生浮肿，若一周增加2千克（平常的4倍）可怀疑是妊娠高血压的开始，这时要限制水分，保持安静，并接受定期检查，查出体重增加的原因，接受生活指导。

做超音波检查，即可简单地推算胎儿的体重，若体重过分增加的孕妇，至28周以后，可测定胎儿的体重，根据胎儿的正常发育曲线来控制饮食。不过控制饮食，应在医生的指导下。

体重变化是孕妇健康状况的标准之一。为了母体和胎儿能保持最好的状态，若是妊娠前即很胖的人，应先行减肥之后再怀孕是比较恰当的。

五、保持夫妻的亲密关系

一般女性怀孕后，容易把全部精力重心放在胎儿身上，而忽视了丈夫的存在，特别是第一次怀孕的妇女，害怕做些亲密的动作会对胎儿有不良的影响，加上害喜的不适，腹部渐渐膨大，于是在不知不觉中便疏远了丈夫，丈夫应充分体贴，彼此相爱相扶持地度过这段特殊时期，以维护孕妇情绪的稳定。

怀孕中期，孕妇的心情稳定，胎儿状态亦安定。若是怀孕过程皆顺利，则在不压迫腹中胎儿的情况下，夫妻俩做些亲密动作并不会对胎儿产生不良影响。做丈夫的，不要忘了细心地照顾孕妇。同时需要注意的是，“爱的行为”若是过分的话，将让妻子的子宫发生收缩，而诱使早产。

妊娠末期，孕妇的肚子逐渐增大，胎儿亦渐渐地移至产道的下方，准备降临人世。若这时加以刺激，促使子宫收缩，会造成破水而发生早产。总之，妊娠中的性生活应适时地加以协调。

六、喜欢温柔的声音

妊娠第7个月，胎儿身体逐渐长大，肌肤已能碰触到子宫壁。而孕妇的腹壁亦转薄，可将声音传给胎儿。胎儿出生前即能听到母亲的声音，记住声音的音调、抑扬顿挫的节拍。胎儿出生后激烈哭闹时若将他抱在母亲脸前，让妈妈温柔地与他说说话，不久之后，婴儿即停止哭泣。这是因为母亲的声音，唤起了婴儿生活在子宫内的安全感。对婴儿而言，母亲温柔的声音，让他感到温馨、安全。

如果胎儿能时常听到母亲温柔的声音，出生以后，一听到母亲的声音即获得安全感，而显现出温柔娴静的表情。声音将母子紧紧地联系在一起。

第三节 孕后期的保健与胎教

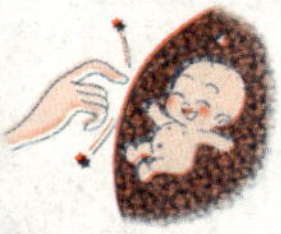

一、胎儿的生长状况

胎儿已长到 1.5 千克左右时，由于身体发育尚未成熟，故即使出生亦很难生存下来。此时期胎儿的呼吸运动还不规则，肺囊亦未充分扩展开来，此时慎防早产。

胎儿的血也是由骨髓制造的。

孕 30 周以后，胎儿的手脚的肌肉紧张程度提高，并且可使肌肉保持在结实的收缩状态。当体重达 2 千克以上时，可以紧紧地将自己的身体予以固定。

胎儿的颜面这时已长得相当结实，睡眠和觉醒慢慢地分得很清楚，而且也有假寐的情形出现。假寐显示出眼球的动作或呼吸运动等的特有状态。

胎儿已经会打呵欠了，而且也会出现想睡的眼神和表情。眼皮似睁似闭，头左右摆动，有时吸吮腕、手指。尤其是当他饿了时，他吸得更起劲。嘴巴张开，好像有什么需求似的。但此时，胎儿还不会运用自己的手或手指。

胎儿听到声音时，胎动减少，而心跳也有变化。根据母亲的感情变化，胎儿的反应通常分为：心跳没有变化（抑制型）和心跳有变化（反应型）两种。

孕第 9 个月时，胎儿的眼睛开始会对光线有所反应，而且会从瞳孔中反射出来。

此时胎位已经固定下来了。在孕 25 ~ 26 周时，约有 50% 的胎儿胎位不正（胎儿的头在上面、脚在下面），但是不用紧张，有些胎儿会用自己的脚去踢子宫壁，在羊水中慢慢地调头（变成头在下，屁股在上），而其后大约会有 5% ~ 6% 的胎儿（此时一半以上是逆产）会自然回转，从逆产变为正常，但最后还是会有 4% ~ 5% 的胎儿胎位不正。

如果此时期的羊水太少，或胎儿的膝盖伸直的话，那么胎儿自己是无法变换胎位的。

二、习惯了母亲的腹式呼吸

当妊娠第 7 个月结束时，胎儿已超过 1 千克，身高也有 38 厘米左右了。子宫对胎儿而言，已经是个日益局促的空间，因此这时请孕妇以腹式呼吸法给胎儿提供充分的新鲜空气。

做腹式呼吸时，孕妇同时会分泌少许使精神松弛的激素，这种激素传给胎儿时，可以使胎儿的心情变得安稳。

腹式呼吸不管在什么地方都可以做。当孕妇感到有些疲惫时，不妨坐在椅子上，充分伸展腰背。

全身放松，将手轻轻置于腹上，用鼻子吸气，使整个腹部鼓起，在吐气时，慢慢地用嘴巴，强劲地将腹中的空气全部吐出。

练习腹式呼吸，吐气时所需的力量要比吸气时大，慢慢吐气是关键。必须注意不可颠倒行之。

腹式呼吸每天要坚持练习 3 次以上。早上起床之前，中午休息，夜晚睡觉之前全身放松，然后告诉自己说："来吧，孩子！妈妈给你送来新鲜的空气！"

学会腹式呼吸的方法，在分娩时对于阵痛的缓解也很有帮助。

第四节　产前的准备与胎教

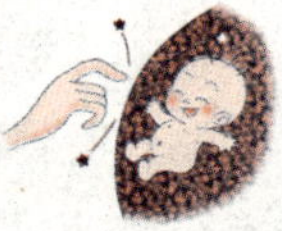

一、迎接新生儿的准备

(1) 胎儿的状况

怀孕到第 10 个月，胎儿的体重已约 3 千克，身高也有 50 厘米左右。此时胎儿的皮下脂肪已相当丰富，骨骼也长得十分结实，肌肉也相当发达，身体维持在一定的紧张度，而非弛缓的状态。这也正是胎儿的体重约 3 公斤，而却不会对孕妇的运动造成强大负担的缘故。

此时由于胎儿的头部已在骨盆入口或已进入骨盆中，所以剧烈运动的情况已经较少了。但是有些胎儿在分娩之前还动得厉害，所以也不能一概而论。总之，可以说跟 9 个月时相比较，胎动的次数已减少很多，感觉上似乎稳重多了。此时期的胎儿多处于睡眠的状态，非必要的时候是很少活动的。各种成熟的动作是胎儿本身自主性的

发挥。

吸吮、呼吸几乎是每个出生儿相同的动作。为了胎儿的健康，母亲通过胎盘将各种防止疾病侵犯的免疫力传送给胎儿。

(2)母亲的状况

随着子宫的下降，对胃的压迫感亦随之缓解，孕妇能更轻松、愉快地进食了。孕妇此时的身体变得非常笨拙，即使只是轻微的活动也会显得相当困难。喉咙很容易干渴，动作显得十分吃力，体重的增加十分迅速，同时下肢和手、腰部等也很容易浮肿。越靠近预产期心情越容易紧张。

在分娩前的7～14日，孕妇会感觉胎儿似乎在急速下降，尿频、腰部酸软慵懒、肚子发胀(有不规则的子宫收缩)、排出的黏液中掺有少许的血丝、胎动变少等情况会持续出现。在这些情况中，逐渐明显化的是:子宫不规则收缩程度加强，有时每10～15分钟便可感受到。而少量的出血也会因初产、经产或各人有所不同而存在差异。总之，只要有胶状的黏液和出血，便是接近分娩的征兆了。

二、分娩的3个时期

终于接近分娩了。如果有食欲的话，孕妇应尽量多吃，并且尽量休息、睡眠。检查一下入院时的东西是否准备妥当？住院中，希望家人做的事是否已经记录完善了？是否已做好随时可以分娩的心理准备。

分娩前，应该尽量学习帮助顺利分娩的技巧，仔细了解胎儿是如何通过产道的，并认真练习帮助分娩的呼吸及放松的方法。

分娩的过程有3个时期，第一期为开口期，第二期为娩出期(从子宫口全开到胎儿娩出)，第三期为后产期。

第一期，当子宫收缩并感到疼痛时，应该静静地将全身放松，并告诉胎儿:"对！就是现在，加油！"然后深呼吸并且按摩腹部。

第二期，可以想象胎儿逐渐下降至狭窄的产道，并时而对腹部加压，产妇应该在不痛时深呼吸。

第三期，如果轻轻地稍微用力则胎盘便会分娩出来。

三、为临产的胎儿做准备

(1)胎儿的状况

分娩前的胎儿开始长出皮下脂肪，而且逐渐变圆变大，皮肤也变成玫瑰般的颜色。

不仅面貌定形，表情也变得丰富了，眼睛可以时开、时闭，眼球可以转动，头也可以左右转动，手也常伸到脸前活动。此时胎儿的头发也长了1～2厘米，手指甲也长出来了，对于外来的刺激，不只身体整个发生反应(惊吓反射)，脸上表情还会显露出对刺激的喜好或厌恶，说明胎儿的心智已有明显的发育。

此时为了胎儿的健康出生，让他置身于平和、安详的家庭环境中。安详且充满感情的父母之间的对话，对胎儿的身心十分有益。

(2)母亲的状况

孕妇的腹部已变得十分庞大，身体也变得很难弯曲，浑身无力而且不想动，特别是上下楼梯显得格外笨拙，步行也变得很容易跌倒。所以此时孕妇最好能不慌不忙、慢慢行走。

(3)子宫底的位置

子宫的形状是倒梨状。

子宫随着胎儿的成长逐渐变大。孕前期子宫底的位置逐渐往上升，子宫底升到最高位置大约是在妊娠第9个月的时候。

接近临产时，子宫底会下移至骨盆腔。由于子宫底的下移，子宫也就不会再压迫胃了。

四、夫妻情绪影响胎儿

生儿育女是一个复杂的问题，除了受生理、病理、环境等多种因素影响外，还受到感情、情绪等心理因素的制约。夫妻的心理状态对胎儿的优生有很大影响。

近年来医学研究认为，心理状态的变化直接影响人体的生理、生化及免疫系统。德国心理学家曾对第二次世界大战前后出生的婴儿进行调查，发现神经管畸形的发生率有明显变化：1933年希特勒上台之前7年内为1.25‰；希特勒执政7年内为2.38‰；

1940～1945年第二次世界大战时期为2.58‰；1946～1950年战后最困难的5年内为6.5‰。分析其原因：一是由于战争时期人们颠沛流离，严重营养不良；另一个原因就是受战争影响，精神长期处于焦虑状态引起的。在临床观察中还发现，男性精子的活动状况与人的情绪及其行为特征是有一定联系的，女性卵子的成熟过程也受情绪的直接影响。

情绪心理通过3条途径影响人体的内环境：一条是从大脑至下丘脑。大脑的信号传至下丘脑，下丘脑主管分泌性激素，直接影响精子和卵子发育，也包括性器官发育。再一条途径是肾上腺。肾上腺髓质是内分泌器官，分泌肾上腺素和去甲肾上腺素，与人的代谢有关。第三条途径是心理学研究的课题，即神经介质。它是从中脑、脑干产生的，对全身许多功能都有影响。因此，男女双方从婚前到婚后及至怀孕、分娩前，都应注意心理卫生。

五、夫妻感情影响胎教

感情融洽是幸福家庭的一个重要条件，同时也是优生和胎教的重要因素。在幸福和谐的家庭中，受精卵会得到良好的生长环境，能健康顺利地成长，生下的孩子往往健康聪明。反之，夫妻感情不和睦，长期的过度的紧张、忧愁、抑郁，则会使大脑皮层的高级神经中枢活动受到抑制，可引起一些疾病，并直接影响胎儿。现已证实，母腹中的胎儿对来自外界的刺激是有反应的，孕妇所感觉的事物都可影响胎儿。据报道，在孕早期，夫妻之间经常争吵，孕妇情绪极度不安时，可引起胎儿兔唇、腭裂等畸形。在孕晚期，如果夫妻感情不和，精神状态不好，则可增加胎动次数，影响胎儿的身心发育，而且出生后往往烦躁不安，哭闹不止，睡眠差，消化功能不好，严重时甚至危及孩子的生命。

据统计，这类父母孕育的胎儿在心身缺陷方面的概率比生活美满、和睦相处的父母所生的孩子高1.5倍，胎儿出生后因恐惧心理而导致精神障碍的机会也比后者高4倍，而且这类

儿童往往发育缓慢，胆小怯弱，生活能力差。

为什么会出现这种情况呢？究其原因，不外乎母体与胎儿的信息传递。父母激烈争吵时，母体受刺激后内分泌发生变化，随之分泌出一些有害激素，通过生理信息传递途径为胎儿所接受，同时，母亲的盛怒可以导致血管收缩，血流加快、加强，其物理振动传到子宫也会殃及胎儿；而且争吵中父母的高声大气，无异于十分有害的噪音，直接危害胎儿。如果父母口角频繁，对正在成长发育中的胎儿不能不说是一场巨大的灾难。

因此，妊娠期间，特别是分娩前丈夫应承担更多的责任，处理好夫妻之间的一些矛盾，与妻子共同分担所承受的压力，使孕期变成一个相依相伴，充满爱情的又一个“蜜月”。

六、消除消极情绪

由于，妊娠反应的不适、孕体的疲劳、对分娩的恐惧等因素，常常左右着孕妇的情绪，使孕妇忧虑不安，甚至变得爱发脾气，易于冲动。显然，这对于胎教来说是十分不利的。怎样才能摆脱消极情绪呢？不妨试试以下几种方法：

(1)告诫法

在孕期生活中，要经常这样告诫自己：不要生气，不要着急，宝宝正在看着呢。

(2)转移法

有时，消除烦恼的最好办法就是离开那种使人不愉快的情境，可以通过一些自己所喜欢的活动，如听音乐、看画册、郊游等，使情绪由焦虑转向欢乐。

(3)释放法

这是相当有效的情绪调剂方法。可以通过写日记，给好朋友写信，或向可靠的朋友叙说自己的处境和感情，使烦恼烟消云散，得到令人满意的释放。

(4)社交法

闭门索居只会使人郁郁寡欢。因此，应广交朋友，将自己置身于乐观向上的人群中，充分享受友情的欢乐，从而使情绪得到积极的感染，从中得到满足和快慰。

(5)协调法

每天抽30分钟到住家附近草木茂盛的宁静小路上散散步、做做体操，心情会变得非常舒畅，尤其是美妙的鸟鸣声更能帮助人消除紧张情绪。

(6)美容法

不妨改变一下自己的形象，如变一下发型，换一件衣服，点缀一下周围的环境等，使自己保持良好的心境。

总的说来，首先要稳定情绪，尽量培养良好的心态环境。可以听听喜爱的乐曲，翻翻喜爱的书籍，猜测一下未来宝宝的模样，构思一下他的名字等；同时，还应注意，不要过多地食用肉、鱼、巧克力、甜食等。因为，过量地食用这些食物可使体液酸性化，血中儿茶酚胺水平增高，从而出现烦躁不安、爱发脾气、容易伤感等消极情绪。

七、爱的温暖

和谐乐观的家庭氛围是胎儿的文化摇篮。处于爱和温暖氛围中的孕妇充满了幸福和明朗的感觉，并能通过信息传递感染胎儿，使胎儿在这种快乐轻松的胎教环境中获得良好的心灵感受，从而健康地成长。

托尔斯泰有句名言：“幸福的家庭都是相似的，不幸的家庭各有各的不幸。”要创造良好的家庭氛围，首先必须加强夫妻双方的共同心理修养，做到互敬、互爱、互信、互帮、互慰、互勉、互让、互谅。夫妻之间要经常进行情感沟通，彼此相敬如宾，恩恩爱爱，相依为伴，使家庭成为生活中平静的港湾，在这里能得到鼓励、得到关心、得到欢乐，让家庭生活充满生气，充满绚丽的色彩。

丰富的业余生活也是创造良好家庭氛围的有效手段。业余假日，夫妻不妨共赏音乐，畅谈感受，或者是一同垂钓、郊游，散步谈心，欣赏摄影作品，参观书画展览……使孕期生活充满情趣，富有活力。

要为孕妇创造一个适宜的休养场所。家庭内的环境要整洁舒适，室内要保持整洁，空气新鲜，杜绝污染，避免干扰；家具的布局，装饰品的陈设都应符合胎教环境要求。丈夫应扮演好未来父亲的角色，主动承担起家务劳动，无微不至地体贴关心妻子。只有这样，未来母亲才能在一种平稳的心境中生活，母腹中的胎儿才能健康地成长。

第五节 分娩时的保健与胎教

一、子宫规律收缩是对胎儿皮肤的良好刺激

刺激皮肤虽说可以促进胎儿脑部发达，但到底该如何刺激腹中胎儿的皮肤呢？我们先来看看胎儿实际上是如何接受皮肤刺激的。胎儿接收到的皮肤刺激，主要来自子宫的自动收缩。子宫规律性的自动收缩，对胎儿的皮肤产生一阵紧缩、一阵松弛的作用，是令胎儿感到非常舒服的皮肤刺激，同时还能促进脑部发育。

二、助产音乐的玄妙

自古以来，分娩对于产妇来说，是一件痛苦的事情。如何消除产妇的恐惧，减少分娩的痛楚，成为有关专家们研究的课题。专家们首先从缓解产妇的紧张情绪入手，特制了助产音乐唱片。

这种专供产妇分娩过程中聆听的音乐，既不是流行音乐，也不具有娱乐性，其目的是进一步使母亲专注于分娩，缓解其激动、不安的情绪。

乐曲长达 70 分钟，其中除了有各种乐器声外，还有胎儿的心跳声。

乐曲从 16 节拍的主旋律入手，不断重复节奏，使母亲产生相应的节奏感，呼吸变得更有规律和有层次，提高了母亲在分娩过程中的呼吸技巧。不论乐曲从何处开始播放，母亲都能很轻易地进入主旋律。

这首乐曲只有在产房中正式播放，产妇在临盆时聆听，方能奏效。一位听音乐顺利产下婴儿的女士说："……没播音乐时我只感到孤独和害怕，音乐使我感到除我之外，整个空间都和我一起移动。"

产妇若能一边听音乐，一边分娩，就能在痛苦的过程中体验即将为人母的幸福和

自豪。

三、分娩前要坚持胎教

孕期马上就要终止，准妈妈所能享受的孕育生涯也只有几日之遥，应该好好珍惜。在孕期的最后一段日子，教一教胎儿出生后该做的事，给胎儿讲一讲他所能看到的这个大千世界。然后告诉胎儿，父母会爱他，保护他，会给他以安全和保障，父母亲在热切地等待他的安全降生，给胎儿以信心，教胎儿愉快地降生，这同时也在增强准妈妈自身的分娩信心，增加分娩的愉快心理。

四、分娩是胎教的总结

卵子和精子相遇以后，已经过了39周，宝宝即将出世了。

在妈妈子宫中成长的胎儿，开始用尽所有的力量，通过妈妈的产道。

分娩时，产道由于激素的作用，会变得柔软。尽管如此，胎儿娩出还是有一定的难度的。

通过黑暗而狭窄的产道时，是胎儿接受妈妈最后一次胎教的时刻。出生以后，就必须立刻呼吸的胎儿，身体紧紧抵住狭窄的产道壁，接受皮肤刺激。借着皮肤刺激，使脑的呼吸中枢产生活力。离开产道的胎儿，立刻就能呼吸进入肺部的空气。

人类的婴儿在出生以后即能排尿和排便，即由于在产道接受皮肤刺激的结果。

此外，刚出生时不会哭泣的婴儿，要拍打其背部和臀部，就是为了促使其肺进行呼吸，这是婴儿出生以后所接受的皮肤刺激。

胎儿通过产道时，就是对胎儿胎教的总结。

五、催产素

如今我们知道，从怀孕的第6个月起，尤其是第8个月以后，记忆的模式是有规律的。此时，胎儿脑部和神经系统的发育已经足够成熟，脑部的记忆到了9个月大时，其运作功能就已经接近成人的程度。

我们不记得某些特定事件或情境，并不代表这些经验和相关的情感再也无法重现。即使是埋在很深处的记忆，依然会影响我们的情绪。但是，有一种东西会促使记忆埋入潜意识，那就是催产素。这是一种能控制阵痛收缩的激素。近年来的研究显示，在实验室里，把高剂量的催产素注入到动物体内，会导致它们失忆，即使是训练有素的动物，也会在催产素的作用下，丧失先前已经学会的能力。我们确实知道，阵痛的产妇会分泌大量催产素，而影响孩子的生理系统。所以假如大多数人都不记得出生时的事情，那或许是因为我们的出生记忆，被阵痛和出生时的大量催产素给冲洗掉了。

第四篇 孕期食谱

第一节 孕早期食谱

一、酸甜墨鱼

原料

西番莲1个，墨鱼200克，芦笋2根。

做法

①将西番莲对切，刮除果肉，留果汁备用。

②将墨鱼洗净、切丝，入锅中烫熟，捞起，泡入冰水；芦笋洗净、切小段，汆烫后捞出，泡入冰水。

③待墨鱼丝及芦笋段凉凉后，分别捞出沥干水分，淋上西番莲汁即可。

特点

富含B族维生素，酸甜味美。

二、酸辣青鱼

原料

青鱼肉250克，蛋清1个，冬笋30克，辣椒、番茄酱、淀粉、姜、白糖、醋、盐、香油各适量。

做法

①将冬笋去皮洗净，切成丝，辣椒洗净切成丝，姜洗净切成丝。

②将青鱼肉切成薄片，用盐水、蛋清、淀粉浆好。锅内放水，放在旺火上煮开，把切好的鱼片放入开水锅中煮透，捞出放入盘中。

③炒锅上火，放入香油，再放辣椒丝、姜丝、冬笋丝，加入醋、白糖、盐（少量）、番茄酱等调料，炒匀煎汁，浇在鱼片上即成。

特点

此菜以青鱼片配以番茄酱等调料，其味酸、甜、辣、咸、香，五味俱全，好吃不腻，鲜美开胃。青鱼含有丰富的蛋白质、脂肪、无机盐及维生素等多种营养素，中医认为能养胃补气，调理孕妇呕吐。

三、肚丝拌白菜

原料

猪肚 200 克，白菜 150 克，香菜 5 克，芝麻酱、酱油、醋、葱、姜、盐各适量。

做法

①将猪肚用盐、醋洗净，再用盐、醋加水煮开（不要煮得太老），将附在肚上的皮去掉，再用水煮熟，捞出切成 4 厘米长的细丝。

②将白菜洗净，再用开水冲洗一下，切成丝放在盘中。

③把切好的肚丝，放在白菜丝上，加芝麻酱、醋、香油、酱油、香菜末等作料，吃时拌匀即成。

特点

此菜是凉菜，清淡不腻，爽口美味。当孕妇孕早期出现恶心、呕吐等症状时可常食，能养胃和胃，预防呕吐。

四、香菇盒

原料

香菇 50 克，瘦猪肉 150 克，火腿 25 克，鸡蛋 1 个，姜、干淀粉、鸡汤或肉汤、酱油、葱、熟油、盐各适量。

做法

①用温水泡香菇，除去蒂，洗净捞出，摊压平待用。猪肉、火腿切成碎末，放葱花、淀粉、酱油、鸡蛋、盐少许一起拌匀，做成肉馅待用。

②将香菇摊平，把调好的肉馅摊在香菇片上，用另一片香菇盖住，做成香菇盒，码放整齐，平放在大盘子上，上笼蒸15分钟后取出。

③把酱油、盐、鸡汤调成汁烧开，勾薄芡，浇在蒸好的香菇盒上即成。

特点

此菜清淡味鲜，蛋白质含量较高。孕妇在孕早期应多食用含优质蛋白的食物，同时应食用清淡、易消化的食品。

五、肉炒双豆

原料

瘦猪肉100克，水泡黄豆100克，豌豆100克，植物油、盐、酱油、葱花、姜末、淀粉各适量。

做法

①将瘦猪肉洗净，切成小丁；水泡黄豆用水煮一下捞出；豌豆剥去外皮，在开水中焯一下。

②将猪肉丁用酱油、盐、淀粉拌匀，炒锅上火，放油烧至五六成热，放入葱花、姜末，把拌好的猪肉倒入煸炒，再放入黄豆、豌豆一起翻炒，再加少量水焖煮，待熟后放少量盐即成。

特点

此菜色泽鲜艳，操作简单，富含维生素B_1。

六、栗子白菜心

原料

大白菜心250克，牛奶100克，栗子100克；植物油、盐、葱末、水淀粉、鸡汤等各适量。

做法

①用刀在栗子壳上切十字口放入开水中煮，捞出后剥去外壳，把栗子在油锅内再炸一下，捞出沥油。

②炒锅上火，放油烧热，下葱末、鸡汤烧开，放入洗好切成长条的白菜心、栗子，再烧开，加牛奶、盐，用文火烧至入味，用水淀粉勾芡，淋少量熟油，盛入盘内即成。

特点

此菜色泽乳白，味美可口。在炒菜中加入牛奶，菜味更醇香，营养更丰富。因孕妇每天需要喝牛奶，此菜能调剂花样，增加营养。

七、甜酸咕噜肉

原料

里脊肉片140克，青椒20克，红椒20克，洋葱30克，菠萝20克，鸡蛋黄1个，白醋1匙，糖1匙，番茄酱2匙，盐1/4匙，水淀粉1匙，酱油1/2匙，香油少许。

做法

①肉片加酱油、糖、蛋黄拌匀，腌约10分钟；起油锅，将肉片过油，取出备用。

②将青椒、红椒洗净，去子、切片；洋葱洗净、切片；菠萝去皮、切片备用。

③起油锅，爆香洋葱，放肉片拌炒约1分钟，再放青椒、红椒、菠萝炒匀。

④放其他调味料（水淀粉除外）炒匀，最后加水淀粉勾薄芡即可。

特点

富含维生素，蛋白质，碳水化合物等营养物质，酸甜口味，能促进食欲。

八、葡萄青梅糕

原料

熟面粉350克，鸡蛋1个，豆沙馅400克，青梅15克，葡萄干10克，白糖、香油各适量。

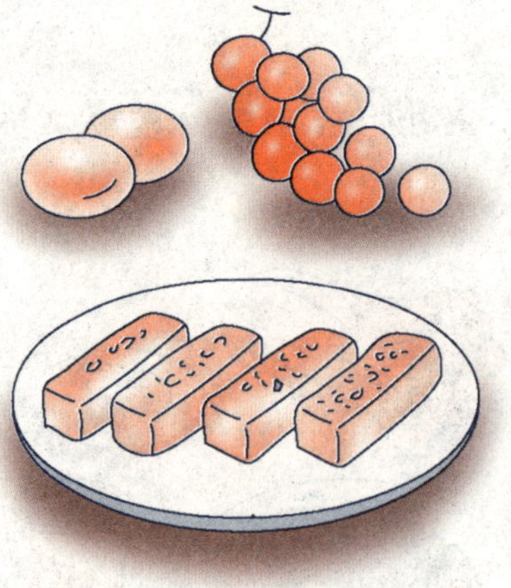

做法

①把鸡蛋磕开，将蛋黄、蛋清分开放在两个盆内，把少量白糖倒入蛋黄盆内搅匀，把蛋清打成泡沫状，也倒入蛋黄盆内搅匀，再加入面粉搅成蛋糊。

②蒸锅屉上铺屉布，倒入蛋糊的1/2，蒸15分钟取出，成蛋糕坯；在蛋糕坯上铺匀用香油调好的豆沙馅，再倒上剩余的1/2蛋糊铺平，上面上用少量青梅、葡萄干码放成各种花形，再蒸20分钟即成，凉凉后切成长条块即可食用。

特点

此糕由各种果料配制而成，色泽鲜艳，味香可口，松软甜酸，含有多种营养素。中医认为能养胃生津，促进食欲，对孕妇在孕早期的呕吐有防治和调理作用。同时补充主食摄入量。

九、什锦粥

原料

鸡腿肉 100 克，火腿 20 克，胡萝卜 20 克，香菇 5 克，黄瓜 10 克，米饭 200 克，葱花、盐等各适量。

做法

①将香菇用温水泡开，洗净去蒂，对切成两块；鸡肉洗净切成小块，火腿切成小片，胡萝卜洗净切成小片，黄瓜洗净切成小片。

②锅内放水烧开，放入鸡腿肉、火腿、香菇、胡萝卜煮熟成汤。

③把米饭加入汤内，用勺子将饭粒搅拌开，煮开后加入黄瓜片、葱花和盐，即可食用。

特点

此粥色泽鲜艳，口味清淡，风味独特，操作简单，营养丰富，含有蛋白质、脂肪、碳水化合物、无机盐、维生素等营养素，主副食俱全。

十、出水芙蓉

原料

黄瓜 1 条，约 300 克，西红柿 2 个，白糖、水淀粉、桂花等各适量。

做法

①取黄瓜一条，洗净，切下蒂部，再纵向剖开，切成扇形（20 片左右），余下的黄瓜去皮，切成长条在盘内沿码成花边。

②将西红柿洗净，挖去蒂部，一个切成 8 瓣码在盘中，围成一圈；另一个西红柿从顶部交叉切 3 刀，不要切断，分成 6 瓣，呈荷花形，放在盘中间；将切的黄瓜蒂切面朝上，镶在荷衣的中间，做成花中的小莲蓬。

③将少量白糖放入锅内加水，加桂花少许，待煮开后，用水淀粉勾成薄芡，凉凉后将汁浇在小莲蓬周围作花心，即能食用。

特点

此菜是凉菜，形态美观，色泽鲜艳，酸甜爽口，清淡不腻，含有多种维生素。孕妇出现早孕反应时食用较好。

十一、糖醋鱿鱼

原料

水发鱿鱼 400 克，葱白、蒜、水淀粉、酱油、醋、白糖、植物油等各适量。

做法

①将水发鱿鱼（或鲜鱿鱼）洗净，在无筋膜的一面，斜刀剞上鱼鳞花刀，再改切成 6 厘米长、4 厘米宽的长方块，在开水中烫卷沥水。

②把葱白和蒜切成末，酱油、水淀粉加水少许调成汁。

③炒锅上火，倒入油，烧至七成热将鱿鱼推入，稍炒即盛出。

④锅底加油上火，加入葱、蒜末煸锅，放少量白糖，加醋，并将调好的汁加入煮开，加入熟油，倒入鱿鱼卷，颠翻均匀即可盛盘。

特点

此菜味道酸甜，嫩滑可口。酸味能增加胃液分泌，且助消化，增加食欲，孕早期孕妇经常调剂食用可补充各种营养。

十二、软煎草鱼饼

原料

活草鱼一条，约 1000 克，鸡蛋 2 个，荸荠 50 克，冬笋 25 克，水发香菇 25 克，油菜心 50 克，淀粉、烹调油、盐、葱、姜等各适量。

做法

①将鱼洗净，去鳞、内脏、头、尾，剔出鱼肉，去鱼刺，将鱼肉剁成鱼蓉。荸荠洗净，去皮拍松，剁成米粒状。冬笋、香菇洗好切片，菜心洗好备用。

②将鱼蓉放入碗内，放蛋清及适量的淀粉、水、盐、葱汁、姜汁等作料，搅拌上劲，再放烹调油、荸荠搅拌均匀。

③锅上火，放油烧至四成热，将拌好的鱼蓉挤成圆形入锅，用勺将鱼蓉丸压扁成饼形，鱼饼两边来回翻煎，待鱼饼煎至松软时即可取出。

④原锅下油少许，放入笋片、香菇、菜心略煸炒，放盐、鱼饼及水淀粉适量，用炒勺轻轻推动颠翻几下，汤开后即可起锅。

特点

此菜色清淡，味鲜美，有肉有菜，搭配合理。鱼肉含有丰富的蛋白质和不饱和脂肪酸，对胎儿的生长发育及孕妇的身体健康均有益。

十三、红枣烧兔肉

原料

鲜兔肉 200 克，胡萝卜 50 克，红枣 10 克，生姜 5 克，清汤 300 克，盐 8 克，味精 3 克，绍酒 5 克，胡椒粉少许。

做法

①将兔肉斩成小块，胡萝卜去皮切块，红枣泡洗干净，生姜去皮切片。

②烧锅加水，待水开时，投入兔肉、胡萝卜块，用中火煮去血水及腥味，倒出洗净。

③把兔肉、胡萝卜块、生姜片投入炖盅，放入味精、胡椒粉、绍酒，注入清汤、加上盖，隔水炖约 2 小时即可食用。

特点

此菜含多种维生素及人体所需的微量元素和胡萝卜素。对初孕妇女烦躁不安、胸部胀痛有较好的疗效。

十四、珍珠三鲜

原料

生鸡脯肉 50 克，蛋清 1 个，豌豆 25 克，西红柿 50 克，牛奶 25 克，盐、鸡油、淀粉、肉汤等各适量。

做法

①将鸡蛋清、淀粉、牛奶调成白汁，鸡肉剁成泥，与白汁混合在一起调匀成鸡肉细泥，放在碗里待用。

②将西红柿洗净，去皮去子，切成小丁。

③在锅里放肉汤煮开，放豌豆煮熟，再加入西红柿丁，等汤再开时，锅离开火，用一支筷子把鸡肉细泥从碗边一点一点地撇进锅里，撇出的鸡泥疙瘩同豌豆大小。等把鸡泥

都撇完之后，再放锅上火烧开，放入食盐、鸡油煮开即可。

特点

此菜细嫩色美，味香清淡，维生素含量丰富。

十五、鹌鹑茄子

原料

茄子500克，鹌鹑脯肉100克，香菜10克，酱油、淀粉、葱丝、姜丝、蒜丝、鸡汤、植物油等各适量。

做法

①将茄子去皮切成1厘米厚的片，放入油锅中炸至金黄色捞出备用。

②将鹌鹑脯肉洗净切成丝，同葱丝、姜丝、蒜丝一起放入油锅内，煸炒后盛出备用。

③取蒸碗一个，放一层炸好的茄子，一层鹌鹑肉丝，码好上笼，蒸熟烂后，取出扣在汤盘内，用酱油、淀粉、鸡汤勾芡浇在上面，撒上香菜即成。

特点

此菜软嫩香醇，味美不腻。鹌鹑肉营养丰富，含有多种营养素，尤其是蛋白质含量很高。

十六、糖醋排骨

原料

猪排骨400克，鸡蛋2个，盐、淀粉、白糖、植物油、酱油、醋、葱、姜各适量。

做法

①将排骨洗净，去皮膘，切成条块放入容器中，加盐、酱油拌匀腌渍5分钟。

②排骨腌好后，放入蛋黄、干淀粉，加水少许，拌至每块排骨上均匀地粘牢厚糊。

③炒锅上火，放油烧至八成热，将粘上厚糊的排骨散放下锅，用漏勺翻炸至排骨浮起，熟后捞出。

④把锅里油再烧至八成热，再把捞出的排骨放入，用漏勺翻炸至金黄色，外表松脆，捞出待用。

⑤炒锅底留油上火，放葱段、姜片煸锅，放水、酱油、盐、白糖烧开，水淀粉调成半厚芡，加入八成热的热油，用手勺推拌均匀，即放入炸好的排骨稍拌，让汁包裹上排骨，再

放入少量熟油，推拌至排骨色泽光亮即可装盘食用。

特点

此菜色泽油亮，酸甜可口。操作时要掌握好火候，不要炸过火，糖不要太多。孕妇不宜多吃糖，但孕早期孕妇有呕吐症状，食用酸甜食品可防治呕吐，增进食欲，可适量调剂食用。

十七、鱼香小滑肉

原料

瘦猪肉200克，青笋100克，水发木耳50克，泡辣椒末40克，酱油10克，白糖10克，醋10克，精盐3克，料酒15克，味精1克，姜末10克，葱花15克，蒜末10克，水淀粉50克，清汤、清油各适量。

做法

①将猪肉切成大小厚薄均匀的薄片，装碗用料酒、盐腌至入味，用水淀粉拌匀（要掌握好水量，做到不干不稀）。

②碗内倒入酱油、白糖、醋、味精、清汤、水淀粉，调成鱼香汁。调味原料用量要准，以免走味。

③将青笋去皮，切成薄片，木耳择洗干净，也切成大小相当的片。

④锅内油烧到六成热，放肉片炒散，下泡辣椒炒出红色，下姜、蒜、葱炒香，放青笋片、木耳片炒匀，烹入鱼香汁翻炒，起锅装盘即成。炒的过程中要掌握好火候，翻炒要快，烹汁后起锅也要快，才能做到肉质松软嫩滑。

特点

成菜色泽红亮，肉片细嫩，味甜酸辣，营养丰富。此菜属民间的一种“小锅小炒”。

十八、银耳鸡片汤

原料

生鸡脯肉150克，水发银耳50克，鸡蛋2个，盐、鸡汤、淀粉各适量。

做法

①将水发银耳择洗干净，去蒂，撕成小块。

②将鸡脯肉洗净，剔去筋，切成柳叶形薄片，放入凉水中泡一下，捞出沥干，用蛋清拌匀。

③锅中放水烧开，把切好的鸡片逐片放下锅，在开水中略烫一下即捞出。

④将鸡汤煮开，加入盐、银耳、鸡片，烧开后即捞在汤碗中，鸡汤用水淀粉勾薄芡，

倒入装有鸡片、银耳的汤碗中即成。

特点

此汤嫩脆清香，清爽不腻，营养丰富。银耳有药用价值，是滋补性食品，作为菜肴食用对孕妇较为适宜。

十九、姜醋焖蚧

原料

花蚧300克，生姜10克，葱10克，花生油10克，盐5克，味精2克，白糖1克，胡椒粉少许，水淀粉适量，麻油1克，红醋2克。

做法

①将花蚧杀洗干净，生姜去皮切条，葱洗净切段。

②烧锅下油，待油热时，下入姜条、花蚧，用旺火爆炒片刻，注入清汤，用中火焖。

③待焖至花蚧出味时，调入盐、味精、白糖、胡椒粉、红醋、葱段，加盖再焖1分钟，然后用水淀粉勾芡，淋入麻油即成。

特点

花蚧含丰富的蛋白质，清淡开胃，营养丰富，可增进食欲，对强烈的妊娠反应有较好的抑制作用。

二十、辣粉炮肉

原料

瘦羊肉200克，西红柿50克，柿椒50克，粉丝25克，胡萝卜25克，葱头25克，蛋清1个，植物油、香油、淀粉、姜、盐等各适量。

做法

①将西红柿、柿椒、胡萝卜、葱头择洗干净都切成片。

②将羊肉洗净切成片，放入碗内，加入盐、蛋清、淀粉，拌匀上浆，用温油在油锅内滑透，捞出沥油。

③炒锅上火，将锅底油烧热，放姜末煸锅，加入葱头、胡萝卜煸炒后放入羊肉片、西红柿、柿椒、粉丝，再加入盐，煸炒熟后，淋入香油即成。

特点

此菜色泽鲜艳，味鲜可口，营养丰富。羊肉是较好的滋补品，和西红柿、葱头、柿椒、胡萝卜等菜搭配，更有保健食疗功效，孕妇可经常调剂食用。

二十一、西红柿猪肝汤

原料

猪肝 250 克，虾米 15 克，蘑菇 25 克，鸡蛋 1 个，西红柿 100 克，葱、姜、胡椒粉、盐、香油等各适量。

做法

①将猪肝切去筋膜，洗净后切成丁，用刀背敲成细腻的肝浆，加入葱姜汁、鸡蛋液、盐、胡椒粉，在汤碗中搅拌打匀，放入蒸锅中，用旺火蒸 15 分钟至结成肝膏，取出切成丁。

②锅内放水，加入虾米煮开 5 分钟后，倒入蘑菇、西红柿和肝膏丁再煮开，放盐少许，淋上香油即成。

特点

此汤肝膏细嫩，味道鲜美，香醇可口，能增进食欲。

二十二、五色丸子

原料

瘦猪肉 300 克，木耳 25 克，火腿 25 克，鸡蛋 2 个，青菜叶 50 克，葱末、姜末、水淀粉、盐、味精、香油等各适量。

做法

①将木耳用温水泡开，洗净切成末；火腿切成末；青菜叶洗净切成末；鸡蛋煮熟，剥出蛋黄、蛋白分开剁成末；以上五种颜色的末放在大盘内待用。

②将瘦猪肉洗净剁成细泥，加盐、葱末、姜末拌成肉馅，做成小丸子，放入大盘内粘上五色末。

③将粘上五色末的小丸子，放在平盘内，上笼蒸 10 分钟左右，待熟后取出。

④炒锅上火，放入水，加盐、少量味精，用水淀粉勾芡，煮开后撒入葱花，淋上香油，把汤汁浇在五色丸子上即成。

特点

此菜色泽艳丽，五彩分明，清淡不腻，肉嫩味美，营养丰富。瘦猪肉含蛋白质较高，孕早期孕妇应多食用。

二十三、三鲜鱼片

原料

草鱼肉250克，蘑菇25克，冬笋25克，熟火腿25克，植物油、葱段、姜片、盐、水淀粉、鸡汤等各适量。

做法

①将草鱼肉洗干净，切成3厘米长、2厘米宽、1厘米厚的片，放入碗内加盐、水淀粉拌匀，腌渍上浆。蘑菇去蒂洗净，冬笋去皮洗净，与熟火腿一起均切成3厘米长的薄片。

②炒锅放旺火上，放油烧至五成热，放入鱼片滑炸一下，呈淡黄色即捞出沥油；锅底油烧至七八成热，下葱段、姜片煸出香味，加入鸡汤、蘑菇片、冬笋片、火腿片烧开，放入盐和炸过的鱼片，将汤汁浇开，用水淀粉勾薄芡，待汁稍稠出锅即可。

特点

此菜鱼肉细嫩，鲜味醇厚，配料三鲜可根据孕妇口味调换，可用“海三鲜”、“荤三鲜”、“素三鲜”。草鱼肉肥美，富含优质蛋白质。孕早期孕妇应多食用鱼类。

二十四、汽锅鸡块

原料

鸡肉500克，熟火腿50克，水发玉兰片50克，水发香菇25克，盐、葱段、姜片、胡椒粉等各适量。

做法

①将鸡肉洗净，剁成3厘米见方的块，放入开水锅内焯烫一下，洗去血沫；香菇用温水泡开，洗净去蒂，切成薄片；玉兰片洗净切片；熟火腿切片。

②将洗净的鸡块、玉兰片、火腿片、香菇片、葱段、姜片放入汽锅内，再加入适量水，盖上汽锅盖，放入蒸锅中（蒸锅的水不可没过汽锅的双耳）。先用旺火烧开冒大气，再用中火保持水面滚沸蒸3小时左右，蒸至鸡肉酥烂，取出，拣出葱、姜，放盐，撒上胡椒粉，即可端锅上桌食用。

特点

此菜原汁原味，软烂可口，味道香浓，营养丰富。鸡肉富含优质蛋白质，肉味鲜嫩。孕妇在孕早期应食用清淡、易消化的食品，可经常调剂食用鸡肉。

二十五、盐焗猪腰

原料

鲜猪腰1对，洋葱10克，红椒1只，生姜、花生油各10克，盐150克(实耗盐5克)，味精2克，胡椒粉少许，麻油1克，锡纸1张。

做法

①将猪腰除去内白、切片，洋葱切粒，红椒去子切粒，生姜去皮切粒。

②烧锅下油，放入姜粒、洋葱粒、红椒粒、猪腰片，用大火爆炒至八成熟，调入盐、味精、胡椒粉、麻油炒至熟透，倒入锡纸上包好。

③另烧干锅，倒入精盐，用中火炒至盐热，倒入用锡纸包好的猪腰上即可。

特点

此菜可补肾强腰，营养丰富，极富蛋白质，是孕妇理想的菜品，为民间传统疗方。

二十六、东坡豆腐

原料

豆腐400克，火腿片25克，白菜心50克，香菇25克，熟冬笋片25克，葱花、姜末、面粉、盐、鸡汤等各适量。

做法

①将豆腐切成长方块，撒点盐、面粉，炒锅上火，放油烧热，把豆腐放入油锅炸成黄色，捞出沥油。

②将白菜心洗净，切成段；香菇泡开洗净，切成片；熟冬笋切成片，熟火腿切成片。

③炒锅底油再烧热，放入姜末、葱花爆出香味，放鸡汤、炸好的豆腐、火腿片、香菇片、冬笋片、白菜心烧开，用小火煨焖，再加入盐，用大火烧开汤汁(不要烧焦)装盘即可。

特点

此菜汁浓味美，是传统名菜。豆腐富含植物蛋白，孕妇应每日食用豆制品，增加蛋白质的来源。

二十七、精糕

原料

面粉(标准粉)500克,面肥100克,水250克,豆沙馅200克,香油、碱等各适量。

做法

①将面粉和成面团,盖上屉布发酵。待面团发起后(夏天2小时左右,冬天3~4小时),倒入碱水揉匀。

②将发酵后的面团剂搓成长条,按扁擀成长方形片,刷香油,抹上豆沙馅,卷起成长条,把两头压严,从一头向另一头盘起,将后边剂头压在底部边缘即成(面团可切开做)。

③将生胚摆入屉内,用旺火蒸20分钟即熟,取下切十字刀成4块即可。

特点

此糕柔软香甜。标准粉维生素B的含量比富强粉高,酵母中维生素B_1含量也较丰富,孕妇应常食用发酵食品。

二十八、杂豆米粥

原料

小米、大米、糯米、高粱米、赤豆、绿豆、芸豆、干豌豆各50克。

做法

①将赤豆、绿豆、芸豆、干豌豆淘洗干净,放入锅内用水煮开,用小火焖煮至软烂(不要放碱)。

②将小米、大米、糯米、高粱米淘洗干净放入煮软烂的豆粥锅内,煮开后用小火慢熬,待粥黏稠即成。

特点

此粥香黏味美,做法简单,营养丰富。谷类、豆类食物中维生素B_1含量较高,孕妇要经常进食一些豆类和杂粮。

二十九、蚝油生菜

原料

鲜嫩生菜400克,蚝油、植物油、料酒、盐等各适量。

做法

①将生菜择洗干净,掰成小块。

②炒锅上火，放油烧热，生菜下锅稍炒片刻，放入盐炒匀，盛在盘中。

③锅中放油烧热，把蚝油下锅稍炒，待其熟透出香味，把汁浇在生菜上，拌匀即可。

特点

此菜色泽鲜绿，香浓爽口。生菜含钙、磷、铁较高，孕妇应多食用。

三十、姜汁菠菜

原料

菠菜500克，姜末25克，酱油20克，精盐2克，香油15克，味精1.5克，醋30克。

做法

①选菠菜心，淘洗干净，用开水焯至刚熟，捞入盘内，及时撒盐和香油拌匀，凉凉，将菠菜整齐地码在盘内。

②碗内放酱油、盐、醋、味精、香油、姜末调成汁拌匀，浇在菠菜上即成。

特点

成菜形状美观，色泽嫩绿，姜醋味突出，清淡爽口，富含铁及维生素。

三十一、家常小炒鸡

原料

嫩仔鸡250克，生姜5克，芹菜10克，红椒1只，鲜木耳10克，花生油12克，盐6克，味精2克，胡椒粉少许，淀粉适量，麻油1克。

做法

①将嫩仔鸡斩成条，生姜去皮切丝，芹菜去叶、根切段，鲜木耳洗净切条，红椒切条。

②将嫩仔鸡加少许盐、味精、淀粉抓一抓，烧锅下油，待油热时，投入鸡条炒至八成熟，倒出待用。

③另烧锅下油，放入姜丝、芹菜、红椒条、鲜木耳煸炒片刻，加入鸡条，调入盐、味精、胡椒粉，用中火炒透，再用水淀粉勾芡，淋入麻油即成。

特点

此菜富含蛋白质，可补气养血、健脾和胃，对营养不良、体质虚弱的妊娠妇女有较好的疗效。

三十二、水果羹

原料

香蕉、苹果、鸭梨、橘子各200克，樱桃20克，白糖、菱粉等各适量。

做法

①将苹果洗净去皮核，切成小块；鸭梨洗净去皮，切成小块；橘子去皮掰成小瓣。

②在锅内放入适量水，烧开后倒入苹果、鸭梨，煮开后加入白糖、菱粉、橘瓣和樱桃搅拌数次即成。

特点

此羹口味香甜，有助于消化。孕早期孕妇食欲不佳，消化不良，如吃生水果不适，可食用此羹，以补充丰富的维生素及矿物质。

三十三、核桃仁烧丝瓜

原料

丝瓜200克，核桃仁100克，姜、盐、水淀粉、植物油、鸡汤、香油等各适量。

做法

①将核桃仁用开水泡发，剥去外皮。

②丝瓜刮去外皮，洗净切成长段。

③炒锅上火，放油烧至四五成热，下核桃仁、丝瓜滑透后，捞出沥油。

④锅底留少许油，下姜末炒香，速下核桃仁、丝瓜，再放入盐、鸡汤，翻炒待熟，用水淀粉勾芡，淋入香油即可。

特点

此菜香甜可口，白绿相映，色香味较好。丝瓜营养丰富，富含维生素C，有除热利肠、下乳汁等作用，产妇也可食用。

三十四、椒炒金针菇

原料

柿子椒250克，金针菇200克，植物油、盐、葱花、姜末各适量。

做法

①将柿子椒择洗干净，切成丝；金针菇择洗干净，切成段。

②炒锅上火，放油烧热，放葱花、姜末，再放入柿子椒丝、金针菇下油锅，急火快炒加盐，炒熟盛出即可。

特点

此菜操作简单，是家常菜。柿子椒维生素C含量较高，每100克含维生素C 90毫

克，若放少量青辣椒，维生素 C 含量更高，每 100 克青辣椒含维生素 C185 毫克，在蔬菜中是较高的。

三十五、碧海珊瑚

原料

琼脂粉 5 克，菠萝 50 克，荔枝 50 克，橘子 50 克，樱桃 20 克，白糖少许。

做法

①锅内放清水 100 毫升煮开，把琼脂粉放入，将其溶化煮开，再过筛，加入少量白糖，待其溶化开，盛入盘内。

②将菠萝洗净去皮，切成小丁；橘子去皮，切成小丁；荔枝去皮，切成小丁；樱桃洗净切成小丁，都放入琼脂粉溶液内拌匀，分别盛入 10 个小玻璃杯内，冷却凝固后，取出扣入盘内即成。

特点

此品透明晶莹，清甜味香，营养丰富，维生素 C 含量较高，夏季食用更爽口，是妊娠早期孕妇的美食。

三十六、香菇油菜心

原料

鲜嫩油菜心 400 克，香菇 20 克，植物油、盐、姜末、水淀粉、鸡汤等各适量。

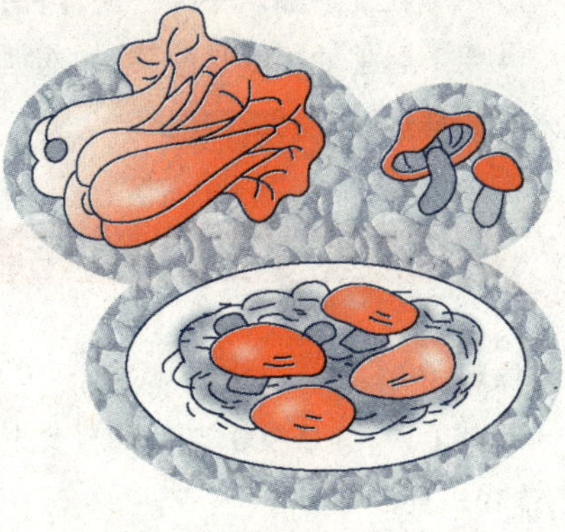

做法

①将油菜心择洗干净，香菇用温水泡开洗净。

②炒锅上火，放油烧热，放姜末，下油菜心、香菇，急火快炒，加入鸡汤，待油菜心、香菇烧熟，放盐，把油菜心捞出放在盘中，香菇放油菜上，锅内汤再烧开，勾芡淋在盘中的油菜心、香菇上即可。

特点

此菜鲜嫩不腻。油菜心含维生素 C 比较丰富，价廉物美，孕妇可经常食用。

三十七、肉丝凉拌冬粉

原料

绿豆粉丝 100 克，瘦肉丝 150 克，葱、火腿丝、青菜丝、胡萝卜丝、香菇丝等各适量，酱油 2 匙，醋 1 匙，盐半匙，糖 2 匙，油 3 匙。

做法

①将粉丝煮熟，泡过凉开水备用。

②用 1 匙油起锅，下葱爆香，加入酱油、醋、盐、糖及小半碗水，煮开后盛起放凉，放入沥干的粉丝。

③用 2 匙油起锅，炒熟瘦肉丝，放入火腿丝、青菜丝、胡萝卜丝、香菇丝，炒透后调味，盛起铺在粉丝上，食时拌匀。

三十八、酸菜炒牛肉

原料

牛肉 250 克，酸菜 250 克，糖 1 匙，酱油 2 匙，淀粉 2 匙，生油 3 匙，盐少许。

做法

①将牛肉洗净剁碎，用 2 匙酱油和淀粉拌好备用。

②酸菜洗净，挤掉水分，也剁碎备用。

③用 1 匙生油加入牛肉中调拌，用 1 匙油烧热锅，炒熟牛肉，装起备用。

④用 1 匙生油起锅炒酸菜，加入糖和少许盐（酸菜已有咸味，盐不可多放），把牛肉放入一起拌炒片刻，即可起锅。

三十九、紫菜冬瓜肉粒汤

原料

紫菜 1 块，冬瓜 300 克，瘦肉（切粒）80 克，鸡蛋 1 个，姜 1 片，生抽 3/4 匙，糖 1/4 匙，淀粉半匙。

做法

①将紫菜冲洗干净，撕成小块。冬瓜去皮洗净切粒，瘦肉以调味料拌匀，鸡蛋拌匀，备用。

②烧开一锅水，下姜片、冬瓜粒略滚后，姜片弃去，加入瘦肉粒及紫菜，再煮至瘦肉熟时，加蛋液及适量盐调味，便可上桌。

四十、清蒸武昌鱼

原料

武昌鱼1尾，熟火腿、水发香菇、净冬笋各50克，猪油、细盐、鸡油、鸡汤、味精、胡椒粉、葱结、姜块、料酒等各适量。

做法

①将鱼宰净，在鱼身两侧剞上刀花，然后撒上少许细盐摆在盘中。香菇、熟火腿洗净后切成5厘米长的薄片，相间隔地摆在鱼身上。冬笋切薄片，镶在鱼的两边，加葱结、姜块、料酒。

②锅置火上，下清水烧沸，将整鱼连盘上笼蒸约15分钟，至鱼眼凸出，鱼肉已松软时滗出汤汁，下鸡汤烧沸，加入味精、鸡油，淋在鱼上面，撒上胡椒粉即成。

特点

本品鱼肉肥美细嫩，汤汁鲜浓清香。

四十一、奶汁西红柿

原料

西红柿250克，黄瓜50克，水发玉兰片100克，猪油50克，葱姜末少许，精盐3克，味精、高汤、水淀粉等各适量。

做法

①先将西红柿洗净，用开水烫1~2分钟，去皮，切片，黄瓜劈为两半，切成斜刀片，水发玉兰片切成薄片待用。

②在炒锅中加入猪油，烧热后用葱姜炝锅，再加入西红柿、黄瓜片、玉兰片，然后加入高汤、精盐、味精，用水淀粉勾芡，炒匀出锅即可。

四十二、炸酱排骨

原料

小排骨1 000克，油2匙，甜面酱2匙，蒜末1匙，西红柿2个，糖少许。

做法

①将西红柿洗净切片，摆放在碟边。

②小排骨用水煮约20分钟，熟软取出。

③油2匙起油锅，油热后加入甜面酱及蒜末，爆香后倒入煮软的排骨同炒一会儿，

再倒入刚才煮排骨的高汤半碗，放入糖少许调味，调小火，汤汁将干即可上碟。

特点

此菜风味独特，香味浓郁，富含蛋白质、脂肪、碳水化合物和钙、磷、锌及维生素C，怀孕妇女食用，可开胃口，增营养。

四十三、酸甜猪肝

原料

猪肝250克，菠萝肉75克，水发木耳30克，香油7克，白糖20克，醋10克，酱油7克，水淀粉35克，葱段10克，植物油500克（约耗50克）。

做法

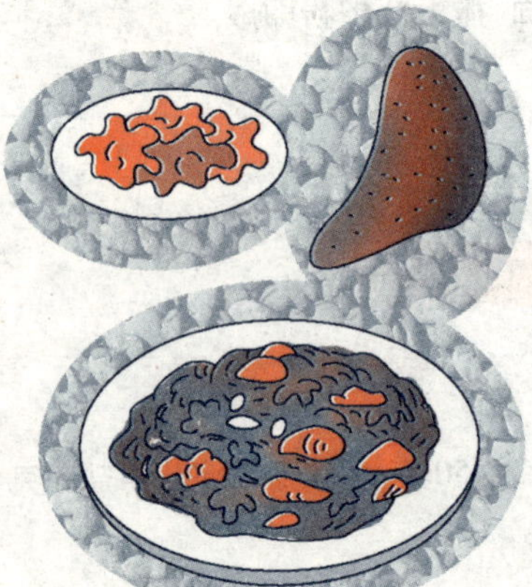

①将猪肝、菠萝肉分别切成小片；木耳择洗干净撕成小片。把猪肝片放入碗内，加酱油、水淀粉，拌匀上浆。

②炒锅上火，放入植物油，烧至六成热，下猪肝滑熟，捞出沥油。

③原锅内放入葱段、木耳、菠萝肉，略炒几下，加入醋、白糖，沸后用水淀粉勾芡，倒入猪肝翻炒均匀，淋香油，盛入盘内即成。

特点

此菜色泽深红，味道酸甜，软嫩适口，含有丰富的优质蛋白质及铁、锌等矿物质，并含有丰富的维生素A、维生素D、维生素B、维生素C及尼克酸，孕妇多食可预防贫血。

四十四、木耳炒鱿鱼

原料

木耳15克，鲜鱿鱼360克，胡萝卜花片、蒜蓉、姜片、葱段等各少许，盐半匙，胡椒粉、麻油各少许，淀粉1匙。

做法

①将木耳用水浸软，洗净切片。

②将鲜鱿鱼洗净，吸干水分，在背上斜刀切花纹，加入调料腌一会儿，沥干水分。

③下油2匙，爆香蒜蓉、姜片，加胡萝卜花、木耳炒匀，鲜鱿鱼回锅，用少许淀粉勾芡，撒上葱段，即成。

特点

木耳、鲜鱿鱼含有丰富的蛋白质、铁质及胶原质，可使皮肤嫩滑且有血色，适合妇女怀孕期食用。

四十五、香椿拌豆腐

原料

豆腐300克，香椿100克，香油1克，精盐适量。

做法

①将豆腐用开水烫一下，切成小丁，放入盘内。香椿择洗干净，用开水烫一下，挤去水分，切成末，放在豆腐上面。

②食用时加入精盐、香油，拌匀即成。

特点

此菜软嫩可口，气味芳香，含有丰富的大豆蛋白质以及脂肪酸、钙、磷、铁等矿物质，还含有较丰富的胡萝卜素、核黄素和维生素C，适宜怀孕早期的女性食用。

四十六、蟠龙卷

原料

猪瘦肉和猪肥膘肉各250克，鸡蛋2个，香油35克，熟猪油7.5克，精盐3克，淀粉75克，葱末10克，姜末5克。

做法

①将肥膘肉切成丝，猪瘦肉剁成蓉，分数次加少许清水搅匀，沉淀后滗净浑水，至呈粉白色时，倒入纱布内，挤去水分装盘。加入精盐、淀粉、1个鸡蛋的蛋清、葱末、姜末及清水125克，搅拌成黏稠糊，倒入肥膘肉丝一起拌匀。

②炒锅置中火上烧热，用少许香油滑锅，取1个鸡蛋打成蛋液，摊成1张蛋皮，卷成长筒蛋卷，摆在湿布上凉凉、湿润。

③将蛋卷放入盘内，入笼蒸20分钟取出凉凉，切成0.3厘米厚的片。

④将蛋卷片衔接盘旋地码在抹有熟猪油的碗内，用旺火蒸15分钟取出，翻扣盘内即成。

特点

此菜白中透黄，鲜香爽嫩，有是肉非肉之感，味美适口。含有丰富的蛋白质、脂肪、碳水化合物和钙、磷、铁、锌、维生素A、维生素B_1、维生素B_2、维生素E、尼克酸等多种营养素。

四十七、豆芽生鱼片

原料

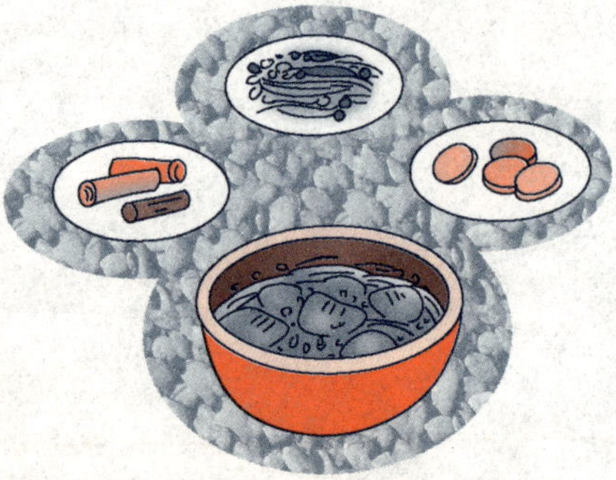

豆芽200克，生鱼肉300克，葱段、姜丝各1匙，胡萝卜数片，姜1片，酒2匙，姜汁、盐各半匙，油2匙，胡椒粉少许。

芡汁料：盐、糖各1/4匙，生抽2匙，淀粉1匙，麻油少许，清水3匙。

做法

①将豆芽洗净沥干，下少许油爆香姜片，放入豆芽炒至八成熟盛起。

②将鱼肉洗净、抹干，切片，加入腌料拌匀。

③烧热锅，下油2匙，加酒，加入芡汁料煮滚，放入鱼片煮至熟，加入豆芽、胡萝卜片用旺火烧熟即可。

特点

怀孕前期孕妇每天的蛋白质摄取量应增加10克（约15克瘦肉的蛋白质含量），才可维持母体健康及满足胎儿发育所需。孕妇可从牛奶、蛋、鱼类、肉类等含动物性蛋白的食物中摄取。

四十八、酥炸甜核桃

原料

去衣核桃肉400克，精盐1/4匙，砂糖、白芝麻各2匙，柠檬汁数滴。

糖胶料麦芽糖、砂糖各2匙，清水半杯。

做法

①将核桃肉放入开水中煮3分钟盛起，冲净沥干。

②将白芝麻洗净，沥干水分，以白锅炒香。

③烧开水4杯，加入砂糖及盐，放入核桃煮3分钟盛起，吸干水分。

④煮溶麦芽糖，加入柠檬汁，放入核桃煮5分钟，盛起沥干。

⑤净油烧至微滚，加入核桃炸至微黄色盛起，撒上芝麻即成。

特点

核桃含有蛋白质、脂肪油、矿物质及多种维生素，对胎儿的中枢神经发育、血液系统形成及骨骼成长很有帮助。酥炸甜核桃入口香甜松脆，更加有滋养强身的芝麻，最适宜作为孕妇零食。

四十九、韭菜炒虾仁

原料

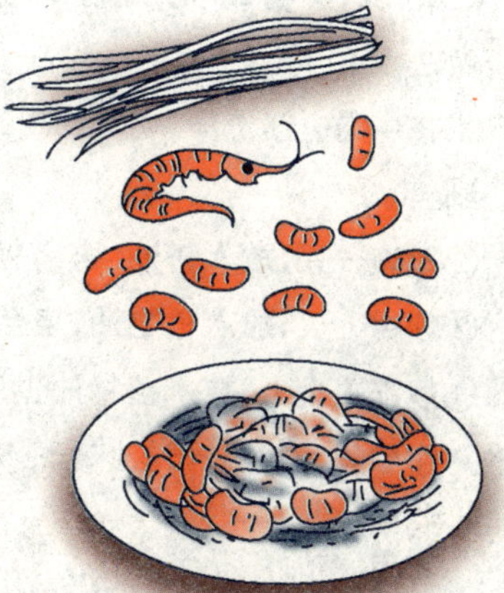

虾肉300克，嫩韭菜150克，花生油60克，香油15克，酱油5克，精盐3克，味精1克，料酒5克，葱20克，姜10克，高汤30克。

做法

①将虾肉洗净，沥干水分。

②将韭菜洗净，沥干水分，切成2厘米长的段；葱洗净切丝，姜去皮洗净切丝。

③炒锅上火，放花生油烧热，下葱、姜丝炝锅，炸出香味后放入虾仁煸炒2～3分钟，烹料酒，加酱油、精盐、高汤稍炒，放入韭菜，用急火炒4～5分钟，淋入香油，加味精炒匀，盛入盘内即成。

特点

此菜色泽美观，鲜嫩清香，含有丰富的胡萝卜素、维生素C及钙、磷、铁等多种营养素，是人们喜欢的时鲜菜品。中医认为，韭菜味辛、性温，有温中行气，散血解毒的功效。

五十、竹茹粥

原料

竹茹15克、白米50克、生姜2片。

做法

先用竹茹煎汁，去渣。用白米、生姜加水煮粥，待粥将熟时，倒入竹茹汁，煮沸即可。

特点

清胃和中，除烦止呕。适用于肺热咳嗽、咯痰黄稠、胃热呕吐、胃虚呕逆以及妇女妊娠呕吐、产后虚烦等症。

五十一、甜椒牛肉丝

原料

牛肉、甜椒各200克，蒜苗段15克，植物油100克，酱油15克，甜面酱5克，精盐4克，味精1克，嫩姜25克，淀粉20克，鲜汤适量。

做法

①将牛肉去筋洗净，切成约0.3厘米粗的丝，加入精盐、淀粉拌匀。将甜椒、嫩姜分别切细丝。

②取碗一只，放入酱油、味精、鲜汤、淀粉，调成芡汁。

③炒锅上火，放入植物油，烧至六成热，放入甜椒丝炒至断生，盛入盘内。

④炒锅置火上，放入植物油少许，烧至七成热，下牛肉丝炒散，放甜面酱炒至断生，再放入甜椒丝、姜丝炒出香味，烹入芡汁，最后加入蒜苗段，翻炒均匀即成。

特点

此菜色泽美观，牛肉细嫩，香鲜微辣，含有丰富的蛋白质、钙、磷、铁、锌及多种维生素。甜椒所含维生素C极为丰富，所含的辣椒素，能健胃、发汗，促进消化液分泌，增强肠胃蠕动，有助消化。孕妇常食，对防止便秘很有益处。

五十二、鸡脯扒小白菜

原料

小白菜1千克，熟鸡脯半个，花生油50克，精盐4克，味精2克，料酒10克，牛奶50克，水淀粉15克，葱花5克，鸡汤适量。

做法

①将小白菜去根，洗净，每棵劈成4瓣，切成10厘米长的段(注意让菜心相连，不能散乱)，用开水焯透，捞出用凉水过凉，理齐放入盘内，沥去水分。

②炒锅上火，放入花生油烧热，下葱花炝锅，烹料酒，加入鸡汤和精盐，放入鸡脯和小白菜(顺着放)，用旺火烧开，加入味精、牛奶，用水淀粉勾芡，滑入盘内即成。

特点

此菜鲜嫩爽滑，清淡爽口，含有丰富的蛋白质、钙、磷、铁、胡萝卜素、尼克酸和维生素C，有利于胎儿生长发育。

五十三、清蒸大虾

原料

带皮大虾500克，香油10克，料酒、酱油各15克，味精1.5克，醋25克，汤50克，葱、姜、花椒等各适量。

做法

①将大虾洗净，剁去脚、须，除去沙袋、沙线和虾脑，切成4段。葱切条。姜一半切片，一半切末。

②将大虾段摆入盘内，加入料酒、味精、葱条、姜片、花椒和汤，上笼蒸10分钟左右取出，拣去葱、姜、花椒，装盘。

③用醋、酱油、姜末和香油调成汁，供蘸食。

特点

此菜色泽红艳，清鲜适口，含有丰富的优质蛋白质、维生素A、尼克酸及多种矿物质。

五十四、泡菜炒肉末

原料

净猪肉100克（肥3瘦7），四川泡菜200克，花生油50克，精盐2克，味精1克，白糖3克，料酒3克，花椒10粒。

做法

①将猪肉切碎剁末，泡菜剁碎（轻轻挤去水分）。

②炒锅上火，放油烧热，下花椒炸煳捞出不要，放肉末，用手勺推动煸炒，待肉末水分炒干时，加入精盐、白糖、料酒、味精、泡菜，翻炒均匀即成。

特点

此菜鲜脆略酸，味美适口，含有丰富的蛋白质、脂肪及钙、磷、铁等矿物质。泡菜是将蔬菜浸在盐水中，经过乳酸发酵以后制成的一种咸菜，味道清脆爽口，适宜妊娠早期食用。

五十五、烧豆腐丸子

原料

豆腐250克，肉末50克，海米15克，海带丝20克，瘦五花猪肉250克，酱油50克，精盐、味精各2克，淀粉、葱、姜各10克，花生油400克（约耗50克）。

做法

①将豆腐捣碎，加肉末、海米、葱末、姜末、精盐、味精、淀粉搅匀，做成大丸子，放入烧至五六成热的油锅内炸好。

②五花肉切块，红烧后加入海带丝，再炖1小时备用。

③将豆腐丸子放入红烧肉和海带内，用文火炖1小时后即可食用。

特点

成菜中的豆腐丸子有海带炖肉的滋味，海带与肉有豆腐的鲜味，三者相配，各取所长，荤素兼有，别具风味。豆腐含有钙、磷及钠、钾等矿物质，并富含维生素 B_1，海带含碘丰富，瘦猪肉含优质蛋白质，常食对孕产妇有很好的滋补作用。

五十六、干蒸鲤鱼

原料

鲜鲤鱼1条（500克左右），冬菜、水发玉兰片各30克，水发冬菇、火腿（或香肠）各10克，鸡油5克，酱油7克，精盐2克，味精1克，料酒10克，白糖7克，清汤50克，葱丝、姜丝各3克。

做法

①将鲤鱼去鳞、鳃，剖腹去内脏，洗净，放入开水锅内烫一下，刮去鱼身上的薄黑皮，沥干水分，用刀在鱼的两面每隔2厘米切一刀（切至鱼骨为度）。

②将鱼尾提起，再放入开水锅内稍烫（使鱼肉刀口张开），沥干水分，用精盐、料酒腌渍片刻，放入盘内。将玉兰片、火腿分别切成长4厘米的丝。冬菇去蒂切丝。把以上3种丝和葱、姜丝，按不同颜色，相间地摆在鱼上。冬菜用清水洗净，挤净水分。

③将清汤、酱油、白糖、料酒、味精、冬菜、鸡油均放入小碗内，调匀成味汁，和鱼盘一同放在笼内用旺火蒸15分钟。取出鱼盘滗去水分，把同蒸的味汁均匀地淋在鱼上即成。

特点

此菜鱼肉细嫩，味道鲜美，清香不腻，含丰富的蛋白质、脂肪、钙、磷、铁和维生素 B_2、尼克酸等多种营养素。

第二节　孕中期食谱

一、肉丝海带

原料

瘦肉、水发海带各150克，冬笋50克，红辣椒1个，花生油、酱油、精盐、味精、醋、白糖、姜等各适量。

做法

①把海带洗净，切成丝，放入开水锅内烫透捞出，控净水，装入盘中。

②把肉洗干净，切成丝。炒勺置于火上，倒入花生油，油热后，将肉丝放入，迅速炒散，见肉丝变色时，加入酱油，翻炒几下，盛入盘中。

③把冬笋洗净，切成丝，放入开水内烫一下，捞出，控净水，放在盘内。

④把姜洗干净，切成丝，放在盘内，再加入精盐、味精、醋、白糖。

⑤把辣椒去蒂、子，洗净，切成丝。将炒勺置于火上，倒入花生油。油热后，放入辣椒丝，炸出辣味，倒入盘中，拌匀即可。

特点

微辣，鲜香，脆嫩。动物性优质蛋白质、钙、铁、碘、钾含量丰富，还含有多种维生素。

二、橘味海带丝

原料

干海带150克，白菜150克，白糖、味精、醋、酱油、香油、香菜段等各适量。

做法

①将干海带放锅内蒸25分钟左右，取出，放热水中浸泡30分钟，捞出备用。

②把海带、白菜切成细丝，码放在盘内，加酱油、白糖、味精和香油，撒入香菜段。

③把干橘皮用水泡软，捞出。剁成细碎末，放入碗内，加醋搅拌，把橘皮液倒入盘内拌匀，即可食用。

特点

清凉可口，含有丰富的营养素，尤其是碘的含量十分丰富。

三、鱼香肝片

原料

猪肝250克，泡辣椒20克，葱25克，蒜、酱油各15克，姜10克，盐2克，菜油150克，醋10克，绍酒10克，水淀粉30克，汤25克，白糖10克，味精1克。

做法

①将猪肝切成长约4厘米、宽约3厘米、厚约0.3厘米的片，加盐及水淀粉（20克）码匀。姜、蒜去皮，切成末，葱切成葱花，泡辣椒剁成碎末。

②用碗将水淀粉（10克）、绍酒、酱油、醋、白糖、味精及汤调成汁。

③炒锅置旺火上，下菜油，烧至七成热时，放入猪肝炒散后倒入泡辣椒、姜、蒜末。待猪肝炒至伸展时，下葱花、烹入调好的汁，最后起锅入盘。

特点

颜色金红，肝片细嫩，姜、葱、蒜味醇厚，最宜佐餐。

四、炝腰片

原料

猪腰子300克，冬笋、黄瓜各100克，花生油、花椒、精盐、味精、绍酒、姜等各少许。

做法

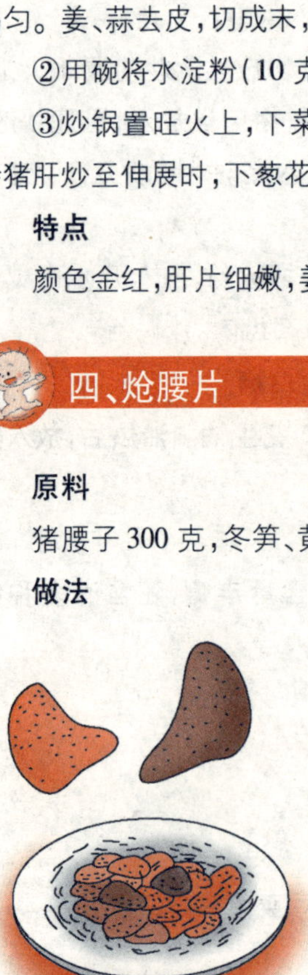

①扒掉猪腰子外面的薄皮，片成两片，再切去腰臊，然后切成片，洗净，放入开水锅内烫熟捞出，控净水，放在盘内。

②将冬笋洗净，切成象眼片，放入开水锅内烫透捞出，控净水，再将黄瓜洗刷干净，用凉开水冲一下，切成象眼片，均放在盘内。

③将姜洗干净，用刀拍散切成细末，撒在盘内，再加入精盐、味精、绍酒。

④ 将炒勺置于火上，倒入花生油，油热后放入花椒，炸至花椒变色有香味时，捞出花椒，把炸好的花椒油浇入盘中，拌匀即可。

特点

腰片嫩脆，清鲜味美。含有蛋白质，维生素 B_1、维生素 B_2 等多种营养成分。

五、凉拌双笋

原料

竹笋 500 克，莴苣 250 克，香油、白糖、精盐、味精、绍酒、姜等各适量。

做法

①将竹笋剥壳洗净，切成滚刀块，放入开水锅中煮透捞出，控净水，放入小盆内。

②将莴苣削去外皮，洗净，切成滚刀块，放入开水中烫一下，捞出，控净水，盛入小盆内。

③将姜洗净，用刀拍散切成末，撒入小盆内，再放入白糖、精盐、味精、绍酒、香油，拌匀，装入盘中即可。

特点

黄绿相间，香脆爽口。含有丰富的钾、磷等矿物质和多种维生素。

六、芙蓉杂烩

原料

猪肝 30 克，熟猪肚 30 克，熟猪舌 30 克，火腿 20 克，木耳 10 克，平菇 15 克，鸡蛋 3 个，上海青 10 棵，生姜 10 克，花生油 8 克，盐 8 克，味精 2 克，白糖 1 克，胡椒粉少许，绍酒 3 克，熟鸡油 1 克。

做法

①将猪肝切片，猪肚切片，猪舌切片，火腿切片，木耳洗净切片，平菇洗净，鸡蛋去黄留清打散，上海青去老叶、洗净，生姜去皮切片。

②烧锅下油，放入姜片、猪肚片、猪舌片，氽入绍酒爆炒片刻，注入清汤，用中火烧开，加入猪肝、平菇、火腿、木耳、上海青，调入盐、味精、胡椒粉煮透，淋入熟鸡油，盛入深碗内。

③另烧锅下油，倒入鸡蛋清，用小火轻轻炒至蛋清身硬而洁白，铲放在杂烩上面即成。

特点

猪肝含铁量高，猪肚、猪舌营养丰富，是铁的较好来源，孕妇常食用可预防缺铁性贫血。

七、菠菜粉丝

原料

菠菜500克，水发粉丝100克，海米25克，精盐、芥末面、芝麻酱、醋、蒜、味精等各少许。

做法

①将菠菜择去黄叶，削去根，洗净，沥干水，切成3厘米长的段，放入开水锅内烫一下捞出，用凉开水投凉，控净水，放在大盘内。

②将水发粉丝放入凉开水中洗一下，捞出，控净水分，切成4厘米长的段，放在菠菜上。

③将海米用温开水泡发好，捞出，撒在粉丝上面。

④将蒜剥去皮，洗净，用刀拍扁，切成细末。

⑤将芥末面用热水焖好，芝麻酱用少许凉开水澥好，再放入精盐、醋、味精、蒜末，搅拌均匀，浇在盘内即成。

特点

色鲜味美，通窍开胃。含丰富的碳水化合物、胡萝卜素、维生素 B_2、维生素C及钙、磷、钾多种矿物质。具有滋阴平肝，帮助消化的作用。

八、拌鸡丝冻粉

原料

熟鸡脯肉150克，冻粉、黄瓜各20克、海米10克，酱油、醋、精盐、香油、味精等各少许。

做法

①将冻粉用凉开水泡开洗净，切成4厘米长的段，放在盘内。

②将熟鸡脯肉切成细丝，放在冻粉上。

③将黄瓜洗刷干净，用凉开水冲一下，切成细丝，放在鸡肉丝上。

④将海米用温开水泡好，捞出，放在黄瓜上。

⑤将酱油、醋、精盐、香油、味精调好汁，浇入盘内即成。

特点

味道鲜美，清凉爽口。含有蛋白质、碳水化合物及多种矿物质。

九、猪肉什锦

原料

猪舌250克，猪肝500克，水发玉兰片150克，猪心250克，猪肉150克，鲜菜300克，食盐7.5克，味精1～5克，水淀粉125克，葱、姜各30克，化猪油50克，菜油250克（耗75克），菌子50克，汤1500克。

做法

①将猪肚、舌、心分别刮洗干净，煮熟，均切成长约5厘米、宽1.5厘米、厚1.2厘米的条。玉兰片及鲜菜（菜头、萝卜或青笋均可）切成条。瘦猪肉剁细，放入碗内，加少许盐、水淀粉拌匀，再在八成热油锅内炸成肉丸子。菌子用水泡发，淘洗干净，切成片，用清水漂后待用。

②将炒锅置于旺火上，放入猪油，烧至五成热时，先下葱、姜，依次下食盐、酱油、肉丸子，倒入汤烧开，再连汤倒入锅内，用小火慢烧。

③猪肚、舌等约烧2小时，加入菌子、玉兰片，再烧约半小时，后加入蔬菜同烧，直烧至肚烂、菜熟时，随即下水淀粉勾芡，下味精起锅。

特点

色泽金黄，味浓可口，富含维生素。

十、碧绿鱼肚

原料

菠菜600克，干鱼肚50克，胡萝卜数片，姜2片，葱1棵。

煨鱼肚料：上汤1杯，油、酒各1匙，盐1/4匙，盐、淀粉各半匙，糖1/4匙，麻油、胡椒粉各少许，清水2匙。

做法

①将鱼肚浸透洗净，放入姜葱，用开水中煮2分钟，取出切片，沥干水分。

②煮开煨料，放入鱼肚煨5分钟，取出沥干。

③将菠菜洗净，切段。

④烧热锅，下油1匙，放入菠菜、胡萝卜片炒

熟，加入鱼肚及芡汁料拌匀即可出锅。

特点

菠菜含有丰富的铁质，具补血功用，可治疗便秘及痔疮。鱼肚含有丰富的蛋白质和维生素，有止血的功效。怀孕期间孕妇容易患上贫血或牙龈出血等毛病，常吃碧绿鱼肚便可预防。

十一、红烧兔肉

原料

兔肉（带骨）1 千克，葱 20 克，姜 15 克，白糖 5 克，绍酒 10 克，青蒜 5 克，桂皮、胡椒粉、八角各 0.5 克，味精 1 克，花生油 100 克。

做法

①将兔肉洗净泡去血水，剁成 3 厘米见方的块，放入清水锅中煮开后捞起，再冲洗 1 次；葱切块、姜拍松，青蒜切成末。

②中火烧锅，放油烧热，下兔肉块炒干水分，放入绍酒、酱油、精盐、葱、姜、白糖、桂皮、八角和开水一起烧开，撇去浮沫，盖上锅盖，改用小火烧至兔肉熟烂时，再用旺火烧浓汁汤，拣去葱、姜、八角、桂皮等，放入味精、青蒜末，撒上少许胡椒粉起锅即可。

特点

色泽红润，兔肉熟烂，鲜香味浓，富含营养素，肥而不腻，瘦而不硬。

十二、竹笋烧兔肉

原料

鲜兔肉 500 克，春笋 50 克，葱段、姜、酱油各 20 克，豆瓣、水淀粉各 50 克，肉汤千克，味精 1 克，精盐 2 克，花生油 60 克。

做法

①将兔肉洗净，切成 3 厘米见方的块，春笋切成滚刀块。

②旺火烧锅，放花生油烧至六成热，下兔肉块炒干水分，再下豆瓣同炒，至油呈红色时下酱油、精盐、葱、姜、肉汤一起焖，约 30 分钟后加入春笋。待兔肉焖至软烂时放味精、水淀粉，收浓汁起锅即可。

特点

色红油亮，肉酥味鲜。营养丰富。

十三、萝卜焖牛腩

原料

白萝卜100克,牛腩150克,生姜5克,八角2颗,葱10克,花生油12克,盐6克,味精3克,蚝油3克,胡椒粉少许,水淀粉适量,麻油1克,绍酒2克。

做法

①将白萝卜去皮切成块,牛腩切成块,生姜去皮切片,葱切段。

②锅加水烧开,下入牛腩、白萝卜,用中火煮去其中血水及苦味,捞起冲净。

③另烧锅下油,待油热时,放入姜片、八角、牛腩、白萝卜,汆入绍酒炒香,用中火焖30分钟至汁浓、牛腩烂熟时,下入水淀粉勾芡,淋入麻油即成。

特点

白萝卜可凉血止血、利尿解毒,牛腩重在补益,能补能养,是孕妇健脾补肾、壮养胎儿的理想食品。

十四、豉椒蚌肉

原料

贵妃蚌8只,豆豉、椒粒各半匙,蒜肉4粒,葱粒1匙,盐1/4匙,糖1/4匙,麻油、胡椒粉各少许。

做法

①将贵妃蚌用小刀除去一边壳,取出肠脏,洗净沥干水分,码在盘上。

②将蒜肉、豆豉剁碎,用一匙油慢火爆香,盛起,加入作料及红椒粒拌匀,淋在贵妃蚌上,撒上葱粒,隔水蒸5分钟取出,倒出蒸汁,淋上少许滚油即可趁热食用。

特点

贵妃蚌,肉质鲜甜,含有蛋白质及丰富的钙质,对孕妇及胎儿都很有帮助,而且蚌肉更有清热、解毒和止渴的功用。孕妇不适宜吃太辣的食物,因此辣椒只放少许或不放均可。

十五、炒素蟹粉

原料

水发冬菇15克,熟胡萝卜、熟鲜笋各13克,熟土豆250克,生油150克,白糖、精盐、米醋、姜末、味精、时令绿叶菜等各少许(冬菇可用黑木耳代)。

做法

①把熟土豆、胡萝卜去皮压成泥,鲜笋切细,绿叶菜和水发冬菇切成丝。

②炒锅放生油烧热,投入土豆、胡萝卜泥煸炒,炒到起酥,再放绿叶菜和冬菇、笋同炒,并随加白糖、精盐、味精、姜末稍炒,最后淋少许米醋,随即起锅装盘。

特点

含有大量维生素。

十六、虾皮炒韭菜

原料

韭菜300克,虾皮20克,花生油、精盐、味精各少许。

做法

①将韭菜择洗干净,沥去水,切成3厘米长的段,把韭菜根部和梢部分别放在两个盘中。

②将虾皮用清水洗净,挤去水分。

③将炒勺置于火上,加花生油烧热,把虾皮炸一下,随后放进韭菜根部及精盐,翻炒几下,再放韭菜梢部,倒入少许开水,炒匀,放味精调好味,出勺即可。

特点

清脆鲜嫩。含有丰富的钙、磷、碘、铁等矿物质和维生素C、胡萝卜素和纤维素等营养成分。韭菜还含有挥发油、韭香素等,具有杀菌、抑菌的作用。

十七、香椿芽焖蛋

原料

鸡蛋6个,鲜嫩香椿芽50克,花生油、精盐各少许。

做法

①将香椿芽洗净,放入碗中,倒入开水盖严,3分钟后取出,沥干水,切成碎末。

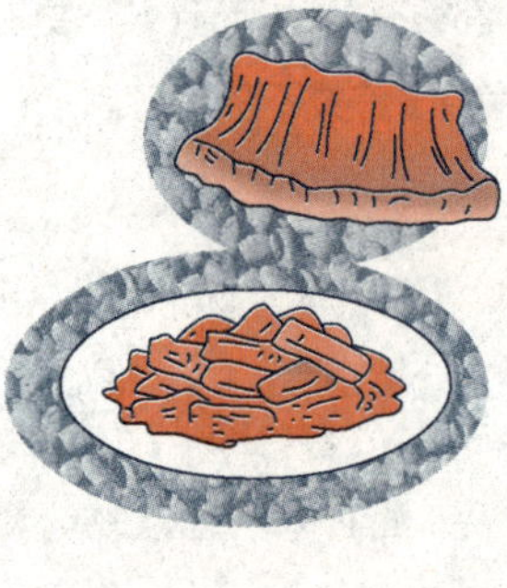

②将鸡蛋磕入碗中,加精盐搅打至起泡沫。

③将锅置于火上,放入花生油烧热,将鸡蛋倒入锅内,急速炒两下,趁鸡蛋尚未炒熟时,将香椿芽末放在鸡蛋中间,用铲子将四周的鸡蛋向中心折叠,使蛋液包住香椿芽。然后将鸡蛋翻个身加少许水,用一个大碗扣在上面,改用小火焖3分钟(中间将锅摇动一下,防止粘锅底),揭去大碗,慢慢滑到盘内即成。

特点

鸡蛋微胀软嫩，香椿芽清香适口，含有丰富的优质蛋白质、脂肪、维生素 A、维生素 D、维生素 B、维生素 C 及钙、铁、钾等矿物质。

十八、二冬糖醋排骨

原料

猪排骨 300 克，冬笋 10 克，香菜梗 5 克，水发冬菇 10 克，淀粉 15 克，面粉 25 克，花生油、白糖、醋、酱油、绍酒、姜、高汤等各适量。

做法

①将排骨剁成 3 厘米长的段，洗净，控干水，放在大碗内，加酱油、绍酒，腌 10 分钟，捞出，用面粉和 10 克淀粉拌匀。

②将冬笋末、冬菇洗净，均切成丁。把香菜、姜洗净，切成末。

③将锅置于火上，倒入花生油，烧至七成热时，将排骨一块一块地放入，炸至熟呈金黄色时捞出控净油。

④锅内留少许油，锅置火上，用姜末炝锅，把冬笋、冬菇、香菜放入，煸炒几下，加入高汤、白糖、醋、排骨。开锅后，用水淀粉勾芡，翻炒均匀，即可出锅。

特点

排骨嫩香，酸甜可口，含丰富的动物蛋白、多种矿物质、维生素、碳水化合物、有机酸等营养成分。

十九、炸豆沙藕夹

原料

鲜藕 500 克，豆沙馅 200 克，芝麻、淀粉各 30 克，鸡蛋 1 个，白糖、花生油各适量。

做法

①拣去芝麻中的杂质，淘洗干净，炒熟，放入豆沙馅内，再加白糖，拌匀。

②将鸡蛋磕入碗内，加面粉、淀粉及少量的水，搅成蛋糊。

③将藕去节，洗净，顶刀切成 0.3 厘米厚的两片相连的连刀片，抹入豆沙馅备用。

④锅置火上，倒入花生油，烧至六成热时，将抹好馅的藕片挂上蛋糊，入油锅中炸至金黄色时，捞出，控净油，装盘，再撒上白糖即可。

特点

色泽金黄，脆香软甜，营养丰富，含有质量较好的混合蛋白质、碳水化合物、钙、铁等多种无机盐和必需脂肪酸。

二十、虾皮萝卜丝汤

原料

白萝卜250克，虾皮10克，花生油、青蒜、精盐、味精、香油、大葱等各少许。

做法

①将萝卜洗净切成极细的丝。

②将葱、青蒜择洗干净，切成葱花和青蒜末。

③将锅置于火上，放入花生油烧至八成热时，将葱花和萝卜丝一起放入翻炒，然后再放入虾皮，继续翻炒几下，加水煮沸，用精盐、味精调味，出锅前撒上青蒜末，淋入香油即成。

特点

清淡味美，营养丰富，含有蛋白质、糖分、维生素及无机盐类，同时含有淀粉酶和大量水分，有清热助消化的作用。

二十一、三色凤尾虾

原料

青河虾130克，柿子椒、胡萝卜、冬菇各20克，生姜5克，鸡蛋1个，花生油300克（实耗油10克），盐5克，味精2克，白糖1克，胡椒粉少许，水淀粉适量，麻油1克。

做法

①将青河虾去头及虾身的皮，留尾皮，从虾脊部直切一刀而不断，柿子椒切菱形片，胡萝卜去皮切菱形片，冬菇切片，生姜去皮切片。

②虾加入少许盐、味精、蛋白、水淀粉腌好，烧锅下油，待油温至90℃时，倒入虾，炒至八成熟时捞起待用。

③另起烧锅下油，放入姜片、柿子椒片、胡萝卜片、冬菇片，加盐炒至断生，倒入虾仁，调入味精、白糖、胡椒粉，用大火炒透入味，再用水淀粉勾芡，淋入麻油即成。

特点

河虾营养丰富，每100克河虾含钙量221毫克，比对虾含钙量要高，是孕妇及胎儿补钙的首选食品。

二十二、木樨汤

原料

净猪肉 50 克，鸡蛋 1 个，菠菜 50 克，水发木耳 5 克，水发笋片 25 克，水发海米 10 克，酱油、精盐、味精、香油、高汤等各适量。

做法

①将猪肉切成细丝，鸡蛋打入碗内搅匀，菠菜择洗干净切成小段，木耳切成块，笋片切成细丝。

②炒勺内放入高汤烧沸，放入肉丝、海米、木耳、笋丝、菠菜，加精盐、酱油调味，汤沸后把碗内的鸡蛋甩入汤内，放入味精、香油即可。

特点

黄、绿、黑色彩相间，汤鲜味美，营养丰富，含人体必需的蛋白质、脂肪、碳水化合物、多种维生素和矿物质。

二十三、香椿饼

原料

面粉 500 克，猪五花肉 200 克，腌香椿芽 150 克，花生油少许。

做法

①将猪五花肉切成黄豆粒大小的丁，再将腌香椿芽用水浸泡清洗干净，切成碎末，与肉丁一起放在盆内，加入花生油，拌匀成馅心。

②将面粉加入清水 250 克和成面团，揉匀揉透后，搓成长条，揪成每个重 45 克的面剂，擀成直径约 15 厘米的面皮，包入馅心一份，收口捏紧，轻轻按成圆饼，即成生饼坯。

③将平锅置于炉火上烧热，放入饼坯干烙，烙好一面再烙另一面，待两面烙至金黄色饼已熟时即可出锅食用。

特点

此饼金黄酥脆，清香鲜美，含动物性和植物性两种蛋白质及碳水化合物，还含有多种维生素和矿物质。

二十四、木樨炒面

原料

生面条 200 克，鸡蛋 2 个，菠菜叶 30 克，精盐、味精、酱油、葱末、花生油等各少许。

做法

①将面条放入沸水中煮至六成熟，捞出用凉水过凉，控净水分，用少许花生油拌匀（防止粘连）。锅置火上，放多量油，烧至八成热，放入面条，炸至焦脆呈金黄色捞出。把菠菜叶洗净切成丝。

②锅置火上，加油烧热，倒入打好的鸡蛋汁，炒熟盛出。锅中再放少许油烧热，用葱末炝锅，加菠菜丝炒匀，加入少量清水和酱油、精盐，烧沸加入面条，拨散，迅速翻炒均匀，放入鸡蛋、味精即可出锅。

特点

此面属于焦炒，故质地焦脆，味道鲜香，含有丰富的碳水化合物、蛋白质及必需脂肪酸。

二十五、金果银耳

原料

银耳10克，金果（梨、苹果、香蕉、橘子均可）200克，桂花少许，白糖、水淀粉各适量。

做法

①将银耳用水泡发1小时，清洗干净后，放入碗内，加水300克，上屉用中火蒸2小时。

②蒸好后，把原汁滤入锅内，加入白糖和适量清水，用小火略煮，撇去浮沫。

③将鲜果切成指甲大小的块，放入锅内煮沸，用水淀粉调稀勾芡，倒入碗内。

④吃时，碗上铺一层银耳，撒上桂花。

特点

银白亮丽，清香可口，含有丰富的维生素和矿物质。

二十六、鱼吐司

原料

面包、净鱼肉各150克，鸡蛋1个，猪油150克，料酒、淀粉、盐、味精、葱、姜等各少许。

做法

①将面包去边皮，切成厚4～5毫米的片4块，鱼肉斩成泥，加蛋清、葱、姜、酒、味精一起拌匀。

②将调好的鱼泥分成4份抹在切好的面包上,用刀抹平。

③猪油锅烧至五成热时,放入鱼吐司炸,炸至呈黄色后出锅。

④每块切成8小块,盘边上加甜酱(甜酱加少许水、糖,用筷子拌匀,上笼蒸5分钟,加麻油)。

特点

软嫩清香,味美可口,能增加孕期妇女的食欲。

二十七、桂花馒头

原料

面粉500克,鸡蛋1000克,白糖1000克,桂花30克,青红丝、香油各适量。

原料

①将面粉入笼蒸熟,凉凉擀开,用细箩过一遍。

②将鸡蛋打入盆内,加上白糖,用几根筷子朝一个方向不停搅打,至起泡发白呈肥皂沫状,再加入熟面粉和桂花,用筷子轻轻拌匀。

③将小瓷碗或瓷茶杯,逐个洗净擦干,往里面抹上一层香油,放进一点青红丝,再将搅好的面糊倒入(大半碗即可),上笼用旺火蒸熟,取出扣在盘内即可。

特点

绵软,香甜,含有丰富的蛋白质、碳水化合物、维生素A、维生素B_1、维生素B_2及多种无机盐类。

二十八、叉烧包

原料

面粉500克,叉烧肉300克,鲜酵母25克,淀粉20克,白糖、香油各适量。

做法

①将面粉加水250克,再加入鲜酵母和成面团,待面团发起,加进100克白糖揉匀,然后揉成剂子。

②将叉烧肉切成0.8厘米见方的小片,放入锅中,加少许水烧开,用淀粉勾芡,淋入香油马上捞出,即成叉烧馅。

③把剂子按扁擀成圆皮,包入馅心,成馒头形,在上面用刀轻轻划上十字刀纹,用旺火蒸15分钟即可。

特点

白净松软,顶部开花,馅心味厚,香甜鲜美,含有丰富的蛋白质、碳水化合物、脂肪及多种营养素。

二十九、蟹黄包子

原料

面粉2千克，猪五花肉600克，蟹黄、蟹肉各25克，鲜酵母50克，精盐、酱油、白糖、绍酒、熟猪油、葱末、姜末各适量。

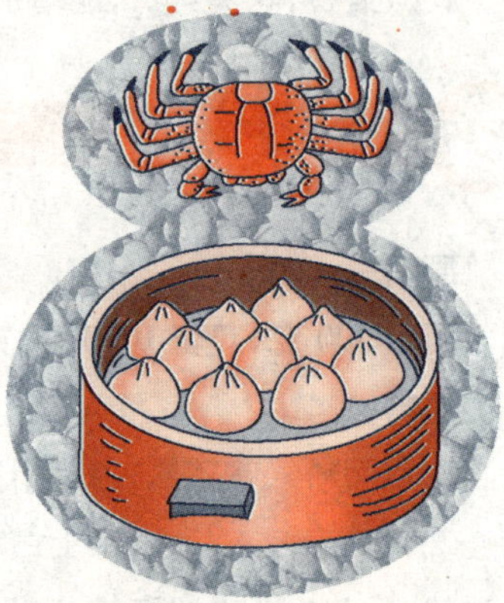

做法

①将炒勺置于火上，加猪油烧热，投入蟹黄、蟹肉和葱末、姜末煸炒，再加入绍酒、精盐，炒至蟹黄出油盛出。

②将猪肉洗净，剁成细泥，放在盆内，加白糖、精盐、酱油，并分两次放入清水300克，顺着一个方向搅拌上劲，再加入炒蟹黄拌匀，即成馅心。

③将面粉中加入鲜酵母和清水和成面团，盖上湿布，待面团发酵后，揉匀搓成条，揪成剂子并擀成圆皮，逐个包入馅心，入笼用旺火蒸15分钟即成。

特点

滋味鲜美，是秋季时令食品，含有丰富的蛋白质、碳水化合物、脂肪、多种维生素及无机盐。

三十、糯香排骨

原料

嫩猪排180克，糯米(泡好的)200克，生姜5克，青、红椒各1只，花生油5克，盐7克，味精2克，白糖1克，水淀粉适量，熟猪油1克。

做法

①将嫩猪排斩成长块，生姜去皮切粒，青、红椒切成细粒。

②将斩好的排骨调入部分盐、味精、姜粒腌10分钟，再逐块粘上泡好的糯米，入蒸笼蒸20分钟后拿出待用。

③烧锅下油，加入鸡汤、青、红椒粒，调入剩下的盐、味精、白糖烧开，用水淀粉勾芡，淋熟猪油到蒸好

的排骨上即成。

特点

猪排骨有益气补血、滋阴润燥的作用。此菜所含钙质丰富，能补肾健脾，对孕妇产前补益、增加盆骨的伸缩力有较好的效用。

三十一、烫面蒸饺

原料

面粉、净肉各500克，熟肉150克，笋片100克，精盐、味精、酱油、香油、姜末等各适量。

做法

①将肉切成小碎丁，笋片、熟肉也切成小丁，放在一个盆中，加精盐、味精、酱油、姜末、香油，拌匀成馅。

②面粉加开水和成烫面，凉凉揉匀，揪成50个面剂，擀成薄皮，包进馅心，捏出花边，上笼蒸熟，取出。

特点

饺子皮有咬劲，趁热食用，馅心鲜香爽口，含动、植物混合蛋白质及丰富的碳水化合物、脂肪，还含有多种无机盐和维生素。

三十二、三合面发糕

原料

面粉500克，黄豆面、玉米面各250克，鲜酵母20克，红枣、青梅各少许。

做法

①将玉米面用八成开的水边搅边烫。凉凉后与白面粉掺到一起，加入鲜酵母，用水和成稀面团。

②把红枣用开水泡开，洗净去核，青梅去核，均切成小条。

③面团发好后，再掺入黄豆面揉匀，然后将红枣、青梅加入拌匀。

④蒸锅内加水烧开，铺好屉布，倒入面团，用手蘸水拍匀，再用小刀蘸水割成小方块（便于串气），用旺火蒸熟即可。

特点

绵软，味微甜，含有丰富的蛋白质、碳水化合物，易于消化。

三十三、荷叶粥

原料

大米 500 克，鲜荷叶 2 张，白糖适量。

做法

①将大米淘洗干净，放锅中加水烧开，再用小火熬煮成粥。

②另用一盆，盆底垫上一张荷叶，把刚煮好的大米粥倒入，再在上面盖上张荷叶，盆上加盖稍闷片刻。

③食用时盛入碗中，撒上白糖即可。如在夏季，放进冰箱里冰凉再吃更佳。

特点

色泽淡绿，有荷叶清香，能清热去暑。

三十四、彩色豆腐羹

原料

豆腐 400 克，荠菜 150 克，火腿末 25 克，植物油、盐、水淀粉、葱花、姜末等各适量。

做法

①将豆腐切成半寸见方的丁，放入开水中焯一下捞出，用冷水淋一下，沥干水分。

②将荠菜择洗干净，用开水焯一下，用冷水凉透，沥干水分，剁成细末。

③油锅上火，烧至七成热，放入葱花、姜末，倒入荠菜末煸炒，放入豆腐，放水煮开，加盐少量，用水淀粉勾芡，盛入碗中，撒上火腿末即成。

特点

此菜是家常菜，做法简单，营养丰富，含有多种营养素。荠菜有季节性，可调剂成其他绿色蔬菜。

三十五、咸豆浆

原料

鲜豆浆 300 毫升，榨菜末、紫菜、虾皮、油条丁、香菜末、香油、味精、盐、酱油等各适量。

做法

①将鲜豆浆放在锅内煮开。

②将榨菜末、紫菜、虾皮、油条丁、香菜末、盐、酱油及少量味精放在碗中备用。

③把煮开的豆浆倒入放好调料的碗中即成。

特点

咸豆浆的做法比较简单，这是江南的传统小吃，营养丰富，口味独特，可作为早餐食用。

三十六、虾仁酿豆腐

原料

豆腐300克，虾仁200克，鸡蛋1个，葱末、姜末、鸡汤、酱油、盐、淀粉、植物油等各少许。

做法

①将豆腐切成4厘米长、宽厚各2厘米的块，中间挖成凹形。虾仁用刀背砸成蓉，加入蛋清、盐、葱姜末、淀粉，搅拌均匀至上劲做成虾丸。

②将豆腐凹处粘少许淀粉，每块豆腐凹处放一个虾丸，放在盘中，上锅蒸10分钟，熟后取出。

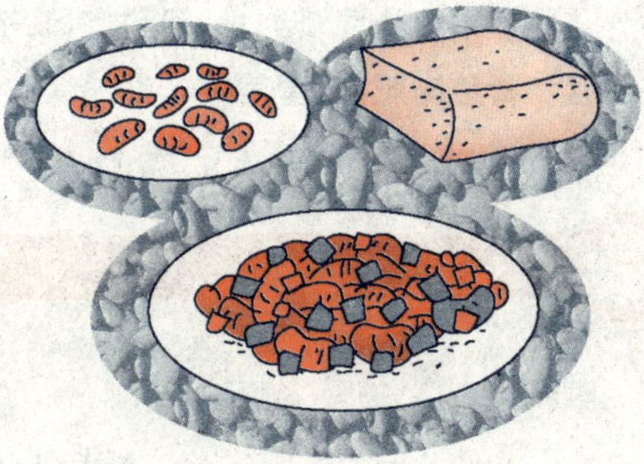

③锅烧热放少许油，和汤、酱油、盐烧开，勾芡浇在豆腐上，撒上少许香菜叶即成。

特点

此菜豆腐放虾丸蒸后，味道鲜美，清淡不腻，孕妇经常食用能增加蛋白质及各种营养素的摄入量。

三十七、碧绿扒鱼肚

原料

干鱼肚50克，菠菜150克，胡萝卜20克，生姜5克，花生油15克，盐8克，味精3克，白糖1克，蚝油2克，水淀粉适量，熟鸡油1克。

做法

①将干鱼肚用水泡透切片，菠菜洗净，胡萝卜去皮切片，生姜去皮切片。

②炒锅下少许油，放入菠菜，调入适量的盐、味精，炒熟摆入盘内。

③将另一炒锅下油，放入姜片、鱼肚、胡萝卜，炝炒片刻，调入剩下的盐、味精和白

糖、蚝油，注入少许鸡汤，煨一下，然后用水淀粉勾芡，淋入熟鸡油，浇在菠菜上即成。

特点

菠菜含有丰富的铁，且有补血功效。鱼肚含有丰富的蛋白质和维生素，有止血的功效，对孕妇贫血或牙龈出血等症有预防和治疗的作用。

三十八、西湖醋鱼

原料

青鱼一条 200 克，葱、姜末、白糖、醋、酱油、盐、水淀粉、香油、植物油等各适量。

做法

①将青鱼除去鳞和内脏，洗干净，在大脊椎部肉厚处切多刀，然后放在开水中煮汤熟即可盛出，放在鱼盘内。

②炒锅上火，放植物油烧热，煸炒葱、姜末，放入水、醋、少量白糖、盐、酱油，用水淀粉勾芡，浇在已煮好的鱼上，再淋上香油少许即成。

特点

此道菜鱼味清淡纯正，酸甜爽口，适合孕妇口味，经常食用可增加蛋白质的供给量。青鱼肉肥美，营养较丰富。

三十九、黄鱼羹

原料

黄鱼 1 条约 400 克，瘦猪肉 100 克，韭菜 20 克，鸡蛋 1 个，植物油、酱油、盐、淀粉、葱末、姜末、香油等各适量。

做法

①将黄鱼除去鳞、内脏、头、尾、骨头，用水洗净，放入盘内，上笼蒸 10 分钟取出，再除净小刺骨。

②将瘦猪肉洗净，切成丝；炒锅上火，放油烧热，放葱、姜末煸锅，放入肉丝煸炒，再放酱油、黄鱼肉下锅，加水一碗，煮开后加盐少量，用水淀粉勾芡，最后加打散的鸡蛋、韭菜炒拌，待鸡蛋熟后出锅即成。

特点

此鱼羹美味可口，营养丰富，清淡不腻，容易消化。

四十、芙蓉鱼片

原料

青鱼1条约400克，鸡蛋3个，豆苗、西红柿各50克，香油、葱末、姜汁、盐、水淀粉、鸡汤、植物油等各适量。

做法

①将青鱼除去鳞及内脏，洗净，去掉头尾及鱼骨，用刀背斩成鱼蓉放入碗中。

②在鱼蓉中加入盐和水搅拌均匀，放入一个蛋清；用筷子朝一个方向搅成厚糊，再放2个蛋清，朝一个方向拌成薄糊。

③炒锅洗净置旺火上烧热，用油滑锅后把油倒出，沿锅边淋入鱼蓉糊后端锅旋晃几下，使蓉四面摊开，摊成洁白厚形蛋皮。

④炒锅离火，用刀将蛋皮划成方片，随即加入冷油，使片浮起来，用手勺推几下，倒入漏勺沥去油，即为芙蓉片。

⑤将炒锅置旺火上，加入油烧热，加入葱末煸出香味，放入鸡汤，葱浮起即捞出，加入姜汁、豆苗、西红柿（洗净切片）烧开，放水淀粉勾薄芡，推入芙蓉片，加盐少量，用手勺轻推几下，使汁包上芙蓉片，再加香油即成。西红柿片、豆苗放在上面。

特点

此菜滑嫩味美，色泽鲜艳，是高蛋白食品。

四十一、鲫鱼含珠

原料

鲫鱼一条约400克，笋片25克，瘦猪肉100克，酱油、盐、白糖、植物油、葱末、姜末等各适量。

做法

①将鲫鱼先刮去鱼鳞，沿脊背剖开，然后挖出内脏、鱼鳃，洗干净，在鱼的两侧切上花刀。

②将猪肉剁成蓉放在容器中，加入酱油、少量白糖、盐，搅拌至起劲。

③将肉蓉从鱼脊背洞中塞入鲫鱼肚中，要塞均匀，不要集中在一起，以免成熟不匀，再用肉蓉封口，用勺蘸水抹平，使之光滑。

④炒锅上火，旺火上烧热，放油烧至八成热推入鲫鱼，晃动炒锅，将鱼两面都煎成金黄色，放入姜、葱炒出香味，再加入酱油、少量白糖、盐，再放水烧开，推入笋片，用小火加盖焖烧15分钟左右，待汁浓时，用漏勺轻轻把鲫鱼完整捞出，装在鱼盘中，将汤倒

在鱼上即可。

特点

此菜在鲫鱼肚内塞肉，使鱼味更加香浓鲜嫩。鱼卤汁不勾芡，主要用火烧成浓汁，操作虽比较复杂，但口味较好，能增加食欲，且营养丰富，孕妇应经常食用。

四十二、鸡蓉翡翠丸子

原料

鸡脯肉200克，西蓝花150克，鸡蛋1个，淀粉、鸡汤、盐各适量。

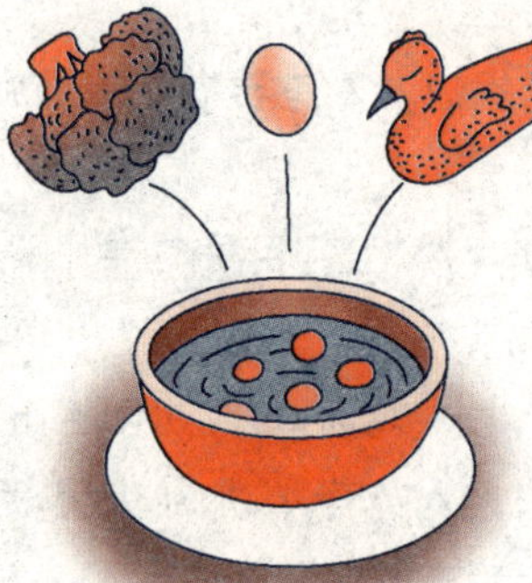

做法

①将鸡脯洗净剁成鸡蓉和蛋清拌匀，放盐、淀粉，在碗中再拌匀，挤成小丸子放在盘中（约15个）。

②将西蓝花择洗干净，分切成大小均匀的15小块，在开水中焯一下捞出沥水，分别嵌插在鸡蓉丸子上，上屉蒸约15分钟至熟取出。

③锅中放鸡汤，再加入盐，烧开，用水淀粉勾芡，用勺浇在西蓝花上即成。

特点

此菜造型新颖，清淡不腻，容易消化，营养丰富。

四十三、果汁鸡条

原料

鸡脯肉250克，鲜橙汁200克，鸡蛋1个，植物油、白糖、盐、淀粉等各适量。

做法

①将鸡脯肉洗净切成条，鸡蛋加淀粉、水调成蛋糊，把鸡条放入备用。

②油锅放油，烧至五成热，放入裹好鸡蛋糊的鸡条，炸至金黄色即捞出沥油。

③在锅内倒入橙汁，加少量白糖、盐调匀烧开，加水淀粉勾芡，再放入炸好的鸡条，翻炒使芡汁裹住鸡条即可出锅。

特点

此菜鸡条酥嫩，口味新鲜，虽是油炸，但外裹果汁，味美不腻，能增加食欲。鲜橙汁有酸味，孕妇食用能增加胃液分泌，帮助消化。

四十四、粉蒸鸡

原料

嫩鸡1只约500克，淀粉200克，甜面酱、四川豆瓣酱、白糖、红酱油、熟油、葱、姜等各适量。

做法

①将鸡洗净切成1寸大的块。

②将鸡块放入容器中，加入少量淀粉、葱姜末、酱油、甜面酱、四川豆瓣酱、白糖，拌透至粉包住鸡块，然后一块块排在碗中备用。

③把装有鸡块的碗放在屉上，水开后用旺火蒸10分钟左右，蒸至鸡熟烂，即可食用。

特点

此菜是川菜，口味鲜美，孕妇可根据自己的口味决定四川豆瓣酱少放或不放。豆瓣酱主要用来调剂口味，能使孕妇增加食欲。

四十五、芦笋炒瘦肉

原料

鲜芦笋100克，瘦肉85克，胡萝卜10克，生姜5克，花生油10克，盐6克，味精2克，白糖1克，水淀粉适量，熟鸡油2克。

做法

①将鲜芦笋去老皮切段，瘦肉切条，胡萝卜去皮切条，生姜去皮切丝。

②锅内加水烧开，下入鲜芦笋、胡萝卜，煮至七成熟时倒出待用。

③另烧锅下油，待油热时，放入姜丝、肉条，用中火炒至肉白，放入芦笋、胡萝卜，调入盐、味精、白糖炒至入味，然后用水淀粉勾芡，淋入熟鸡油即可出锅入盘。

特点

此菜富含蛋白质、脂肪、碳水化合物和多种氨基酸，营养丰富，对孕妇营养不良性低蛋白血症和妊娠中毒有很好的疗效。

四十六、白烧蹄筋

原料

水发猪蹄筋250克，火腿、油菜、葱段、姜丝、盐、黄酒、味精、鲜汤、植物油等各适量。

做法

①将蹄筋切成3厘米长的段，火腿切成片，油菜切成段；再将蹄筋和油菜分别放入沸水锅中烫透，捞出沥水。

②锅内放油烧热，放入葱、姜末爆香后除去；将蹄筋、火腿片放入锅内，加盐、黄酒、味精、鲜汤煮熟，放入油菜炒匀即成。

特点

此菜软烂滑黏，香味浓郁。含丰富的蛋白质、脂肪、碳水化合物，具有健脾益胃、养精增液、强筋健骨等功效。此汤具有养血安胎的作用。

四十七、炒鲜奶

原料

鲜牛奶250克，4个鸡蛋的蛋清，笋尖25克，马蹄15克，植物油100克，白糖15克，精盐3克，味精1克，葱白末20克，淀粉50克。

做法

①将笋尖、马蹄洗净，切成米粒状；蛋清打起泡后，加淀粉、牛奶，打成牛奶糊，放白糖、精盐、味精继续打匀。

②将炒锅置旺火上，放入植物油烧热，下笋尖、马蹄粒、葱白末煸炒出味，倒入调好的牛奶糊，用手勺推动，待起泡后即可起锅装盘。

特点

此菜色泽晶莹洁白，外脆里软，香甜可口，含有丰富的蛋白质、脂肪、碳水化合物、维生素A和钙、磷、铁等多种营养素，是孕妇补充蛋白质、钙质的良好来源。

四十八、糖醋鱼卷

原料

鳜鱼肉300克，葱白、姜、米醋、白糖、精盐、番茄汁、香油、酱油、桂花油、淀粉、蛋清、生油等各适量。

做法

①将调料放入锅内烧开，勾芡调成糖醋汁。

②将鱼肉切成薄片，加精盐、味精、蛋液腌至入味，卷入姜丝、葱段，沾上干淀粉。

③锅内加油烧至七成热，投入鱼卷，炸成浅黄色，捞出沥油，摆在盘内，浇上糖醋汁。

特点

色泽浅黄，鱼肉脆香，甜中带酸，爽口醒胃。

四十九、甘蔗牛肉丸

原料

牛肉500克，甘蔗汁半杯，菜叶数张，酒1匙，酱油2匙，色拉油1匙，淀粉1匙，油500克。

做法

①将牛肉洗净绞碎，生菜叶洗净垫在盘中备用。

②将牛肉末加色拉油及酱油调匀，顺同一方向搅和均匀，再加半杯甘蔗汁和淀粉，向同一方向搅拌成糊状。

③倒油500克在锅中烧至温热，起出1匙牛肉末做成一个牛肉丸，逐个放在锅中炸至微黄，捞起沥干油放在菜叶上即成。

特点

此菜甜而不腻，又嫩又香，含有丰富的蛋白质、脂肪、钙、磷、铁、尼克酸及维生素E等多种营养素，能补脾胃、益气血、除湿气、消水肿、强筋骨，怀孕妇女食用，有利于胎儿营养的补充。

五十、蛋皮炒菠菜

原料

菠菜300克，鸡蛋2个，花生油40克，精盐4克，味精1克，葱末3克，姜末2克。

做法

①将菠菜择洗干净，切成6厘米长的段。

②将鸡蛋磕入碗内，加精盐少许，用筷子搅匀。炒锅置小火上烧热，抹上少许花生油，倒入一半蛋液，摊成一张蛋皮，用同样的方法再将另一张蛋皮摊好，然后将两张蛋皮合在一起，切成约6厘米长、0.5厘米宽的丝备用。

③炒锅置旺火上，放入花生油烧热，下葱末、姜末炝锅，放菠菜，加精盐、味精，翻炒至熟，再放入蛋皮丝，用手勺拌匀，盛入盘内即成。

特点

此菜黄绿相映，咸鲜适口，含有丰富的优质蛋白、矿物质、维生素等多种营养素，孕妇常食可预防贫血症的发生。

五十一、鲜奶炖鸡

原料

鲜鸡半只（重约450克），红枣5~6粒，鲜奶约2杯（煮至微滚），姜2片，盐少许。

做法

①将鲜鸡剁好，洗净去皮，斩成大块，入水稍烫，捞出待用。

②将红枣浸软，去核洗净，待用。

③把鲜鸡、红枣及姜片一同放入炖盅内，注入鲜奶至八成满，用大火隔水炖约1.5~2小时，取出，加入调味料，即可趁热饮用。

特点

孕妇若常饮此汤，可强身健体。

五十二、桂花肉

原料

猪五花肉150克，鸡蛋2个，白糖15克，醋10克，酱油3克，精盐、椒盐、香油各1克，料酒6克，糯米粉5克，干淀粉2.5克，味精、葱末、姜末各2克，花生油500克（约耗40克），面粉少许，肉汤适量。

做法

①将猪五花肉切成0.7厘米厚的片，鸡蛋磕入碗内，加入精盐、味精、料酒、面粉、糯米粉调匀成糊，放入肉片，均匀挂糊。

②将白糖、醋、酱油、干淀粉放入小碗内，加肉汤调匀成味汁。

③炒锅上火，放入花生油，烧至六成热，下肉片炸至淡黄色、浮在油面时，捞出沥油。

④将炒锅置火上，注入底油，下葱末、姜末略炸，放入炸过的肉片，烹入余下的料酒，加椒盐、香油，炒匀即成桂花肉，盛入盘内，再将锅上火，放油少许，把调好的糖醋汁倒入，调成卤汁，盛入小碗内，供蘸食。

特点

此菜色泽金黄，甜酸适口，含有丰富的优质蛋白质、脂肪、碳水化合物和钙、磷、铁、

锌、维生素 A、维生素 B_1、维生素 B_2、维生素 D 等营养素。

五十三、奶汤鲫鱼

原料

鲫鱼 2 条(约 500 克),熟火腿 3 片,豆苗 15 克,笋片 15 克,熟猪油 50 克,精盐 3 克,味精 2 克,料酒 15 克,葱 2 段,姜 2 片,白汤适量。

做法

①将鲫鱼去鳞、鳃及内脏,洗净,用刀在鱼背两侧每隔 1 厘米剞人字形刀纹。

②将炒锅置旺火上,放入熟猪油 25 克、烧至七成热,下葱、姜炸出香味,放入鱼将两面略煎一下,烹入料酒稍焖,加白汤、熟猪油 25 克、盖盖煮 3 分钟左右,见汤汁白浓,转用中火煮 3 分钟,焖至鱼眼凸出,放入笋片、火腿片,加精盐、味精,转用旺火煮至汤浓呈乳白色,下豆苗略煮,去掉葱、姜,出锅装盘,将笋片、火腿片放在鱼上,豆苗放两边即成。

特点

此鱼汤味道鲜美,鱼肉香醇,含有丰富的蛋白质、脂肪、碳水化合物和钙、磷、铁、锌、尼克酸、维生素 C 等多种营养素,尤其含钙、磷含量较高,对胎儿骨质发育有较好的作用。

五十四、芙蓉鸡丝

原料

鸡脯肉 200 克,白菜心 75 克,胡萝卜 50 克,火腿 35 克,鸡蛋 3 个,熟猪油 60 克,精盐 6 克,味精 2 克,胡椒粉 1 克,水淀粉 15 克,鸡汤 35 克,猪肉皮一小块,熟花生油 500 克(约耗 40 克)。

做法

①将鸡脯肉切成丝,火腿、白菜心、胡萝卜分别切成 4 厘米长的细丝。

②将鸡肉丝放入碗内,加精盐、水淀粉、半个鸡蛋的蛋清,拌匀上浆,将 2 个鸡蛋的蛋清放另一个碗内,打至起泡备用。

③炒锅上火烧热,用猪肉皮抹锅,倒入鸡蛋清,转动炒锅摊成 2 张蛋皮,凉凉后切成 4 厘米长的细丝。

④将炒锅置旺火上，放入熟油，烧至三成热，下鸡丝，用筷子拨动，滑至呈乳白色，捞出沥油。待油烧至七成热，下蛋清丝稍炸，倒入漏勺沥油。

⑤炒锅内留油适量，烧热，放入火腿丝、白菜、胡萝卜丝炒熟，再放入鸡丝、蛋丝，加精盐拌炒。取小碗一个，将鸡汤、味精、胡椒粉、水淀粉调在一起，徐徐淋入锅内，待汁开，淋上少许熟猪油，翻炒几下，盛入盘内即成。

特点

此菜白中镶红，鸡肉滑嫩，蛋丝松软，味道鲜香，含有丰富的优质蛋白、钙、磷、铁、锌、胡萝卜素、维生素 C 等多种营养素。孕产妇经常食用，有利于胎儿发育和母体健康。

五十五、樱桃萝卜

原料

胡萝卜 300 克，鸡蛋 1 个，香油 5 克，白糖、面粉、水淀粉、酱油各 50 克，番茄酱 25 克，精盐 2 克，味精 1 克，醋 15 克，植物油 1 千克（约耗 100 克）。

做法

①将胡萝卜洗净，切成 1.3 厘米见方的丁，放入沸水锅内焯透，捞出用凉水泡凉，沥去水分放入碗内，加入鸡蛋液、水淀粉、面粉拌匀。

②将酱油、白糖、醋、番茄酱、精盐、味精、水淀粉和 50 克清水放入碗内，调成芡汁。

③炒锅上火，放入植物油，烧至七成热，放入胡萝卜丁，炸至表面酥脆呈金黄色时捞出沥油。

④炒锅留底油少许，倒入调好的汁炒浓，下胡萝卜丁，翻炒均匀，淋入香油，盛入盘内即成。

特点

此菜色泽红润，外酥里嫩，鲜香适口，含有丰富的胡萝卜素。胡萝卜素可促进胎儿生长发育，增强母体抵抗力。

五十六、炸豆腐炖萝卜海带

原料

豆腐 2 块，萝卜 250 克，水发海带 100 克，黄酱、酱油各 10 克，精盐 3 克，味精 2 克，

料酒、白糖各 5 克，葱花、鲜汤各适量，植物油 500 克（约耗 40 克）。

做法

①将萝卜去皮，切成 4 厘米长、1 厘米宽的块。海带泡开洗净，切成菱形片。把萝卜和海带分别放入沸水锅内焯透，再用凉水过凉。

②将豆腐切成菱角块，放入七成热的油锅内，炸至呈金黄色，捞出沥油。

③炒锅上火，放入海带块、萝卜块、豆腐块，加水、酱油、精盐、白糖、料酒，用慢火炖 30 分钟。

④将另一只炒锅置旺火上，放入底油，下葱花、黄酱、白糖和料酒煸炒，再加鲜汤，开锅后将汤汁倒入烧萝卜、海带、豆腐的锅内，待入味后，放味精，盛入汤盘内即成。

特点

此菜味美适口，营养充足，富含大豆蛋白质、脂肪、碳水化合物、维生素 C。海带中钙、铁、碘的含量尤为丰富，是防治贫血和钙、碘缺乏的良好食疗菜品。

五十七、香酥凤卷

原料

鸡腿 3 只，西蓝花 200 克，冬菇 2 只，胡萝卜 1/4 个，葱 2 棵，蛋黄 1 个，盐半匙，酒、淀粉各 1 匙，麻油、胡椒粉各少许。

芡汁料：盐、糖 1/4 匙，淀粉半匙，生抽 1 匙，麻油、胡椒粉各少许，清水 4 匙。

做法

①将鸡腿肉切成薄片，拍松，加入腌料拌匀，腌 15 分钟。

②冬菇浸软去蒂，加入少麻油蒸熟，切条。

③将胡萝卜去皮洗净，切成长条，葱切段。

④将西蓝花洗净切小朵，以油、盐、水烧熟，放于盘中央。

⑤铺平鸡肉，放入冬菇 1 朵，胡萝卜 1 根，葱 1 棵，卷成 1 卷，拌匀蛋黄及淀粉，涂匀鸡肉卷，放入热油内炸至金黄色取出，切成小块码在盘中，煮开芡汁淋上即成。

特点

鸡肉含有蛋白质、脂肪及磷质，营养丰富。香酥凤卷鲜嫩美味，而且外形漂亮，适合孕妇食用。

五十八、红枣北芪炖鲈鱼

原料

鲈鱼 1 条，北芪 25 克，红枣 4 粒，姜 2 片，酒 1 匙，开水 3 杯，盐适量。

做法

①将鱼除去鳞及内脏，洗净抹干。

②将北芪洗净，红枣去核洗净。

③将鱼、北芪、红枣、姜、酒同放入炖盅内，注入开水，隔水炖 3 小时，下盐调味即可趁热供食。

特点

北芪又名黄芪，具有补气增血的作用，能调整怀孕前后的健康状况。鲈鱼有滋补、安胎的功用。红枣北芪炖鲈鱼是治疗妊娠水肿及胎动不安的最佳食品。

五十九、豉椒贵妃蚌

原料

贵妃蚌 8 只，豆豉、红椒粒各半匙，蒜肉 4 粒，葱粒 1 匙，盐 1/4 匙，糖 1/4 匙，麻油、胡椒粉各少许。

做法

①用小刀除去贵妃蚌一边的壳，取出内脏，洗净沥干水分，码在盘中上。

②将蒜肉、豆豉剁碎，用一匙油慢火爆香，盛起，加入调味料及红椒粒拌匀，淋在贵妃蚌上，撒上葱粒，隔水蒸五分钟取出，倒出蒸汁，淋上少许滚油即可趁热食。

特点

贵妃蚌肉质鲜甜，含有丰富的蛋白质及钙，对孕妇及胎儿都很有帮助，而且蚌肉更有清热、解毒和止渴的功用。孕妇不适宜吃太辣的食物，因此辣椒只放少许或不放均可。

六十、贵妃牛腩

原料

牛腩 500 克，胡萝卜 250 克，姜 25 克，葱 2 棵，辣豆瓣酱、番茄酱、酒各 1 匙，甜面酱半匙，八角 1 粒，芫荽少许，盐 1/4 匙，糖 1 匙，生抽 3 匙，牛腩汤 2 杯。

做法

①将胡萝卜去皮洗净，切成块。

②牛腩洗净，放入开水中煮5分钟，取出冲净，再放入开水中煮20分钟，取出切成块，汤留用。

③烧热锅，下油2匙爆香姜片、葱段、豆瓣酱、番茄酱、甜面酱等，加入牛腩爆炒片刻，加酒，放入调味料及八角，烧开后改用慢火煮30分钟，加入胡萝卜煮至熟，用少许淀粉水勾芡，上盘时放上芫荽即成。

特点

肉类中，以牛肉的营养成分最高，能增强体力，补充元气。胡萝卜含有大量维生素A，能增强抵抗力及保持良好的视力，更是牙齿珐琅质、头发和指甲的生长所必需的营养素。

六十一、沙茶煎肉

原料

瘦肉1千克，沙茶酱3匙，酱油2匙，盐半匙，糖1匙，蒜末2匙。

做法

①将瘦肉切成半厘米厚的薄片，用沙茶酱、酱油、盐、糖、蒜末加少许清水调成汤汁腌约1小时。

②烧热锅，放少许油，用慢火将肉片煎熟即成。

特点

若以小黄瓜片或生菜垫底，色香味更佳。本菜富含蛋白质，且香鲜味浓，可增食欲，适合孕产妇食用。

六十二、墨鱼花生排骨汤

原料

花生50克，红枣5枚（去核），墨鱼1只（约200克），排骨200克，清水1千克，盐、味精各适量。

做法

①将墨鱼撕去外衣及内脏，洗净，放入水煲内煮5分钟，取出洗净；花生、红枣洗净。

②全部材料放入汤煲内，加入清水1千克，用文火煮2小时，用盐、味精调味即成。

特点

这款菜，醒胃可口，骨香浓滑，可润肤养颜，增加

蛋白质。

六十三、白瓜松子肉丁

原料

白瓜1个，瘦肉180克，松子1.5匙，蒜蓉1匙，生抽1匙，糖、淀粉各适量。

做法

将白瓜去皮及瓤，洗净切成小粒；瘦肉切小粒加调味料，略腌；松子以清洁湿布抹过备用。烧热锅，下油，炒熟白瓜盛起；再烧热锅，下油，爆香蒜蓉，下瘦肉粒，炒香至熟，白瓜粒再回锅，下松子兜匀，便可出锅食用。

特点

白瓜含蛋白纤维素和维生素，可帮助消化；松子含蛋白质、脂肪、铁等矿物质，有健脑通便功效。食用本品可润肺、正气、助消化及帮助胎儿大脑健康发育。

六十四、姜米拌莲藕

原料

中段莲藕400克，醋40克，精盐4克，香油10克，姜末1克。

做法

①将莲藕洗净，用刀切去藕节，刮净外皮，切成铜钱厚的圆片，用凉水淘一下，放入开水锅内略焯，捞出备用。

②将莲藕片放入盘内，加入精盐、姜末米、醋、香油，拌匀即成。

特点

此菜脆嫩爽口，含有丰富的碳水化合物、钙、磷、铁、维生素C等多种营养素。生藕味甘、性寒，有凉血散淤、止渴除烦等功效。熟藕性温，能安神、养胃、滋阴。此菜适宜孕产妇食用。

六十五、苋菜牛肉豆腐羹

原料

苋菜200克，豆腐1块，牛肉100克，清汤3杯；生抽1匙，淀粉1.5匙，清水1匙，胡椒粉、麻油各少许配成腌料；盐1匙，糖1/2匙，胡椒粉、麻油各少许配成调味料；生粉3匙、清水4匙调成芡。

做法

①将豆腐洗净切成小粒，苋菜洗净，切成小粒。

②将牛肉与腌料同拌匀，腌约 15 分钟。

③清汤内放少许油煮滚，将苋菜、豆腐、牛肉同放入拌匀，加入调味料煮熟，用淀粉勾芡即可。

特点

苋菜是夏日常见的蔬菜，配合牛肉或鱼肉做成的苋菜羹简单而有营养。在秋冬的季节可用菠菜代替。苋菜含丰富的铁、钙及维生素 A、维生素 B_1、维生素 B_2 和维生素 C，牛肉则含丰富的蛋白质、脂肪、钙和维生素 E 等。怀孕妇女食用此菜品可补充胎儿所需蛋白质、铁质、钙等营养素。

六十六、炒连壳螃蟹

原料

活螃蟹 5 只（约重 300 克），花生油 100 克，香油 10 克，酱油、醋各 25 克，精盐 2 克，味精 1 克，料酒 20 克，淀粉 5 克，姜 10 克，花椒数粒。

做法

①将螃蟹洗净，把蟹腿掰下，去爪尖，留中间，去掉钳子上的蓉毛，用刀剖开。蟹壳先直刀切开，再顺着切成 4 块，壳面向下码入盘内。

②姜切细末，花椒拍碎，同放碗内，加酱油、精盐、味精、料酒、醋、水淀粉调匀。

③炒锅上火，放入花生油烧热，放入切好的蟹块、蟹腿，煎至两面呈金黄色、熟透，倒入调好的味汁稍烹，要勤翻动，以使鲜味均匀，最后淋上香油即成。

特点

此菜色泽金黄，味道鲜美，含有丰富的锌、维生素 A 以及蛋白质、脂肪、钙、磷、铁等多种营养素，是妊娠期补充锌的良好来源。

六十七、锦绣里脊丝

原料

羊里脊肉 250 克，水发香菇、水发金针菜、胡萝卜各 30 克，蒜苗 50 克，干粉丝 15 克，植物油 50 克，香油、精盐、白糖各 5 克，料酒 7 克，酱油、淀粉各 10 克，生姜 3 片。

做法

①将里脊肉切成细丝，加料酒、精盐腌渍片刻，拌入 5 克水淀粉；将水发香菇、胡萝

卜分别切成细丝。水发金针菜、蒜苗切成3厘米长的段，姜切丝。

②炒锅上火，放入植物油，烧至五成热，下剪成3厘米长的干粉丝，炸至胀发、松脆捞起，垫于盘底。

③原锅置火上，放油烧热，下姜丝炸香，投入羊肉丝滑熟捞起。原锅留余油上火，下蒜苗段、香菇丝、金针菜、胡萝卜丝翻炒至熟，放酱油、精盐、白糖调味，加少许水烧沸，下羊肉丝炒香，用水淀粉勾芡，淋香油，盛在炸粉丝上即成。

特点

此菜色泽美观，肉质鲜嫩，口味丰富，含有优质动物蛋白，是钙、磷、铁、锌等矿物质和B族维生素、尼克酸及维生素C的良好来源。

六十八、清汤鸡

原料

熟白切鸡、净冬瓜各250克，鸡汤500克，酱油、料酒、葱各10克，味精、姜各5克，精盐适量。

做法

①将熟白切鸡去皮，切成象眼块。把鸡肉皮朝下，整齐地码入盘内，加入鸡汤、酱油、精盐、味精、料酒、葱段、姜片，上笼蒸透，取出拣去葱、姜，把汤汁滗入碗内待用。

②冬瓜洗净切块，放入沸水锅内焯一下，捞出码入盘内的鸡块上，将盘内的冬瓜块、鸡肉块一起扣入汤盆内。

③炒锅上火，倒入碗内的汤汁，烧开后撇去浮沫，盛入汤盆内即成。

特点

此菜鸡肉软烂，汤鲜味浓，爽口不腻，含有丰富的蛋白质、钙、磷、铁、锌和维生素C、维生素E等多种营养素，有益气养血、滋养五脏、生精添髓等功效，孕妇常食此菜，可有效防治营养缺乏。

六十九、枣泥鳜鱼

原料

鳜鱼 1 条，枣泥 50 克，白糖、玫瑰花酱、醋、红葡萄酒、盐、面粉、蛋清、花生油等各适量。

做法

①将鳜鱼洗净，斩断头尾，从中间片开，中段片去皮骨，切成 5 厘米的方片，加入料酒、盐，入味，随即将一侧粘满淀粉，抹上枣泥，卷成卷。将蛋清加淀粉、猪油搅成糊。

②锅内倒入油用中火将油烧至四成热，将鱼卷挂糊入油中炸至金黄色，将头尾亦炸成金黄色，捞出装盘，摆成鱼形。

③起油锅加调料调成味汁，淋在鱼卷上即可。

特点

此菜色泽金黄，外酥里嫩。枣泥含碳水化合物、蛋白质、脂肪以及钙、磷、铁等营养素，特别适合怀孕妇女食用。

第三节　孕晚期食谱

一、麻酱白菜

原料

大白菜心 300 克，山楂、芝麻酱各 100 克，白糖适量。

做法

①将大白菜心切成细丝，放入盆内。

②将山楂洗净，去核，切成薄片，也放入盆内。

③将芝麻酱用凉开水澥开，倒在白菜上，加入白菜，拌匀，盛入盘中即可。

特点

此菜香甜脆爽，含有丰富的蛋白质、必需脂肪酸、膳食纤维、钙、磷、铁、维生素 C、烟酸等多种营养物质。

二、拌菠菜

原料

菠菜500克，花生米50克，精盐、醋、白糖、香油等各适量。

做法

①将菠菜择去黄叶，削去根，洗净，放入沸水锅内烫一下，捞出，沥去水分，然后捋齐，切成2厘米长的段放在盘内，趁热加入精盐、白糖和醋，拌匀。

②将花生米放入锅内炒熟，搓去红衣，放在案板上，用面棍压碎，放入菠菜中，淋入香油，拌匀即成。

特点

菠菜含有丰富的蛋白质、必需脂肪酸、烟酸、多种维生素、矿物质和叶绿素。

三、红枣花生炖猪蹄

原料

大红枣、花生各15克，鲜猪蹄2只，生姜10克，清汤适量，盐8克，味精2克，绍酒2克，胡椒粉少许。

做法

①将大红枣、花生都泡洗干净，猪蹄去净毛斩成块，生姜去皮切片。

②锅内加水烧开，投入猪蹄，用中火煮去其中血水，冲洗干净待用。

③在煲内放入猪蹄、生姜、大红枣、花生米，注入清汤、绍酒置于火上，用中火炖约40分钟至汤汁白，调入盐、味精、胡椒粉，再炖5分钟即可食用。

特点

此菜含多种营养物质，且能养血补脾，对贫血、血小板减少的孕妇有较好的食疗作用。

四、蜜汁甜藕

原料

藕750克，糯米150克，蜜莲子25克，蜂蜜50克，白糖200克，水淀粉15克，蜜桂花5克。

做法

①将藕洗净，切去一端藕节，将糯米用清水漂洗干净，浸泡2个小时，捞起灌入藕孔内，将藕切开剖开，切成0.7厘米厚的块，整齐摆入碗中，加入白糖125克，再放入

笼屉。

②上火蒸30分钟，取出，切片。

③将炒锅置火上，放清水50克，白糖75克，蜂蜜、蜜桂花、蜜莲子烧沸，用水淀粉勾芡，起锅浇在藕块上即可。

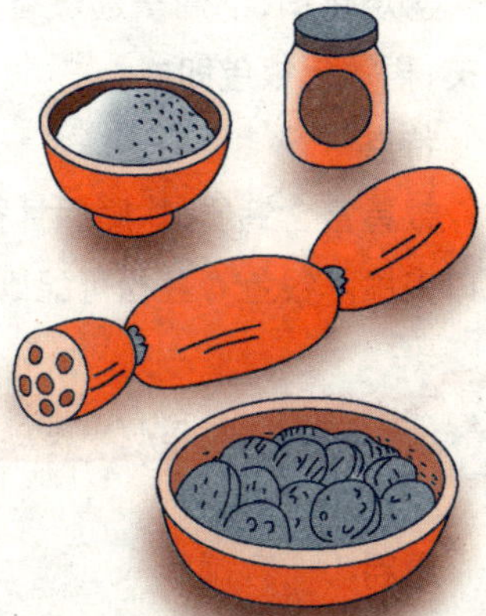

特点

糯米含有蛋白质、脂肪、钙、糖类、磷、铁、维生素及纤维素等成分，能增进胃肠蠕动。藕含有丰富的蛋白质、维生素、天门冬素等，营养价值很高。

五、紫菜卷

原料

河鳗750克，紫菜5张，鸡蛋3个，小葱5根，姜末、黄酒、盐、味精、淀粉、麻油等各适量。

做法

①将河鳗洗净，用刀沿脊背剖开，剔去背骨、皮、筋、刺，用刀斩成细泥，放入碗内，加姜末、黄酒、精盐、味精、鸡蛋清（1只）、冷水100克，用力搅拌，拌上劲后，再拌以淀粉、麻油，即成鱼泥。

②将鸡蛋磕入碗内，加淀粉、盐，用筷子打匀，在锅内分别摊成5张蛋皮待用。

③在台板上摊开一张紫菜，覆上一层蛋皮，再抹上一层鱼泥，中间放入一根小葱，顺次卷拢。依此方法，做成5条，放入蒸笼，用旺火蒸10分钟，取出冷却后，切成斜刀块即成。

特点

富含多种维生素及蛋白质。

六、银鱼青豆松

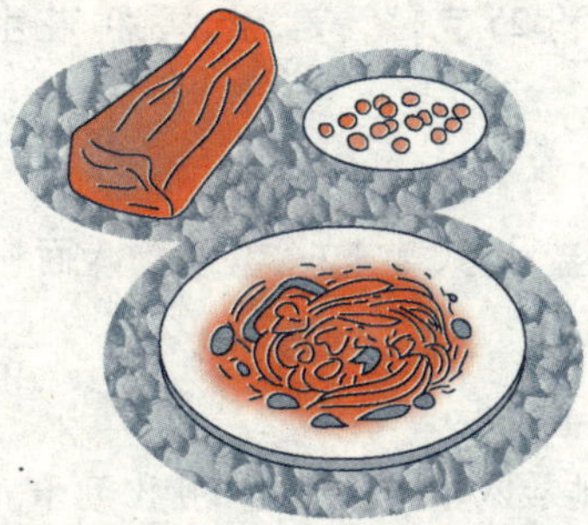

原料

银鱼干50克，青豆、瘦肉各200克，胡萝卜粒2匙，酒2匙，姜粒半匙，生抽、淀粉各半匙，盐、糖各3/4匙，油2匙，麻油、胡椒粉各少许，清水2匙。

做法

①将银鱼洗净，用清水浸20分钟，沥干水分，放入油中炸脆。

②将青豆洗净切粒。

③瘦肉切细粒，加入辅料拌匀。

④烧热锅，下油一匙爆香姜粒，放入青豆、胡萝卜炒熟，加入瘦肉，加酒，用水淀粉勾芡，再放上银鱼即成。

特点

银鱼富含钙质，炸脆后甘香松软。青豆角富含维生素 B、维生素 C 及植物蛋白质，入口爽脆。银鱼青豆松可配以粥、饭同吃，是很好的佐膳佳肴。

七、鸡肉卤饭

原料

大米饭 250 克，鸡肉 100 克，青豌豆 50 克，蛋清 1 个，香菇 25 克，冬笋 50 克，植物油、水淀粉、酱油、盐、葱、肉汤等各适量。

做法

①香菇用热水泡发洗净，切成小丁；葱洗净切成末；冬笋去壳，洗净切成小丁；豌豆去皮。

②将鸡肉洗净，切成小丁放入碗内，加水淀粉和鸡蛋清，拌匀上浆。

③炒锅上火，放油烧热，放入浆好的鸡丁，炒熟盛出。

④随即将葱末放入锅内，炒出香味，下冬笋丁、香菇丁、青豌豆和盐，炒几分钟，倒入大米饭翻炒几下，再倒入炒好的鸡丁和酱油，炒透盛入盘内。

⑤炒锅放火上，放入适量肉汤和盐，烧开后用水淀粉勾芡，浇在炒好的饭上即成。

特点

此卤饭口味鲜香润软，色泽鲜嫩，能增加食欲。有粮有菜，搭配适宜。

八、锅溻豆腐

原料

豆腐 500 克，鸡蛋 1 个，虾仁 25 克，青蒜 10 克，面粉 25 克，葱、姜、盐、香油、花生油、鸡汤等各适量。

做法

①将豆腐用清水洗净沥干，切成方块放入盘中，加盐和葱、姜末拌匀，再加入面粉粘匀。

②将鸡蛋打散后，倒在豆腐盘中，每块豆腐都粘匀鸡蛋液。

③炒锅上火，放油烧至八成热时，将豆腐一块一块地放入，炸成金黄色，捞出沥干。

④将油锅的油倒出，加入鸡汤、盐、虾仁煮开后，将豆腐放入，用小火煮 10 分钟，至汤汁收浓放入青蒜，淋入香油即成。

特点

此菜颜色美观，口味鲜美，营养丰富。孕妇应经常食用豆制品。

九、天麻塘葛煲生鱼

原料

天麻 5 克，生鱼 300 克，塘葛菜 250 克，生姜 10 克，枸杞 3 克，花生油、盐各 10 克，味精 2 克，胡椒少许，绍酒 3 克。

做法

①将生鱼洗净砍成块，塘葛菜洗净，生姜去皮切片，枸杞子泡洗干净。

②烧锅下油，待油热时，投入生鱼块，用中火煎至两面金黄，倒入瓦煲内。

③瓦煲内注入清汤、绍酒、生姜、天麻、塘葛菜、枸杞，用中火煲至汤汁白（约 30 分钟），调入盐、味精、胡椒粉，再煲 5 分钟即可食用。

特点

天麻性和味甘，可息风定惊，对孕妇因风热引起的头风有一定疗效，且对身体肥胖的孕妇有减肥的功效。

十、火腿鳝鱼汤

原料

活鳝鱼 250 克，净青鱼肉 100 克，熟火腿丝 15 克，熟鸡脯肉丝 15 克，木耳丝 10 克，蛋清 1 个，葱姜汁、盐、淀粉、熟油等各适量。

做法

①宰杀鳝鱼，剖腹去内脏，剔去骨、皮，放入清水中漂洗干净，将鳝鱼肉和青鱼肉分别剁成蓉，再分别放入碗中，加入葱姜汁、盐、鸡蛋清、淀粉拌匀，再将两种蓉混合在一起待用。

②将熟火腿丝、熟鸡脯肉丝、木耳丝、蛋皮丝、绿叶菜丝混合在一起，放入盘中铺开，用手将鱼蓉挤成小丸子放入盘中，滚上各种丝。

③取一只大盘，抹上熟油，将滚好的鱼球逐个放入大盘中，上笼蒸熟，取出放入大汤碗中。

④锅中放蒸鱼球的清汤，再加少量水烧开，加入盐，倒入汤碗中即成。

特点

此汤五彩鲜艳，汁清味美，滑嫩可口。鳝鱼营养丰富，味道鲜美，孕期可调剂食用。

十一、酱排骨

原料

猪排骨 1 千克，酱油、大茴香、葱、姜、蒜、精盐、白糖等各适量。

做法

①将猪排骨剁成 5 厘米长的段，先用开水烫一下，再用清水洗净。

②将葱洗净，切成段。把姜洗净，切成片。将蒜剥去外皮，洗净。

③锅内加水，置于火上，将排骨、酱油、大茴香、葱段、姜片、蒜瓣、精盐、白糖放入，烧开，撇去浮沫，改用小火，煮至肉离骨时捞出，控净汤，摆盘上桌即可。

特点

此菜香美可口，含有丰富的动物性蛋白质、脂肪、钙、铁等多种营养素。

十二、栗子烧白菜

原料

嫩白菜 500 克，去皮熟栗子 50 克，笋片 25 克，水发木耳 10 克，淀粉 5 克，花生油、白糖、精盐、绍酒、味精、高汤等各适量。

做法

①将白菜用刀轻拍几下，切成 3 厘米的正方块，栗子切成块。

②将笋片洗净，把木耳洗净，撕成小片。

③锅置火上，倒入花生油，油热时将白菜下入炸软捞出，控净油，放入汤锅内浸一下，除去浮油。

④将净锅置于火上，添入高汤，将白菜、栗子、笋片、木耳、白糖、精盐、绍酒放入锅内，烧至汁浓菜烂，用水淀粉勾芡，加入味精，翻匀装入盘内即成。

特点

此菜汁浓适口，含有较多的维生素 B_1、维生素 B_2、维生素 C、粗纤维、蛋白质、多种矿物质及糖类。

十三、水晶肘子

原料

猪肘子1个，猪肉皮150克，精盐、绍酒、大茴香、花椒、葱段、姜块等各适量。

做法

①把猪肘子用温水泡30分钟，用刀刮净皮上的毛和油泥，洗净，剔去骨头，放入开水中煮至七成熟取出。

②将肉皮用刀刮净皮面油泥，洗净，放入开水中烫一下捞出，再洗净，切成长条。

③将葱白切成段，把姜切成块，用刀拍一下。

④将肘子皮朝下码在大碗内，加入葱段、姜块、大茴香、花椒、精盐、绍酒，添汤，放入笼屉内蒸烂出锅。

⑤将肘子捞入另一大碗内，把汤内的葱、姜、肉皮、大茴香、花椒去掉，用三层纱布滤去杂质，倒在肘子碗内，放凉。吃时把肘子切成0.5厘米厚的片，码在盘内即成。

特点

此菜鲜香凉爽，滋味鲜美，肉烂不腻。不仅含有优质动物蛋白质、脂肪，而且也是铁、磷、B族维生素、烟酸和胶质蛋白的良好来源。

十四、盐水大虾

原料

对虾300克，精盐、花椒、大茴香、葱、姜等各适量。

做法

①将对虾去头、须、腿、爪，剥去外皮，择去脊背上的沙线，冲洗干净。

②将葱洗净，切成段，把姜洗净，切成片。

③锅置火上，倒入水，放入虾、精盐、花椒、大茴香、葱段、姜片，烧开，改用小火，煮至虾熟，离火，放凉后捞出，斜切成片，按原形码放入盘中。

特点

此菜外形美观，鲜嫩适口，含有丰富的优质蛋白、维生素A、烟酸及多种矿物质。

十五、泡椒炒鳝

原料

黄鳝150克，泡椒50克，芹菜10克，生姜5克，花生油12克，盐3克，味精2克，绍酒 2 克，胡椒粉少许，水淀粉适量，麻油 1 克，老抽 3 克。

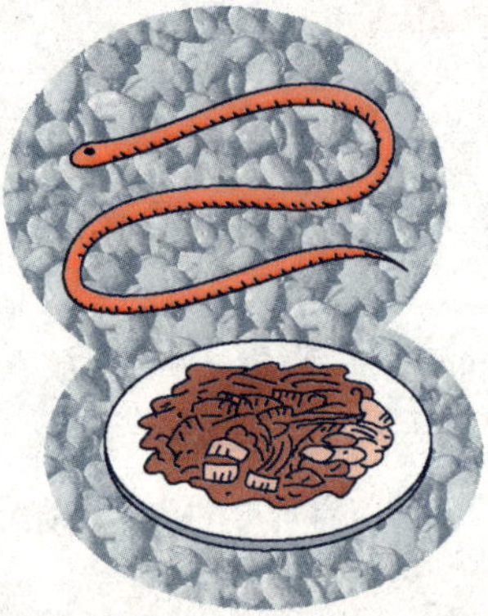

做法

①将黄鳝切片，泡椒切粒，芹菜洗净切粒，生姜去皮切粒。

②烧锅下油，待油热时，放入姜、黄鳝、氽入绍酒，调入盐、老抽，用大火爆炒片刻。

③放入泡椒、芹菜，调入味精、胡椒粉炒透，用水淀粉勾芡，淋入麻油即可。

特点

鳝鱼富含蛋白质、脂肪、碳水化合物，对产前孕妇体虚乏力、下痢脓血有极好的疗效。

十六、炝肚丝

原料

熟猪肚 200 克，胡萝卜、香菜、水发冬菇各 10 克，精盐、味精、花椒油、姜各适量。

做法

①将猪肚切成丝。

②将胡萝卜、水发冬菇洗净，切成丝，把香菜洗净，切成 2 厘米长的段。

③将姜洗净，用刀拍散，切成末。

④将肚丝、胡萝卜丝、冬菇丝、香菜段放入沸水锅中烫一下，捞出，控净水，放入大碗内，加上姜末、精盐、味精、花椒油拌匀，装盘即成。

特点

此菜清淡鲜香，含有蛋白质、脂肪、多种无机盐和维生素。

十七、核桃明珠

原料

去衣核桃肉 150 克，中虾 400 克，芦笋粒 3 匙，胡萝卜粒 2 匙，蒜蓉半匙，酒 1 匙，盐、糖、淀粉各 1/4 匙，蛋白、油各 1 匙，麻油、胡椒粉各少许；蚝油 1 匙，淀粉半匙，盐、糖 1/4 匙，麻油数滴，清水 2 匙。

做法

①将核桃肉放入开水中煮 3 分钟，取出沥干，放入暖油中炸至微黄色盛起。

②虾去壳、肠，用盐擦洗干净，冲水沥干水分，加入辅料拌匀。

③烧热锅，下油爆香蒜蓉，加入芦笋、胡萝卜略炒，放入虾，加酒，下芡汁料及核桃肉，兜匀上盘即成。

特点

核桃是滋养食品，有补血的功效，常吃能使皮肤光滑。虾含有大量蛋白质，可算是养生佳品，配合含丰富纤维素的芦笋，最适宜在怀孕后期食用。

十八、西芹鸡柳

原料

西芹、鸡肉各300克，胡萝卜、姜各数片，蒜肉（切片）2粒，酒1匙。盐1/4匙，蛋白半只，淀粉1匙，麻油、胡椒粉各少许，油1匙，盐、糖1/4匙，生抽1匙，淀粉半匙，麻油、胡椒粉各少许，清水2匙。

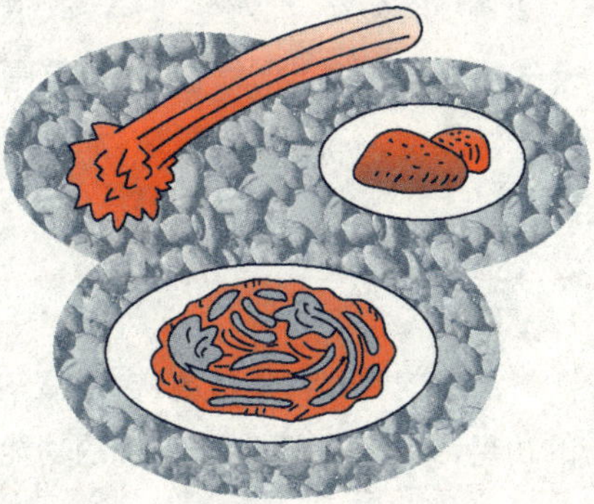

做法

①将鸡肉切条，加入辅料拌匀，腌15分钟，泡入油内待用。

②西芹去筋切条，以油、盐略炒盛起。

③烧热锅，下油爆香姜片、蒜片、胡萝卜，加入鸡柳，加酒，放入西芹及芡汁料兜匀上盘即成。

特点

怀孕后期常有便秘现象，应大量摄取纤维素含量丰富的蔬菜，如西芹、芦笋，此菜对黄疸病和高血压有辅助治疗作用。

十九、荷包鲫鱼

原料

鲫鱼350克，精肉200克，油100克，葱、姜、酱油、料酒、糖、味精等各少许。

做法

①将鲫鱼从背脊切开，挖去内脏，洗净，在鱼身上划几刀。

②将精肉切成细末，加盐、味精拌匀，塞入鲫鱼背上刀口处。

③片刻后将鱼下油锅，两面煎熟，放入料酒、酱即可。

特点

此菜味道鲜美，含有丰富的不饱和脂肪酸和蛋白质。

二十、红烧海参

原料

水发好海参500克，瘦肉200克，白菜300克，姜2片，葱2棵，胡萝卜数片，生抽、淀粉各半匙，上汤1杯，盐、糖各半匙，麻油、胡椒粉各少许。

做法

①将海参放入姜、葱、开水内煮5分钟，除去内脏洗净，沥干切块。

②将瘦肉切丝，加入生抽、淀粉、油拌匀，待用。

③将白菜洗净，以油、盐、水灼熟围于盘边。

④烧热锅，下油爆香姜、葱，加入煨料及海参煮至海参软烂，放入瘦肉、用水淀粉勾芡即成。

特点

海参的营养价值极高，含丰富的蛋白质、钙和钠，是滋补食品，具有补血调经的功用，更有安胎及利于分娩的功能，最适宜在怀孕后期食用。

二十一、白雪映菜花

原料

菜花150克，鸡蛋3个，胡萝卜10克，青椒1只，花生油、盐各8克，味精、白糖各2克，熟鸡油1克。

做法

①将菜花切成小块，鸡蛋去黄留白，胡萝卜去皮切成菱形小片，青椒切成菱形小片。

②锅内加水，待水开时，加盐少许，下菜花煮至熟透，捞起盛入盘内。

③另烧锅下油，锅不能太热，把鸡蛋白调入盐、味精、白糖、胡萝卜、青椒打散，轻轻倒入锅内，用小火炒至洁白鲜嫩，淋鸡油铲起，放在菜花上即成。

特点

菜花含碳水化合物、蛋白质及多种维生素，对孕妇有补益作用。

二十二、炒猴头蘑片

原料

水发猴头蘑300克，火腿、菜花、水发口蘑、油菜心各25克，水淀粉5克，花生油、精盐、酱油、绍酒、味精、葱丝、姜丝、清汤等各适量。

做法

①将猴头蘑顺毛从中间剖开，然后片成4厘米长、2厘米宽、0.3厘米厚的片（每片均带毛），放入沸水内烫一下捞出，控净水。

②将口蘑每个片成两片，菜花去梗，掰成小块，油菜心切成3厘米长的段，均用沸水烫一下。火腿切成长3厘米、宽2厘米、厚0.2厘米的片。

③锅置火上，加入花生油，烧热，放入葱、姜丝炸出香味，随即放入清汤，捞出葱姜不用，开锅后加入猴头蘑、口蘑、菜花、油菜心、精盐、酱油、绍酒煸炒均匀，待汤汁不多时，用水淀粉勾芡，撒上火腿片，加入味精，颠翻均匀，盛入盘中即可。

特点

此菜色彩鲜艳，清香爽口，钙、磷、铁、维生素 B_2 及烟酸含量极为丰富。此外，还含有蛋白质、脂肪、膳食纤维及糖类。

二十三、枝竹小肚汤

原料

枝竹100克，猪小肚4个，红枣4枚，盐适量。

做法

①将枝竹洗净，浸软切段，红枣洗净，去核。

②猪小肚切去油脂，用粗盐擦洗干净，放入开水中煮2分钟盛起。

③烧开适量水，放入猪小肚煮30分钟，加入枝竹、红枣煮1个半小时，下盐即成。

特点

怀孕至第9个月，胎儿的各个器官已经发育完全，位置也下移到妈妈的下腹，准备出世，这时期不妨多饮用枝竹小肚汤，有助分娩顺利。

二十四、营养牛骨汤

原料

牛骨1千克，胡萝卜500克，西红柿、椰菜各200克，洋葱1个，黑胡椒5粒，盐适量。

做法

①将牛骨斩成大块，洗净，放入开水中煮5分钟，取出冲净。

②胡萝卜去皮切成大块，西红柿切成块，椰菜切大块，洋葱去衣切块。

③烧热锅，下油，用慢火炒香洋葱，注入适量水煮开，加入各原料煮3小时，下盐调味即成。

特点

牛骨含有丰富的钙质，对孕妇及胎儿都很有益，怀孕后期是胎儿骨骼形成的时候，特别需要钙质，因此应常饮用牛骨汤。

二十五、碧绿青衣片

原料

小白菜、青衣鱼肉各400克，胡萝卜数片，蒜蓉半匙，酒2匙，姜2片，蛋白、油各1匙，淀粉1匙，姜汁、盐各半匙，麻油、胡椒粉各少许。

做法

①将小白菜洗净，切开两边，以姜片、油及盐炒至八成熟，盛起沥干。

②将鱼肉洗净抹干，对着直纹切厚片，加入辅料拌匀腌20分钟，泡入油中。

③烧热锅，下油爆香蒜蓉、胡萝卜花，将鱼肉入锅，加酒，加入小白菜，用水淀粉勾芡即可。

特点

怀孕后期，由于子宫逐渐扩大而压迫到直肠，造成肠管蠕动减慢，以致产生便秘现象。碧绿青衣片营养丰富，而且小白菜含有丰富的纤维素，能帮助消化。

二十六、鱼肉馄饨

原料

净鱼肉125克，猪肉馅75克，绿叶菜50克，绍酒、葱花各5克，干淀粉50克，味精0.5克，精盐1克，熟鸡油5克。

做法

①将鱼肉剁成蓉，加精盐0.5克拌和，做成18个鱼丸；砧板上放干淀粉，把鱼丸放

在干淀粉里逐个滚动，使鱼丸渗入干淀粉后有黏性，并用擀面杖做成直径 7 厘米左右的薄片，即成鱼肉馄饨皮。

②将猪肉馅做成 18 个馅心，用鱼肉馄饨皮卷好捏牢。

③旺火烧锅，放入清水 1 千克烧沸，下馄饨，用筷子轻搅，以免黏结。用小火烧到馄饨浮上水面 5 分钟左右，即可捞出。

④在汤中加精盐和绍酒，烧沸后放入绿叶菜（韭菜、香菜均可），放入味精，倒入盛有馄饨的碗中，撒葱花，淋鸡油即可食用。

特点

皮白肉红，质地滑嫩，鲜香可口，营养丰富。

二十七、青蒜炒猪肝

原料

蒜苗 80 克，红椒 1 只，鲜猪肝 15 克，生姜 5 克，花生油 10 克，盐 6 克，味精 2 克，胡椒粉少许，水淀粉适量，麻油 1 克。

做法

①将蒜苗洗净，切段，红椒切条，鲜猪肝切片，生姜切小片。

②烧锅下油，待油热时，投入猪肝，撒上胡椒粉，用大火炒至快熟时，铲起。

③另烧锅下油，放入姜丝、蒜苗、红椒条，炝炒至八成熟时，加入猪肝，调入盐、味精炒熟，用水淀粉勾芡，淋入麻油，出锅即成。

特点

此菜滑嫩，营养丰富，含铁量高、可以充分补充临产孕妇对维生素 K 的需要。

二十八、什锦炒饭

原料

米饭 150 克，虾仁 5 克，水发海参、熟白肉各 10 克，熟鸡肉、火腿、冬笋各 5 克，豌豆 10 克，精盐、花生油各适量。

做法

①将虾仁、海参、白肉、鸡肉、火腿、冬笋均切成小丁。

②炒勺内放入花生油，加入精盐，烧热后将各种辅料放入，煸炒片刻，倒入米饭，反

复煸炒至米饭松散，有香味时，盛入碗内即成。

特点

色泽美观，米饭香醇。含有丰富的蛋白质、碳水化合物、多种维生素和矿物质。

二十九、阳春面

原料

鸡蛋面条 100 克，鸡蛋 1 个，蒜苗 3 棵，精盐、味精、香油、高汤、花生油等各适量。

做法

①将鸡蛋磕入碗内，用筷子打匀。把炒勺置于火上，放入花生油烧热，倒入蛋液摊成蛋皮，取出切成细丝。蒜苗洗净，切成 3 厘米长的段。

②锅中加水烧开，下鸡蛋面条煮熟，捞出盛在碗内，撒上蛋皮丝、蒜苗段。

③将高汤倒入炒勺中烧开，撇去浮沫，用精盐、香油、味精调味，浇在面条上即可。

特点

汤清味鲜，清淡爽口。含有蛋白质、脂肪、碳水化合物，还能提供人体必需的 B 族维生素和部分矿物质。

三十、豆沙包

原料

面粉 1 千克，赤豆 600 克，鲜酵母 40 克，桂花酱 5 克，白糖、熟猪油、香油各适量。

做法

①将赤豆淘洗干净，放入锅中，加入清水，用大火烧开后，改用小火煮至极烂，捞出凉凉，做成豆沙。把豆沙装在布袋内，挤去水分。

②锅中放猪油 250 克烧热，加白糖 600 克熬化，倒入豆沙和清水 25 克搅匀，用小火熬透，边熬边炒，待水分收干、有黏性时，放入桂花酱、香油搅匀，盛出凉凉即成豆沙馅。

③将面粉中加入鲜酵母和清水和成面团，盖上湿布。待面发起，揉匀搓成条，揪成面剂，逐个按扁，包入豆沙馅，上笼用旺火蒸约 15 分钟即成。

特点

质地绵软，香甜细腻，能提供人体必需的蛋白质和碳水化合物。还含有较多的 B 族维生素和矿物质。面粉蛋白和豆类蛋白混合食用，其营养价值明显提高。

三十一、藕丝糕

原料

鲜藕1.5千克，糯米粉500克，青梅、瓜子仁、红樱桃各50克，白糖各适量。

做法

①将藕洗净，削去皮，切成细丝，再用清水淘洗干净，捞出控去水。把青梅、樱桃切碎。

②把糯米粉与藕丝掺和，并加少量清水拌匀。

③蒸笼上铺上笼布，再放上木框，将拌好的藕丝粉倒在木框内，铺平，撒上青梅、樱桃、瓜子仁，用旺火蒸20分钟至熟，取出凉凉，切成小方块，摆在盘内，撒上白糖即成。

特点

凉甜适口，糖类丰富，能供给人体较多的热能，还含有多种维生素和矿物质。

三十二、糖三角

原料

面粉1千克，鲜酵母40克，熟面粉50克，白糖适量。

做法

①将面粉加鲜酵母和清水和成面团，盖上湿布，静置些许时间，至面发起，揉匀搓条做成剂子。

②将白糖200克加上熟面粉和适量的水搓成糖馅。

③将面剂按扁，压成圆皮包入糖馅，在皮的四周边缘抹上一点清水，向中间提起三个点，捏成三角形，入笼用旺火蒸熟即可。

特点

暄软香甜。含有提供热能的碳水化合物，还含有脂肪、多种维生素、矿物质等营养物质。

三十三、红枣豆香炖猪肘

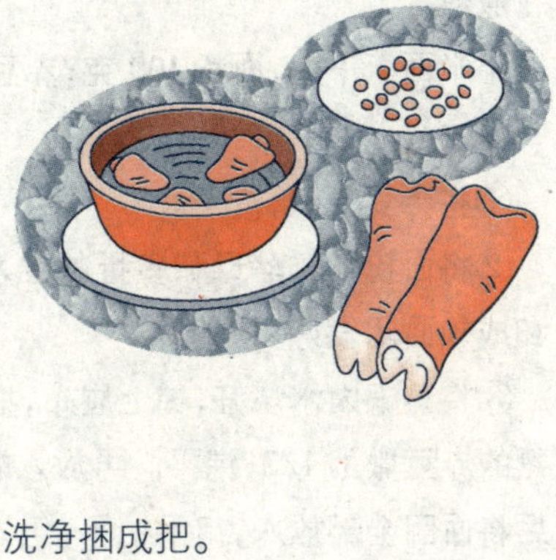

原料

大红枣、水发黄豆各20克，猪肘500克，生姜10克，葱10克，盐2克，冰糖100克，红糖30克，绍酒5克。

做法

①将红枣洗净，猪肘去净毛，生姜去皮切片，葱洗净捆成把。

②锅内加水烧开，放入猪肘、绍酒，用中火煮至血水净，捞起冲净。

③把猪肘放入盅内，加入生姜、葱、红枣、黄豆、冰糖、红糖、盐，注入清水，加好盖，入锅隔水炖2小时，去掉姜、葱即可食用。

特点

此菜能和胃健脾、气阴两补，对临产妇女阴虚气弱、乏力、口干等症有一定功效，且能对产后迅速恢复损伤有很好的帮助作用。

三十四、熘双色鱼丝

原料

鲜鳜鱼或黑鱼肉200克，胡萝卜50克，青笋50克，精盐7克，料酒15克，味精2克，胡椒面0.5克，姜丝15克，蒜丝15克，葱丝25克，鸡蛋1个，干淀粉30克，淀粉20克，化猪油750克（耗100克），清汤75克。

做法

①将鲜鱼肉洗净，去骨、去皮，切成0.5厘米粗、4厘米长的丝，用盐、料酒、胡椒面腌至入味。

②将胡萝卜、青笋分别去皮，切成粗、长相应的丝。

③将蛋清、干豆粉调成糊，将鱼丝拌匀。用碗盛盐、料酒、味精、汤、水淀粉调成汁。

④锅内油烧至三成热，放入鱼丝、萝卜丝、青笋丝，用筷子轻轻滑散，倒入漏勺内。

⑤锅内加油，将姜、蒜、葱炒出香味，倒入三丝，烹入芡汁，速翻炒均匀，起锅装盘即成。

特点

此菜色泽鲜艳，鱼肉洁白，营养丰富，味道清鲜。

三十五、小米面发糕

原料

小米面1千克，面粉100克，赤豆250克，鲜酵母20克。

做法

①将赤豆煮熟，备用。

②将面粉加鲜酵母和多量的温水和成稀面糊，静置发酵。待发酵后，再加入小米面和成软面团发好。

③将蒸锅内水烧开，铺上屉布，把和好的面团先放入1/3，用手蘸清水轻轻拍平，将煮熟的赤豆撒上1/2，铺平。再放入剩余面团的1/2拍平，将余下的熟赤豆放上，铺平。最后将面团全部放入，用手拍平，用刀蘸水划几条线（便于上气和起锅），盖严锅盖，用

旺火蒸15分钟即成。

特点

暄软适口，米香宜人，营养成分高于馒头。此糕蛋白质、碳水化合物含量丰富，蛋白质的营养价值明显提高。小米还是维生素B的良好来源。

三十六、玉米面蒸饺

原料

玉米面1千克，韭菜500克，虾皮50克，泡好的粉丝400克，花生油、香油、精盐、面酱、花椒面、味精等各适量。

做法

①将韭菜择洗干净，切成碎末。虾皮用清水洗净，控去水。粉丝用刀剁碎。

②将粉丝、虾皮放在小盆中，加入精盐、面酱、花椒面、味精，拌匀，再把韭菜放在上面，浇上花生油、香油，调拌均匀。

③锅置火上，加入清水750克，烧开，把玉米面向水中徐徐撒入，用筷子搅拌均匀，然后倒在案板上稍凉，用手揣和好，搓成长条，揪成40个剂子，按扁，包入馅心，呈大饺子状，入笼用旺火蒸15分钟即可。吃时可蘸醋、酱油等作料。

特点

外皮筋道馅散味美。不仅含有丰富的蛋白质、碳水化合物，而且还含有多种矿物质、维生素及纤维素。

三十七、莲子鸡头米粥

原料

糖莲子50克，鸡头米50克，糯米100克，鲜莲叶1张，桂花卤10克，白糖150克，清水1.5千克。

做法

①将鲜莲叶洗净，用开水烫过待用。

②将糯米淘洗净后放入锅内，加入糖莲子、鸡头米及清水，用大火烧开后，转用小火煮成粥。粥好撤火，覆以鲜莲叶，盖上盖，5分钟后拿掉莲叶，加入白糖、桂花卤即可

食用。

特点

滋养之品，可补益心脾，治疗妊娠肿胀。

三十八、珍珠丸子

原料

瘦猪肉 300 克，糯米 100 克，鸡蛋 1 个，火腿 25 克，小白菜 25 克，水淀粉、盐、葱白、植物油、姜末等各适量。

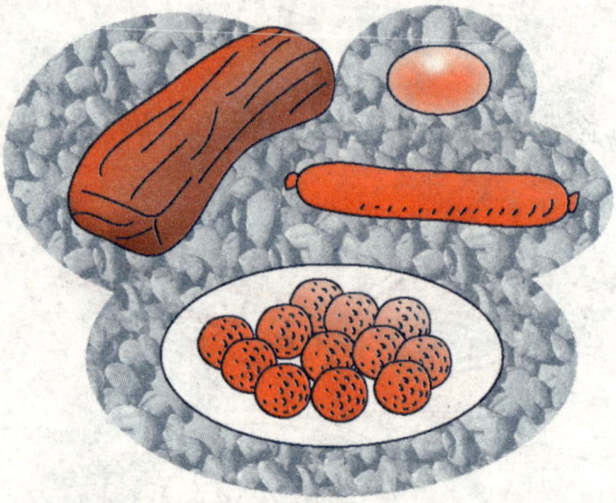

做法

①把糯米淘洗干净，放锅中用水煮开至断生，再用水清洗，使米散而不黏，放入盘内；将猪肉洗净，剁成细蓉，加盐、蛋清、水淀粉拌匀成肉馅，挤成小丸子，放入糯米盘中滚粘上米粒，放盘内，然后上笼蒸 15 分钟取出。

②火腿切丝，葱斜切成马耳形，小白菜洗净切小段待用。

③炒锅上火，放油烧热，放葱稍炸，加鸡汤、盐、姜末、火腿丝烧开，加入小白菜，淋浇在蒸好的小丸子上即成。

特点

此菜嫩软清淡，鲜咸可口，丸子色如珍珠白亮，容易消化，营养丰富。

三十九、金蝉烧肉丸

原料

蝉 8 克，肉丸 300 克，料酒、酱酒、白糖各 10 克，姜 5 克，葱 10 克，盐 3 克，味精 2 克，鸡汤 500 克，油 35 克。

做法

①将金蝉洗去泥沙（若购买罐头者可不洗）；姜切片，葱切段。

②将炒锅置武火上烧热，加入素油，烧至六成热时，下入姜葱爆香，随即下入酱油、白糖、料酒、鸡汤、烧沸，下入蝉、肉丸，烧熟，加入盐、味精，起锅装盘即成。

特点

蝉含蛋白质、脂肪等成分，具有散风热、宣肺之功效。猪肉丸含蛋白质、脂肪等成分，具有滋阴润燥之功效。宜忌：有虚寒证者不得食用。不愿吃蝉者，可不加蝉，仅烧肉丸食用，亦可收到补气血的功效。

四十、芥菜拌豆腐

原料

豆腐400克，芝麻25克，芥菜100克，酱油、白糖、盐、香油等各适量。

做法

①将豆腐切成小丁，用开水焯烫一下捞出；芥菜择洗干净，在开水锅中焯烫一下，沥干水分，切段。

②锅上火，放少许油，烧至八成热，放芝麻炒熟，放酱油、糖、盐、香油调成汁。

③盘中放入烫过的豆腐、芥菜，然后把调好的汁浇上，再撒上熟芝麻即成。

特点

此菜是凉拌菜，绿白相间，外观清雅，口味清淡，香嫩可口。此菜中的黄豆制品及芝麻营养都比较丰富，芝麻和黄豆含有不饱和脂肪酸，具有降低胆固醇的作用。

四十一、拌双丝

原料

熟肚丝150克，嫩黄瓜100克，香菜15克，辣椒油、芝麻、盐、香油等各适量。

做法

①将黄瓜洗净切丝，撒上盐，腌渍10分钟，沥水后放入盘中。

②芝麻用凉开水洗净上锅炒熟，香菜洗净切段，肚丝切成细丝，码放在黄瓜丝盘中，加入芝麻、辣椒油，撒上香菜，淋上香油即成。

特点

拌双丝香辣味美，营养素较全，搭配较合理，孕妇可经常调剂食用。

四十二、珍珠豆腐

原料

南豆腐500克，鸡脯肉250克，青豌豆若干，蛋清2个，鸡汤、葱、姜、盐、水淀粉、熟油等各少许。

做法

①将豆腐削去外硬皮，压成泥；鸡脯肉洗净，剁成蓉；青豌豆剥去外皮，用开水焯熟。

②豆腐泥与鸡肉蓉搅和拌匀，加入鸡蛋清、盐、葱姜汁搅拌均匀，做成玉米粒大小的颗粒，放入油锅内稍汆一下，捞出沥油。

③锅放火上，加入鸡汤、盐，烧开后，放入豆腐鸡肉珠、青豌豆，用水淀粉勾芡即成。

特点

此菜口味清淡，色泽清新，状似珍珠，绿白相映，营养丰富，有汤有菜，味美可口。

四十三、雪菜黄鱼汤

原料

黄鱼500克，雪菜100克，冬笋50克，葱段、姜片、盐、胡椒粉、清汤、花生油等各适量。

做法

①将黄鱼刮去鳞，去鳃，去内脏，剥去头皮衣，洗干净，用刀在鱼背部肉的两面剞十字花刀；雪菜洗净，若太咸用清水浸泡一下，切成碎末；冬笋去皮洗净，切成薄片。

②炒锅上火，放油烧至汤呈七八成热，把黄鱼下锅稍煎一下，两面稍黄，加盖稍焖，再加入清汤、葱段、姜片，加盖用旺火滚烧2~3分钟，然后加入雪菜末、笋片、盐、胡椒粉，再用小火烧10分钟，烧至乳白色时，淋入少量熟油，用勺推匀，将鱼用漏勺捞出，装入汤碗中，锅内汤汁再用旺火烧1~2分钟，汁浓一些即可。

特点

黄鱼是高蛋白低脂肪食品。此菜汤色乳白，味香咸鲜，鱼肉细嫩，清鲜可口。

四十四、海参玉兰片

原料

水发海参200克，鲜蘑100克，玉兰片50克，青豆25克，植物油、香油、酱油、盐、水淀粉、葱、姜等各适量。

做法

①将海参洗净，切成1寸见方的丁；玉兰片洗净，去根切丁；鲜蘑择洗干净，剖成两半；葱切成

丝，姜切末，青豆洗净。

②将海参、鲜蘑、玉兰片、青豆分别放入开水锅中焯烫一下，捞出沥水。

③炒锅上火，放油烧至五成热，下葱、姜炒出香味，加酱油及清水少许，烧开捞去浮沫，放入海参、青豆、玉兰片、鲜蘑，再放入盐，烧开后用水淀粉勾芡，淋入香油即成。

特点

海参是高蛋白、低脂肪食品，营养丰富。此菜细嫩清淡，口味鲜美，好吃不腻，容易消化。

四十五、海参烧虾段

原料

海参100克，虾300克，料酒、酱油各10克。白糖10克，姜5克，葱10克，盐3克，味精2克，油35克。

做法

①将海参洗净，剖开，去肠杂，切成3厘米长的段；虾去头、皮，切成段；姜切片，葱切花。

②将炒锅置武火上烧热，加入素油，烧至六成热时，下入姜葱爆香，下入虾段、料酒、酱油、白糖、海参、水（适量），烧热，加入盐、味精，起锅装盘即成。

特点

海参含甾醇、蛋白质、脂肪、碳水化合物、钙、磷、铁等成分，具有补肾益精、养血润燥功效。

四十六、粉丝虾珠

原料

虾仁200克，干粉丝50克，盐、香油、花生油、淀粉等各适量。

做法

①将虾仁洗净沥干水分，放碗内，加盐、淀粉和水拌匀。

②炒锅上火，放油烧至五六成热，将粉丝下锅炸至发白浮起，捞出沥油装盘。

③锅底留油烧热，把拌好的虾仁下锅，划开颠炒几下，待熟用水淀粉勾芡，出锅浇在炸好的粉丝上面，淋上香油即可。

特点

此菜好吃不腻，咸鲜可口。虾仁含有多种营养素，是高蛋白低脂肪食品。

四十七、雪花肉片

原料

瘦猪肉 200 克，水发玉兰片 100 克，水发木耳 25 克，鸡蛋清 5 个，水淀粉、盐、花生油、鸡汤、葱花、姜末等各适量。

做法

①将肉片洗净，去筋膜，切成薄片，放在碗内，放盐、葱花、姜末、2 个鸡蛋清抓拌均匀，再放入水淀粉拌匀待用。

②将玉兰片洗净切片，木耳用温水浸泡，洗净掰成小片，待用。

③将 3 个鸡蛋清放在碗内，加盐、鸡汤和水淀粉拌匀。

④炒锅上火，放油烧至四成热时，把拌好的肉片放入，炒至半熟时，倒入调好的蛋清糊急速快炒，色白嫩时，将滑好的肉片、玉兰片、木耳依次倒入煮开，颠翻均匀，装盘即可。

特点

此菜色白如雪，鲜嫩味香，能增进食欲。

四十八、银耳乌龙汤

原料

水发海参 200 克，银耳 10 克，清汤、盐各少许。

做法

①将银耳用温水泡开，去根蒂，用清水洗净；海参洗净，切成小片；把银耳、海参一起放入开水锅中焯烫，捞出沥去水分。

②在锅内放入清汤、盐，再把银耳、海参放入汤内，用小火煨 5 分钟，捞入碗中。

③锅内放入清汤、盐，把汤烧开，撇去浮沫，倒入盛有海参、银耳的汤碗中即成。

特点

海参蛋白质含量较高，脂肪含量较低；银耳不但营养高，而且有药用价值。此汤美观、味鲜，银耳莹白如雪，海参乌黑发亮，二者同食，不仅赏心悦目，而且能摄入丰富的营养 。

四十九、糖醋核桃牛肉

原料

牛里脊肉400克，蛋清2个，白糖、醋、盐、酱油、水淀粉、葱白、蒜、植物油等各少许。

做法

①将牛里脊肉洗净，切成1厘米厚的片，再改剞一面花纹，并切成4厘米见方的块，放在容器内，加入酱油、盐拌匀。蛋清加水淀粉搅拌成糊，倒入牛肉中拌匀。再将酱油、水淀粉加鸡汤调成汁。葱白、蒜切成末待用。

②炒锅上火，放油烧至七成热时，将牛肉放入，炸至牛肉缩成核桃大小的丸子，捞出，沥油。

③锅底留油少许，放入葱、蒜末炒出香味，再放入白糖稍炒，加入醋，再倒入调好的汁煮开，放入炸好的牛肉丸翻炒几下即成。

特点

此菜酸甜可口，外酥里嫩，味道独特，能增进食欲。牛肉含蛋白质较高，营养丰富，为日常滋补食品。

五十、三鲜汤

原料

瘦猪肉100克，腰子100克，净鱼片100克，豆苗10克，蛋清1个，盐、鸡汤、菱粉各适量。

做法

①将猪肉洗净，切成薄片；腰子剔去腰臊，劈成腰片洗净，鱼肉洗净，切成薄片，分别放在碗内，加入蛋清、盐、菱粉拌和上浆待用。

②锅中放入鸡汤，加入盐、胡椒粉烧开，再放入肉片、鱼片、腰片，用勺划开，烧开后，撇去浮沫，倒入汤碗中，撒上豆苗即成。

特点

此汤清淡味美，不油腻，易消化，营养丰富。

五十一、竹荪乌蛇炖猪肘

原料

竹荪10克，乌蛇1条，猪肘400克，料酒10克，葱10克，盐3克，姜5克，味精2克，胡椒粉2克。

做法

①将竹荪洗净，切成4厘米长的段；乌蛇宰杀后，去头、尾、内脏，切成4厘米长的段；猪肘去毛，洗净；姜切片，葱切段。

②将竹荪、乌蛇肉、猪肘、姜、葱、料酒同放炖锅内，加水3千克，置武火上烧沸，再用文火炖煮55分钟，加入盐、味精、胡椒粉即可。

特点

乌蛇肉含蛋白质、脂肪等成分，具有散淤、祛风、消肿、解毒功效。猪肘肉含脂肪、蛋白质等成分。宜忌：血虚生风者忌食。

五十二、蘑菇炒豌豆

原料

鲜蘑菇300克，豌豆150克，植物油、葱、姜末、盐、水淀粉、香油、蒜末、鸡汤等各适量。

做法

①将鲜蘑菇择洗干净，掰成小片，在开水锅内焯一下，捞出沥水；豌豆剥去外皮，洗净在开水锅中焯烫一下，捞出沥水。

②炒锅上火，放油烧至六成热，放葱、姜末、蒜末，爆炒出香味，倒入鲜蘑菇、豌豆，放少量鸡汤烧开放盐，勾芡，烧开，淋上香油即成。

特点

此菜口味清淡，咸鲜可口，脂肪含量低。蘑菇、豌豆均含有蛋白质。

五十三、雪里蕻炒豆

原料

鲜毛豆500克，雪里蕻50克，冬笋50克，姜、酱油、白糖、盐、淀粉、鸡汤、花生油等各适量。

做法

①将毛豆、冬笋剥去外皮，冬笋洗净切成小片，雪里蕻洗净切成末。

②炒锅上火，放油烧热，放姜末炝锅，下雪里蕻煸炒，再下毛豆、冬笋煸炒，放少量白糖和盐，再用水淀粉勾芡，淋入少量熟油即成。

特点

此菜清淡，味鲜适口，制作简单，营养丰富。毛豆蛋白质含量较高，脂肪含量低，是高蛋白低脂肪食品。

五十四、香菇炒菜花

原料

菜花250克，香菇15克，鸡汤200克，花生油15克，鸡油10克，精盐3克，味精、葱、姜各2克，淀粉10克。

做法

①将菜花择洗干净，切成小块，放入沸水锅内焯一下捞出。香菇用温水泡发，去蒂，洗净。

②炒锅上火，放花生油烧热，下葱、姜煸出香味，加鸡汤、精盐、味精，烧开后捞出葱、姜不要，放入香菇、菜花，用小火稍煨入味后，用水淀粉勾芡淋鸡油，盛入盘内即成。

特点

此菜色鲜味美，清淡适口，含有丰富的蛋白质、脂肪、碳水化合物、钙、磷、铁和维生素B_1、维生素B_2、维生素C、尼克酸等多种营养素。中医认为，香菇味甘、性平，有益气、补虚、健胃等功效，可用于食欲不振、吐泻乏力等症的辅助治疗。香菇中的麦角甾醇在阳光照射下能转化为维生素D，可防治佝偻病。

五十五、樱桃虾仁

原料

鲜虾仁250克，罐头樱桃25克，鸡蛋1个，香油、料酒各5克，白糖40克，白醋10克，精盐3克，水淀粉50克，葱、姜、蒜各少许，花生油500克（约耗50克）。

做法

①将虾仁挑去沙肠，洗净，沥干水分，加入精盐、鸡蛋清、水淀粉抓匀上浆。

②葱切丝，姜切末，蒜切片。取一只碗，倒入清水50克，加水淀粉、精盐、白糖、白醋调成味汁。

③炒锅上火，放入花生油，烧至五成热，下虾仁轻轻滑散，熟后捞出沥油。

④锅留底油置火上，放入葱、姜、蒜煸出香味，倒入调味汁炒浓，下虾仁、樱桃，烹料酒，翻炒均匀，淋香油，

盛入盘内即成。

特点

此菜红白相映，形美色艳，鲜咸酸甜，诱人食欲，含有丰富的蛋白质、钙、磷、铁、锌和维生素 E。

五十六、西红柿沙司煎鱼

原料

鲽鱼肉 150 克，西红柿 100 克，鲜蘑 50 克，黄油、番茄沙司、红葡萄酒、精盐、白胡椒粉、浓缩汁、面粉、生菜油等各适量。

做法

①将鱼肉斜切成两片，撒上精盐、白胡椒粉，稍腌，沾上面粉，用油煎熟。

②西红柿在水中稍烫，捞出，剥皮，切成 5 厘米见方的丁，鲜蘑切成 3 毫米厚的片。

③煎盘倒黄油烧热，放入西红柿丁和鲜蘑片，加入番茄沙司，翻炒几下，再加红葡萄酒，浓缩，调匀，制成西红柿沙司，浇在煎好的鱼上即成。

五十七、干烧豇豆

原料

嫩豇豆 500 克，小海米 20 克，香油、料酒各 10 克，精盐 4 克，味精 2 克，葱末 5 克，花生油 500 克（约耗 60 克），鸡汤适量。

做法

①将豇豆择洗干净，切成 5 厘米长的段。小海米洗净，加温水泡软，捞出沥水，剁成碎末。

②炒锅上火，放入花生油，烧至六成热，下豇豆炸至面皱，捞出沥油。

③原锅留油少许，置旺火上，下葱末、海米略煸，倒入豇豆炒拌，加料酒、精盐、味精、鸡汤，用大火将卤汁收干，翻炒几下，淋入香油即成。

特点

此菜色泽翠绿，味道鲜香，营养价值较高，含有较丰富的蛋白质、脂肪、碳水化合物、钙、磷、铁、锌和胡萝卜素、维生素 B_1、维生素 B_2、维生素 C 及尼克酸等多种营养素。中医认为，豇豆味甘咸、性平，有理中益气、补肾、健脾、消渴等功效。

五十八、锅贴饺

原料

面粉550克，肥瘦牛肉250克，韭菜500克，香油50克，花生油、黄酱各25克，精盐4克，花椒水、葱末各25克，姜末5克。

做法

①将牛肉洗净，剁成末，加酱油、黄酱、精盐、花椒水搅匀，再放入葱末、姜末和香油拌匀。韭菜择洗干净，切成碎末，掺入肉馅中拌匀。

②将面粉500克放入盆内，加入温水250克和成面团，盖上盖，饧20分钟。

③案板上铺撒面粉50克，将饧好的面团放在案板上，搓成圆条，揪成15克1个的剂子，逐个擀成直径5厘米的圆皮。在每张圆皮上放15克肉馅，把圆皮的边缘相对合起来捏严（边要小，肚要大），即成为半月形的锅贴饺坯子。

④平锅置火上烧热，淋上一些花生油，逐个码入锅贴坯子（不要码得太密，以免不透气、熟得慢或熟后粘在一起）。待平锅再烧热后，立即淋入一些凉水，盖上锅盖焖5分钟，再淋一次水，再焖5分钟，见锅贴底层呈微黄色、酥硬、熟透时，用铲铲起，底朝上放在盘内即成。

特点

此饺色泽黄亮油润，底面酥脆，肉馅鲜香，四季均可制作食用，含有丰富的碳水化合物、蛋白质、脂肪和钙、磷、铁、锌等矿物质和多种维生素。

五十九、银耳肉蓉羹

原料

银耳25克，瘦肉150克，冬菇3只，鸡蛋1个，上汤4杯，芫荽1棵，姜1片，盐1/4匙，生抽、糖各半匙，粟粉2匙，清水半杯。

做法

①将银耳浸1小时，剪去脚，再剪成小朵，放入开水中煮2分钟，盛起冲凉。

②将瘦肉剁碎，鸡蛋打散；冬菇浸软去脚，切粒。

③烧热锅，下油爆姜片，加入上汤煮至开，下银耳、冬菇煮10分钟，放入瘦肉、调料拌匀，加入鸡蛋再拌匀，盛起倒入碗中，撒上芫荽叶即成。

六十、蒸猪肝

原料

猪肝一块，酱油、糖适量。

做法

①将猪肝整块洗净，沥干水分，放在蒸碗内，倒入上等酱油，刚好浸过猪肝，加一匙糖调味。

②蒸锅水开后，放入猪肝，用慢火蒸约 50 分钟取出。

③食时将蒸肝切片即可。

特点

此菜色深味浓，软嫩可口，含有丰富的蛋白质和易被人体吸收的铁、锌等矿物质，并富含维生素 A、维生素 D、维生素 B 及尼克酸，孕妇多吃可防贫血。

六十一、红稽鸡胸

原料

鸡胸肉 250 克，红糟 30 克，香菇 3 朵，青椒 1 个，笋 30 克，蛋白 1 个，米酒 2 匙，白糖 1 匙，盐、淀粉、清汤少许。

做法

①将香菇泡软，和青椒、笋均切片备用。

②鸡胸肉切薄片，以少许蛋清、盐、淀粉拌匀备用。

③烧热油锅，将鸡胸肉炒至熟盛出备用。再次起锅，把香菇、青椒、笋片略炒，加少许清汤煮约 5 分钟，盛出备用。

④再烧热油锅，放入红糟，边炒边加糖、酒、清汤及淀粉，加入鸡片及香菇、笋等，迅速炒一下即可上盘。

特点

此菜色泽鲜亮，肉嫩可口，味带甜酸。鸡肉有益五脏、补虚损、健脾胃、强筋骨、活血通络功效，孕产妇食用有补益作用。

六十二、雪映红梅

原料

豆腐 5 块，胡萝卜（小手指粗）2 根，猪肥膘肉 100 克，水发香菇 3 个，鸡蛋 3 个，熟油 15 克，干淀粉 5 克，精盐、味精、料酒各适量。

做法

①将豆腐片去表皮，用刀抹成泥。把猪肉剁成泥。将两种泥放入碗内，加入精盐、味精、料酒、干淀粉拌匀。

②取 3 个鸡蛋的蛋清放入碗内，搅打成泡沫状，倒入豆腐和肉泥里，搅拌均匀。

③胡萝卜洗净刮皮，雕刻成梅花样。

④取大盘 1 个，抹上油，将豆腐肉泥倒入摊平。把香菇切成粗细不等的小条作梅花枝干，摆在豆腐和肉泥上，将梅花状的胡萝卜片放在枝干上。上屉用旺火蒸 5 分钟，取出即成。

特点

此菜豆腐似雪，映衬朵朵红梅，造型美观，质地软嫩，味道鲜美，含有丰富的蛋白质、钙、磷、铁、锌和胡萝卜素等多种营养素，其中钙、磷的含量较高，孕妇常食，有利胎儿骨质发育。

六十三、黄花菜炒黄瓜

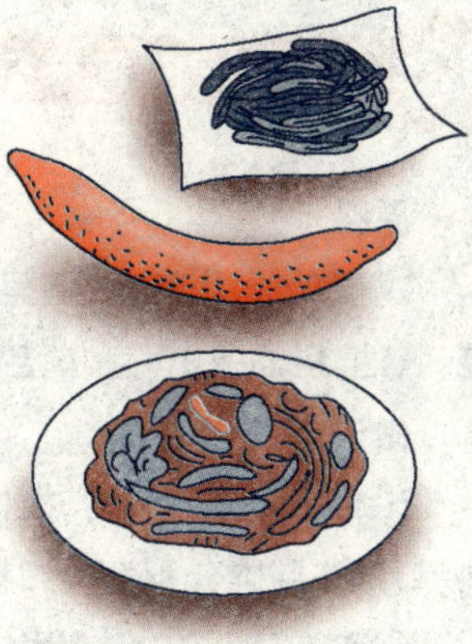

原料

黄花菜 15 克，黄瓜 150 克，生油 12 克。

做法

①将黄瓜洗净切块，黄花菜去硬梗漂洗干净。

②锅放炉上，倒入生油，烧至九成热时倒入黄花菜、黄瓜，快速翻炒至九成熟时调味即可。

特点

此菜补虚养血，利湿消肿，适合妊娠后期孕妇食用。

六十四、红糖大蒜煮乌豆

原料

大蒜 30 克，乌豆(黑豆)100 克，红糖 30 ~ 50 克。

做法

将大蒜去衣，洗净，切片，乌豆洗净，与红糖共入瓦煲内，加水约 1 千克，用旺火浇

沸后改用文火煮，至乌豆熟烂时即可。

特点

大蒜乌豆煮红糖能健脾益胃，可治妇女虚弱型妊娠水肿症。

六十五、鲜奶炖鸡蛋

原料

鲜奶 300 克，鲜鸡蛋 2 个，砂糖 3 匙。

做法

①将鲜奶用开水浸暖，加入砂糖拌匀至糖溶。

②鸡蛋打散入碗内，拌匀，慢慢加入鲜奶，轻手搅匀（切勿猛力搅打，以免引进气泡）。

③烧开水，将蛋放入，加盖或碟盖着碗面，用猛火蒸 8 分钟即可取出进食。

特点

鲜奶含蛋白质、脂肪、钙质和维生素。鸡蛋含蛋白质、脂肪、矿物质及多种维生素。孕妇常吃鲜奶炖鸡蛋，不但能使自己皮肤光滑，对未来小宝宝的皮肤也有益。

六十六、四喜蒸蛋

原料

鸡蛋 2 个，小海米、冬笋各 5 克，熟鸡脯肉、蘑菇各 10 克，精制菜油、葱姜汁各 15 克，酱油、料酒各 10 克，精盐 3 克，味精 1 克，胡椒粉 0.5 克。

做法

①将鸡蛋磕入碗内，搅打均匀。小海米用温水泡软，洗净剁成细粒。蘑菇去蒂，与冬笋、熟鸡脯肉分别切成细粒。

②取 1 只大碗，倒入蛋液、海米、蘑菇、冬笋、熟鸡脯肉，加清水 400 克和酱油、料酒、精盐、味精、葱姜汁、胡椒粉、精制菜油，搅和均匀。

③将盛蛋液的大碗放入蒸锅内，加水盖上锅盖，用大火烧沸，转小火蒸约 15 分钟，见蛋液呈豆腐脑状即可。

特点

此菜鲜嫩异常，美味可口，含有丰富的蛋白质、钙、磷、铁、锌和维生素 A、维生素 B、维生素 B_2、维生素 E 等多种营养素。具有养血生精、长肌壮体、补益脏腑的功效，尤其是维生素 A 的含量较高，对维生素 A 缺乏症有很好的治疗作用。

第五篇 孕期疾病预防与食疗

第一节　疾病防治

妊娠病是指妇女在妊娠期间所患的与妊娠有关的疾病。妊娠病不但能影响孕妇的健康，还可妨碍胎儿的发育，甚至会导致早产，故必须重视对妊娠病的防治。

传统医学认为，妊娠病的产生是因妇女受孕以后，阴血聚于冲任以养胎，致使孕妇机体处于阴血偏虚、阳气偏亢的生理状态，同时随着胎体渐长，往往影响气机之升降，这些生理变化，多数孕妇皆能适应，但对于素有脏腑、气血偏盛偏衰，或孕后复感邪气的人，则可伤及脏腑、气血或冲任，从而发生妊娠病。

一、缺铁性贫血的防治

缺铁性贫血是一种常见病，也是一种世界性的孕妇通病，特别是在发展中国家患病率较高。在我国，孕妇患缺铁性贫血率也很高。

孕妇易患缺铁性贫血原因有二：其一是妊娠导致的需铁量的增加。成人每日需铁约 1.2 毫克，而一般人能从每日普通膳食中摄取铁 1～2 毫克，基本“收支平衡”。但对孕妇来说，因胎儿生长发育和自身贮备的需要，每日需铁量必然增多。从妊娠第 5 个月以后，孕妇每日需铁量增至 4 毫克以上。若仅从每日普通膳食中摄入，铁就相对不足了，特别是在一些贫困地区，孕妇多无条件增加营养，铁摄入不足时，则首先动用体内的贮铁，而人的贮铁是很有限的，贮铁耗尽，便会发生贫血。其二是孕前每月月经损失了部分铁质。育龄妇女一次月经要失去约40毫升血液，相当于日均失铁0.6毫克，即等于消耗每日铁摄入量的1/2。有资料表明，育龄妇女的贫血发生率为40%～57%。因此，有相当一部分患缺铁性贫血的孕妇在妊娠前就可能已经发生了贫血。

提示

铁是人体所必需的微量元素之一，是红细胞血红蛋白的重要组成部分。缺铁，便缺少制造血红蛋白的原料，可导致血红蛋白降低，红细胞数量减少，质量降低，进而降低了输送氧、带走二氧化碳的能力，而引起厌食、疲乏、头晕、气短或下肢浮肿等一系列贫血症状。分娩时，由于贫血，产妇稍有流血，便有可能发生休克。孕妇贫血，还会影响胎儿，引起胎儿发育迟缓，甚至发生早产、死胎。因孕妇贫血，可使胎儿贮铁不足，出生后容易发生贫血，婴儿的抗病能力下降，常多病，严重时还可能影响孩子的智力发育。

一般来说，当验血时发现血红蛋白量在10克以下时，即应视为贫血。因此，最好在妊娠之前化验一下血液，如果已发生贫血，应查明贫血原因，并加以治疗，待血红蛋白恢复正常后再怀孕。同样，孕期也应请医生检查是否贫血。如果发生贫血，就必须加强营养。由于缺铁性贫血往往是与营养不良联系在一起的，因此，孕妇要常吃富含蛋白质、维生素和矿物质的食物。令人欣慰的是，富含蛋白质的肉类、鸡、鸭、鱼和动物肝脏等食物也都富含铁质，而含维生素C较丰富的新鲜蔬菜、水果等食物，也含有一定数量的铁质，常吃这些食物，既可保持营养的平衡，又可防止贫血。但是应该注意，必须把荤素食物搭配在一起，才能大大提高铁的吸收率。另外，还可以在医生的指导下服一些铁制剂，硫酸亚铁片含有易于被人体吸收的二价铁，是较理想的补铁药物，若同时配以能够促进铁吸收的维生素C，补铁的效果更佳。做菜时使用铁锅，可使菜肴中的铁含量明显增多。严重贫血的孕妇则必须住院治疗。

二、皮肤瘙痒的防治

有的孕妇，在妊娠中、晚期，常常发生皮肤瘙痒，由于痒得难以忍受，只得用力搔抓止痒，以致将表皮抓伤抓破。对于这种瘙痒，医学上称为“妊娠期皮肤瘙痒症”。此病主要是由于妊娠后，孕妇的内分泌机能改变，孕激素增多、肝内胆汁淤积、胆红素排泄紊乱而引起的。有的孕妇在发生瘙痒数日或数周后，出现皮肤及巩膜发黄，并伴有恶心、乏力、腹胀、腹泻等症状，对此应引起高度重视，及时就医。

妊娠期皮肤瘙痒的治疗，以外用药为主，局部使用温和的止痒药和低浓度的皮质类固醇激素药物，尽量少用或不用全身性药物，以避免对母体及胎儿产生不良影响。平时孕妇的饮食宜清淡，多食新鲜蔬菜、水果，少吃刺激性食品。居室内保持一定的湿度，防止皮肤干燥，对预防皮肤瘙痒也是有好处的。近年来，科学研究发现，穿由蚕丝制成的真丝织品衣裤对妊娠期皮肤瘙痒有一定的防治作用。如果瘙痒得难以忍受，可以在医生的指导下服用苯海拉明、扑尔敏等抗组胺类药物。安太乐类药物有致畸的危险，应避免使用。一般，孕妇在分娩后 1 ~2 周内，瘙痒可自行缓解，预后良好。

三、肾结石的防治

据有关资料报告，妇女妊娠期肾结石的发生率比较高，每 100 个孕妇中有一个患肾结石，尤其以右侧肾更为多。妇女怀孕后输尿管会发生一定程度的扩张、积水、尿流减慢，从而诱发结石。妊娠时的妇女内分泌功能变化也很大，这些变化使肾盂和输尿管的正常排尿功能出现异常，表现为收缩蠕动减慢、淤滞或不甚通畅，这样也会诱发肾结石。

为了防止妊娠期肾结石的发生，孕妇每天要保持适量的运动如散步等，这样既能促进肾盂、输尿管的蠕动，又能改变体位，防止子宫持久地压迫尿道。其次，孕妇不要偏食，尤其不要过多地进食某些诱发肾结石的食物，如可可、咖啡、菠菜、白薯及动物内脏等。孕妇要多饮水，特别是夜间也要尽量喝点水，以增加尿量，促进输尿管蠕动，防止尿液浓缩，出现结石。

四、腹痛的防治

(1) 异常妊娠所致的腹痛

在妊娠 12 周以前(妊娠早期)，只要孕妇感到腹痛，首先就应该想到流产和异位妊娠。在妊娠中期以后出现腹痛，要考虑到早产及正常位的胎盘早剥。

流产时的下腹痛，主要有少量的阴道出血，有时伴有轻微的下腹痛、腰痛及下坠感。进一步发展，阴道出血量增加或因宫腔内存在血液或血块，可刺激子宫收缩，导致下腹部阵发性剧痛，或痉挛痛，并有坠胀感。随着子宫体部的强烈收缩，子宫颈口逐渐开大，出现交替的反复性腹痛。

异位妊娠时的下腹痛多发生在妊娠部位破裂时，常见的是输卵管妊娠，少见的还有间质部妊娠及卵巢等其他部位妊娠。

①输卵管妊娠：无论是输卵管流产还是输卵管破裂均能发生剧烈的腹痛。输卵管流产、破裂，首先感觉是患侧下腹部剧烈刺痛，在反复发生刺痛的同时或在其前后出现阴道出血。由于妊娠处破裂或输卵管流产可迅速发生腹腔内大量出血，因而引起全腹持续性疼痛、腹壁紧张，明显的腹膜刺激征和放射到会阴部、阴部及肩胛部的疼痛。

②卵巢妊娠：其症状与输卵管妊娠相似，有轻微的下腹痛及阴道出血。

③子宫颈妊娠：本病症状有下腹痛、腰背痛及阴道出血。一旦发生流产或破裂，出血很多。

④腹腔妊娠：多在受精卵着床处穿破，发生腹腔内出血，引起腹膜刺激症状及出血性休克。

妊娠中期以后因胎盘早期剥离（早产）所致的腹痛，其疼痛程度取决于胎盘剥离面积。轻度胎盘早期剥离，外出血量少，腹痛是由血液对子宫的刺激产生宫缩所致；中度胎盘早期剥离，外出血量超过400毫升，此时疼痛也不十分剧烈；严重胎盘早期剥离时，有大量出血，若血液渗入子宫壁肌层，腹痛可呈刀割样剧痛。

(2) 妊娠期间合并腹痛的疾病

妊娠期间引起腹痛的妇科疾病，往往是妊娠前就存在的，有些是妊娠前已确诊，有些是妊娠过程中随着子宫的增大或某种妊娠生理变化，诱发出妇科疾病的症状或导致某些妇科疾病严重化而表现出来。常见的有以下几种疾病：

①妊娠合并卵巢肿瘤：在妊娠早期，肿瘤嵌入盆腔易引起流产；在妊娠中期，肿瘤容易发生蒂扭转、出血及变性，引起剧烈腹痛；在妊娠晚期不仅可以压迫产道而发生梗阻性难产，而且容易被压破，发生剧烈的腹痛。

②子宫肌瘤合并妊娠时的腹痛：在妊娠早期由于肌瘤的存在，常易发生流产，引起腹痛；随着妊娠月份增大，肌瘤受子宫收缩等因素影响发生蒂扭转、坏死，也会产生剧烈的腹痛；当子宫肌瘤生长加快时，可发生中心性缺血，造成子宫肌瘤红色变性，引起腹痛、发热及白细胞增加等症状。

③妊娠子宫扭转：多于妊娠晚期、在活动中出现突发性下腹部剧痛，疼痛多为持续性，可遍及全腹，与卵巢瘤蒂扭转的临床症状相似。

④子宫破裂：多发生在分娩开始后，其破裂有自然破裂（多因子宫肌纤维组织变

性、胎盘异常及先天性子宫发育不良等）和损伤破裂（多为不适当的用催产素催产或各种产科手术损伤）。子宫破裂时，突然发生锐性剧痛，部位均在耻骨上区域。

(3) 妊娠期间妇科以外能导致腹痛的疾病

一般能引起腹痛的疾病在妊娠时也均能发生，如肠系膜血管闭塞、急性阑尾炎、肠梗阻、尿路结石、急性膀胱炎等。若发生在妊娠初期，可按常规诊断和治疗。若发生在妊娠中期以后，因子宫的逐渐膨大，腹部的逐渐膨隆，诊断和治疗就越来越不容易，临床上应从各个角度去分析，结合妊娠这一特殊情况考虑治疗措施。

(4) 妊娠腹痛的治疗

妊娠期因气血运行不畅而发生的小腹疼痛，称为妊娠腹痛。本病的发生，主要是因血虚、气郁、虚寒等原因引起的。

①血虚妊娠腹痛的治疗：平日体质虚弱，妊娠以后血聚养胎，阴血益虚，气血运行无力，胞脉失养，因而腹痛，其痛为绵绵作痛，兼见面色萎黄，或少寐心悸，苔薄白，舌质淡，脉细滑弱，宜用养血安胎止痛之药膳治疗。

黄酒蛋黄

原料

黄酒 500 毫升，鸡蛋黄 14 个。

制作

将 2 种原料同放入锅内，用小火炖煮至稠黏，待冷，存罐中备用。平时当饮料喝。

功能

养血安胎止痛，适用于血虚妊娠腹痛。

枣杞鸡汤

原料

大红枣 10 枚，枸杞 30 克，500 克童子鸡 1 只。

制作

将鸡去毛及内脏，洗净，与枣、枸杞同炖至鸡肉烂熟，吃肉喝汤，食时可加入精盐少许。

功能

养血止痛安胎，适用于血虚妊娠腹痛。

②气郁妊娠腹痛的治疗：平日易忧郁，孕后血以养胎，肝血偏虚，肝气失于条达，血海气机失调，胞脉阻滞，气血不畅，以致腹痛。证见：小腹胁肋胀痛，或情志不爽，或急躁易怒，脉弦滑，苔薄黄，宜用舒肝解郁、止痛安胎之药膳治疗。

陈皮木香烧肉

原料

陈皮 3 克，木香 3 克，猪瘦肉 200 克，食盐少许。

制作

先将陈皮、木香焙脆研末备用；在锅内放食油少许烧热后，放入猪肉片，炒片刻，放适量清水烧熟，将熟时，放入陈皮末、木香末、食盐，搅匀。食肉喝汤。

功能

舒肝解郁止痛，适用于气郁之妊娠腹痛。

绿梅茶

原料

绿茶、绿萼梅各 6 克。

制作

将上述 2 种原料共用沸水冲泡，当茶频饮。

功能

理气，解郁，止痛，适用于气郁之妊娠腹痛。

③虚寒之妊娠腹痛治疗：素体阳虚，孕后胞脉失去温煦，有碍气血畅行，因而发生腹痛。证见：妊娠小腹冷痛，绵绵不止，形寒肢冷，或纳少便溏，舌淡苔薄白，脉细弱，宜用暖宫止痛、养血安胎之药膳治疗。

苹果豆蔻煲乌骨鸡

原料

乌骨母鸡一只（约 500 克），苹果、草豆蔻各 5 克。

制作

将鸡洗净，苹果、草豆蔻入其腹内，用竹签封好切口，加水煮熟，调味后食用。

功能

温中健胃，适用于虚寒妊娠腹痛。

五、血小板减少的防治

血小板对于血液的凝固有着至关重要的作用。在正常人的血液中，血小板的含量

为(100～300)×10^9/升。当血小板的数量减少到100×10^9/升以下时,或是血小板的质量有问题时,就会导致出血倾向。女性在怀孕期间如果血小板减少,不仅分娩时可能会出血不止,影响健康和生命,而且对于胎儿和新生儿也会产生不同程度的影响。如患原发性血小板减少性紫癜的孕妇,体内可产生抗血小板抗体,这种抗体能经胎盘进入胎儿体内,使胎儿的血小板遭受破坏,导致胎儿颅内出血等严重后果。这种抗体又能经乳汁进入婴儿体内,使婴儿产生出血倾向。

因此,女性怀孕后发现血小板减少时,就必须注意以下几点:

(1)向医生讲明自己的病史。血小板减少的明显症状是出血,但某些疾病,如原发性血小板减少,在接受脾切除手术后,出血症状可以暂时不发生,甚至血小板计数也不减少,但体内的抗血小板抗体却仍然可以产生,并能进入到胎儿体内。因此孕妇如果有这类情况,应如实向医生说明,以争取得到积极有效的治疗。如从产前2周开始口服强的松,这样不仅可以提高血小板数量,减少分娩时的出血量,而且可以阻断胎儿体内的出血倾向。

(2)避免使用对血小板有损害作用的药物和检查手段,如阿司匹林、磺胺类药物,以及X射线检查等。

(3)外伤出血和感染等均能增加血小板的消耗,使血小板数量更为减少,应注意尽量避免。

(4)提前一周住院待产。这样可以得到医生的观察和治疗,为分娩做好准备。如产前血小板低于50×10^9/升时,可使用丙种球蛋白或输入鲜血、血小板,并使用抗生素预防感染的发生。

(5)分娩后应有一段住院观察的时间,注意原发病有无变化,有无产后感染,以便得到及时的治疗。对于新生儿,医生也会观察有无出血倾向,并检查孩子的血小板是否正常,注意他的发育状况。

(6)产后要避孕。一般不要再生第2胎,要根据自己的具体情况接受医生的避孕指导,但一般不宜使用宫内节育器,以防发生宫内感染和出血。

(7)由于原发性血小板减少性紫癜患者体内的抗血小板抗体可以经乳汁进入婴儿体内,治疗这些疾病的药物也能经乳汁进入婴儿体内,影响孩子的正常发育,因此患有这类疾病的产妇不要用母乳喂养婴儿。

六、妊娠剧吐时要防低钾症

小王有喜了,她的丈夫采购了不少她平时喜欢吃的食物,可她一点胃口也没有,还常恶心、呕吐,整天躺在床上,进食极少,浑身乏力,双腿酸痛,日趋消瘦,也不愿去医

院，怕吃了药对胎儿不好。后经丈夫好言相劝，她才勉强来到医院，被诊断为妊娠剧吐合并低钾血症。

大多数孕妇在妊娠初期都会不同程度地出现反应，表现为恶心、呕吐、食欲下降、饮食习惯改变等。反应的程度因人而异，轻者很轻松就能“扛”过去，重者有的就会发展成妊娠剧吐。

妊娠剧吐的发病率约为0.4%，大都是由妊娠呕吐转变而来，主要与精神因素和身体内激素水平的改变有关。在剧烈的呕吐中，消化液大量丢失（消化液中钾的含量比血浆中钾的含量还要高），加上不能进食，钾的摄入量不足，使血钾降低，从而出现低钾血症。患有低钾血症的病人可以出现肌肉无力、精神委靡、表情冷漠，重者甚至会出现昏睡、死亡，若不及时治疗，可危及母婴的生命。

孕妇在妊娠反应期应如何防止低钾血症的发生呢？解决问题的关键是提高食欲，保证进食，从食物中获得充足的钾。要增加食欲就要从以下几个方面入手：

一要保持乐观的情绪。从临床观察看，比较娇气的人，反应往往也相对重一些，而比较坚强乐观的人，反应大都相对较轻。如果能懂得反应是正常的生理现象，因而抱无所谓的态度，保持良好的心理状态和乐观的情绪，把进食当做一项任务来完成，反应再重也要吃，就能多吃一些。

二要进行适当的活动。适当的活动可以促进胃排空，减轻饱胀感，进而刺激食欲；同时也能分散注意力，减少孕妇对自己身体不适的过分关注。这样的活动包括散步、听音乐、简单的家务劳动或者并不耗费较多体力的工作。当然如果反应较重，呕吐剧烈，不能进食，还得适当休息，必要时还应及时就医，输液补钾，以免延误病情。

三是选择可口的饮食。妊娠反应后会有不同程度的择食，口味异常。这时应尽量迎合自己的口味，想吃什么就吃什么。吃总比不吃好，哪怕是吃一个水果，喝一杯果汁。千万不要因吐而拒食。同时也要摸索自己的反应规律，争取在反应轻的时候多吃些。如早晨刚起床时一般反应比较明显，这时应尽量避免进食，可过一段时间再吃。少量多餐也能减轻恶心、呕吐的发生。此外可尽量多吃含钾较多的食物，如香蕉、红枣、花生、海带、紫菜、豆类等，以补充因呕吐丢失的钾。

用中医药治疗的方法：

妊娠后出现恶心呕吐，头晕厌食，或食入即吐者，称为“恶阻”。本病的发生主要是冲脉之气上逆，胃失和降所致。常见的有脾胃虚弱与肝胃不和两种。

(1)脾胃虚弱所致的妊娠恶阻

受孕之后，经血不泻，冲脉之气较盛，而冲脉连于阳明，若脾胃素虚，冲气上逆则可犯胃，胃气虚则失于和降，反随冲气上逆而作呕恶；或因脾虚不运，痰湿内生，冲气挟痰湿上逆而致恶心呕吐，兼见不食、口淡或呕吐清涎，神疲思睡，舌淡，苔白润，脉缓滑无力。宜用健脾和胃、降逆止呕之药膳治疗。

白糖米醋蛋

原料

鸡蛋1个，白糖30克，米醋60毫升。

制作

将米醋煮沸，放入白糖调溶；打入鸡蛋，煮至半熟，全部服食，每日2次。

功能

健胃止呕，适用于脾胃虚弱之恶阻。

韭姜糖汁

原料

鲜韭菜汁10克，生姜汁5克，白糖适量。

制作

将鲜韭菜、生姜捣烂，绞取汁水；再将少许白糖放入汁水中，拌匀即成。一日3次，饭前服，少饮。

功能

健脾和胃，降逆止呕，适用于脾胃虚弱之恶阻。

白术鲫鱼粥

原料

白术10克，鲫鱼30～60克，粳米30克。

制作

将鲫鱼除去鳞甲及内脏后洗净；白术洗净，先煎取汁100毫升，然后将鱼与粳米煮

成粥，入药汁和匀，根据患者口味调入盐或糖，食粥，每日 1 次，可连服 3 ~5 天。

功能

健脾和胃，适用于脾胃虚弱之恶阻。

(2)肝胃不和所致的妊娠恶阻

孕后阴血聚于下以养胎，阴血不足，则肝气偏旺，若素性肝旺或恚怒伤肝，则肝气愈旺，肝之经脉挟胃，胃失和降而呕恶。证见：呕吐酸水或苦水，胸满胁痛，头涨而晕，烦渴口苦，舌淡红，苔微黄，脉弦滑，宜用抑肝和胃、降逆止呕之药膳治疗。

佛手姜汤

原料

佛手 10 克，生姜 2 片，白砂糖适量。

制作

前二味水煎取汁，调入白砂糖，温服。

功能

疏肝和胃，适用于肝胃不和所致的妊娠恶阻。

姜汁甘蔗露

每次用甘蔗汁 1 杯，生姜汁 1 匙，将二汁混合后，炖热温服。

本药膳中甘蔗汁，《本草再新》记载“和中清火，平肝健胃”，可治反胃呕吐；姜汁能健胃止呕，共用则平肝和胃，适用于肝胃不和之妊娠恶阻。

七、要重视孕妇的妊娠晚期反应

妊娠晚期由于胎儿的不断增大，孕妇的负担也逐日加重。在妊娠的后 3 个月中，也正是孕妇最易出现不正常妊娠反应和染上某些疾病的时候，故应该予以高度重视，切莫把病理现象当成生理改变，听之任之。因为在整个的妊娠过程尤其是在妊娠晚期，如出现不正常反应和染上某种疾病，这不仅不利于优生优育，而且严重时还会对母子健康安全构成威胁，甚至危及母子生命。因此，如果出现以下情况，应格外警惕，及时去医院就医诊治。

(1)突然头痛

在妊娠晚期孕妇突然出现头痛，往往是子痫的先兆，尤其是有血压升高或严重浮

肿症状的孕妇更不可忽视，此时可能已是妊娠期高血压疾病，如不及时诊断治疗，还会诱发抽搐、昏迷甚至危及母子生命，故应及时就医，适时诊治处理。

(2)剧烈腹痛

在妊娠中末期，由于外伤、负重或同房后突然出现剧烈腹痛，多为胎盘早期剥离，要去医院检查。另外，妊娠晚期如有规律的腹痛，这常是分娩前的征兆，要做好临产准备。

(3)胎膜早破

孕妇尚未到临产期，而从阴道突然流出无色、无味的水样液体，为胎膜早破。早期破水可刺激子宫，引发早产，并会导致宫内感染和脐带脱垂，影响母子健康，甚至还可发生意外，要找医生处理。

(4)阴道出血

妊娠晚期的阴道血，常见于产兆和无原因的、无痛的、反复多次出血的前置胎盘，突发持续性出血并伴有持续性腹痛的胎膜早破及有少量出血，突然一阵痉挛性剧烈腹痛后，宫缩立即停止并有休克体征，有子宫破裂等。这些对母子的安全均构成严重威胁，应该去医院就医，千万不可忽视。

(5)严重心悸

妊娠晚期因为子宫增大，心脏负担加重，可以出现心跳加快。如此时患上或原有心脏病，则会造成严重心悸心慌，气促不能平卧，使心脏病之病情加重。孕妇原有或妊娠晚期患有心脏病，对母子的生命威胁很大，应及早就医，以防止心力衰竭的发生，减少母子的死亡。

(6)过期妊娠

妊娠期超过42周即妊娠期超过预产期半个月仍不分娩者称过期妊娠。过期不生对母子均有害，主要为容易发生胎儿宫内窒息，引起胎儿突然死亡，要去医院检查。

(7)身染疾病

妊娠晚期由于孕妇的免疫力低下，常可患上某种疾病尤其是病毒感染，如肝炎等。此外，还有甲状腺功能不全、孕妇患有糖尿病及妊娠合并阑尾炎、肺结核等。无论何种疾病，对孕妇和胎儿都有一定影响。如出现了长期乏力、食欲不振及黄疸、恶心、呕吐等症状，应去医院进行全面检查，以便及早发现是否染病及对症处理，以确保母子平安健康。

八、胎漏、胎动不安的治疗

所谓胎漏，是指女性妊娠期阴道少量出血，时有时无而无腰酸腹痛者；所谓胎动不安，是指妊娠期患有腰酸腹痛或下腹坠胀，或伴有少量阴道出血者。二者常是早产的先兆，现代医学称为“先兆流产”。

本病的发生有母体和胎儿两方面的原因，但最终是因为冲任气血不调、胎元不固而发病。具体到母体方面，是因素体虚弱，肾气不足，或因房事不节，耗损肾精，或由气血虚弱，或因邪热动胎，或受孕之后兼患其他疾病，干扰胎气，以致胎动不安。具体到胎儿方面，是因夫妇之精气不足，两精虽能结合，但胎元不固，以致发生胎漏，胎动不安。

(1) 肾虚所致胎漏、胎动不安

禀赋素弱，先天不足，肾气虚弱；或孕后房事不慎，损伤肾气，肾虚冲任不固，胎失所系。以致胎元不固，而成胎漏、胎动不安。证见：妊娠期阴道少量出血，色淡暗，腰酸腹坠痛，或伴头晕耳鸣，小便频数，夜尿多甚至失禁，或曾屡次堕胎，舌淡，苔白，脉沉滑而弱，宜用固肾安胎佐以益气之药膳治疗。

鹿角末豆豉汤

原料

豆豉 30 克，鹿角末 1 克。

制作

用 200 毫升水煮豆豉，取汁约 100 毫升，加入鹿角末搅匀。分两次服用。

功能

益肾安胎，适用于肾虚之胎动不安、胎漏。

墨鱼鸡肉饭

原料

母鸡 1 只，墨鱼干(带骨)1 条，糙糯米 150 克，食盐少许。

制作

将母鸡宰杀洗净后，连内脏与带骨墨鱼干一同放入沙锅，炖至熟烂，取浓汤备用。鸡肉、墨鱼捞出佐餐；以浓鸡墨鱼汤煮糙糯米成饭，加盐少许调味；以鸡肉、墨鱼为菜，吃鱼汤糯米饭，一日 2 餐均可食之。

功能

滋肾精，固冲任，适用于肾虚之胎漏、胎动不安。

(2)气血虚弱所致胎漏、胎动不安

平素体弱血虚，或孕后脾胃受损，化源不足；或因故损伤气血，气虚不摄，血虚失养，胎气不固，以致胎漏、胎动不安。证见：妊娠期阴道有少量流血，色淡红，质稀薄，或腰腹胀痛或坠胀，伴神疲肢倦，心悸气短，舌淡苔白，脉细滑，宜用补气养血、固肾安胎之药膳治疗。

乌鸡粥

原料

雌乌鸡一只，糯米100克，葱白3段，花椒及盐少许。

制作

将乌鸡去毛及内脏，洗干净，切细煮烂，再加入糯米及葱、椒、盐煮粥，空腹食用。

功能

益气养血，安胎止漏，适用于气血虚弱所致之胎动不安、胎漏。

鲈鱼煲苎麻根

原料

鲈鱼250克，苎麻根30克。

制作

将鲈鱼去鳞及内脏，洗净，切成鱼片，与洗净的苎麻根一起放入陶瓷罐内加水1千克，煲至鲈鱼熟透，吃鱼饮汤，每日1次。

功能

补脾胃，益肝肾，安胎，适用于气血虚弱或肾虚而致的胎动不安、胎漏。

(3)血热所致胎漏、胎动不安

素体阳盛，或七情郁结化热，或外感热邪，或阴虚生热，热扰冲任，损伤胎气所致胎漏、胎动不安。证见：妊娠期阴道出血，色鲜红，或腰腹坠胀作痛，伴心烦不安，五心烦热，口干咽燥，或有潮热，小便短黄，大便秘结，舌质红，苔黄而干，脉滑数或弦滑。宜用滋阴清热、养血安胎之药膳治疗。

天门冬红糖水

原料

天门冬(连皮)50克(鲜品150克),红糖适量。

制作

将天门冬洗净后,加水约1千毫升,煎取500毫升,加入红糖,烧沸,每日温服1次,连服数日。

功能

滋阴清热,滋肾补血,适用于血热所致的胎漏、胎动不安。

地黄酒

原料

生地黄1.2千克,酒适量。

制作

将地黄洗净切细,捣取汁,每次用35克生地黄汁和15克酒同煎,稍热便服。每日2~3次。

功能

滋阴清热,适用于血热所致胎漏、胎动不安。

(4)跌仆伤胎所致胎漏、胎动不安

跌仆闪挫或劳力过度,损伤冲任,气血失和,致伤动胎气,脉滑无力。宜用补气和血、安胎之药膳治疗。

南瓜蒂米粉

原料

南瓜蒂末300克,米粉100克。

制作

将南瓜蒂末与米粉混合,用开水冲服,每次30克。

功能

养血化淤保胎,适用于跌闪所致胎漏、胎动不安。

九、小便不通的防治

妊娠期间,小便不通,甚至小腹胀急疼痛,心烦不得卧,称为"妊娠小便不通"。

本病的发生,主要是胎气下坠,压迫膀胱,以致膀胱不利,水道不通,尿不得出。临

床有气虚、肾虚之分。

(1)气虚所致小便不通

素体虚弱，中气不足，妊娠后胎儿逐渐长大，气虚无力举胎，胎重下坠，压迫膀胱，溺不得出。证见：妊娠期间，小便不通或频数量少，小腹胀急疼痛，坐卧不安，精神疲倦，头重眩晕，短气懒言，大便不爽，舌质淡，苔薄白，脉虚缓滑，宜用补气、举胎之药膳治疗。

桃花溜黄菜

原料

鲜桃花5朵，大海米10克，熟火腿10克，鸡蛋4个，鲜姜、调料适量。

制作

将鲜桃花择去花蕊，取下花瓣洗净控水，切碎；海米淘洗干净，加入料酒，上笼蒸透，切成碎末；火腿、鲜姜分别切成末；鸡蛋，在碗内打散，加入鸡汤、味精、料酒、白胡椒面、精盐、湿淀粉搅拌均匀；炒勺置火上烧热，放入猪油，入鲜姜末煸炒出味，捞出姜渣，放入调好的鸡蛋用勺炒熟，盛入盘内撒上鲜桃花丝、海米、火腿即成。

功能

补气、利水，适用于妊娠小便不通。

清炖鲫鱼

原料

鲫鱼1条(约250克)，笋肉25克，水发香菇5只，葱、姜等调料适量。

制作

将笋肉、香菇分别洗净，切片；鲫鱼去鳞、鳃、肠杂及颌下硬皮，用黄酒、盐、胡椒粉浸20分钟，取出，置碗内，鱼身中间摆放香菇片，两头并列笋片，加黄酒少许，再加葱段、姜片、味精，上屉蒸1.5~2小时，至鱼熟烂，拣去葱姜。

功能

补气、利水、消肿，适用于妊娠小便不通。

(2)肾虚小便不通

素体肾气不足，胞系于肾，孕后肾气愈虚，胎压膀胱，或肾虚不能温煦膀胱化气行水，故小便难。证见：妊娠小便频数不畅，继则闭而不通，小腹胀满而痛，坐卧不宁，畏寒无力。宜用温肾扶阳、化气行水之药膳治疗。

香滑鲈鱼球

原料

鲈鱼肉180克,姜片0.9克,葱段9克,白糖0.6克,汤45克,味精0.6克,麻油0.9克,胡椒粉0.09克,绍酒9克,水淀粉3克,生油750克(耗油45克),精盐0.9克。

制作

将鱼肉切成方块,入锅炒到六成熟,倒在笊篱里,去油;把锅放回火上,放入汤、姜、酒、盐、糖、胡椒粉、鱼块,加盖煮至熟时,放入葱段,并调入水淀粉、味精、麻油便成。

功能

补肾、利水,适用于肾虚之妊娠小便不通。

十、妊娠心烦的防治

孕妇在妊娠期间出现烦闷不安、郁郁不乐,或烦躁易怒等现象,称为妊娠心烦。

本病的产生,主要是"无热不成烦",热邪扰心,则神明不宁,但临床上有阴虚、痰火之不同。

(1)阴虚所致妊娠心烦

素体阴虚,孕后血聚养胎,阴血易感不足,心火偏亢,热扰心胸,而致心烦。证见:心中烦闷,坐卧不宁,或午后潮热,心烦,口干咽燥,干咳无痰,渴不多饮,小便短黄,舌红,苔薄黄而干,脉细数而滑。宜用清热养阴、安神除烦之药膳治疗。

地黄枣仁粥

原料

生地30克,酸枣仁30克,粳米100克。

制作

将枣仁研细,水煎取汁100毫升;生地水煎取汁100毫升。粳米洗净,煮成粥加入药汁,再煮沸。早晚温服。

功能

滋阴、清热、除烦,适用于阴虚所致妊娠心烦。

黄连阿胶鸡子黄汤

原料

黄连5克,生白芍、阿胶各10克,鲜鸡蛋2个。

制作

前两味加水先煎取汁，以30毫升沸水溶化阿胶，合并两汁，打入蛋黄，搅匀，煮沸。每晚睡前顿服。

功能

滋阴、清热、除烦，适用于阴虚所致妊娠心烦。

(2)痰火所致妊娠心烦

素有痰火积于胸中，孕后阳气偏盛，阳盛则热，痰热互结，上扰于心，遂致心烦。证见：妊娠心胸烦闷，头晕心悸，胸脘满闷，恶心呕吐，苔黄而腻，脉滑数。宜用清热化痰之药膳治疗。

海橘饼

原料

胖大海500克，广柑500克，白糖100克，甘草50克。

制作

先将胖大海、甘草加水炖成茶备用；再将广柑去皮核，放在小碗中，加白糖50克，腌渍一日，至广柑肉浸透糖，加清水适量，用文火熬至汁稠，停火；又将每瓣广柑肉压成饼，加白糖50克，搅匀倒盘，通风阴干，装瓶。每服5～8瓣，用已做好的胖大海甘草茶冲下，每日3次。

功能

清热、燥湿、化痰，适用于痰火所致的妊娠心烦。

十一、水肿的防治

妊娠后，肢体面目等部位发生浮肿叫妊娠水肿，亦叫妊娠肿胀。如在妊娠晚期，仅见脚部浮肿，且无其他不适者，为妊娠后期常见现象，可不必做特殊治疗，多在产后可自行消失。

本病的发生主要是素体脾肾阳虚，孕后更感不足，脾阳虚不能运化水湿，肾阳虚则上不能温煦脾阳，下不能温化膀胱，水道不利，泛溢肌肤，遂致水肿。此外，胎气壅阻，气机阻滞，水湿不利，也成肿。故水肿临床上多因脾虚、肾虚、气滞等所致。

(1)脾虚所致妊娠水肿

孕妇脾气素弱，或过食生冷，内伤脾阳，脾虚传导失职，不能制约水分，水湿停留，溢于四末则为肢肿。证见：妊娠数月，面目四肢浮肿，或遍及全身，肤色淡黄，皮薄而光亮，胸闷气短，懒于言语，口淡无味，食欲不振，大便溏薄。舌质胖嫩，苔薄白或薄腻，也有齿痕，脉缓滑无力，宜用健脾行水之药膳治疗。

山药薏米粥

原料

淮山药30克，大枣20枚，肉桂0.5克，薏米30克。

制作

用所有原料煮粥，每日1剂，连服4～5剂。

功能

健脾益肾，适用于脾肾之气虚所致的妊娠水肿。

千金鲤鱼汤

原料

白术、生姜、陈皮、白芍、当归各10克，茯苓15克，净青鲤鱼1条(约500克)。

制作

诸药用纱布包好，与鲤鱼同煮1小时，晨起吃鱼饮汤。

功能

健脾、行水、安胎，适用于妊娠水肿。

(2)肾虚所致妊娠水肿

禀赋肾虚，命火不足，孕后胎阻气机，有碍肾阳敷布，膀胱气化失职，不能气化行水。且肾为胃之关，肾阳不布，则关门不利，水遂泛溢而为肿。证见：孕后数月面浮肢肿，下肢尤甚，心悸气短，下肢逆冷，腰酸无力，苔白润，脉沉细，宜用益肾化气行水之药膳治疗。

补肾鲤鱼汤

原料

杜仲、枸杞各30克，干姜10克，鲤鱼500克(1尾)。

制作

将前三味洗净，装入纱布袋，扎口；鱼去鳞、鳃及内脏，洗净，与药同煮1小时，去药袋。饭前食鱼饮汤。

功能

温阳利水、补肾安胎，适用于肾虚所致的妊娠水肿。

姜桂茯苓饼

原料

干姜、肉桂各3克，茯苓(去皮)30克，面粉、白糖各适量。

制作

干姜、肉桂、茯苓分别为末，和匀，加面粉、白糖，与水调和后做成饼，入笼蒸熟后服用。每日服15~20克。

功能

温阳利水，适用于肾虚所致的妊娠水肿。

黄豆芽蘑菇汤

原料

黄豆芽250克，鲜蘑菇50克，调料适量。

制作

将黄豆芽去根，洗净，加水煮20分钟，下入蘑菇片，调入精盐、味精，再煮3分钟。佐餐食用。

功能

健脾、益肾，适用于妊娠水肿。

(3)气滞所致妊娠水肿

素多忧郁，气机不畅，当妊娠四月以后，胎体渐长，更碍气机升降，遂致气滞肿胀。证见：妊娠三四月后，先由脚肿，渐及于腿，皮色不变，随按随起，头晕头痛，胸闷胁胀，食少，苔薄腻，脉弦滑。宜用理气行滞、佐以健脾化湿之药膳治疗。

饭豆陈皮

原料

花生仁、饭豆各150克，陈皮5克，红枣10枚。

制作

将诸味洗净，加水共煮熟。温热食，每日1~2次。

功能

健脾益气、行滞，适用于气滞之妊娠水肿。

二陈竹叶茶

原料

陈皮、陈瓢各10克，鲜竹叶20片，白糖适量。

制作

煎煮数沸，加白糖。代茶饮。

功能

理气、行水，适用于气滞之水肿。

十二、黄疸的防治

在怀孕期间发生黄疸（目黄、身黄，俗称"起黄"），叫做妊娠黄疸。提到黄疸，总会让人联想到传染性肝炎；其实，妊娠黄疸与任何一种肝炎病毒都没有瓜葛。它是一种并不罕见的女性良性疾病。

妊娠黄疸可发生于妊娠的第6～37周，有3/4的病人发生于第25～36周。它的特点主要有：

①黄疸，一般为轻、中度，即化验检查结果：总胆红素升高。

②大便颜色变浅，呈灰白色。

③皮肤黄染不明显，瘙痒却很严重，痒得入夜后睡不好觉。大便变色和皮肤瘙痒多在两周后自行消失。而肝炎病人无瘙痒，或仅在发病初期有轻微瘙痒，很快便消失。

④黄疸于分娩后迅速消退。

⑤几乎没有肝炎病人通常会有的恶心、呕吐、厌油腻、食欲下降、发热、腹痛等伴随症状，这是和传染性肝炎的最显著的区别之一。

⑥仅有1/4的病人伴肝大，但脾不大，胆囊增大者占60%左右。

⑦血清转氨酶正常，仅少数人有轻度升高，升高幅度一般不会超过正常值的5倍。肝炎病人则转氨酶明显升高。

⑧血清转肽酶（γ－GT）、碱性磷酸酶、胆固醇等明显升高。

⑨肝功能正常。

以上第3、4、5、7项是妊娠黄疸与急性黄疸型肝炎的区别要点。

妊娠期发生黄疸主要是孕妇体内激素水平增高或女性在孕期对雌激素的敏感性增高所致。研究认为，雌激素可以使胆红素在随着胆汁经过微胆管排出的过程中发生障碍，结果胆红素返回肝内，经肝血窦进入血液循环。当血中胆红素增高超出正常值时，便会出现黄疸。雌激素还可以使胆汁中的水分向血液中渗透，使胆汁变得黏稠，流动性降低，甚至发生阻塞，胆汁中的主要成分胆红素也容易返流入血。

妊娠黄疸对孕妇没有太大的影响。它绝对不同于妊娠期并发肝炎，所以不用惧怕，也不必因此而终止妊娠。病人一般不用特殊治疗，只要注意休息就可以了。对皮肤黄疸不必过于担心，分娩后会自然消退。

十三、牙病防治

“十月怀胎，一朝分娩”。怀孕期是女性一生中身体变化最大的时期。在这期盼与等待的日子里，由于内分泌的变化及全身免疫力的降低，口腔疾病也乘虚而入，使相当多的孕妇有这样或那样的牙疾。俗话说“生一子，掉一齿”，就很形象地说明了这方面的问题。此时用药唯恐影响胎儿，拔牙又怕引起流产或早产，医生左右为难，未来的母亲也痛苦难言。故对孕期牙病的积极预防、适时适当的治疗是非常重要的。下面就孕期常见的牙病及预防治疗的措施做一简略介绍。

(1)妊娠期牙龈炎

是孕期最常见的牙病，为牙周疾病中的一类，表现为牙龈肿痛，刷牙、进食时出血。检查可见单个或多个牙龈充血及牙乳头增生。妊娠期牙龈炎多因体内孕激素增多和口腔不洁引起，也可由孕妇体内维生素相对缺乏所致。防治的方法是去除牙结石，早晚刷牙饭后漱口，保持口腔清洁卫生。多吃富含维生素的食物，也可适当服用多种维生素片。

(2)智齿冠周炎

18～27岁是第三磨牙萌出期，第三磨牙也就是我们通常所说的智齿。由于食物越来越精细，加之人类的进化，许多人颌骨体发育不良，常常发生第三磨牙萌出困难或生长方向异常，引起牙冠周围软组织的炎症及疼痛，重者还有畏寒、发热等全身症状。孕妇年龄多处于第三磨牙萌出期，若发生阻生容易感染。由于此时用药会影响胎儿，拔牙又可能引起早产或流产，故一般建议在孕前即拔除阻生牙以除后患。如孕期发生感染，则主要是局部用药，用3%双氧水、生理盐水局部交替冲洗，之后用2%碘甘油涂搽，另外饭后可用稀释了的双氧水漱口。症状较重时还需全身治疗，一般选用对胎儿无害的抗生素。症状控制后一般在怀孕3个月到7个月的这段时间内拔除阻生牙，此时对胎儿的影响较小。

(3)龋齿

俗称“虫牙”。由于孕期唾液成分、齿龈血流循环的改变，加上受增多的孕激素的

影响，此时龋齿有好发倾向，且原先较浅的病灶有可能向深层发展而引起疼痛、发炎等。故孕妇要定期去医院做口腔检查，对龋齿及时治疗，并且要注意口腔卫生，加强营养，摄入足够的动植物蛋白、维生素和钙。

牙病在孕妇中是相当常见的，为了免受它的骚扰，不妨孕前就去医院做仔细的口腔检查，发现牙疾及时治疗（如去除牙结石、拔除阻生牙、修补龋洞等），以免除怀孕后治疗龋齿棘手的问题了。

十四、异位妊娠的防治

正常情况下，精子与卵子在输卵管"亲吻"、"拥抱"、"结合"后，受精卵在输卵管及其纤毛的作用下，运行至子宫腔内"定居"、发育。如果受某种因素的影响，受精卵被阻止在输卵管，或运行至卵巢、盆腔、腹腔等处"定居"，便成为子宫外孕，又名异位妊娠。除了子宫腔，受精卵无论在哪个部位着床，都不可能正常发育。当孕卵生长到一定程度，孕卵包膜就会自动破裂或在某种外力的作用下发生破裂，包膜内的血管也随之破裂出血。这时患者多表现为下腹一侧性的突然剧烈疼痛，也常有全腹痛的，甚至引起反射性肩痛。失血多的常有面色苍白、心跳加快、全身大汗、血压下降等症状。

异位妊娠的早期症状隐匿，大多数患者多在突然发生剧烈腹痛时才引起警惕，但此时孕卵包膜多已快破或已经破裂，必须立即上医院治疗。临床上，有的患者因离医院路太远或因其他原因治疗太晚，导致腹腔内出血太多，或因剧烈疼痛而发生严重的休克，从而失去了宝贵的手术机会。那么，宫外孕能不能预防呢？要了解这个问题，就要认识一下宫外孕的发病因素。

有人曾对已婚女性中吸烟与不吸烟者异位妊娠的发病率进行了回顾性调查，结果发现吸烟者异位妊娠患病率是非吸烟者的1.5～4.0倍，这是因为烟草中的尼古丁可改变输卵管的纤毛运动，并引起体内免疫功能低下，使输卵管等盆腔器官容易发生感染。

据研究，长期喝酒或突然大量喝酒的女性，其输卵管腔容易发生狭窄，纤毛摆动功能低下，输卵管襞的蠕动性也差，不利于受精卵到子宫去"安家落户"。

患急性、慢性输卵管炎的人，由于输卵管黏膜充血、水肿，黏膜皱襞发生粘连，使管腔变窄、管壁平滑肌蠕动减弱，不利于孕卵运行，也可导致异位妊娠。

因经血倒流等各种原因引起的子宫内膜异位症，是发生异位妊娠的高危因素。尤其是子宫内膜异位在输卵管间质部时，受精卵很可能就在此“安营扎寨”。

患子宫底部肌瘤或卵巢囊肿的女性，由于肿物的挤压和牵引，子宫和输卵管发生移位，出现形态变化，阻碍受精卵的正常着床，也会引起异位妊娠。

输卵管发育不良或畸形发育，如输卵管弯曲、螺旋状、双输卵管口等，都会妨碍受精卵进军子宫腔。

此外，输卵管结扎后再次接通的女性，受精卵可能被阻止于再接通的狭窄处，形成异位妊娠。

明白了上述道理，便懂得异位妊娠是可以预防的。不吸烟、不喝酒，注意孕前检查，积极医治妇科疾病，正确掌握受孕时机，是可以降低异位妊娠发病率的。

十五、牙龈出血的防治

妇女怀孕后，常有牙龈水肿，显得肥厚而松软，牙龈的颜色由淡红色变为深红色或紫红色，而且容易出血，嘴里经常黏糊糊的，刷牙的时候出血就更多了，这就是妊娠性牙龈炎。如果妊娠性牙龈炎急性发作，除有上述表现外，还可出现牙龈疼痛。有时，个别牙龈肿大突出、发红，即称为“妊娠牙龈瘤”。出现这些异常变化，往往给孕妇带来精神负担。

妊娠后牙龈发炎，是因为孕妇体内雌性激素、黄体酮、绒毛膜促性腺激素等明显增加，这些女性激素的急剧增加可以促使牙龈毛细血管扩张、弯曲、弹性减少、渗透性增加、血液积滞。一般说来，妊娠期的第二、三个月和产前两个月炎症的发展比较厉害，出血现象也比较严重。此外，不注意口腔卫生，牙齿排列不齐，有大量牙垢，用口呼吸等，也是引起妊娠性牙龈炎发生的因素。

提示

中医认为，妊娠期牙龈出血多由于阴虚胎火上炎，灼伤齿龈血络，迫血外渗所致，可用滋阴清火、护养齿龈的方法治疗。药方：生地 12 克，丹皮 6 克，黄芩 9 克，知母 6 克，菊花 6 克，麦冬 9 克，芦根 30 克，一同煎煮。一般连服 3 剂，牙龈出血即会明显减少或消失。

十六、急性阑尾炎的防治

急性阑尾炎是一种十分常见的外科疾病。人的阑尾附着在盲肠下方，长5~7厘米，直径0.5厘米，像条蚯蚓。发生炎症后先是脐周围或上腹部疼痛，后来转移到右下腹部，伴有轻度发烧和胃肠道不适如恶心、呕吐、腹泻或便秘。血象化验可以发现白细胞数增多，其中中性粒细胞比例增高。经过手术即可治愈，且不再引起麻烦。一部分病人也可以不经手术，通过应用抗生素消炎而好转。而怀孕的女性得了急性阑尾炎有什么表现，又该如何处理呢？

据统计，妊娠期女性急性阑尾炎的发生率与非妊娠期女性相同，约2000次妊娠当中，有1次发生急性阑尾炎。而怀孕女士是社会和家庭的“重点保护对象”，得了急性阑尾炎理应十分重视，处理起来更要慎重。

妊娠早期发生急性阑尾炎的表现与非妊娠女性没有大的差异。晚期由于子宫增大，阑尾的位置发生变化，向上移动，靠近胆囊的部位，加之腹壁变薄变松弛，即使疼痛，也不像一般急性阑尾炎那样出现肌肉紧张及反跳痛，容易放松警惕以致漏诊或误诊。所以，怀孕女性一旦有腹部疼痛等可疑症状时，不要轻视，应及时到医院检查、观察。

一旦确诊为急性阑尾炎，就面临着治疗方法的抉择。妊娠期阑尾切除术较危险，除了一般急性阑尾炎手术危险以外，还有对子宫内小生命的影响。医生经过多年的临床观察，认为怀孕早期做阑尾切除术影响很小，犹如没有怀孕时一样，妊娠晚期发生的急性阑尾炎，由于阑尾位置变化，离开具有保护作用的大网膜较远，感染不容易控制，如不手术，发生腹腔严重感染的可能性会大大增加，不但可危及母亲的生命，也会威胁到胎儿的安全。即使能渡过劫难，胎儿出生时的体重也会明显下降，造成先天发育不足。所以，医生们认为，对于怀孕女士来说，无论是妊娠早期还是晚期发生急性阑尾炎，采取手术治疗是最为明智的选择。妊娠35周以后发生的急性阑尾炎，如果同时发生弥漫性腹膜炎，为防止脓毒血症引起胎儿死亡，可以同时施行剖宫产。

妊娠期进行阑尾切除手术当然要分外细心，操作轻柔，减少对子宫的干扰。手术切口也不像一般阑尾炎那样采取右下腹部斜切口，而要根据病人的具体情况决定。手术前后的每一个环节，也要充分注意，如手术前病人的一般情况不佳时，应抓紧处理，采取各种措施，如补充适当水分，纠正脱水或酸碱平衡紊乱。绝大多数止痛药，同时具有呼吸抑制作用，且均可通过胎盘进入胎儿体内，使用时应慎重考虑，用量更不可过大。巴比妥类镇静药虽可在几分钟内透过胎盘，但对胎儿呼吸无明显抑制，可以如常应用。手术前常用阿托品抑制腺体分泌，减少心血管神经反射性抑制，防止支气管痉挛，该药对胎儿影响较小，可以应用。如合并心脏病、高血压或甲状腺功能亢进，可以改用东莨菪碱。而异丙嗪、氯丙嗪等药可进入胎儿体内，有引起畸形的可能，不可随便使用。抗生素中卡那霉素、链霉素、庆大霉素之类，可损害胎儿的听神经和肾功能，不宜应用。四环素可引起畸形，目前已被禁用。

只要早期发现，正确处理，孕期急性阑尾炎并不可怕，治疗得当就完全可以使母子平安，顺利恢复。

十七、早期感冒的防治

普通感冒和流行性感冒都是由病毒引起的呼吸道传染病。孕期患普通感冒的人很多，对胎儿影响不大，但如果较长时间体温持续在39℃左右，则有可能导致胎儿畸形。

提示

流行性感冒简称流感，病原是流感病毒，借空气和病人的鼻涕、唾液、痰液传播，传染性很强，常引起大流行。受感染后发冷发热，热度较高，头痛乏力，全身酸痛，常在发热消退时鼻塞、流涕、咽痛等症才明显，患者体力消耗大，恢复也慢。流感病毒不仅能使胎儿发生畸形，高热和病毒的毒性作用也能刺激子宫收缩，引起流产、早产。

孕妇患感冒应及时控制感染，排除病毒，同时采取措施降体温。患轻度感冒的孕妇可多喝开水，注意休息、保暖，口服感冒清热冲剂或板蓝根冲剂等。感冒较重有高烧者，除需做一般处理外，还应尽快地采取措施去热降温。可用物理降温法，如在额、颈部放置冰块等；亦可选择使用药物降温。在选用解热镇痛剂时，要避免使用对孕妇、胎儿和新生儿有明显不良影响的药物，例如阿司匹林之类药物。

中医中药能有效地控制感冒病毒，可以有选择地在医生的指导下服用。

十八、早期发热的防治

发热分低热（38℃以下）、中热（39℃以下）、高热（39℃以上）三类，感染性疾病均可导致机体发热，重度感染，除了寒战、高烧外，还可发生毒血症、败血症，出现休克、昏

迷等症状。

孕早期要预防各种传染病，避免能引起发热的各种原因。长时间高热时须征求医生意见，决定是否人工流产。

妊娠女性可发生各种感染性疾病，并均有体温升高的表现。最常见的是感冒，此外有急性扁桃体炎、肺炎、肺结核、胆囊炎、急性肾盂肾炎、急性阑尾炎、绒毛膜羊膜炎等。这些炎症除了引起发热以外，还有一些别的症状及表现。孕早期病毒性感染可导致流产、胚胎停止发育或畸胎，晚期急性炎症可诱发宫缩而致早产、胎儿宫内缺氧等，因此，一旦孕妇发热应立即去医院就诊，查明病因，并判断是否可继续妊娠，以对症治疗。孕妇一定不要随意自行服药，用药前必须征得医生的同意。

十九、乳头下陷与扁平的矫正

乳头与乳晕在同一平面上叫扁平乳头。如果乳头比乳晕低，即为下陷乳头。

扁平乳头和下陷乳头属于乳头异常，它可使产后哺乳发生困难，对此应在哺乳前进行矫正。

引起乳头扁平或下陷的原因有两类：一是功能性的原因，即乳头平滑肌发育不全或乳头深部角化；二是器质性原因，即因炎症、脓肿治愈后形成瘢痕，或腺纤维瘤、乳腺瘤浸润、外伤及手术损伤等。

未产妇乳头扁平或下陷多由功能性原因引起。矫正的方法可采用以下两种：

(1) 手法矫正

用一只手握住乳房，使乳房耸起，另一只手的拇、食、中指牵拉乳晕部，从深部向外牵拉乳头，慢慢向纵横方向牵引。在洗澡、睡前、起床前，每次进行几分钟的矫正处理。

(2) 负压吸引法

将一个5毫升或10毫升的玻璃注射器的外管罩在乳头上，用一小段橡皮管连接在另一个注射器上，真空负压吸引。纠正时间不要太长，以免使乳头发生肿胀和疼痛。

乳头发育明显障碍，乳头显著下陷，或因乳腺疾病引起的乳头内陷，用手法牵引或负压吸引都不可能使乳头突出，对此应进行手术治疗。

手法牵拉乳头，因不可避免会对大脑产生刺激，会促使垂体后叶分泌催产素，引起子宫收缩。妊娠5个月之后，在进行手法矫正时，应注意引起早产、流产。有早产和流产史的妇女在孕期不能进行乳头矫正,只能在怀孕前或分娩后进行。

二十、孕妇皮肤变化的防治

由于妊娠期间内分泌激素的影响,皮肤中的毛细血管扩张,血流量增加,皮肤的温度升高,颜色加深,同时皮下组织的液体增多,使皮肤看上去很滋润。但激素也刺激了黑色素细胞,使其产生了更多的黑色,导致孕妇出现色素沉着,乳晕、外阴、腋窝、腹中线等处皮肤颜色变黑。

有的孕妇在怀孕第5个月时,在下腹部可出现妊娠纹。这是由于下腹部的皮肤过于伸展,其表面出现了粉红色或紫红色的裂纹。分娩后这种裂纹会逐渐模糊不清,但不会完全消失。其实,这种皮肤变化并非只见于孕妇,有些过于肥胖之人的腹部也会出现这种裂纹。

孕妇应经常洗澡以保持皮肤清洁,消除疲劳,使心情爽快,促进皮肤的排泄功能,并经常更换内衣。

二十一、防治孕妇眩晕昏迷

眩晕是一种运动性幻觉,孕妇感到自身或周围景物发生旋转。昏迷是骤然出现的短暂的意识丧失,孕妇突然全身无力,不能随意活动而跌倒于地。二者常发生于妊娠早期,主要发生在变换体位和长久站立之后。妊娠期,体内激素的变化和自主神经功能的改变,使血管神经调节功能不稳定,在长久站立或体位改变时,不能迅速调节血管阻力,致使回心血量不足,心排血量减少,血压骤降,引起脑缺血,表现为眩晕和昏迷。应注意不要久站不动,也不要突然改变体位。如果出现眩晕或昏迷需立即休息。频繁出现眩晕或昏迷应及时住院检查。

二十二、防治孕妇烧心

烧心是由胃酸过多引起的。其原因:一是有慢性病,如胃溃疡、慢性胃炎、消化不良。二是由于摄入过多刺激性食物,如辣椒、葱、姜、蒜、醋、油等。所以,孕妇要针对原因进行治疗,或使饮食有规律,或减少刺激性食物,也可在医生指导下服用一些抗酸药物。

二十三、防治孕妇腰痛

随着胎儿不断发育长大,孕妇到了妊娠中后期,为了使重心前移的身体保持平衡,

不得不使头部和肩部向后倾斜、腰向前挺，使背部肌肉处于一种不自然的紧张状态，这样就增加了腰部的负担，如果孕妇平时缺少锻炼，腰肌张力差，就容易感到腰酸背痛。

经常洗热水澡，可以改善腰部血液循环，减轻腰部疼痛。轻轻按摩腰部，对减轻腰部疼痛也有很好的作用，不要长时间处于一种姿态，行走站立都不宜过久，注意休息，这对减轻腰肌紧张和负担都是有益的。

二十四、防治孕妇静脉曲张

妊娠晚期，由于下肢的静脉受子宫压迫，血液难以返回心脏，孕妇的腿、外阴、腹部甚至乳房等部位的静脉呈青色凸鼓出来，这叫静脉曲张。孕妇要注意不要碰撞静脉曲张部位，以免受伤出血。另外，不要长时间站立和盘腿打坐，睡觉时用垫子抬高脚，不穿过紧内衣。这些都可缓解静脉曲张。

二十五、防治肾盂肾炎

急性肾盂肾炎起病急骤，表现为发热、腰痛、尿痛、尿频、尿急等，小便检查可见大量脓细胞，有尿蛋白及红细胞，但一般不多，尿培养可发现致病病菌，血液中白细胞增多。慢性肾盂肾炎大多因急性肾炎反复发作而致，或急性期迁延而演变成慢性，症状一般较轻，但肾实质可受到损害，严重时发生肾衰竭（尿毒症）。

怀孕以后，输尿管壁松弛，管腔扩大，蠕动力降低，排尿迟缓，造成一定程度的尿潴留，有利于细菌繁殖；妊娠后子宫常向右旋转，可压迫右侧输尿管，使肾盂积水，细菌易繁殖。细菌从尿道外口侵入，上行至膀胱，再沿输尿管上行感染肾盂，而急性肾盂肾炎也就成为妊娠期较常见的一种并发症。孕妇患急性肾盂肾炎时，高热可引起流产及早产。如治疗不及时、不彻底，反复发作，可导致胎儿宫内发育迟缓、早产、先天性畸形及死胎。因此，孕妇一有尿频、尿急、尿痛、腰痛、发热等症状，应立即到医院检查小便。明确诊断以后，要积极、彻底地治疗（用消炎抗菌药物），并卧床休息、多饮水，至症状消失并且尿液检查正常 3 ~5 天后再停药。

只要孕妇平时注意以下 4 点，肾盂肾炎是可以预防的。

①保持外阴部的清洁。

②多饮水、勤排尿，可冲洗尿道，减少尿道内细菌。

③妊娠后期多取左侧卧位，以减轻子宫对右侧输尿管的压迫。

④及时治疗其他部位的感染，如扁桃体炎等。

二十六、防治子宫肌瘤

子宫肌瘤是女性生殖器官中最常见的良性肿瘤，多发于30~50岁的女性。子宫内有多个大小不等、部位不同的肌瘤。尽管其发病率比较高，但一般发展比较缓慢（指非孕时），也很少恶变，而且在绝经期以后可以自行萎缩。子宫肌瘤的确切病因尚不明了，可能与雌激素过多和长期刺激有关。妊娠时期雌激素水平增高，肌瘤多迅速增大。

子宫肌瘤可分为两大类，即子宫肌瘤和子宫颈肌瘤。肌瘤开始生长在子宫肌壁，随着肌瘤的增大及其与子宫肌壁的关系不同，有肌壁间肌瘤、浆膜下肌瘤、黏膜下肌瘤、阔韧带肌瘤等几种类型。子宫肌瘤的症状与肌瘤的大小、个数不成比例，但与生长部位关系密切，一般表现为月经过多、经期延长、下肢出现肿块、压迫症状（尿频、便秘或腰酸背痛）、疼痛、血性或脓性的白带等。

由于子宫肌瘤妨碍受精卵着床，或压迫输卵管入口妨碍精子进入输卵管，约有1/3的子宫肌瘤患者出现不孕症。患子宫肌瘤的女性一旦受孕，肌瘤可能妨碍胚胎和胎儿的发育，引起流产或早产；可能影响胎儿的活动，引起胎位不正；可能因肌瘤血管壁缺氧、破损，血红蛋白从血管渗入肌瘤组织中而产生“红色变性”，表现为剧烈腹痛、恶心、呕吐、发热、脉搏加快和白细胞增多等；可能阻塞产道，引起难产；还可能妨碍子宫肌纤维的收缩，在分娩时引起子宫收缩乏力，导致胎盘残留和产后出血等。尽管如此，合并子宫肌瘤而妊娠足月者也不少见，一般来说，小的子宫肌瘤合并妊娠，有时可以毫无症状，甚至在整个妊娠期间或分娩后，均可不觉察到肌瘤的存在。

所以，女性怀孕以后，患子宫肌瘤常易被忽略。其实，子宫肌瘤在整个妊娠期可逐渐增大，特别是在头4个月生长较快，通过B型超声波检查，一般不难诊断。

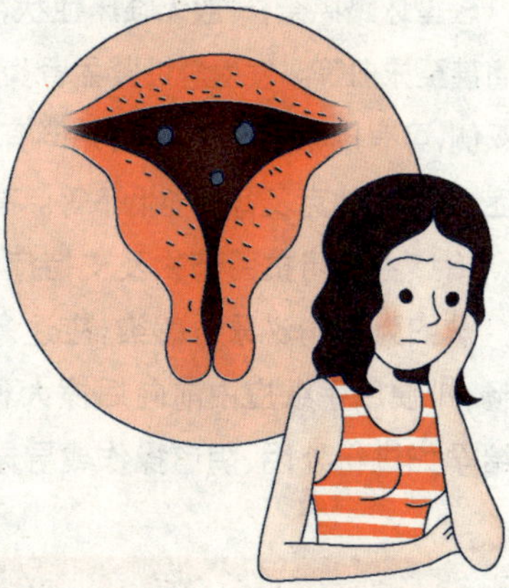

对于妊娠合并子宫肌瘤，如肌瘤不妨碍妊娠分娩，又无明显症状，而且患者希望继续妊娠，可暂不做处理，但孕妇应定期检查，预防早产等。小的肌间壁肌瘤和浆膜下肌瘤一般对妊娠分娩影响不大，能顺利从阴道分娩，但要注意产后胎盘滞留和产后出血等合并症。阴道分娩有困难的，如胎位不正或产道阻塞，必须进行剖宫产，术时根据具体情况，同时行肌瘤剔出术或子宫切除术。如发生“红色变性”应随时终止妊娠，切除子宫。

二十七、防治糖尿病

糖尿病是胰岛素缺乏引起的内分泌系统疾病，表现为血糖过高、尿中出现葡萄糖，典型症状是“三多一少——多尿、多饮、多食、体重减少”。糖尿病本身的病变过程就较复杂，并发症很多，糖尿病人如果怀孕，不仅会使孕妇出现较多的并发症，而且可对胎儿产生不良影响。对孕妇的不良影响主要在以下几方面：

①死胎、死产及早产发生率高。

②畸形胎儿发生率高，可高达 6%～10%，为正常孕妇的 3 倍以上，而病程长或有血管病变的糖尿病女性怀孕后，胎儿畸形率可高达 20% 左右。

③新生儿死亡率高。

④胎儿过大，出生时体重可达 4 千克以上。这是由于母体高血糖能刺激胎儿胰岛细胞分泌出较多的胰岛素，促使胎儿体重、体积增长过快，易造成难产。

二十八、防治泌尿系统感染

泌尿系统感染是妊娠期最常见的伴发病之一。临床症状轻重不等，由最常见较轻的无症状泌菌尿症到膀胱炎、急性肾盂肾炎。

病原菌以大肠杆菌为多见。妊娠后由于激素影响导致输尿管张力减低、蠕动减弱；增大的子宫及卵巢静脉充盈，使输尿管在骨盆边缘处于受压迫状态，产生部分梗阻及扩张，导致尿潴留。大肠杆菌存在于肠道中，并能黏附在泌尿道上皮细胞上而不易被尿流冲走，在尿潴留的基础上，易导致泌尿系统感染，亦可通过淋巴系统、血液或自尿路上行感染发病。

轻型尿路感染，一般无临床症状，尿常规也可正常。发展到膀胱炎，则出现尿频、尿急、尿痛甚至尿血等。发生急性肾盂肾炎时，则有寒战、高热、肾区疼痛及叩痛，右侧居多，亦可为双侧，可有排尿困难或血尿，并伴有恶心、呕吐，尿检有成堆白细胞及细菌，少数可并发菌血症、感染性休克及肾功能低下等。高热可引发早产或胎死宫内，血压增高等。

治疗主要用抗菌药物及支持疗法，关键是治疗应彻底。

孕妇为预防泌尿系感染，应注意卫生习惯。如每日清洁外阴，更换内裤，保持大便通畅，排便后手纸应由前向后擦大便，减少肠道细菌污染阴道及尿道的机会。医护人员给孕妇进行外阴、阴道操作或导尿时，要严格无菌操作。

二十九、防治孕早期阴道流血

在妊娠 12 周(3 个月以前)内发生的阴道流血，叫妊娠早期阴道流血。早孕阶段发生阴道流血，首先要想到流产。若有停经史，或有过不规则的阴道流血，并伴有小腹阵痛或腰痛，就要考虑到流产的可能。其次，还应考虑宫外孕、葡萄胎、宫颈炎症等。凡是妊娠早期阴道有流血的孕妇，都应及时到医院就诊，明确诊断，进行治疗。

三十、下肢浮肿的处理

在妊娠期间，为了满足胎儿生长发育的需要，孕妇的血浆和组织间液体增多，如果劳累、行走和站立时间过长，下肢容易出现浮肿。特别是到了妊娠后期，子宫逐渐增大，压迫下肢静脉，使下肢静脉血液回流受阻，下肢更容易发生浮肿。不过，一般经卧床休息后，这种浮肿大多能自动消退，如经卧床休息后仍不能消退的，称为妊娠水肿。妊娠水肿又分显性水肿和隐性水肿。如孕妇下肢皮肤发亮、弹性减低，用手指按压后出现凹陷，叫做显性水肿；有些孕妇体表无明显水肿，液体潴留在各器官的间隙中，体重增长很快，每周超过0.5千克以上，这类水肿叫做隐性水肿。

妊娠期出现的水肿，是怀孕引起的生理反应，不用害怕，只要注意休息，坐、卧时将双腿抬高，少吃含盐过高的食物，水肿就可以减轻和消失。如果下肢水肿严重，经上述方法治疗仍不见效，或伴有头晕、恶心、呕吐等，则要考虑是否患了其他疾病，需要到医院做进一步的诊治。

三十一、防治孕妇小腿抽筋

怀孕后，特别是在妊娠中期，有可能突然出现腓肠肌痉挛致小腿肚子抽筋。发生小腿抽筋时，要按摩小腿肌肉，或慢慢将腿伸直，可使痉挛慢慢缓解。为了防止夜晚小腿抽筋，可在睡前用热水洗脚，平时行走不要过多，多吃一些含钙丰富的食品，或口服一段时间的钙片，只要体内不缺钙了，小腿抽筋就会消失。

三十二、防治肺结核

怀孕以后，如发现患肺结核，应尽早明确诊断分型，如病情轻，只要积极治疗，对孕妇本身及胎儿影响都不大；如果肺结核已引起肺功能不全，甚至已影响到心脏而引起

心肺功能不良，可使胎儿缺氧。胎儿轻度缺氧，可使胎儿发育迟缓，出生后抵抗力差，体质弱；有的还可能在分娩中死亡；重度缺氧，可引起流产或死胎。因此，如发现孕妇患重症或活动性肺结核，应在妊娠头3个月内做人工流产。如在妊娠中、晚期发现肺结核，不宜终止妊娠，而应采取积极措施治疗肺结核，改善心肺功能。

孕妇肺结核病的治疗，也要早期治疗、彻底治疗，并加强营养，注意休息。抗结核药联合共用时，要充分考虑到药物对胎儿的影响，如有无致畸或其他副作用。链霉素、异烟肼、利福平等抗结核药物对胎儿有一定的影响，可能产生先天性耳聋或畸形等，应慎用。

孕妇患活动性肺结核时，分娩后，婴儿应立即接种卡介苗，并与母亲隔离6～8周，避免感染。如母亲病情稳定，没有排菌，可考虑用母乳哺喂。

三十三、防治肠道病毒感染

肠道病毒感染很常见，以夏秋季节最为多见。常见病毒血清型为柯萨奇病毒A、B型及埃可病毒。传播途径为呼吸道和消化道。

柯萨奇病毒感染在妊娠期可引起非麻痹性脊髓灰质病变及心脏病变，并导致胎儿宫内感染和畸形。母儿传播途径包括胎盘传播、阴道分娩时接触母体分泌物或血液传染及呼吸道、消化道传染。此病毒耐酸，对理化因素抵抗力强，一般消毒措施效果差。妊娠期对母儿的影响主要有：一是柯萨奇病毒A型引起新生儿感染，表现为胃肠炎和腹泻。二是柯萨奇病毒B型感染可致先天性心脏病及其他畸形，如尿道下裂、消化道畸形及死胎，不引起流产。

严重的柯萨奇病毒B型感染多发生于产后10天内。国内有报道婴儿室发生感染流行，短期内数名婴儿死亡的教训，应引起重视。

埃可病毒感染与风疹相似，孕妇感染以发热和下腹痛为特征，但很少引起胎儿畸形。孕晚期感染可致死胎，新生儿感染可致死亡或神经系统后遗症。新生儿严重感染在产后7天内发病，表现为脑膜炎、肺炎、心肌炎和肝炎。

以上病毒感染，无特殊的治疗药物，主要是加强预防，隔离传染源，流行时节加强病室空气消毒，发现并治疗隐匿性感染。

三十四、妊娠期高血压疾病的防治

发生妊娠高血压疾病的确切原因，目前尚不十分明确，有子宫胎盘缺血、家族遗传

因素、免疫学说、血流动力学的改变、血液黏稠度的改变等。子宫胎盘缺血可能是引起妊娠期中毒症的重要原因。因为慢性高血压并发子痫前期多见于初产妇、多胎妊娠、羊水过多、葡萄胎或伴有慢性血管及肾脏疾病的患者。其次血管反应性增强也可能是产生慢性高血压并发子痫前期的原因。

妊娠高血压疾病,可分为子痫前期、子痫、妊娠期高血压疾病以及妊娠合并慢性高血压,其症状大不相同。一般人所谓的妊娠高血压疾病,就是指子痫前期。

罹患妊娠高血压疾病的孕妇一般在3/1000左右。倘若孕妇本身不知自己的病症,未接受治疗的话,就会影响胎儿的发育,严重时母体也受到影响,所以妊娠中有异常现象时,应该特别注意这种类型的疾病。

患妊娠高血压疾病的孕妇,如果及时治疗,大部分都可平安地生下健康的婴儿,而且分娩后也不会留下肾脏机能方面的后遗症。倘若没有接受妊娠检查,不知道患了这种疾病,往往会因此招致死亡,轻者也会在分娩后留下肾脏方面的器质性病变。有时母体也会产生突发性痉挛而致死亡。因此孕妇必须特别注意。

(1)妊娠高血压的原因

有些人认为,孕妇在妊娠中产生令人寒栗的疾病是由胎盘内的特殊物质与母体的特异体质引起的。原因至今仍未能确定,只了解这种症状只发生在妊娠期间,一切症状都会随着妊娠的终止而结束,如果给予适当的处理和治疗,就可完全治愈。

(2)妊娠高血压的症状

妊娠高血压的症状很多,一般是出现浮肿、蛋白尿、高血压等。目前一般认为这些症状都是由于肾脏机能衰弱而引起的。妊娠高血压疾病症状严重时,头部会感到不舒服,几乎与目眩症一并出现,继续恶化,就可能会导致全身性的癫痫,进而引起痉挛,意识也会变得模糊不清或完全失去意识,这种现象与脑出血患者的症状极其相似。痉挛现象一般只发作1次,也可能反复发作好几次,更严重的患者,会在意识不清的情况下死亡,孕妇应特别注意。妊娠高血压疾病患者必须依照医师的指示治好肾脏疾病。在分娩1个月后,让罹患妊娠高血压疾病的产妇接受检查时,发现有30%~40%的人没有完全治愈。肾脏机能受到损害时,若不加以治疗,只要再次怀孕,肾脏机能就会继续恶化,即使以后不再怀孕,也会终生陷于肾脏疾病中。肾脏是排泄身体中废物的重要器官,因此肾脏有问题时,身体中的废物就无法顺利地被排出体外,一直蓄积在体内,因而越积越多,结果引起尿毒症。

在妊娠中，一般孕妇都有或多或少的脚部浮肿现象，其原因系妊娠中随着子宫的扩大，骨盆淤血，流动到脚部的血液容易停滞等，这种现象在白天工作的时候特别明显，即使没有妊娠高血压的孕妇，也会有浮肿的现象。正常情况下，经过晚上躺卧一晚之后，下腹部的血管所受的压迫感就会减轻，因此早晨起床时，浮肿现象一定比前一晚减轻。应该注意，孕妇在早晨起床后，如果未见浮肿现象减轻，就可能患有妊娠高血压疾病，应该积极接受检查。

(3)妊娠高血压疾病的治疗

妊娠高血压疾病的治疗重点在于保持安静和饮食疗法，其次才是药物疗法。关于饮食的主要食谱和内容，依病情的严重程度而有所不同，但原则上要控制食盐与水分的摄入量，并摄食含有高蛋白质、低热量的食品。

三十五、痔疮的防治

孕妇容易发生痔疮，是因为怀孕后生理变化的原因。由于子宫的增大，对直肠压力的增加，阻碍了直肠的血液循环，使直肠末端（即肛门内）静脉发生扩张淤血，如果孕妇饮食调养不当，出现便秘，就容易引发痔疮。

提示

为了尽可能地防止痔疮发生，在怀孕期间应少吃或不吃辣椒、胡椒等辛辣食品，多吃一些蔬菜和高纤维的食物。如果出现便秘，可用开水泡中药肉苁蓉，每次5克，睡前饮服。另外，蜂蜜、香蕉具有很好的润肠通便作用，可经常食用。

孕妇发生便秘时，切不可擅自使用开塞露、大黄、番泻叶等泻药，以免诱发子宫收缩，引起早产。

第二节 孕期调理食谱

在妊娠的10个月中，由于胎儿生长发育的影响，孕妇会在生理上出现相应的不适或疾病。如孕早期可能会出现呕吐、厌食、头晕；孕中期可能会出现缺铁性贫血和因缺钙引起的小腿抽搐；孕晚期可能出现腹胀、便秘、体内有较多的水钠潴留，导致高血压、

水肿和蛋白尿等症状。孕期营养不足或营养失调以及自身的体质对胎儿都有很大的影响。一方面孕妇要担负自身的营养，包括各脏器变化所需要的营养，另一方面还要满足胎儿发育成长的需要。

本篇对孕期出现的各种不适和疾病做了具体的说明，并对每款菜式的营养功效进行了详细的介绍，供不同情况的孕妇选用。

一、马蹄木耳煲猪肚

原料

猪肚半只，马蹄8只，木耳100克，枝竹50克，鲜白果30克，红枣10克，姜3克。调料：盐、鸡粉、胡椒粉各适量。

做法

①将猪肚用粗盐反复搓擦，冲洗干净，放入滚水中煮5分钟，取出切成大块，待用。

②将马蹄去皮；木耳洗净切大块；枝竹用温水浸软，切成长8厘米的段，待用。

③将所有的材料及清水放入煲内煮沸，再用慢火煲2个小时，加入调料便成。

营养功效

此菜含有丰富的蛋白质、脂肪、碳水化合物、钙、磷、铁、锌和维生素C等多种营养物质，具有补气健胃、润燥、利水消肿等作用。特别适宜妊娠后期食用，对孕妇水肿、便秘有一定的疗效。

二、醋熘白菜

原料

白菜心300克，花生油40毫升，醋、酱油、白糖、姜末、精盐等各适量。

做法

①将白菜心洗净，切成2厘米长的条，再切成3厘米长的斜方片。

②锅上火，下入花生油烧热，放入姜末炒出香味后，放入白菜片，翻炒几下，加入白糖、酱油、精盐炒匀，再烹入醋急炒，待闻到醋香时，出锅即成。

营养功效

糖姜增香，醋酸开胃，酸甜可口。此菜可供给机体蛋白质、脂肪、碳水化合物、钙、

磷、铁等矿物质和多种维生素，并有清淡解腻之功效，可减轻恶心、呕吐等症状。

三、鲜虾笋

原料

鲜虾12只，芦笋300克，清鸡汤50克，姜6片。腌料：盐、淀粉各1克。芡汁：清鸡汤10克，蚝油3克，淀粉2克。

做法

①将鲜虾除去壳，在虾背上划一刀，挑去虾肠，洗净后抹干水，再用腌料拌匀。

②芦笋切成长条，洗净，放入油盐滚水中煮约半分钟，捞起沥干水分。将清鸡汤及3片姜放入锅中煮滚，加入芦笋煮至汁干，取出放入盘中。

③烧锅，下油100克，放入虾仁用中火炸至熟，捞起控油。锅中余油放入姜片爆香，再加入虾仁及芡汁拌匀，放在芦笋上即成。

营养功效

怀孕期间，由于激素分泌产生变化，很容易引起便秘，应多吃水果和蔬菜。芦笋含有丰富的膳食纤维，能促进新陈代谢，帮助消化，减轻孕吐。

四、砂仁姜葱蒸鲫鱼

原料

新鲜鲫鱼1条（约重250克），砂仁、味精各3克，生姜6克，葱1根，花生油15毫升，精盐1克，料酒5毫升，淀粉少许。

做法

①将鲫鱼除去鳞、鳃、内脏，用清水洗净，沥干水；把葱择洗干净，切成段；生姜去皮，洗净，切成丝；砂仁洗过后，研成末。

②把花生油、精盐与砂仁末拌匀，装入鱼腹内，用淀粉封住鱼腹口，将鱼放入蒸盘内，把葱段、姜丝铺放在鱼身上，洒上料酒和味精后，用碗盖严，隔水蒸熟即成。

营养功效

不腥不腻，鲜香可口。鲫鱼富含蛋白质、脂肪、钙、磷、铁、维生素等营养物质，有健脾利湿、和中开胃、活血通络、温中下气之功效。

五、椒面羹

原料

陈皮 10 克，面粉 150 克，精盐、豆豉各少许。

做法

①把陈皮洗净，沥干，研成末；面粉加少许水，和匀揉透后，展平做成面条。

②锅里加入清水适量，置旺火上烧沸，下入面条，煮一会儿，放入精盐、豆豉做成羹，再加入陈皮末与面条调匀即成。

营养功效

清淡，稍有清香味。此羹温胃理气，主治妊娠呕吐、厌食、食欲不振等症。

六、芫荽鱼片汤

原料

鲜芫荽 50 克，鳙鱼肉 100 克，鲜紫苏叶、生姜各 10 克，酱油、食盐、味精等适量。

做法

①鲜芫荽洗净，切碎；鲜紫苏叶洗净，切细丝；生姜去皮，切细丝；鱼肉洗净，切薄片，用适量食盐、生油、姜丝、紫苏叶丝、酱油拌匀，腌渍约 10 分钟。

②锅内放适量清水煮沸，放入腌渍过的鱼片，用文火煮至刚熟，加入芫荽以及适量食盐、味精即可。随量饮用。

营养功效

此菜富含蛋白质，能暖胃和中，行气止呕。

七、陈皮炒鸡蛋

原料

鸡蛋 2 个，陈皮、生姜各 15 克，葱 2 条，食盐适量。

做法

①将陈皮用冷水浸软、洗净，切成细丝；生姜去皮，洗净，磨浆、榨汁，葱去须根，洗净，切成粒。把鸡蛋打破、去壳，搅拌成浆，再加入姜汁、陈皮丝、葱粒、食盐，调匀。

②武火起油锅，下鸡蛋炒至刚熟即可。随量食用。

营养功效

富含维生素 A，能健脾化痰，下气止呕。

八、美式脆海鱼

原料

带鱼 1 条，西红柿 2 个，洋葱、青椒各 200 克，生粉 10 克。腌料：盐 3 克，酒 5 克，胡椒粉 1 克，淀粉 5 克。调料：番茄汁 30 克，生抽 3 克，糖 5 克。

做法

①将西红柿切成大粒，洋葱、青椒切片待用。

②带鱼剁去头尾，剖洗干净，切成 6 厘米长的段，用腌料腌 5 分钟。

③烧锅，下油，将带鱼拍上淀粉，放入锅中用中火煎至两面金黄，取出滤油。

④利用锅中余油，放入洋葱、青椒、西红柿炒香，再加入调料煮滚，取起放入盘中，放上带鱼即成。

营养功效

带鱼含有丰富的蛋白质、脂肪、钙、磷、铁、维生素 A、维生素 B_1、维生素 B_2 等营养成分，具有暖胃、补虚、泽肤、和中开胃的作用。另外，带鱼还含有丰富的碘，孕妇食用，对胎儿的发育、尤其对大脑发育非常有利。

九、鸭羹粥

原料

鸭脯肉 200 克，粳米、山药各 150 克，葱段、姜片、料酒、精盐、味精、麻油等各少许，清水适量。

做法

①将鸭脯肉洗净，放入沸水锅内汆一下捞出，切成粒，放入碗内，加入少量清水、料酒、葱段、姜片，上笼蒸约 1 小时取出。粳米淘洗干净。山药洗净，煮熟剥皮，切成丁块。

②锅内放入清水、粳米，用旺火煮沸后，倒入蒸鸭肉的原汤，再改用文火煮成粥，然后加入鸭肉、山药，用精盐、味精调味，淋上麻油即可。

营养功效

具有补益气血、滋补肝肾之功效。

十、鲤鱼头煮冬瓜

原料

鲤鱼头1个，冬瓜300克。

做法

①将鱼头洗净去鳃，冬瓜去皮切成块，把沙锅放在文火上，倒入鲤鱼头、冬瓜，加水1千毫升煮沸，待鲤鱼头熟透即可。

②吃鲤鱼头饮汤，每日1次。

营养功效

本品具有益气养血、滋阴补肾之功效。

十一、鲢鱼桂圆汤

原料

鲢鱼1条，山药、枸杞子各20克，桂圆15克。

做法

①将鲢鱼洗净杀好切块，用热油爆过。

②煲内放入鲢鱼及其他用料，先用大火煲开，再用小火煮2个小时，调味食用。

营养功效

本品具有清虚热、固肠胃、补脑益气之功效。

十二、鲜蘑菇炒豆苗

原料

豆苗、鲜蘑菇各适量。

做法

①将用料洗净备用。

②先放鲜蘑菇在锅中，猛炒几下，再放豆苗，快炒熟时，加调味料即可。

营养功效

本品具有去湿解毒、消胀除胀之功效。

十三、砂仁火腿蒸鲈鱼

原料

鲈鱼1条，砂仁10克，生抽、姜丝、葱丝各20克，生油10克，火腿丝10克。腌料：盐1克，淀粉2克。

做法

①将砂仁洗净，沥干水分后分一半捣成末。

②鲈鱼去鳞、鳃及内脏，用刀起出鱼脊骨，然后用腌料涂匀鱼身，把砂仁放入鱼腹中，隔水蒸约10分钟后取出。

③将生油10克烧热，下姜丝及葱丝爆香，放在鱼面上，最后淋上生抽即成。

营养功效

鲈鱼能开胃安胎，补肾舒肝。砂仁能治疗消化不良、食欲不振、胎动不安及呕吐等症。此菜有补中安胎、开胃的作用，适用于预防脾虚气滞的脘闷呕逆、胎动不安等证。

十四、山药猪腰片

原料

冬瓜250克，猪腰1对，薏米、黄芪、山药各20克，香菇、鸡汤各适量。

做法

①将用料洗净，冬瓜洗净削皮、切成块。香菇泡软去蒂，猪腰切片、洗净，用热水烫

一下。

②将鸡汤倒入锅中加热，先放姜葱，再放薏米、黄芪和冬瓜，用中火煮40分钟，再放猪腰、香菇、山药，煮熟后用慢火再煮片刻，调味即可。

营养功效

本品具有强肾降压、清热消肿之功效。

十五、当归羊肉羹

原料

羊肉500克，当归、黄芪、生姜、党参各25克，盐、味精等适量。

做法

①将羊肉撕去筋膜，切成小块，黄芪、党参、当归、姜片装入干净纱布袋内备用。

②将羊肉块、纱布袋、料酒同入沙锅内，炖至肉熟烂、汤稠时加味精、盐调味即成。

营养功效

本品具有益气补血、润肺健脾之功效。

十六、补血红汤圆

原料

红枣5枚，草莓12个，糯淀粉150克，红米2匙，蜂蜜1/3杯。

做法

①将红枣浸软，草莓洗净去蒂。红米浸在温水中。糯淀粉用半杯水调匀成面团，揉软，加水时要放慢。将糯淀粉揉成圆，放入滚水中煮，浮起捞出放入冷水中，然后取出放入容器内。

②锅内放水，加入红枣、红米后盖好，用慢火煮30分钟，加上蜂蜜，再放草莓，滚后淋在汤圆上即可。

营养功效

本品具有滋阴补肾、健脾益胃之功效。

十七、荔枝干大枣汤

原料

荔枝干、大枣各7枚。

做法

①将荔枝干与大枣水同煮。

②每日1剂，分2次服。

营养功效

本品具有补血和血、消肿通利之功效。

十八、椒盐三鲜

原料

鲜鱿鱼100克，鲜虾、带子各50克，洋葱、青红椒各20克，淀粉20克。腌料：鸡蛋1个，酒5克，盐3克，糖2克，鸡精5克，胡椒粉1克。调料：椒盐5克，鸡精3克，麻油3克。

做法

①将鲜鱿鱼剖洗干净，切成大三角形，用刀在上面剞十字花纹；鲜虾去壳；带子洗净，抹干水分。

②把鱿鱼、鲜虾仁、带子放入碗内，加入腌料拌匀，腌5分钟。

③将洋葱、青红椒洗净后切成丝状。

④将淀粉倒入盛有三鲜的碗中，顺同一方向搅拌成糊状，再慢慢倒入已烧热油的锅中，用猛火炸至身硬，倒起控油。

⑤利用锅中余油，放入洋葱、青红椒爆香，再加入三鲜及调料，炒匀上盘便成。

营养功效

鲜鱿鱼、鲜虾仁、带子合称为三鲜。三鲜含有大量的蛋白质及丰富的钙质、磷、铁等营养物质。此菜能增加孕妇的食欲，防止营养缺乏，有利于胎儿正常发育。

十九、鸭汤

原料

水鸭1只，瘦肉100克，山药、枸杞子各15克，姜2小块。

做法

①将水鸭用滚水泡后去毛及内脏，瘦肉放入滚水中煮5分钟，取出洗净备用。其他用料洗净。

②锅内放适量清水煮沸，放入用料，用慢火煲4个小时，放油盐调味。

营养功效

本品具有滋阴补气、开胃健脾之功效。

二十、宫爆肉丁

原料

猪肉125克，花生仁50克，花生油75毫升，鸡蛋清半个，淀粉50克，味精1克，料酒1毫升，酱油25毫升，豆瓣酱15克，葱、蒜、精盐、高汤、姜汁、白糖等各少许。

做法

①将猪肉洗净，切成手指头大小的丁，放入碗内用酱油、盐拌匀腌渍，再用蛋清、水、淀粉上浆；葱择洗后切丁；蒜剥去皮切片；花生仁去红皮，用热油炸酥。

②用高汤、淀粉、味精、酱油、料酒、葱、姜汁、糖等调成芡汁。

③锅上火，放入花生油烧至五成热，放入猪肉丁滑熟，倒入漏勺内。锅内留底油，下入豆瓣酱炒出香味，随即下入肉丁，翻炒数下，把调好的芡汁搅匀倒入，放入花生仁，颠翻几下，出锅装盘即成。

营养功效

此菜味道鲜香。猪肉营养丰富，所含纤维素细腻，还含油脂，具有很好的润肠作用。花生仁营养丰富，脂肪含量高。此菜具有润肠通便、防治便秘、痔疮的功效。

二十一、松子仁粥

原料

松子仁30克，粳米100克，精盐少许。

做法

①将松子外壳砸破，取其仁30克，洗净，沥干水，捣烂如膏；粳米淘洗干净。

②煮锅内加入适量水，放入松子仁膏及粳米，置火上煮，烧开后用小火煮至黏稠时，点入少许精

盐调味即成。

营养功效

粥黏稠，味咸香。松子仁富含油脂。此粥润肠增液，滑肠通便，适合妊娠便秘、痔疮患者食用。

二十二、芝麻里脊

原料

猪里脊肉150克，鸡蛋3个，芝麻20克，精盐、酱油、味精、葱、姜、面糊、淀粉、熟猪油、料酒等各适量。

做法

①将葱、姜择洗净，切成碎末；里脊肉洗净剁成泥状，放入碗中，加入葱末、姜末、味精、精盐、酱油、鸡蛋1个，搅匀上劲成里脊肉馅。

②取另2个鸡蛋放在碗内打散，加入水淀粉、精盐，放入锅内上火，摊成3张蛋皮，将蛋皮放在案板上铺开，中间抹上里脊肉馅，叠成8厘米长、2.5厘米宽、1厘米厚的条块形，封实口。正面抹上面糊，沾上芝麻。

③锅上火，放入猪油烧至六成热，投入蛋皮肉卷，炸至呈黄色时捞出，切成短条上盘即成。

营养功效

此菜适合妊娠腹胀、腹泻者食用。

二十三、猪肚煲车前草

原料

猪肚3个，车前草、胡萝卜各100克，瘦肉50克，姜片5克，蜜枣2枚，赤豆、黄豆各10克。调料：盐、鸡精、胡椒粉适量。

做法

①将猪肚切成两半，用粗盐反复搓擦，再清洗干净，瘦肉切成大块待用。

②把猪肚及瘦肉放入滚水中煮3分钟，捞起洗净；车前草、胡萝卜洗净后切成大块。

③将所有材料一起放入煲内，加入清水1千克，用猛火煲半个小时，再转为慢火煲2个小时，放入调料便成。

营养功效

此汤有健脾利水，益血补虚，促进食欲的作用。胡萝卜中的纤维素，也有助于食物的消化。

二十四、卤猴头蘑

原料

瓶装猴头蘑150克，鸡汤50克，花生油10克，酱油、白糖各5克，料酒、精盐、味精、葱、姜、水淀粉等各适量。

做法

①将猴头蘑从瓶中取出，挤干水分，用清水洗两遍，再挤干水分，切成小片；将葱择洗净切段；姜切块，拍裂。

②炒锅上火，放入油，下入葱段、姜块爆香，放入酱油、料酒，加入鸡汤、精盐、味精、白糖，烧开锅后，放入猴头蘑，再用小火烧5分钟，然后改用旺火收汁，并放入少许水淀粉，汁挂匀后，出锅装盘即成。

营养功效

滑润，鲜香。猴头蘑营养丰富，含有蛋白质、脂肪、钙、磷、铁、胡萝卜素、维生素B_2、烟酸、维生素B_1等营养物质，并有助消化、利五脏、除腹胀的功效。此菜适合妊娠腹胀者食用。

二十五、糯米藕

原料

干荷叶1张，糯米150克，藕3节，白糖150克，青梅适量。

做法

①将藕洗净，切断藕节一端，把糯米洗净，灌入藕眼，可用筷子捅实。使每个藕眼里塞满糯米，然后用竹签把藕节联上。

②锅上火，放入水烧沸，放入藕煮，盖上荷叶，煮40分钟后取出稍凉。

③炒锅上火，加入清水，放入白糖，熬成蜜汁；青梅切成小粒。

④将藕皮刮去，切成片码入大盘内，浇上蜜汁，撒上青梅即成。

营养功效

清香，甜润，不腻。此品有补中益气、止泻的功效。适合孕妇消化不良、食欲不振及腹泻者食用。

二十六、蘑菇豆腐

原料

嫩豆腐500克，鲜蘑菇50克，熟竹笋片、香油各25克，素汤汁300毫升，酱油10毫升，精盐、味精、料酒等各适量。

做法

①将嫩豆腐放入盘中，加入料酒，上笼用旺火蒸40分钟后取出，切成5厘米见方的小块，放入锅内，用沸水焯后，用漏勺捞出。

②把鲜蘑菇削去根部黑污，洗净，放入沸水锅中焯1分钟，捞出，用清水漂凉，切成片。

③在炒锅内放入豆腐块、笋片、鲜蘑菇片、精盐和素汤汁(浸没豆腐为准)，用中火烧沸后，移置小火上炖约10分钟，加入酱油、味精，淋上麻油即成。

营养功效

菜嫩滑，汤鲜美，口味清香。此品适合因低钙而导致下肢痉挛的孕妇食用。无痉挛症的孕妇也应多吃此菜，以保证孕妇和胎儿所需钙的供给。

二十七、香油虾段

原料

鲜河虾1千克，鸡蛋2个，香油750克(约耗100克)，青豆、百合粉、肉汤各50克，味精、水淀粉、胡椒粉、精盐等各适量。

做法

①将河虾洗净，从中选出大虾300克，剥去头和壳，保留尾壳，使虾仁和尾壳仍连在一起；将余下的700克虾全部去壳，取出虾仁，一起盛入瓷盆中，加入

精盐少许，用手搅动，出现黏液时，即用清水冲洗两次，最后沥干水分。

②将鸡蛋磕入碗中，用筷子搅散，放入百合粉、精盐、味精调匀，再放入虾仁(包括有尾壳的虾仁)拌匀上浆。

③将香油倒入炒锅内，用中火烧至五成热时，放入大虾炸透，倒入漏勺沥油。炒锅内留油少许，再放入虾仁、青豆煸炒几下，淋入肉汤炒匀，再用水淀粉勾芡，出锅装盘，将大虾摆在小虾仁上面，撒上胡椒粉即成。

营养功效

虾肉鲜嫩，口味咸香。此菜为孕妇佳肴，是妊娠期下肢痉挛时补钙的理想保健食品。

二十八、煎酿鸡翅

原料

鸡中翅 300 克，火腿肉 50 克，凉瓜 1 条。腌料：酱油 10 克，糖 3 克，生油 2 克，酒 3 克。

做法

①将鸡中翅去骨，用腌料腌渍 10 分钟。

②把火腿肉、凉瓜分别切成长 10 厘米的段，放入鸡翅中。

③烧锅，下油，放入鸡中翅，用慢火煎熟，取起滤油后码入盘中即可食用。

营养功效

苦瓜含奎宁、类胰岛素、多种氨基酸、果胶、苦瓜甙等营养物质，具有清热毒、祛暑、明目、提高免疫力的作用。鸡肉含丰富的蛋白质、脂肪、维生素等营养物质。孕妇常食此菜，对均衡营养有一定的帮助。

二十九、牛肉末炒芹菜

原料

牛肉 50 克，芹菜 200 克，酱油、盐等各 5 克，淀粉 10 克，料酒 3 克毫升，姜、葱各 2.5 克，植物油 15 毫升。

做法

①将牛肉去筋膜，洗净，切碎，用酱油、淀粉、料酒调汁拌好；芹菜择洗干净，切碎，

放入开水锅中烫过；葱去皮，洗净切碎；姜洗净切末。

②锅置火上，放油烧热，下入葱末、姜末炝锅，再放入腌过的牛肉末，用旺火快炒，取出备用。

③锅中留余油烧热，下入芹菜快炒，加盐炒匀，然后放入炒过的牛肉末，再用旺火快炒，并加入剩余的酱油和料酒，炒匀即成。

营养功效

芹菜和牛肉均含有钙质和维生素D，具有益气增血、强筋健骨的作用。孕妇常吃此菜，可增加钙、磷、铁的补充，防治小腿抽筋，也有利于胎儿生长发育。

三十、糯米红枣炖鲤鱼

原料

鲤鱼1尾（约500克），糯米50克，红枣10枚，生姜2片，陈皮1块，黄酒、酱油、精盐各适量。

做法

①将鲤鱼剖杀，去鳞、鳃及内脏，洗净沥干。红枣洗净去核。生姜、陈皮洗净。

②将糯米淘洗干净，用清水浸透，与黄酒、酱油拌匀，与红枣一同放入鱼腹内，用针线缝合。然后放入沸水中焯1分钟，取出后与生姜、陈皮一同放炖盅内，加凉开水适量，盖上炖盅盖，放入锅内，隔水炖4小时左右，加入精盐调味即成。

营养功效

补益气血。适用于气血虚弱型胎儿宫内发育迟缓。

三十一、鹿茸炖猪肉

原料

鹿茸6克，猪瘦肉50克。

做法

将猪瘦肉洗净，切成小块；鹿茸洗净。将用料放入炖盅，加清水适量，隔水炖3～4小时，加精盐调味即成。

佐餐食用，一天之内服完。

营养功效

补肾壮阳，养血育胎。适用于肾阳虚弱型胎儿宫内发育迟缓。血热者忌用。

三十二、地骨爆两羊

原料

地骨皮12克，陈皮、神曲各10克，嫩羊肉、羊肝各250克，水淀粉、葱丝、豆豉、盐、糖、黄酒等各适量。

做法

①将地骨皮、陈皮、神曲加水适量煎煮40分钟，去渣后再加热浓缩成稠液。

②将嫩羊肉洗净后切丝，羊肝去筋膜后洗净、切丝，皆用水淀粉拌匀，再以素油爆炒至熟，加入药液和作料，收汁即可。分顿佐餐。

营养功效

补气养血，温补脾胃。

三十三、北芪红枣炖鲈鱼

原料

鲈鱼1条，北芪25克，红枣10克，瘦肉50克，姜片3克，酒3克，调料：盐、胡椒粉适量。

做法

①将瘦肉切成大粒，放入滚水中煮1分钟，捞起待用。

②把鲈鱼剖洗干净，抹干水分；北芪洗净；红枣去核。

③将所有材料放入炖盅内，加入适量滚水，用中火隔水炖3小时，放入调料拌匀便成。

营养功效

北芪补气行血，红枣补血养心，可用于怀孕期间或产后气虚血少的调理；鲈鱼有滋补、安胎的功用。此汤是治疗妊娠水肿及胎动不安的最佳食品。

三十四、萝卜兔肉汤

原料

鲜嫩兔肉、胡萝卜各250克，党参30克，红枣6枚。

做法

①将兔肉洗净，切块；胡萝卜去皮，切成大块；党参、红枣洗净。

②把全部用料放入锅内，加适量清水，用武火煮沸后，用文火煲约2～3个小时，调味后食用。

营养功效

补气健脾，养血育胎。

三十五、芹菜炒肉丝

原料

芹菜200克，猪肉丝125克，生姜、香麻油、淀粉、精盐、酱油等各适量。

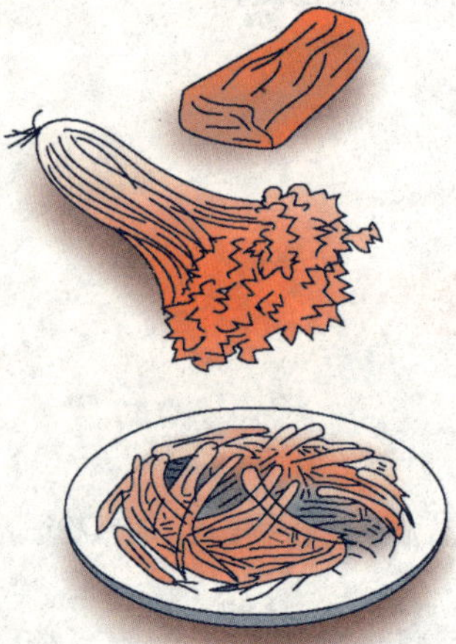

做法

①将芹菜择洗干净，加少许盐在水中浸泡约10分钟；牛(猪)肉洗净后切丝，加1/4勺麻油，以适量淀粉、酱油拌匀，放置5分钟。将生姜洗净，去外皮，切片。

②炒锅内放油烧热后，放入生姜片略炒即可加入肉丝，用快火炒至七成熟，先取出，将芹菜切断，以大火快炒，倒入炒好的肉丝，加精盐炒匀即成。佐餐食用。

营养功效

清热、降压、通便。适于妊娠期高血压疾病患者食用。

三十六、天麻炖鸭子

原料

天麻15克，生地黄30克，鸭子1只(约500克)，精盐、味精各适量。

做法

①将鸭除去内脏，洗净。

②将天麻、生地黄洗净后切片，与鸭子用沙锅共炖至鸭烂熟。

③食肉饮汤，宜经常食用。

营养功效

平肝滋阴。适用于阴虚阳亢型妊娠期高血压疾病患者。

三十七、葛根鲢鱼汤

原料

鲢鱼1尾(重约250克),生葛根250克,大枣10枚。

做法

①将枣肉洗净;鲢鱼去鳞、鳃及内脏,洗净;葛根去皮,洗净,切厚片。

②将大枣放入沙锅内,加清水适量,用大火煮沸,再加入葛根,用大火煮10分钟,加入鲢鱼,再用小火煮2个小时,调味即可。随量饮用。

营养功效

利水降压。适用于脾经湿火之妊娠期高血压疾病患者。

三十八、归芪参苓鸡

原料

当归12克,黄芪25克,党参、山药、薏苡仁、枸杞子、桂圆肉各30克,茯苓、白术、莲米、扁豆、杜仲各20克,制附子10克,熟地15克,乌骨鸡1只。

做法

①将药用温水淘洗一下,乌骨鸡去毛与肠肚,药装在鸡腹内。

②加1.5千克水,用大火煮沸后,用慢火煮40分钟。空腹食用。

营养功效

健脾补血安胎。适用于习惯性流产者。

三十九、杜仲五味子炖羊肾

原料

羊肾1副,杜仲15克,五味子6克,精盐、葱各适量。

做法

①将羊肾洗净去臊腺脂膜,切碎放入沙锅内,杜仲、五味子用纱布包好。

②将上料一同入锅，加适量水，用大火烧沸后转用小火炖至羊肾熟透，加入精盐、葱，煮熟即成。空腹食用。

营养功效

补肝肾，强筋骨，温阳固精。适用于习惯性流产者。

四十、金蛋牛肉煮菠菜

原料

牛肉200克，菠菜300克，咸蛋1只，姜片3克。腌料：盐2克，生抽3克，鸡蛋半个，淀粉5克，嫩肉粉2克。调料：糖3克，盐2克，鸡精3克，麻油1克。

做法

①将牛肉切成薄片，用腌料拌匀，腌15分钟。

②把菠菜择好，洗净；咸蛋打散放入碗中，再放入蒸锅内蒸熟，取出待用。

③烧锅，下油10克，放入姜片及200克水煮滚，然后加入其他材料，用猛火煮2分钟，放入调料拌匀便成。

营养功效

牛肉含有较高蛋白质、脂肪、钙、磷、铁、维生素 B_1、维生素 B_2 等营养物质，有补脾胃、益气血、强筋骨的作用。菠菜富含铁、磷、维生素A和维生素C等营养物质，有补血、助消化、通便的功效，是孕妇怀孕后期补铁的最佳蔬菜。

四十一、乳鸽枸杞汤

原料

乳鸽1只，枸杞30克，精盐适量。

做法

①将乳鸽去毛及内脏杂物，洗净。

②将乳鸽放入锅内加水与枸杞共炖，熟时加盐少许调味即成。

③饮汤吃肉，每日2次。

营养功效

益气补血理虚。适用于习惯性流产者。

四十二、冬瓜鲤鱼汤

原料

鲤鱼 1 尾(约 500 克),冬瓜 500 克,黄酒、葱段、生姜片、植物油等各适量。

做法

①将冬瓜洗净切片。鲤鱼去鳞、鳃及内脏,洗净。

②鲤鱼下油锅煎至金黄色,加入适量清水,再加入冬瓜片、黄酒、葱段、生姜片,煮至鱼熟瓜烂,拣去葱、姜即成。

③吃鱼喝汤。

营养功效

安胎利水。适用于羊水过多者。

四十三、海蜇荸荠木耳汤

原料

海蜇皮 120 克,荸荠 350 克,黑木耳 10 克。

做法

①海蜇皮漂洗干净,荸荠洗净连皮用,黑木耳用水浸泡 3 个小时。

②上料加 750 克水,煎至 250 克。

③空腹食用,连服 7 日。

营养功效

息风止痉。适用于先兆子痫。

四十四、玉蝴蝶冰糖炖梨

原料

玉蝴蝶、冰糖各适量,梨 1 个。

做法

将玉蝴蝶、冰糖放入去核的梨中,蒸熟。佐餐食用。

营养功效

顺气开音,化痰利咽。适用于妊娠失声者。

四十五、橄榄炖肉

原料

橄榄10个，猪瘦肉、鲜藕各150克，酱油、白糖、植物油等各适量。

做法

①将猪肉洗净，切成块。鲜藕洗净，切成块。炒锅上火，放油烧热，下猪肉炒。

②再加入适量清水、橄榄、藕、酱油、白糖，用小火炖熟即成。佐餐食用。

营养功效

滋补润肺，开音。适用于妊娠失声者。

四十六、响螺鲍鱼煲鸡

原料

母鸡半只，鲜鲍鱼3只，响螺肉100克，冰糖10克，枸杞子5克，姜5克，盐、胡椒粉适量。

做法

①将母鸡洗净，响螺肉洗净后切片，一起放入滚水中煮2分钟，取出待用。

②把鲜鲍鱼剖洗干净，用牙刷刷去表面脏物，洗净待用。

③将所有材料放入煲内，加入适量清水，用猛火煲半个小时，再改用慢火煲1个小时便成。

营养功效

鲍鱼富含人体必需的氨基酸、蛋白质、碘、钙、钠、磷等营养物质，有抗癌及消炎的作用，并有益精明目、养血柔肝的功效。此汤营养丰富，孕妇食用可补身，并利于胎儿的营养吸收。常食本菜，孕妇能健身强体，有利顺利分娩和产后身体的恢复。

四十七、当归黄瓜肉丝

原料

当归5克，嫩黄瓜750克，猪瘦肉100克，白糖50克，精盐2克，生姜丝10克，食醋

30 毫升，植物油 50 毫升。

做法

①将黄瓜洗净，削去两头，切成 3 厘米长的段，用滚刀法片成大片，再切成粗丝。当归洗净切成片备用。

②将猪瘦肉洗净后用开水煮熟，捞出凉凉，切成丝，再把肉丝、黄瓜皮丝放入盘内，加上精盐、白糖、生姜丝、食醋拌匀。

③炒锅上火，放油烧至八成热时离火，放入当归片，浸出香味后去当归片不用，将油倒入盘中拌匀即成。佐餐食用。

营养功效

滋阴润燥，清咽开音。适用于妊娠失声者。

第六篇 怀孕禁忌

第一节 饮食禁忌

一、孕妇不能偏食

孕妇在早孕反应期间，因妊娠反应不愿吃肉类食品，或表现出偏食，如只吃植物食品，或偏爱某种单一的食品，这是可以理解的。但是不能整个孕期都吃素食或某些食品，或精制米面，或只吃肉、蛋、鱼类及粗粮，这样会因营养缺乏而危害胎儿。

植物食品，也就是我们所说的素食，一般含维生素较多，但是普遍缺乏一种叫牛黄酸的营养成分。人类需要从外界摄取一定量的牛黄酸，以维持正常的生理功能。牛黄酸对儿童的视力有重要影响。如果缺乏牛黄酸，儿童视网膜就会出现异常。

动物食品大多含有牛黄酸，因此孕妇应该吃一些动物食品，此外还应吃一些鲜蛋、鱼虾，喝一些牛奶，使胎儿能得到足够的营养。

由于生活水平的提高，人们精米精面的食用量增加了，却忽略了未经过细加工的食品及粗粮。要知道，许多人体必需的微量元素，存在于那些未经过细加工的食品和粗粮中。如果孕妇只食用精制米面，会造成营养缺乏症，或导致一些疾病的发生。总之，孕妇在孕期不能偏食。

二、不要吃不洁、变质及被污染的食物

吃不洁和变质的食物可引起胃肠炎和痢疾等肠道疾病，影响食物中营养成分的吸收；常吃受到污染的食品不仅有致癌作用，还可能诱发胎儿畸形。

三、少食速食食品及罐头食品

孕妇在孕期的营养摄取很重要，不仅需要大量的蛋白质，而且还需要一定量的脂肪、糖、矿物质、维生素和微量元素。这些都需要孕妇从日常饮食中摄取，只有在摄食不足时才给予药物补充，因此孕妇的饮食营养是非常重要的。此外，孕妇还需要一些必要的脂肪酸，这些脂肪酸是形成血管和神经细胞的重要成分。

方便食品不仅缺乏蛋白质，而且缺乏必要的脂肪酸；多食或经常食用方便食品会造成胎儿体重不足，容易产生各种非遗传性缺陷。

罐头食品虽然有营养，但罐头食品在制作、运输和存放过程中如果消毒或密封不严，食品就会被细菌污染。这样的罐头如果被孕妇食用，会危害母体和胎儿的健康，甚至因食物中毒或腹泻造成流产、早产或死胎。另外，罐头食品在制作中要放入防腐剂，过多食用罐头食品，对孕妇及胎儿健康不利。新鲜的食品做成罐头后，部分营养物质被破坏，因此食用罐头不如多吃新鲜的食品，如有条件，尽量食用新鲜的鱼、肉、蛋及水果蔬菜，这样有利于母体和胎儿的健康。

四、孕妇应慎食的食物

(1)油条

油条是许多家庭早餐桌上常见的食品，但孕妇应慎食。主要是因为油条在制作过程中加入了明矾。明矾是含铝的无机物，每 1 千克面粉的油条，大约需用 15 克明矾。如果孕妇每天吃 2 根油条，等于吃了 2 克明矾。积蓄起来其摄入的铝量是相当惊人的。这些铝通过胎盘，侵入胎儿的大脑，会造成神经障碍。

(2)糖精

糖精是和糖截然不同的两种物质。糖是从甘蔗和甜菜中提取的。糖精是从煤焦油里提炼出来的，其成分主要是糖精钠，无营养价

值，纯净的糖精对人体无害。但孕妇不应长时间过多地食用糖精，或大量饮用含糖精的饮料，或是每天在饮料中加入糖精。糖精对肠胃道黏膜有刺激作用，并影响某些消化酶的功能，导致消化功能减退，发生消化不良，造成营养吸收障碍等。由于糖精是经肾脏从小便排出，所以会加重肾功能负担。

(3) 热性香料

八角茴香、小茴香、花椒、辣椒粉、桂皮、胡椒、五香粉等调味品，孕妇在孕期要慎用。孕妇怀孕时肠道较干燥，热性香料有刺激性，易造成肠道干燥、便秘或粪石梗阻。

(4) 盐

进食过多的氯化钠会引起水肿或血压升高。如果孕妇患有某些疾病，如心脏病、肾脏病等，应从妊娠开始就忌盐或食低钠盐。如发现孕妇患有妊娠高血压，也应忌盐。孕妇应逐渐习惯低盐饮食。

(5) 咸鱼

咸鱼含有二甲基硝酸盐，进入人体内能被转化为致癌性很高的二甲基硝胺，并通过胎盘传送给胎儿，是一种危害性很大的食物，孕妇应慎食。

(6) 黄芪炖鸡

黄芪具有益气健脾之功，与母鸡炖熟食用，有滋补益气的作用，是气虚的人食用的很好补品。但快要临产的孕妇应慎食，以免妊娠晚期胎儿正常下降的生理规律被干扰，而造成难产。

五、孕妇应慎食的果品

(1) 山楂

女性怀孕常伴有恶心、呕吐、食欲不振等反应，喜欢吃一些酸甜味果品。山楂酸甜可口，并有开胃消食的作用，是孕妇们喜欢的果品。但是，山楂对子宫有一定的兴奋作用，可促使子宫收缩。如果孕妇大量食用山楂制品，可能造成流产。因此有过流产史或有流产先兆的孕妇，应慎食山楂。

(2) 桂圆

桂圆营养丰富，被作为补品食用，但妊娠期间应该少吃或不吃。桂圆含有葡萄糖、蔗糖、维生素等营养物质，具有补心安神、养血益脾等功效。其性温热，而孕妇往往怀孕后阴血偏虚，阴虚产生内热，再食桂

圆会热上加热，造成孕妇大便干燥、口舌干燥而胎热，不但不能保胎，反因内热迫血妄行，出现阴道出血、腹痛等流产症状。

(3)水果的摄入量

一些孕妇认为，多吃水果可以增加营养，不会引起发胖，生出的孩子皮肤会白嫩细腻。水果中90%是水分，还含有葡萄糖、果糖、蔗糖和维生素。这些糖类很容易被胃肠道消化吸收。果糖和葡萄糖经代谢可转化为中性脂肪，促使体重增加，还易引起高脂血症。所以孕妇每天的水果食量不应超过500克。

如果孕妇贫血应少吃石榴。

六、孕妇应少喝的饮料

(1)茶

孕妇喝浓茶，尤其是浓红茶，对胎儿会产生危害。茶叶中含有2% ~5%的咖啡因，咖啡因有兴奋作用。如果孕妇饮用过多、过浓的茶，会刺激胎动增加，对胎儿的生长发育不利。茶叶中含有多量的鞣酸，与孕妇食物中的铁结合成不能被机体吸收的复合物。孕妇若过多地饮用浓茶，可能会引起缺铁性贫血，会给胎儿留下先天性缺铁性贫血的遗患。

(2)咖啡

咖啡中含有咖啡因，能破坏维生素，导致维生素 B_1 的缺乏症，表现为烦躁、易疲劳、食欲不振及便秘。严重的可发生多发性神经炎，心脏扩大，心跳减慢，肌肉萎缩或浮肿。孕妇若长期饮用咖啡，危害更大，甚至可能导致胎儿损伤或流产，产下的婴儿不如正常婴儿肌肉健壮，也不如正常婴儿活泼。

(3)糯米甜酒

我国一些地方有给孕妇吃糯米甜酒的习惯，认为其具有补母体、壮胎儿的作用。其实不然，糯米甜酒的主要成分是酒精，吃糯米甜酒和饮酒一样，只是糯米甜酒的酒精浓度比普通酒低。但即使是微量酒精，也可以通过胎盘进入胎儿体内，使胎儿大脑的分裂受阻，而致发育不全。如果中枢神经系统发育受阻碍，会造成胎儿畸形和智力低下。

(4)可乐型饮料

可乐型饮料中含有咖啡因，婴儿对咖啡因尤为敏感。怀孕和哺乳的母亲应慎用这类饮料。咖啡因可迅速通过胎盘而作用于胎儿。如果孕妇过量饮用可乐型饮料，母体

内的胎儿会直接受到不良影响。哺乳的母亲饮用含咖啡因的可乐型饮料，咖啡因会随乳汁分泌，被婴儿吸收，会间接危害婴儿的健康。咖啡因可使细胞发生变异，因此能引起遗传性疾病。德国科学家还证明了咖啡因能破坏人类细胞的染色体。

(5) 冷饮

妊娠期妇女的肠胃对冷热刺激非常敏感。多吃了冷饮会使孕妇的肠胃血管突然收缩，胃液分泌减少，消化功能降低，引起一系列胃肠症状。如食欲不振、消化不良、腹泻、胃部痉挛、腹痛等。

孕妇如果大量贪食冷饮，鼻、咽、气管等呼吸道黏膜会充血，导致血管突然收缩，血流减少，使局部抵抗力下降，容易感染上呼吸道疾病。孕妇过食冷饮还会造成胎儿在宫内躁动不安，胎动变频繁。因此，孕妇吃冷食一定要节制。

第二节 性生活禁忌

一、不要强行过性生活

一般是，男子性欲强于女性，往往急于性交，不顾女方的身体、情绪如何，欲望如何，粗暴地强求行事，这样被迫应付易使妻子得不到快感，从而引起性淡漠，甚至恐惧、厌倦、性欲减退而达不到高潮，影响受孕。

二、不要经期过性生活

女子月经期性交后会加重子宫内膜充血，导致经期延长、流血过多；还容易将细菌带入阴道，引起子宫慢性炎症，严重的会导致终身不孕。

三、不要病体过性生活

性生活要付出一定的精力和体力。即使青壮年也应适当节制，不可纵欲，患有严重的器质性疾病，医生已叮嘱不能过性生活者，不要勉强过性生活。比如高血压、心脏病患者或急性心肌梗死后正在恢复的病人，男女都应节欲，以免引起病情骤变，而发生意外危险。另外，男女任何一方，当生殖器或泌尿系统发生急性疾患或其他传染病期

间，必须严禁性生活，以防病情加重或受孕影响优生。

四、不要疲劳未消过性生活

人在经过强体力劳动或激烈运动后，不宜勉强过性生活。因为性生活要消耗一定体力，且身体或精神疲惫时做爱会损害身体健康。如果此时受孕，也会影响下一代的正常发育。

五、不要孕初孕末过性生活

妊娠头3个月要避免性生活。因为此时若过性生活，性冲动的机械刺激引起子宫收缩，会导致流产。同时精液中所含前列腺素可促进宫缩，并会导致宫口松弛。妊娠后3个月也应禁止性生活，因为此时子宫颈下降，性交时插入的阴茎与其接触，会污染产道，并且此时子宫处于高度敏感状态，性高潮时子宫收缩，会引起早产。中间几个月，虽不禁止，但要节制，且注意性交姿势，动作不可过于猛烈，女方的腹部不要受到压迫。而对于一些习惯性流产的人，则须在整个妊娠期间禁止性生活。

六、不要浴后立即过性生活

洗澡时全身血液循环加快，皮肤血管充分扩张，这种生理变化情况要持续一段时间，浴后如立即性交，会使血液循环平衡失调，而影响身体健康。

七、不要七情太过时性交

七情太过，情志因素失调，不仅会导致脏腑功能紊乱，发生疾病，而且对性生活也有严重影响。在不良的心理因素、恶劣精神状态下进行性交，可以导致性淡漠、性障碍，有损健康。

八、产后不要立即过性生活

女性分娩以后，会阴部伤口愈合、子宫的创面恢复缓慢，约需40～60天才能完全愈合，加之分娩时大量出血，产程用力过度，以及刚开始哺乳的劳累，体质极为虚弱，抵抗力大为降低，故需长时间调整休养，以恢复健康。这期间，应绝对避免性生活，否则，过早性交后会引起子宫颈炎、子宫内膜炎、附件炎等生殖器官发炎和子宫出血，或妨碍会阴、阴道伤口的愈合以及产后健康的恢复。

九、别在气候恶劣时同房

性生活的和谐必须有舒适的气候环境。恶劣的气候环境时同房不仅夫妻双方的情绪会受到影响，而且可能引起脏腑功能失调，气血紊乱，精气耗损，邪气得以乘虚侵入人体，产生疾病，对优生影响极大。

十、不要“五更”同房

就是要忌在黎明前、快起床时同房。因为在这种情况下，夫妻双方兴奋后，精力得不到充分的休息和恢复，使机体平衡失调，从而降低身体的抵抗力。同时，由于过度疲劳，也会影响后代的健康。

十一、不要忍尿同房

忍尿过性生活有较大危害。由于尿液充盈膀胱，如强行性交往往会引发尿道与膀胱病变。

十二、过饥过饱不要同房

饮食后，气血集中于胃肠，应适当休息，以利于消化吸收。反之，饥肠辘辘，人的体力下降，精力不充沛，此时同房往往不易达到满意的效果。

只要严格遵守上述这些性生活的注意事项，一般说来是可以优生的。

第三节　用药的禁忌

一、孕妇用药应遵循的原则

孕妇与正常人一样也会患上各种疾病。孕妇用药后，药物会通过胎盘进入胎儿体内，有些药物在胎儿体内的浓度还相当高，其中的一些药物会影响胎儿器官的发育而致胎儿畸形，尤其是怀孕2～8周时药物影响最大，因此，对孕妇用药应采取谨慎的态度。但有些孕妇及其家属却片面地认为，凡是药物都会伤害胎儿，所以生病后对医生开给的药一概不用，而是靠自身的免疫力、抵抗力硬撑着。事实上，孕妇患病就意味着自身的抵抗力已经降低，免疫功能不足以抵御对抗疾病因子的作用，如不及时治疗，反而会加速疾病本身对孕妇身体的危害，并继而影响胎儿。因此，孕妇用药应是既慎重，又不能绝对回避。具体的可参照以下用药原则：

①任何药物（包括中草药、中成药）的应用必须得到医生的同意并在医生指导下应用。

②能少用的药物则少用，可用可不用的，则不用。

③必须用药时，应尽可能选择对胎儿无损害或影响最小的药物，如因病情和治疗需要而必须长期应用某种药物而该药又会导致胎儿畸形时，则应果断中止妊娠（流产或引产）。

④切忌自己滥用药物或听信所谓“秘方”、“偏方”，以防止发生意外。

⑤避免应用不了解的新药。

⑥根据治疗效果，注意随时减药和停药。

⑦在遵循上述用药原则的基础上，应把药物的用量、种类等减到最少。

二、孕妇用药对胎儿及新生儿的影响

孕妇不恰当用药后，药物对胎儿及新生儿的影响主要有直接和间接两个方面。

(1)直接影响

如便秘使用泻药,会使肠蠕动增加、子宫收缩引起早产、流产;又如患高血压后应用降压药物会使血压剧烈下降,导致子宫、胎盘血液循环受影响,可致胎儿宫内窘迫甚至死亡。

(2)间接影响

①致畸作用,主要在胚胎期,具体表现与器官分化阶段有关。

②致胎儿、新生儿生长发育迟缓及各种功能障碍。主要在胎儿。

③药物的潜在毒性一般要在生后较长时间才表现出来。如女性胎儿受乙烯雌酚的影响,到青春期后可能发生阴道腺病及阴道透明细胞癌。

关于每一类药物对胎儿及新生儿的影响,具体的将在后面的问题中叙述,有些药物的致畸作用比较明确,有些尚在研究之中,个别的仍有争论,对于这些资料,我们只能作为参考,请孕妇用药时加以注意。

三、容易引起流产的药物

怀孕期间,禁用可以引起子宫平滑肌收缩的药物,如益母草、脑垂体后叶素、催产素、前列腺素、天花粉和奎宁等,因这些药物有导致流产或早产的危险。引产时如必须用催产素,也应根据子宫收缩情况及胎心跳动频率来调整滴入速度,以免胎儿在子宫内窒息。

泻药及强烈刺激性药物如硫酸镁、蓖麻油等,由于对肠管的刺激作用,可反射性引起盆腔器官充血和增强子宫的收缩,导致流产,故一般要忌用。

中药中也有不少药物能损害孕妇及胎儿,造成“轻则动胎,重则堕胎”的后果,根据药性可将中药分为妊娠期禁用、慎用和避免单独使用药三类。前两类大多属于滑利、攻破、峻泻、辛香走窜、大毒、大热的药物。禁用药有巴豆、二丑、斑蝥、铅粉、水银、大戟、土牛膝、商陆、麝香、蜈蚣和莪术等。慎用药有附子、乌头、生大黄、芒硝、甘遂、芫花、三棱、刘寄奴、皂角刺、生五灵脂、穿山甲、雄黄和乳香、没药等。妊娠期间应避免单独使用的药物有当归尾、红花、桃仁、蒲黄、苏木、郁金、枳实、槟榔、厚朴、川椒、苦葶苈子、牛黄、木通、滑石等。以上药物中,有的对子宫平滑肌有兴奋作用,如麝香、大戟、红花等;有的因具有强烈的刺激作用,可引起盆腔充血及子宫收缩,如巴豆、芦荟、番泻叶、芒硝、生大黄、二丑、商陆、斑蝥等;芫花、甘遂等还可用于引产,即增加子宫收缩,使胎盘剥离而终止妊娠。狗皮膏药(活血风寒膏)、伤湿止痛膏中含有麝香、三棱、乳香、没药等成分,故常附有“孕妇忌贴于腰腹部”

或“孕妇忌用”等说明。

以上所述“忌用”和“慎用”药物，一般应避免使用，但是如果遇有孕妇患有严重疾病，不使用这些药物，病痛不能消除的时候，则应根据病情在医生指导下使用。

四、影响胎儿发育或致畸的药物

（1）抗甲状腺剂及碘剂

胎儿甲状腺的发育于妊娠第14周完成并开始有机能活动，任何抗甲状腺药物被母体服用，均能迅速通过胎盘影响胎儿甲状腺机能和甲状腺垂体系统的发育。甲亢孕妇服用抗甲状腺药物如硫氧嘧啶、他巴唑、甲亢平等后，药物可通过胎盘到达胎体，抑制胎儿甲状腺素分泌，以致胎儿甲状腺功能减退，在妊娠第14周前应用抗甲状腺药物，可致新生儿甲状腺功能减低（简称新生儿甲低）、呆小症；在妊娠末期应用可致死胎、先天性黏液水肿和延迟分娩。另一方面当胎儿甲状腺素缺乏时，胎儿垂体前叶促甲状腺素分泌过度会引起胎儿甲状腺肿大；孕妇长期大量应用碘化物，胎儿也可合并先天性甲状腺肿，此药所致的甲状腺肿大常可压迫呼吸道而发生窒息，同时合并甲状腺功能低下及智力低下。所以有人主张孕妇必须用药时，剂量要小，同时给小剂量甲状腺素片，以防甲状腺功能减退及甲状腺肿大。

（2）肾上腺糖皮质激素

动物实验证实，在孕早期大量应用糖皮质激素有致畸作用，如兔、小白鼠及猴可致腭裂。早年曾有报道人类孕14周大量应用糖皮质激素可致腭裂、死胎、早产，后经广泛使用并未见发生畸形的报告。目前一般倾向于人类无致畸作用，同时有人提出孕期如合并红斑狼疮、疱疹样脓症等危及孕母生命的疾病时，在患病早期大量应用。糖皮质激素多不能通过胎盘，但可引起母体肾上腺分泌糖皮质激素，故在孕早期也应禁用。

（3）性激素

①孕早期应用雄激素及人工合成孕激素，有致女婴外生殖器男性化的可能，其主要表现是阴蒂肥大、阴唇粘连等，内生殖器仍可以正常。

②人工合成雌激素。20世纪50年代曾用人工合成雌激素治疗先兆流产，有女胎生殖器男性化的报告。另外孕期接受雌激素的女胎，生后在青春期可得一种常发生于老年妇女的阴道腺癌和癌前期病变的阴道腺病，还可影响子宫的发育而致不孕症，所生下的

男孩睾丸发育不良而患少精症。近年来有报告指出接触性激素的妇女(孕妇),其女性胎儿男性化、缺少肢体及 VACFERL 综合征(即脊柱、肛门、心脏、气管、食道、肾及肢体综合缺陷)的患者日渐增多。

③避孕药。合成孕激素避孕药在孕前半年内或早孕时仍在应用可发生胎儿肢体缺陷及心脏缺陷。不要用人工合成孕酮类药物治疗习惯性流产,如需用药可用天然孕酮。

(4)治疗糖尿病药物

治疗糖尿病的药物如甲苯磺丁脲、胰岛素等常被认为是流产、死胎及胎儿多发畸形的原因。但有人认为糖尿病孕妇所生婴儿死亡率及畸形发生率增高和孕母血糖水平有关,而与应用降血糖药物的关系则不一定。胰岛素不易通过胎盘,动物致畸实验已经证实,丹麦科学家报告,糖尿病母体所生婴儿有异常者约为非糖尿病妇女所生婴儿的3倍,有所谓"尾端退化综合征":异常儿童中约有2/3缺少一个或者更多的骶椎,一个或更多的腰椎、下肢肌肉、骨骼异常。一般认为约有5%服用甲苯磺丁脲的孕妇其所生出的婴儿有缺陷。这已被动物实验所证实。

(5)抗菌药物

抗菌药是一类能抑制或杀灭机体内病原微生物的药物。种类繁多,有磺胺类、抗菌素类、抗结核药、抗真菌药等。它们都能程度不同地通过胎盘到达胎体。这类药物常规用量下对胎儿无害,但反复大量应用可因胎儿对其解毒和排泄能力差而致蓄积中毒。

①青霉素和红霉素。无致畸作用。常规用量下对胎儿比较安全,采用大剂量时可破坏胎儿红细胞系统或损伤肝功能,使胎儿发生严重黄疸甚至死亡。

②氨基糖甙类。

a. 链霉素:孕妇用药后引起新生儿听力障碍者较多,其次是肾损害。

b. 庆大及卡那霉素:可引起新生儿听力及前庭障碍、肾功能损害。

c. 新霉素:致聋的可能性较大。

③抗结核药。

a. 异胭肼:虽能通过胎盘,但普遍认为其治疗剂量并不致引起胎儿畸形。也有人认为,异胭肼的代谢产物可干扰维生素 B_6 的代谢,引起中枢神经系统损害,导致婴儿迟钝或产生脑病,孕妇应慎用。

b. 利福平:动物试验有致畸作用,对人类应用后有否致畸尚无定论。但早孕不主张用,孕3个月以后慎用。

c. 对氨基水杨酸(PAS):早孕病人用后,畸胎率较未用药者高一倍。

④广谱抗菌素。

a. 氯霉素:主要经肝解毒、肾脏排泄。孕晚期大量用药因胎体内活性氯霉素浓度增加,引起中毒反应,新生儿出现所谓"灰色综合征";呼吸功能不全、发绀、腹胀、呕吐、

腹泻、皮肤苍白等。另可引起骨髓抑制，损害骨髓的造血功能，引起再生障碍性贫血、血小板减少症等。

b. 四环素：四环素族易通过胎盘并以钙、磷复合物的形式沉积于骨基质内，阻碍钙进入软骨及骨，使软骨发育受阻，骨生长出现障碍。孕12周前用药有手指畸形、先天性白内障的危险，孕后期用药可使胎儿发生严重溶血性黄疸或药物沉着于骨骼，引起长骨发育不全、乳齿黄染、牙釉质发育不全等，孕妇可发生暴发性肝功能衰竭、肝急性脂肪坏死、肾功能失调等危险，属于孕期禁忌药。

⑤灭滴灵。对齿类动物有致畸作用，人类应避免孕期应用。

⑥磺胺类。这类药物也是经肝解毒，孕晚期特别是分娩前服磺胺类可在胎体内大量积蓄（长效磺胺可停留6～7天），并使胎儿体内已和蛋白质结合的胆红素游离，血中游离胆红素浓度上升，引起高胆红素血症，成为脑瘫痪的原因（核黄疸对早产儿危害尤大），故孕晚期、临产前应避免连续应用磺胺制剂。孕妇接受磺胺类、伯氨奎宁、非那西汀、呋喃旦丁等治疗，可导致胎儿出生后发生溶血性黄疸。

（6）抗肿瘤药物

抗肿瘤药物能直接或间接影响细胞DNA、RNA和蛋白质的合成，也可致染色体断裂，造成器官分化缺陷。常用的氨甲蝶呤、环磷酰胺、氟尿嘧啶、甲苄肼及其他细胞毒制剂在孕早期应用均可致畸形，如无脑儿、脑积水、腭裂等。

（7）抗癫痫药物

妊娠对癫痫可有不同影响：有的癫痫发作因妊娠而暂时或永久地停止发作，但通常情况下，妊娠过程中癫痫发作的次数更频繁且严重。苯妥英钠、丙戊酸钠孕期服用有致畸作用，如腭裂、唇裂、鞍状鼻及指萎缩，为先天性苯妥英钠综合征。用药者与未用药者比较，畸形儿高2～3倍。扑癫酮、苯巴比妥、甲基苯巴比妥孕期使用能造成新生儿早期凝血异常。氯硝安定孕期长期连续用药，新生儿可发生低血压、低温、呼吸功能衰竭，大量用药可能发生畸形。苯巴比妥与苯妥英钠合用时致畸作用比单用时加强，另外，苯巴比妥还可抑制新生儿呼吸、胃肠道张力，如孕期长期应用，新生儿可出现脱瘾综合征：活动过度、睡眠不安、反射亢进，急性发作后呈现亚急性表现；饮食过多、发作性兴奋、长期啼哭、听觉过敏、出汗等症状。

（8）镇痛及麻醉药

绝大多数镇痛及麻醉剂都具有抑制中枢神经的作用，且能不同程度的通过胎盘进入胎体。它们以两种方式对胎儿产生不良影响：其一直接抑制胎儿呼吸循环中枢；其二使产妇缺氧、低血压、高碳酸血症，从而间接影响胎儿。孕妇用药后如胎儿在药物抑制作用仍强时娩出，可致新生儿窒息。

①吗啡与杜冷丁。均可进入胎儿体内，孕妇若长期反复应用此药，可致新生儿出现“戒药综合征”，生后不久出现共济失调、心动过速、呼吸不整齐、惊厥，需用镇静剂才能控制。

②麻醉药。可对产妇的呼吸有不同程度的影响，并可通过胎盘对胎儿产生抑制。如硫喷妥钠，母体用药后一分钟内可达胎体并对胎儿产生抑制；另外该药有心脏抑制作用及周围血管扩张作用，可使低血容量产妇产生低血压以致胎儿缺氧和酸中毒。再如氯胺酮，当剂量大于2mg/kg时胎儿抑制率较高。另有报告说，长期接触挥发性麻醉剂的医务人员怀孕后流产、死胎增加。也有未成熟儿及出生缺陷增加的报告。

(9)安定药

①氯丙嗪。长期应用可引起胎儿视网膜炎和心肌损害、肝功能障碍，抑制新生儿呼吸。

②眠尔通、利眠灵。此两药可通过胎盘，孕早期应用可能有致畸作用，主要为面裂。全孕期服用可使胎儿、新生儿发育迟缓。

③安定。能自由迅速通过羊水、胎盘，对染色体有损害，孕早期应用可致畸胎（口裂发生率较高）、流产。早产儿应用有加重核黄疸的危险。

(10)解热镇痛药

①阿司匹林。孕早期应用有致神经系统畸形的报道，孕中、晚期应用可致胎儿动脉导管早闭，孕晚期应用量大时可使孕期延长。足月前2周服用可致新生儿呈出血倾向：头部血肿、紫癜及便血等。

②非那西汀。可致肾畸形、新生儿贫血及肝肾损害，常并发变性血红蛋白血症，引起婴儿死亡。

③消炎痛。孕母用药可使早产儿未闭动脉导管收缩，甚至完全永久闭塞。

(11)抗凝血药

①双香豆素及苯茚二酮。可通过胎盘导致明显的凝血障碍、胎儿期及新生儿期出血、死胎（胎儿及胎盘出血所致）。另外双香豆素有致畸危险，出现马鞍鼻、手短宽、白内障、小眼球、智力低下等约占应用此药胎儿的25%～50%。

②华法林。使胎儿凝血酶原过低以致出现出血倾向，另外华法林可能引起鼻发育不全、长骨和脊柱骨的骨骼钙化及视神经萎缩、小脑畸形、智力低下等。所以以上各药在孕3个月内禁用。

(12)降压、利尿药

①利血平。孕期服用利血平分娩的新生儿易发生血小板减少及出血倾向，特别是

分娩前两天服用者有10%的新生儿出生后5~6天内可发生鼻塞、鼻充血、呼吸困难、嗜睡、心率慢、拒奶、体温低等。全孕期应用者低体重儿增加(胎盘血流下降约20%,母婴间氨基酸转运减少)。

②神经阻滞剂。六甲双胺、五甲哌啶、美加明等可使新生儿产生麻痹性肠梗阻或骨髓抑制性血液病。

③硫酸镁。镁离子易通过胎盘到达胎体,母体大量长期应用可因高镁血症诱发胎便栓塞综合征及血小板减少。另见新生儿肌张力减弱、呼吸抑制。

④奎尼丁。可致聋、死胎、畸形。

⑤噻嗪类及相应的利尿药。如双氢克尿噻、克尿塞、利尿酸、速尿等均可进入胎儿循环,引起电解质紊乱、血糖过高、高尿酸血症等。或引起新生儿血小板减少。对严重妊高征或充血性心力衰竭的孕产妇,利尿药以选用速尿较为安全。当使用次数和剂量有限时对胎儿影响较小。

(13)防治早产、流产的药物

①黄体酮。孕早期应用可能诱发心脏畸形及男婴尿道下裂。日本已废用,美国限于孕12周后应用。但临床上,对黄体功能不足者所致的流产,仍可少量应用。

②酒精。对胎儿主要影响为中枢神经抑制作用和减少肝脏葡萄糖释放而致诱发性低血糖,特别是未成熟儿更易发生。

③消炎痛、阿司匹林。使胎儿发生宫内动脉导管闭锁死亡,或形成新生儿持续性肺动脉高压。另外也可引起胎儿、新生儿肾功能障碍。

④B-交感神经兴奋剂。

a. 羟苄麻黄碱:对孕妇有心动过速、呼吸增加、震颤、高血糖、低血钾和烦躁、恶心等。严重合并症为酸中毒和肺水肿。对胎儿主要是心动过速。

b. 受此类药物影响,胎儿血糖上升,胰岛素分泌过多,生后可出现低血糖症。另外此类药物对母婴平滑肌有显著地弛缓作用,这可导致母婴肠梗阻。

(14)抗疟疾药

①奎宁。长期大量应用可致胎死宫内或致新生儿先天性耳聋、血小板减少、肾损害。或致胎儿畸形,如眼及耳畸形、脑积水、心脏畸形、马蹄肾等。

②阿的平。偶有致畸形报告。

③氯奎。可致耳聋、马蹄肾、脑积水、先天性心脏病、四肢缺陷、智力障碍及惊厥等。

④乙氨嘧啶。可致胎儿畸形。

(15)维生素类

①维生素A过量。可致骨骼畸形、肾及中枢神经系统畸形以及先天性白内障。

②维生素D过量。对胎儿及新生儿肾脏及心血管系统有损害、胎儿血钙过高、新生儿血钙过高、肺小动脉狭窄及高血压等;另外还可引起胎儿智力障碍。

③维生素K。大量维生素K,尤其是维生素K_3、维生素K_4,据报道可引起新生儿高胆红素血症及核黄疸。

(16)其他

①抗心律不齐药。

a. 普鲁卡因酞胺:可致母体血压下降、胎盘功能不全、胎儿宫内窘迫、新生儿窒息等。

b. 心得安:孕中给药可致胎盘栓塞、梗塞,若持续给药可使新生儿Apgar评分低、血糖低、出生体重低于正常。

②抗过敏药。苯海拉明、乘晕宁、扑尔敏等也有使胎儿发生潜在性畸形的危险,并可抑制新生儿呼吸,引起严重窒息。

综上所述,对胎儿、新生儿危害显著的如反应停、甲糖宁、氯磺丙脲、四环素、碘化物、氯喹、甲氨碟呤、雄性激素、乙烯雌酚、口服避孕药、双香豆素等抗凝血药物以及苯妥英钠等抗癫痫药物等,孕妇应尽量避免应用。对于一般有害的药物在孕早期处于致畸敏感时期最好不用,非用不可的,要在医生的指导下应用。从优生优育的角度说,不要盲目保胎,也不要听信所谓的"秘方"、"验方",以免对胎儿造成巨大的危害,而应到医院接受检查和咨询,采取必要的措施终止妊娠。

五、孕早期孕妇感冒发热的治疗

与正常成人相比,孕妇较易得感冒。孕妇得感冒后,有两方面的影响。一是病毒的直接影响,二是感冒造成的高热和代谢紊乱产生的毒素的间接影响。病毒可通过胎盘进入胎儿体内,有可能造成先天性心脏病以及兔唇、脑积水、无脑和小头畸形等。而高热及毒素又会刺激孕妇子宫收缩,造成流产和早产,新生儿的死亡率也增高。那么,孕妇感冒后怎么办呢?一般有以下4种

情况:

①轻度感冒,仅有打喷嚏、流涕及轻度咳嗽,则不一定用什么药。至多用些克感敏、维生素 C,但要注意充分休息。也可在医生指导下选用一些中成药,适当休息,注意营养,一般能很快自愈。

②出现高热、剧咳等情况时则应去医院诊治。退热可用湿毛巾冷敷,用 50% 的酒精擦颈部及两侧腋窝,也可用柴胡注射液,应注意多饮开水、补充维生素以及卧床休息。

③高热持续时间长,连续 39℃高热超过 3 天以上的,病后应去医院检查,了解胎儿是否受影响,必要时应终止妊娠。

④感冒合并细菌感染时,应加用抗生素治疗,避免应用对胎儿及孕妇有损害的药物。

六、孕妇慎用和禁用的中成药

有相当一部分人认为,当中草药被做成成药后,对孕妇和胎儿是比较安全的,因此在生病后尽量不用西药而对中成药却很偏爱。其实不然,由于中成药的成分比较复杂,含有多种中药,又常不以所含的中药直接命名,因此在应用时应该慎重。对孕妇来说,有些中成药应该禁止使用,而另一些中成药应在考虑病情需要和利弊得失后谨慎使用。

(1)孕妇应禁用的中成药

主要有牛黄解毒丸、大活络丸、小活络丸、牛黄清心丸、紫金丸、黑锡丹、开胸顺气丸、复方当归注射液、风湿跌打酒、十滴水、小金丹、玉真散、失笑散、苏合香丸、麝香止痛膏等。

(2)孕妇应该慎用的中成药

主要有牛黄上清丸、藿香正气丸、防风通圣丸、蛇胆半夏末等。

对于有些中成药,一时难以明确是否对妊娠不利时,可去医院请教有经验的中医,切勿盲目乱用中成药。

七、孕妇不宜食用热性滋补品

怀孕后母体和胎儿均需营养,因此有些孕妇为了滋补身体,常吃人参、桂圆之类的补品,殊不知适得其反,过量或久服均有害无益。据对 17 名先兆流产者的调查,其中 7 人吃过桂圆,4 人吃过人参。

孕妇和补品间的关系得从孕妇的身体状态和这些药品的药性谈起。怀孕后由于月经停闭，脏腑经络之血皆注于冲任以养胎，母体全身处于阴血偏虚、阳气相对偏盛的状态，“阳常有余、阴常不足”、“气常有余、血常不足”。

人参属大补元气之品，久服或用量过大易致阴虚阳亢，使得气盛阴耗，阴虚则火旺。有人曾对100多名服人参一个月以上的人进行了观察，发现大多出现兴奋激动、烦躁失眠、咽喉干痛、刺激感和血压升高等不良反应，谓之“人参滥用综合征”，认为其发生机理可能与神经、内分泌机能受到扰乱有关。其实这也是阴虚火旺的表现。此外，服用人参可产生抗利尿作用，易致水肿。

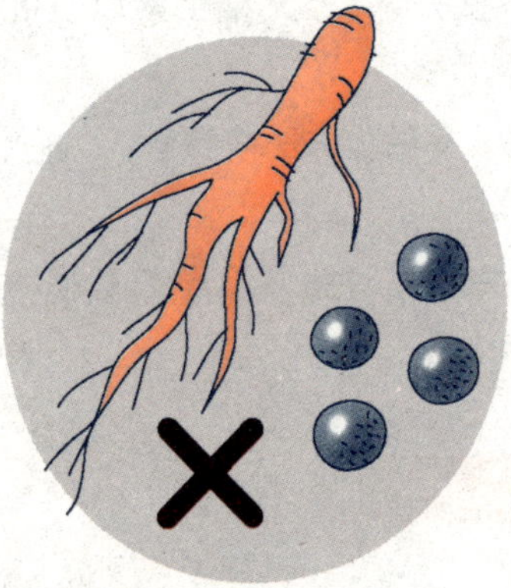

孕妇滥服人参，可产生或加重妊娠呕吐、水肿和高血压等症状，也可促使阴道出血而导致流产。从胎儿来看，胎儿对人参的耐受性很低，服用过量有造成死胎的危险。

桂圆有益心脾、补气血、安神的作用，在气血亏虚时可酌情使用桂圆调理；但其药性味甘、温。怀孕后若滥吃桂圆，甘甜能生痰；痰郁则气滞，气机失调，胃气上逆，必致呕吐，日久则伤阴；甘温助火，火动阴血，血热妄行，可致出血。这样，就会产生或加重妊娠呕吐，甚至发生流产。

除了人参和桂圆外，鹿茸、鹿胎胶、鹿角胶和胡桃肉等也属温热、大补之品，孕妇也不宜服用。如属病情需要，应在医生指导下服用。至于其他补品，本着“产前宜凉”的原则，酌情选用清补、平补之品，如太子参、北沙参、枫斗、百合、山药、生白术、白芍、藕粉和莲子等。若脾胃功能良好，食欲正常，无恶心、呕吐和腹泻，也可适量服用阿胶，以养血安胎。

八、不能因噎废食，慎用不是不用

我们介绍孕妇滥用药物对胎儿的影响，并不是主张禁止孕妇用药。药物对母体和胎儿的各种影响，都是在用药不当的情况下发生的，同时引起胎儿中毒和畸形的比例较小，因此不必为此而因噎废食，如果患病后应该用的药物也不敢使用，就会耽误病情，而且孕妇的某些疾病的发展也会危害胎儿。

例如，有的孕妇患了感冒，本算不上大病，但若久病不愈，长期咳嗽，容易引起支气管炎或肺炎，再加上发烧，对胎儿就有影响了，有时会造成流产、早产和死胎等；若在临产前发烧引起产后高热，治疗就更麻烦，甚至危及大人生命。而感冒早期治疗既简单又安全，故不要久拖不治。再如，妊娠期高血压疾病开始表现为血压升高、头痛、头晕、下肢浮肿；严重时全身浮肿，尿化验检查蛋白很高；进一步可导致子痫，产生抽筋，即使住院抢救也不能确保母子平安，这种病是由轻到重发展而来，治疗及时可控制发展，中度的可转为轻度，重度的及时住院治疗，也可使母子转危为安。倘若片面强调吃药会使宝宝不聪明，而使发病后不治疗，出现了明显症状也不就诊；有时医生开了药，当面接受，回家却不服用，直到出现视力模糊，甚至抽筋再急诊求医，这是非常危险的。

九、注重合理安全用药

合理用药，不仅能确保孕妇和胎儿的安全，还能减少婴儿感染某些疾病的机会。例如，孕妇如患有结核病、疟疾等，可能引起胎儿产生同样的病变，合理用药治疗，能减少胎儿和新生儿的发病率和死亡率。有人曾对一组患严重结核病的孕妇进行过观察，经过异胭肼、链霉素和对氨水杨酸治疗后，新生儿营养不良的发生率比未经治疗的对照组下降了一半。用铁剂及胰岛素分别治疗缺铁性贫血及糖尿病，则能减少胎儿和新生儿的死亡率。怀孕期间，胎儿骨骼的成长需要大量的钙和磷盐，故孕妇应摄取含钙丰富的食物。倘若孕妇缺钙，胎儿也会受到影响，出生后容易发生佝偻病，有时即使获得较好的哺养，也难以纠正，故可服些钙片和鱼肝油。但是癌症患者如果怀孕的话，应当及早进行人工流产，因为抗肿瘤药物致胎儿畸形的作用是难以避免的。

为了安全用药，孕妇应在医生指导下，权衡利弊，选择适当的药物、适当的剂量和给药方法。例如，妊娠期间发生感染是难免的，尤其是呼吸道和泌尿道感染更为常见。据统计，抗菌药物的应用占孕期用药的30%左右，这势必涉及药物的选用。根据它们的毒性及对母体和胎儿的不良反应，可将抗菌药物分为3类。第一类为孕妇不能使用的：庆大霉素、链霉素、卡那霉素等氨基甙类（可致胎儿肾脏、听神经损害）；两性霉素B、灰黄霉素等抗真菌药（可致胎儿神经系统、血液、肝脏，肾脏损害等）；灭滴灵（动物实验可引起肿瘤）；多粘菌素类（可致胎儿肾脏损害、共济失调、抽搐）；四环素类（致畸、影响胎儿牙齿及骨生长、大量服用可致孕妇脂肪肝变性）；万古霉素等。第二类为妊娠的前12周或28周后不能使用的：氯霉素（可致胎儿造血系统损害）；利福平、乙硫异胭胺（致畸、死胎）；磺胺类、甲氧苄氨嘧啶（致畸）。第三类为孕妇可用的：青霉素类（青霉素C、氨苄青霉素、异恶唑青霉素等）；头孢菌素类（头孢羟唑、头孢唑琳等）；红霉素；

林可霉素等。

在抗结核药的选择中，链霉素对胎儿早期听神经有损害，使用要慎重；利福平、乙硫异烟胺可能有致畸作用，故妊娠的头3个月内禁用；对氨水杨酸、乙胺丁醇、吡嗪酰胺等无致畸性，但对胃肠道和肝脏均有影响，尤其在妊娠出现恶心、呕吐等反应时，应尽量选用对胃肠道刺激较小的药物，否则会加重妊娠反应，引起电解质紊乱或妊娠高血压综合征。异烟肼是副作用较少、疗效较好的药物，孕期结核病人要坚持服用。但国外亦有报道，服异烟肼者出现畸胎的可能性增加2倍，所以对以往患肺结核、现已稳定的病人，也不要为了保险而服异烟肼进行预防性治疗。另外，对患结核的孕妇，间歇应用链霉素，每周2克，可避免发生胎儿的听力障碍。

治疗血管内栓塞的病人，最好选用分子量大而不能通过胎盘的抗凝血药——肝素。补充叶酸可降低抗癫痫药苯妥英钠对血液系统的影响。抗癫痫药可引起子代畸形，但如因停用药物而致持续癫痫发作，则对母体和胎儿均可引起严重后果，故服药期间不一定进行人工流产，待妊娠3个月后再向医生进行咨询，接受必要的检查。

现多主张为了防止药物诱发畸胎，在妊娠前2个月应避免使用药物，尤其是已确定或怀疑有致畸作用的药物。当母体有病必须用药时，可选用通常认为无致畸作用的老药；对于新药，由于对其致畸性尚未充分了解，一般应避免使用。

十、慎用药物抑制孕吐

在怀孕初期绝不可胡乱服用药物，除非经过医师指示或许可。

怀孕初期，大部分的孕妇都会有反应强烈的症状，时间长短随着个人体质而不同。即使是同一个孕妇，也会因为怀孕次数而表现出不同的症状。有效抑制孕吐的药剂，现今的市面上尚无发售；至于为何不能擅自治疗孕吐的问题，请参考以下的说明。产生孕吐状况的时候，就是最易形成流产的时刻，也是胎儿器官形成的重要期，在此时期的胎儿若是受到X光的照射、某种药物的刺激，或是受到滤过性病原体的感染，都会产生畸形。

抑制孕吐的镇吐剂或镇静剂中，尤以抗组胺最具药效，因此经常用来治疗孕吐。但是服用此种药剂会使胎儿畸形。

对于抑制孕吐有效的镇静剂、安眠药、安定神经剂等，都会严重地危害胎儿，这就是为何不能胡乱服用药物来抑制孕吐的主要理由。

在此时期最重要的就是保持身心平衡，尤其应该注意饮食等细节，必要时你也可接受医师或有经验的助产士的指导。

若是一日孕吐数次，身体显得相当虚弱的时候，就有必要接受住院治疗。因为在医院中，你可暂且抛开家庭事务，保持身心宁静，而且每天可接受多量的葡萄糖、盐水、氨基酸液等点滴注射，以迅速地减轻症状。住院的时间因症状的不同而存在差异，一般的孕妇大致1～2周即可出院。

十一、正确处理孕期便秘

怀孕期间特别容易便秘，尤其是孕吐时便秘的现象更为显著。泻药的种类繁多，作用也不同，虽然不会直接影响胎儿，但是因为经常服用泻药，胃肠已习惯了药性；所以效果会逐渐降低。同一种泻药不见得适合每个人，有的人使用后非但无效，反而会引起下痢，下痢有时甚至是形成流产或早产的主因。因此，怀孕期间便秘绝对禁止使用泻药来通便。

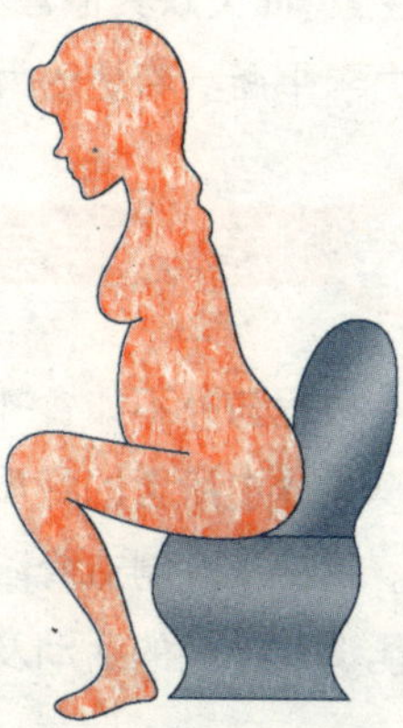

事实上不一定要使用泻药，只要按照下列方法去做，一样可以防止便秘。

①早晨起床后，吃些水果，或喝上一大杯淡盐水、天然果汁。因为这些食品会加速大肠的蠕动，尤其是果汁，因为富含营养，同时成分中的乳糖可促进大肠的收缩，所以有助于通便。

②多吃含有植物纤维的食品。与其以白米饭或白面包作为主食，不如在米饭中掺入小麦，或改吃黑面包、非精制的小麦面包等。少吃芋头类、豆类，因为便秘期间食用这类食品，反而会使肚子鼓胀，并且容易中毒。

③多吃含有脂肪的食品。多摄食奶油制品，并饮用蜂蜜。

④多吃含有纤维的蔬菜。蔬菜中富含维生素C，但是蔬菜不宜煮得太久，否则维生素会受到破坏。

⑤多吃水果。橘子、梨、草莓、无花果、香瓜、西瓜等因含有丰富的水分，而且汁液中含有大量乳糖，所以极具通便的功效。水果还含有多种维生素，孕妇多吃水果对身体的确有利。

⑥酌量喝牛乳。牛乳对于消除便秘也很有效，而且营养丰富，孕妇养成每天喝牛乳的习惯绝对有益无害。

⑦养成有规律的排便习惯。每天在早餐前后必须上厕所。

若是你已注意到以上7点，但是仍然无法排便的话，不妨找医师诊断，或进行灌肠治疗。

十二、合理使用维生素

维生素摄取不足，会严重影响胎儿的发育，孕妇一日必需的维生素的摄入量，比起未怀孕时要多，在怀孕后半期胎儿尤需充足的营养，所以前半期（怀孕的前5个月）必须多摄取营养素。

为了补充营养而大剂量地服用维生素制剂也不妥，多余的维生素将经由排泄器官被排出体外。营养素的作用除了补充体力消耗所需之外，并能修补组织，但是这种作用并非仅靠维生素独立完成，同时还必须结合多种营养素共同作用。因此，大量补充维生素，而欠缺其他营养素，维生素也无法发挥作用。所以孕妇在怀孕期间的膳食，尽量力求平衡。若是因为缺乏维生素而引起疾病，才可服用维生素制剂。

十三、服用钙剂不如食补

根据药补不如食补的原则，与其服用钙剂，不如通过膳食摄取足量的钙。

人体中所含的钙质，有99%是存在于骨骼和牙齿中，其余的则分散于组织和血液中。钙除了可制造骨骼和牙齿之外，尚有其他功能，譬如，出血时有凝固血液的作用，并能调节神经的活动及帮助心脏活动。

由于在怀孕期间，除了维持母体的健康之外，还得促成胎儿骨骼和牙齿的形成，所以有必要比平常更多地吸收钙质，尤其是钙还有预防胎儿畸形的作用。钙质不足会使新生儿的牙齿形成不良，甚而引起种种牙病。母体缺乏钙质，细胞的抵抗力会转弱，容易引发病症，不但会使心脏的机能减退，而且分娩时会大量出血。

未怀孕的女性为了维护健康，每日所需钙质是0.6克；怀孕中的孕妇为了保持健康，并使胎儿发育健全，就必须比平常多吸收0.4克，也就是说一日的钙需要量是1克（产后为了授乳并使母体恢复健康，每日必须摄取1.1克的钙）。

孕妇既然需要如此多量的钙，与其服用钙剂，还不如从食物中摄取来得安全。而且药物全部进入体内后，必须配合体内其他营养素共同作用，才能被吸收；若是大量地吸收钙，而其他的养分不足，钙仍然无法发挥作用，母体的肠黏膜会将多余的钙排泄出去。

除此之外，若是孕妇摄取过量的钙质，将会使胎儿的头盖骨变硬，孕妇会有难产之虞。基于此种原因，孕妇在怀孕期间最好别使用与钙剂有关的药物，体内所需的钙，从各种食物中直接摄取，才是聪明之举。

含钙丰富的食物有：

①动物性食品。牛乳或乳酪等制品、小鱼及鱼加工品（沙丁鱼、虾米、海鱼干、鲑鱼子酱等）、鱼卵、鳗鱼、鲑鱼等。

②植物性食品。豆类、葱类、菠菜及萝卜干等。

十四、怀孕期间禁止服安眠药

一旦知道自己怀孕了，就要绝对禁止服用安眠药。因为安眠药和镇静剂在药性上是相同的，所以怀孕后须绝对禁止服用安眠药。

安眠药对胎儿有极为不良的影响。母亲若是服用安眠药，药物就会通过胎盘，让胎儿直接吸收，而胎儿因为对此类药物尚未具有抵抗力。所以胎儿所受的影响远比母体要大，不但会抑制胎儿的呼吸机能，引起肝机能障碍，同时会使血液中的红血球增多，引起黄疸症。

总之，尽量避免长时期服用药物是极为重要的。

十五、不知有孕已服用了药物该怎么办

对于会造成畸形儿的药物，必须立刻停止服用。从动物实验得知，以下几种药物会对胎儿有不良影响，甚至会导致畸形：

①对神经系统有影响的精神镇静剂、麻醉剂、抗组胺剂和中枢神经兴奋剂等。

②治疗癌症的药物。

③治疗糖尿病的药物。

④防止血液凝固的药剂。

⑤男性激素或避孕药等，会使女性的外阴部变成男性化。

⑥沙利德迈德。

⑦抗菌药物（链霉素、四环素等）。

⑧磺胺药剂。

会影响胎儿的药物有很多种，而且孕妇在怀孕期间内所使用的药物种类也很多，所以上面所列举的药物，无法涵盖一切不良药物。

胎儿体内各器官的形成是在受精以后的2～12周之间，称为胎儿器官的形成期。在此期间内服用任何药物或接受X光照射，胎儿的器官都会受波及，形成畸形儿。

在怀孕4个月以后服用一般药物，虽不会使胎儿畸形，但是却会造成胎儿的脑神经障碍。在怀孕末期服用药物，会破坏胎儿的红血球，而且刚生出的婴儿会有黄胆症的现象。诸如此类情形，绝大部分与大量并长期使用药物有关。

药物的作用程度是随着种类、使用量和个人体质而异，若是你仅服用少量药物，就不用担心会生出畸形儿，也不必急于堕胎。在此种情况下，应告诉医生自己怀孕的情况，让医生为你做详细的诊断。

十六、服用避孕药后发现自己怀孕了该怎么办

如果，已确定排出了体内剩下的避孕药后再怀孕胎儿是不会受到影响的，在不知道自己怀孕的情况下，仍然继续服用避孕丸，就会危害胎儿。如果胎儿是个女的，则会受到女性黄体激素的影响，使胎儿的外阴部位变为男性化。因此，当你服用避孕药之后，发现自己有停经或孕吐的情形时，必须尽快地就诊，请专业医师为你做详细诊断。

十七、怀孕后无意中接受X光照射不应盲目堕胎

X光照射对胎儿的影响，决定于照射时的怀孕月数、X光射线量的多少、照射的部位和部位的大小等。有调查指出，孕妇中约有13%的人曾接受X光照射，其中以诊断结核病而做胸部照射的情形最多，约占全部照射者的2/3，其余的1/3是做腹部诊断。

X光照射也随着照射的次数和照射时间的长短，而有各种不同的影响。因此

详细的情形，你最好还是请教一下有关的医师，因为他们能够提供你更专门的知识。

孕吐的症状是食欲不振、恶心、呕吐等，因此常常有人误认为是胃肠病，而去找内科医生，接受X光照射。希望有怀孕可能的女性，特别注意这种情形。

第七篇 胎教方案

第一节 营造良好的环境氛围

一、温暖的阳光

“万物生长靠太阳”。阳光不仅给我们的生活带来了光和热，而且还能使人体合成维生素D，进而促进对重要元素钙、磷的正常吸收。

孕期妇女由于腹内胎儿生长发育以及自身的代谢变化，需要比正常人摄入更多的钙、磷等营养物质。常常看到一些孕妇抱怨体内缺钙，腿部抽筋，要求医生为她们开一些钙片服用。其实，这样做是舍近求远，因为，太阳光就是取之不尽的营养仓库。只要孕妇尽可能地参加一些户外活动，常晒晒太阳，就能通过饮食获得足够的钙、磷等营养。

提示

阳光中的紫外线具有杀菌消毒的作用，孕妇本身、孕妇的被褥以及为婴儿准备的被褥衣物等用品要常晒晒太阳，以达到消毒防病的目的。天气好时不妨打开窗户，让阳光进入室内，这样可以对空气进行消毒。

当然,什么时候晒太阳,应根据季节以及每个人的具体情况来定。例如盛夏季节,烈日炎炎,完全不必专门晒太阳,因为此时室外活动多,树下的散射阳光就足以满足孕妇的需要了。有些人喜欢在室内隔着玻璃晒太阳,其实这样做不妥,因为阳光中的紫外线透过玻璃会减弱很多。

二、新鲜的空气

新鲜空气也是孕妇及胎儿必不可少的营养品。空气与阳光一样,是大自然赐予人类的生存条件,空气中的氧气直接参与并主导了人体的新陈代谢过程,离开它,人类片刻都不能生存。新鲜空气中氧气含量高,有害物质少,能有效地提高人体血液中的含氧浓度,有助于人体的健康,对于孕妇自身的代谢及胎儿的生长发育具有更为重要的作用。因此,新鲜空气对于孕妇来说,不亚于一剂良药。

但是,随着现代工业的发展,空气污染已成为现代城市的难题,严重地危害着人类的健康,被污染的空气中一些有害的气体能随着母体的呼吸进入肺部,直接参加血液循环,进而加入胎盘血液循环系统,对胎儿的生长发育带来不良的影响。

因此,孕妇应有意识地净化生活环境。

首先,要在厨房里安装抽油烟机,在卧室安装排气扇。劝告家人及客人在室内不要抽烟。经常开窗通风,冬季关窗时间较长,可于清晨起床后打开窗户换换空气。

其次,孕期要尽量避免去影院、车站、商店、闹市以及交通要道等空气浑浊的场所,可以在每天清晨及傍晚到附近公园或树林、草地等空气清新的地方散步,条件允许的话还可以郊游,到大自然中呼吸新鲜的空气。

三、优雅的居室

家庭,是孕妇休养的场所,是胎教的外环境。可以说,在孕期生活中,有一半以上的时间是在家庭中度过的。因此,完全有必要重新设计孕期居室,为胎儿创造一个优雅宜人的胎教环境。

总的设计原则是整洁、安静、幽雅、舒适。怀孕后,由于体内内分泌的变化,孕妇容易心情烦躁,加之职业女性经过一天紧张的工作,往往身心疲惫。因此,居室的整体色彩应以淡蓝色或湖蓝色为基调,整个房间应整洁舒适,能从精神上及体力上得到很好的休息。房间内挂上几张活泼可爱的娃娃画像,对优化心境会产生极佳的效果;可以根据住房情况选择几幅风景画及书法作品悬挂于室内;可以养几条金鱼,种几盆花,摆几盆玲珑精巧的盆景,以激发热爱生活、蓬勃向上的精神。还可以在卧室及餐桌上的

花瓶里插上一两束花。这样一个优美恬静、整洁舒适的休息环境，将使孕妇情绪稳定，精神愉快，会产生意想不到的胎教作用。

四、适度的运动

孕妇不仅可以而且必须进行一些适当的活动。研究结果表明，胎儿的生长发育不仅与母亲妊娠期间的营养和健康有关，而且与运动也有密切的关系。

首先，胎儿的正常发育需要适当的运动刺激。运动能促进血液循环，增加氧的吸入，提高血氧含量，加速羊水的循环，并能刺激胎儿的大脑、感觉器官、平衡器官以及循环和呼吸功能的发育。

其次，适度的运动能解除孕体的疲劳，有效地调节神经系统的平衡，使孕妇心情舒畅，精神振奋，当然也会使腹内的胎儿受感染，处于最佳心理状态。

再者，适当运动能避免孕期肥胖，使孕妇的肌肉及骨盆关节等受到锻炼，为日后的顺利分娩创造有利的条件。

总而言之，孕期适当的运动有利优生，是胎教行之有效的辅助措施。

孕妇不同于一般人，有其特殊的生理特点。因此，孕期运动要因人而异，适可而止，切不可进行高强度的运动，或急于求成，一味蛮干。要知道，任何过量的运动都可能给母体和胎儿带来危险。

一般说来，运动是否适度，应以不感到疲劳为标准。如果平时不喜爱运动，那么妊娠后就不必勉强自己参加过多的活动，否则将影响胎盘血液供应，对胎儿不利。只要每天做10分钟的体操并选择一个空气新鲜的地方步行30~60分钟就足够了。如果孕前就习惯于某种运动，那么，可以继续进行这些运动，但前提是禁止高强度及过量的运动。一般情况下，步行、慢跑、游泳、骑自行车等运动方式比较合适。

提示

在怀孕早期，可从事一些不剧烈的活动，如短途骑自行车、打台球、跳交际舞等；妊娠进入中晚期后，可选择一些节奏缓慢的运动项目，如打太极拳、散步等。此外，还可做一些轻微的家务劳动。

五、充足的睡眠

常常听到妊娠期女性抱怨睡眠不好，有的甚至通宵失眠。随之而来的是心情烦躁，疲乏无力，精力不集中等，严重地影响了正常的工作、生活以及孕妇和胎儿的身心健康。

我们知道，睡眠是一种生理现象，可以使人消除疲劳，补偿损耗，恢复体力，使机体获得充足的能量。孕妇由于担负着双重任务，机体损耗大，容易疲劳，这就更需要充分的睡眠来保证孕体的健康。可以说，睡眠是孕妇的天然补药。一般说，孕妇每天起码应保证 8 个小时的睡眠时间，并且要注意睡眠质量，睡得越沉越好。

那么，怎样使孕期睡眠达到一定的深度和时间呢？首先必须养成有规律的睡眠习惯，“日出而作，日落而息”，久而久之，习惯成自然；其次，睡前不要看书，也不要饮用带有刺激性的饮料，做到心境安宁，没有杂念，最好先上个厕所，排空膀胱，并用温水洗脚；同时，要保持室内安静和空气新鲜，卧具要整洁、舒适。此外，还可进行一些自我按摩，如用双手食指推抹前额约 30 次，或推擦太阳穴 30 次，均可帮助孕妇解除失眠的烦恼。

六、合理的散步

散步是孕妇最适宜的活动。研究证明，散步可以提高神经系统和心、肺的功能，促进新陈代谢。有节律而平静的步行，可使腿肌、腹壁肌、胸廓肌、心肌加强活动。由于血管的容量扩大，肝和脾所储存的血液便进入了血管。动脉血的大量增加和血液循环的加快，对身体细胞的营养，特别是对心肌的营养有良好的作用。同时，在散步中，肺的通气量增加，使呼吸变得深沉。为了提高散步的效果，孕妇应注意以下几点：

首先是散步的地点要选择好，有条件的话，最好选择那些花草茂盛，绿树成荫的场所。这些地方空气清新，氧气浓度高，尘土和噪音都比较少。孕妇经过一天的工作，孕体难免感到疲乏不适，置身于这样一个宁静恬淡的环境散步，无疑是一次极好的身心调节。如果条件不允许，则可选择一些清洁僻静的街道作为散步的地点，但应注意避开那些空气污染严重的地方，如闹市区、集市以及交通要道等。这些地方往往空气污浊，烟雾弥漫，病毒、细菌等的污染也都比较严重。在这种地方散步，不仅不能起到应有的作用，反而会给孕妇及胎儿带来不良的影响，可以说是得不偿失。

其次是散步的时间要适宜，一般情况下，城市里下午 4 ~ 7 点之间空气污染相对严重，可有意识地避开这段时间，要根据孕妇个人的工作、生活情况选择安排好散步的具体时间。

七、舒适的穿着

穿着打扮的目的是给人以美的享受。怀孕后，孕妇的体态变得臃肿，面部也陡然增加了一些黄褐色的斑点。这使许多妇女感到苦恼，她们认为自己此时是最难看的，因而往往不修边幅。其实，一个人的魅力往往是多方面体现的，如果能正视这一点，从心理上认为自己怀孕期间最能体现女性美，而且注意精心打扮自己，则会保持心理平衡，有助于维护孕妇的良好心境，对于孕妇及胎儿的身心健康是十分有利的。不妨把头发剪短一点，让脖子完全裸露出来，梳理得整齐美观，给人以生气勃勃的感觉。但不宜烫发，尤其不宜用冷烫精烫发，以免殃及胎儿。为掩饰憔悴的面容，孕妇可化淡妆，不宜浓妆艳抹。一来这时的皮肤比较敏感，化妆品的过度刺激易引起皮肤病，于胎儿不利；二来不符合人们的审美情趣。

提示

孕妇的衣服应选用轻软透气、吸湿性能好的棉织品，不宜选用涤纶等化纤类织物，并注意宽松肥大，不宜紧身，更不能把腰带束得过紧，以免使腹部受压，影响胎儿正常发育。因为，在外来压力下，可致胎儿骨骼变形，组织器官发育不良，胎位不正等。同时，也会使孕妇的体形显得更加笨重。

孕妇的鞋子应轻便合脚，最好是穿那些鞋底平厚、鞋帮松软的布鞋，而不宜穿高跟鞋。因为穿高跟鞋重心不稳，容易跌跤，而且因身体前倾，容易压迫腹部，不利胎儿血氧供给，影响其生长发育。

孕妇的乳房因怀孕而进一步发育，为防止日后出现垂乳，可选择纯棉布制作的胸罩，但不宜过紧，以免影响呼吸和肺活量以及乳腺的血液循环。

八、健康的书籍

书是知识的源泉，是孕妇文化修养的基础，也是胎教必不可少的精神食粮。孕妇担负着孕育培养胎儿的重任，更应注意从书籍中汲取精神营养，获得知识和智力的启示。那么，孕妇适宜阅读哪些方面的书刊呢？

从胎教的角度出发，孕妇宜选择阅读一些趣味高雅、给人以知识和启迪、使人精神振奋、有益于身心健康的书籍。因为读一本好书，看一篇好的文章，无异于在精神上获得一次美的净化，使人心情开朗，精神振奋，耳目一新。同时，对深居腹中的胎儿也起到潜移默化的渗透作用。而那些单纯为了吊人胃口的庸俗小报，惊险离奇的凶杀、武打读物以及下流卑俗的黄色书刊，则像是精神上的噪音，使读者心里感到压抑、紧张、卑劣，处于一种不良的情绪状态中，显然，对于胎儿的身心发育是极为不利的。因此，孕妇宜选择名人传记、名言、优美的抒情散文、著名的诗歌、游记、有趣的童话故事、艺术价值高的美术作品，以及有关胎教、家教、育婴知识等读物，从中获得知识和力量。

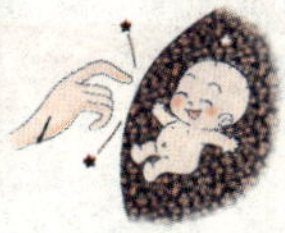

第二节　消除不良情绪对胎儿的影响

一、准父母的情绪与胎教的关系

孕妇的情绪可作为思维信息直接传给胎儿，母亲心情愉快或恐惧，可以影响胎儿的生长发育。胎儿2～3个月是腭骨发育时期，这一时期孕妇过度焦虑不安、抑郁寡欢，有可能导致胎儿唇腭发育畸形。妊娠期孕妇若长时期处于悲伤、忧愁、抑郁、焦虑的不良环境下，或者大怒、过喜、骤惊等强烈的刺激，都对胎儿不利。长期焦虑不安、惊恐，可使胎儿生后形成不稳定的性格和脾气。怀孕第7～10周，孕妇的过度不安易导致自然流产。妊娠后期，过度惊吓、恐惧、忧伤或刺激，可使胎儿的生长受到影响，出生后体重低于正常新生儿。孕妇的不良情绪对胎儿影响很大，无形的心理因素对胎儿的影响也是如此。为了生育一个健康、活泼、聪明的宝宝，母亲应在孕期保持良好的心境和愉快的情绪，避免悲伤、忧郁等不良情绪产生。

准父母应该怎样做好情绪胎教呢?

①应胸怀宽广，乐观舒畅，多想孩子远大的前途和美好的未来，避免烦恼、惊恐和忧虑。

②把生活环境布置得整洁美观，赏心悦目。还应挂几张健美的娃娃头像，孕妇可以天天看，想象腹中的孩子也是这样健康、美丽、可爱。多欣赏花卉盆景、美术作品和大自然美好的景色，多到野外呼吸新鲜空气。

③饮食起居要有规律，按时作息，进行适度锻炼。衣着打扮、应考虑有利于胎儿和自身健康。

④常听优美的音乐，常读诗歌、童话和科学育儿书刊。不看恐惧、紧张、色情、斗殴的电视、电影、录像和小说。

5. 未来父母在情绪胎教中负有特殊的使命。丈夫应了解怀孕会使妻子产生一系列生理、心理变化，应加倍爱抚、安慰、体贴妻子，做她的精神支柱，尽可能使妻子快乐，多做美味可口的食物，使生活恬静，这是父亲给自己孩子的第一份美好的礼物。

二、孕妇的情绪与胎儿有必然的联系

祖国医学有“孕借母气以生，呼吸相通，喜怒相应，一有偏奇，即致子疾”的理论。现代医学表明，母亲的情绪直接影响内分泌的变化，这种变化又经血液影响到胎儿，使胎儿受到或优或劣的影响。其实，胎儿在母腹中，更多的时间是在动，如游泳、咬手指、撒尿、听父母的谈话等。和谐优美的音乐、恬静舒适的环境，会使胎儿“感到”安全愉快，有促进发育之功；相反嘈杂纷乱，夫妇吵架，若被胎儿“窃听”到可引起胎儿的“忧虑”和“沮丧”。

孕妇的情绪与胎儿发育有着极其密切的关系。一个心境平和、情绪稳定和一个心情紧张、情绪躁动的母亲孕育的胎儿完全是生活在两个截然不同的胎教环境里，因此，对胎儿生长、发育的影响也会截然不同，孕妇如能加强自身修养，学会自我心理调节，善于控制和缓解不健康的情绪，始终保持稳定、乐观、良好的心境，就会使胎儿健康地成长。

三、异常的情绪会影响胎儿的发育

当情绪紧张或环境剧变时，人体的内分泌会发生变化，交感神经系统的活动会明显加强。

妊娠后孕妇横膈抬高，使心脏的活动受到影响，肺活量减小。如果情绪异常，心率

加快，更促使每一次心脏收缩时的搏出量减少，从而影响孕妇及胎儿的血液循环。

研究证实，在惊恐状态下，人体血液中去甲肾上腺素浓度可增加到正常时的100倍，引起心率加快、心脏收缩力加强、周围血管收缩，使血液重新分配；肝糖原及脂肪分解，血糖和游离脂肪酸增加。去甲肾上腺素增多可引起孕妇周围血管收缩，使胎盘供血供氧不足；去甲肾上腺素还能导致子宫平滑肌收缩，更进一步使已经缺血缺氧的胎儿血液循环受限，如果胎儿长期处于这种状态，就会引起发育畸形、流产、早产。幸存者出生后不仅性格异常，而且智力低下。

四、孕妇要控制愤怒情绪

妊娠期间无论碰上多么委屈的事情，孕妇都不能愤怒。孕妇过于激烈的愤怒可能导致流产。祖国医学《傅青主女科》中有“大怒小产”的论述。所以，孕妇必须用理智来控制情绪。如果碰上不愉快或情绪非常愤怒时，可用以下3种方法调节：

①针对问题，对事态进行辩证分析，不要只看到不利的一面，也要看到有利的一面。既要宁静淡泊，又要乐观处世。

②可以听听音乐或哼唱歌曲，尽量在短时间内使自己的情绪得到缓解和松弛，时刻想到胎儿需要母亲的欢乐情绪及良好的精神状态。

③用幽默处理愤怒。幽默是情绪改善剂，它可以使烦恼化为欢畅，痛苦变为快乐，尴尬转为融洽。同时，妙趣横生的语言无疑对胎儿是一种潜移默化的胎教。

五、正常生活中的心情紧张不会伤及胎儿

在日常生活中，语言和其他声响都属于外来刺激，可能引起孕妇的精神反应而表现出短时间的心情紧张。这属于正常生活中的情绪紧张，不会伤及胎儿。

据B型超声波对子宫内胎儿的观察，胎儿在羊水中有打呵欠、吮拇指、用手抓握、伸懒腰、眨眼睛等动作。一旦给母体腹壁声、触、光的刺激时，睁着眼睛的胎儿会转脸对着光。胎儿一旦听到很嘈杂的响声时，先是被吓一跳，然后会立刻转为留心地倾听这些声音。而且这些刺激对胎儿来说只不过是偶尔的“不测风云”而已，一般不会对其身心造成不利影响。

六、孕妇要积极调整自己的心理状态

孕妇在妊娠期间的心理状态，对胎儿的身心发育具有很大影响，孕妇在妊娠期间受到不良心理的困扰，往往会造成妊娠和分娩合并症，严重者会造成高危妊娠。有严重焦虑心理的孕妇经常伴有恶性妊娠呕吐，还会导致早产、流产、产程延长或难产。科学家们发现，孕妇在妊娠期间若有过度紧张情绪和焦虑心理，胎儿出生后往往表现为多动，容易激动，好哭闹，长大以后又会表现为情绪不稳定、易焦躁、激怒。某医学院的一个研究小组对多动症儿童进行调查后发现，这些儿童在胎儿期，其母亲都曾有过较大的情绪波动和心理困扰过程。有人报告，一位妇女在怀孕期间，其夫因车祸身亡，这突如其来的打击，使这位妇女的精神完全崩溃，陷入无尽的痛苦和焦虑之中。妊娠晚期她患了严重的高血压，分娩时又难产，她闯过了一关又一关，总算母子平安，可是她的孩子却患有多动症，智商较低，其主要原因是母亲在孕期过度悲伤、过度焦虑。

良好的心理有利于胎儿的健康发育，为此，孕妇要积极调理好自己的情绪，使自己的心理处于最佳状态。孕妇心理调理过程，也就是胎教的过程。

七、一个实验给我们的启示

现代胎教还有一个显著的特点，就是它的国际性。当今世界上许多学者都对胎教产生了浓厚的兴趣，他们潜心研究，并精心设计了一些实验。

1950 年，美国心理学家汤普森曾做了一个非常有趣的实验：试验场所是一只大箱子，中间用一道门隔开，试验对象是 5 只雌性小白鼠。试验的第一步是把 5 只母鼠放在一个隔间内，按响蜂鸣器并通上强电流，同时打开隔门，让母鼠们跑到无电击的另一间内躲避。如此训练多次，直到母鼠产生条件反射，即使不通电，只要蜂鸣器一响，母鼠们也争相躲避。然后进行第二步：实验交配，使 5 只母鼠妊娠。第三步，将受孕母鼠放回曾受电击的隔间中，把通向安全间的门关闭，以后每天 3 次给母鼠放蜂响声，但不击电，使 5 只母鼠在怀孕期间始终处于惊恐不安的情境之中，一直持续到小鼠出生为止。

这项试验的目的，是为了观察妊娠期间长期情绪紧张对后代的影响。实验结果很有意义。汤普森对上述实验组的母鼠所生的30只小鼠与未受过这种实验的对照组母鼠生下的30只鼠做了比较测验。测验分为两次：第一次是在生后30~40天，将以上两组小鼠放在空地上，按移动距离来计算它们在同一时间的活动量，结果发现实验组小鼠呆板，不活泼，活动量也小得多。第二次测验是在出生后130~140天，把小鼠放在一条巷道，让其取食，结果是实验组走走停停，左顾右盼，所用时间比对照组长得多。

汤普森的实验表明，母鼠怀孕后持续情绪不安，将使后代胆小脆弱，情绪易于激动，行动呆板、畏缩。

人也许不会胆小如鼠，但人的生理条件和情绪状态是密切相关的。一个心情宁静、舒畅的母亲所怀的胎儿和一个心情紧张、忧虑的母亲所怀的胎儿，是生活在两个不相同的天地里。两者血液中的化学成分、激素水平以及细胞的新陈代谢都不相同，这一切都取决于心理状态。因此，这些伴随孕妇情绪状态而出现的生理反应，必然会对她的胎儿造成影响。

据国外一项研究发现，怀孕后焦急不安的母亲比不那么焦急的母亲更容易在分娩时发生问题。

第三节　不同角色的家庭成员在胎教中的作用

一、母亲是胎教的主角

众所周知，胎儿是由母亲孕育的，母体既是胎儿赖以生存的物质基础，又是胎教的主体。一方面，母体为胎儿的生长发育提供了一切必要的条件，母亲的身体素质和营养状况直接关系到胎儿的体质健康；另一方面，母亲的文化修养、心理卫生情况又不可避免地在胎儿幼小的心灵中打下深深的烙印，对孩子的精神世界产生不可低估的影响。因此，孩子生命中第一任教师的重要角色责无旁贷地落在了母亲的身上。

一般情况下，从发现自己的腹内已萌发出一个小生命时起，多数未来的母亲便意识到要保护和培养这一幼小生命，自然而然地开始了和小生命的“对话”，进行着亲切而又温暖的交流。当然，由于每一位母亲的家庭环境、文化素养、道德修养、对胎教的认识与付出的时间和精力以及投注的爱心等方面的差异，会造成胎教的不同结局。因

此，每一位即将做母亲的人都应充分认识自己所肩负的责任，增强体质，加强修养，很好地进入“主角”的角色，为宝宝的超早期教育作出贡献。

说到这里，也许有些孕妇会因为自己的文化水平不高等因素而感到气馁，对胎教缺乏信心。其实，在胎教过程中最为关键的莫过于母亲的爱心。只要倾注了爱，付出一切可能的精力和时间，腹中的宝宝也就接受了好的胎教。

二、家庭其他成员在胎教中的作用

不要以为胎教只是未来父母的事情，实际上，家庭的其他成员，尤其是孩子未来的爷爷、奶奶、姥姥、姥爷等人也将在胎教中占有一席之地。

目前我们国家提倡一对夫妇只生一个孩子。因此，一些老人，尤其是爷爷、奶奶往往希望生一个“虎虎势势”的小孙子，而不想要孙女，无形之中给孕妇增添了压力。家庭其他成员在胎教中的作用是不要给孕妇施加各种压力，以免引起不良影响。

还有一些老人，往往是孕妇的母亲或婆婆，总是滔滔不绝地介绍自己当年的亲身感受和经验。当然，这样做不无效果，但是，其中也有不少夸大之词，甚至把一切说得困难而又痛苦。这对于孕妇来说无疑是一种不良刺激，甚至使她产生条件反射，从而导致一场痛苦而又沉闷的妊娠和分娩。这同样会给胎儿造成极为不利的影响。

此外，还有一些老年人，认为现在的年轻人太娇气，动辄我们那时候如何如何。这对于孕妇来说是一种不良刺激，往往是给孕妇原本就烦躁不安的情绪火上浇油，容易发生口角，进而殃及胎儿。

因此，在孕妇怀孕期间，家庭里所有成员都应给予热情的帮助和充分的体谅，不要给孕妇造成压力，也不要给她“瞎参谋”，更不要随意指责，让孕妇生活在一个宽松的生活环境里，如一旦发现有矛盾的苗头，家庭其他成员切不可计较，并尽量用幽默的方式化解，因为幽默会使人的副交感神经兴奋，使身体内环境稳定。

三、丈夫在胎教中的作用

有人认为，胎儿是在母亲的腹中，那么胎教的责任自然是由孕妇一人承担。其实

这种想法是错误的。母亲是胎教的主角，未来的父亲在胎教过程中，同样担负着重要的责任。丈夫配合得好坏，直接关系着胎教的质量。

丈夫要多关心和体贴怀孕的妻子，挤出时间多陪陪妻子。除了帮助妻子主持家务，减轻体力劳动外，还要妥善安排好妻子的饮食，保证有营养丰富的膳食摄入。同时丈夫要注意到自己的情绪，遇事要冷静，要克制，不能对妻子冷淡、发脾气，更不能大吵大闹，甚至动手殴打妻子。丈夫要尽最大努力，让妻子心情舒畅，避免有大的情绪波动，让妻子充分享受小家庭的温暖，具体说来有以下几方面的内容。

(1)适当调节妻子的情绪

胎儿发育需要适宜的环境，也需要各种刺激和锻炼。胎儿除生理需要外，还需要一些与神经活动有关的各种刺激和锻炼。例如，丈夫可与妻子开开适度的玩笑，幽默风趣的谈话会使妻子的感情更加丰富；陪妻子观看喜剧片；让妻子与久别的亲朋好友重逢；鼓励妻子参加社会活动；陪妻子做短途旅行等。总之，多让妻子的情绪出现短暂的、适度的变化，为未出世的孩子多提供一些良性刺激和锻炼。

研究表明，胎儿躯体或精神方面的障碍多与父母不和及不幸的婚姻生活有关。在一定意义上，精神因素给孩子带来的危害，比妊娠期生病、吸烟、劳累等危害还要严重。丈夫应该充分认识到，在妻子的整个怀孕期间，要持之以恒地做到温存、体贴、快乐、幽默、理解、宽容，安排好妻子的物质生活与精神生活，让宝宝在妈妈的腹中健康发育。

(2)激发妻子的爱子之情

丈夫除了让妻子多看一些能激发母子情感的书或影视片外，还要多与妻子谈谈胎儿的情况。如询问胎动，提醒妻子注意胎儿的各种反应，与妻子一起描绘胎儿在“宫廷”中安详、活泼、自由自在的形象，一起猜想孩子的小脸蛋是那么漂亮逗人，体形是那么健壮完美。可别小看这些，要知道，这对增加母子生理、心理上的联系，增进母子感情都是非常重要的。尤其是丈夫要引导妻子去爱护腹中孕育着的胎儿，切不可因妊娠反应、妊娠负担或因肚子大起来影响了外貌、体形或面部出现色素沉着，损害了自己的容貌等，就怨恨腹中的胎儿。许多实验都证明，母亲与胎儿有着密切的联系，母亲对胎儿有任何厌恶情绪或想做流产的念头，都不利胎儿的身心健康。

(3)丰富妻子的业余生活

除了多听音乐外，还可参观画展，观看文艺演出，以提高艺术修养。同时，丈夫要

鼓励妻子加强学习，学习妊娠期生理卫生知识、胎教知识以及科学文化知识。

(4) 协助妻子搞好胎教

帮助妻子制定胎教计划，注意收集资料，如磁带、童话故事、简单的绘画常识等，以用于进行音乐、图画、语言等方面的胎教。

(5) 帮助妻子保持情绪的稳定

为了母婴的健康，并力争生一个健康聪明的孩子，除去孕妇要善于自我控制与调节情绪外，丈夫更要努力调节好家庭的精神生活，使妻子保持良好的精神状态。丈夫怎样去做才能使妻子的精神更加愉快，情绪更趋稳定呢?

首先，要善于洞察妻子的心理活动，把握她在想什么、有什么心事、希望你如何去做等。针对爱人的心理要求，做一些恰巧迎合妻子心理的事情与工作。

其次，要倍加体贴关怀正在怀孕中的妻子，创造良好的家庭氛围，使家庭更为欢快、温馨。

另外，还要注意你的言谈举止。丈夫的一言一行，往往对妻子的心灵有很大的触动。比如对妻子所怀胎儿的性别是男是女问题，就不宜过多挂在嘴上。诚然生男生女都会给家庭带来莫大的快慰，但有不少人仍有些旧的世俗观念，这种不依人们意志为转移的问题，很容易给孕妇的思想上造成很大压力。如果发现妻子不高兴时，丈夫要殷勤地给以安慰，可以给妻子放几段轻松愉快的音乐，谈一些在外面的所见所闻，讲一些幽默动人的故事等，这都是调节孕妇情绪的良好措施。至于具体到每一对夫妇的身上，应该采取哪些具体的措施，则需要视各自的实际情况而随机应变了。

四、丈夫进行胎教必须要做的事情

胎教不单纯是孕妇的事，需要丈夫做的工作也有很多，除去在有关条目中谈到的内容以外，还有以下几件事情需要丈夫去做。

(1) 经常和胎儿说说话

丈夫通过动作和声音，与妻子腹中的胎儿说说话，是一项十分必要的胎教措施。日本育婴文化研究所的谷口裕司，在妻子妊娠期间，曾经试验过“父亲式的胎教”。就是在每天晚上睡觉前，把手放在妻子的腹部，跟胎儿说上几句话。常说的话是：“你今天又长了这么多，我是你爸爸哟。”通过丈夫抚摸妻子的腹部，对孕妇产生的是良性刺

激，这既是孕妇的一种精神与身体享受，胎儿也从中受益不少，尤其是对于情绪和精神紧张的孕妇来说，这是一剂良好的安慰剂。

丈夫与妻子腹中胎儿的谈话，不一定拘于某种形式，其内容宜丰富一些，诸如问候胎儿、安慰或批评胎儿等都可以。在与胎儿搭话时要善于揣测妻子的心理活动，仔细琢磨一下爱人需要听什么话，要通过妻子良好的心理感受而产生积极的胎教效应。

(2) 和胎儿做游戏

如何和胎儿做游戏，这里介绍一些简单、轻松的游戏。如妻子平卧时诱导胎儿在“宫中”活动，妻子进餐时模拟给胎儿喂饭等，这些都可以通过孕妇的感官刺激对胎儿起到积极的潜移默化作用。

(3) 给胎儿讲故事

丈夫在给妻子腹中的胎儿讲故事时，要把尚未降世的胎儿当成懂事的大孩子一样看待，最关键的是要争取妻子的积极参与，通过妻子的心理感受，来转化为教育因子而作用于胎儿。故事内容宜轻松愉悦，娓娓动听，切勿讲授使妻儿产生恐惧心理的故事。

(4) 给胎儿放音乐

音乐在胎教中占有重要的地位。放给胎儿听的音乐，最好先取得妻子的同意，至少讲是孩子的妈妈比较喜欢听的，否则就不会起到胎教的作用。另外还需要根据胎儿胎动频度进行辩证地选择。如果胎动频繁，应放一些柔和轻松的曲子；如果胎动较弱，则需放一些雄壮有力而又节奏感比较强的音乐。

在配合妻子进行胎教的过程中，还有许许多多的事情需要丈夫去做，诸如给胎儿听胎心、数胎动、唱儿歌、诵诗词等，都是很好的胎教内容，这里不一一赘述。

五、父亲与胎儿的沟通

胎儿和母亲之间的关系是身肉相连、心心相印的，照理说，孩子出生后应该同母亲的感情最深。但奇怪的是，有些婴儿对父亲的欢迎程度远远超过母亲，这已是近年来较为普遍的现象。

有人在实验中发现，胎儿特别喜欢听父亲的讲话声，在父亲的唱歌声和抚摸下，能用似乎“陶醉”了的轻轻摇晃动作来表示他的满意心情。婴儿出生后哭闹时，母亲往往

不能使其安静下来，而父亲却可以通过唱婴儿熟悉的歌曲和抚摸动作使其尽快安静下来或入睡。这大概与胎儿不喜欢高、尖、细的声音(这种声音常常会造成胎动增加)，而喜欢低沉、宽厚的声音有很大的关系吧。所以一些心理学家提出一项极为有益的建议：请父亲给胎儿讲话，创造那种与出生后的婴儿建立亲切、深厚的感情的先决条件。

由父亲对胎儿讲话，这首先是父爱的一种具体表示，胎儿能够通过听觉和触觉，感受到不仅有母爱，而且还有父爱的温暖，这对于胎儿的感情发育具有极大的好处。

父亲抚摸胎儿并同他说话，这对做母亲的在心理上也是一种极大的安慰。这种天伦之乐是孕育、养育、教育孩子的最好气氛。

父亲与胎儿的玩耍，一般以谈话为其主要的内容。有一位做父亲的就是这样同胎儿谈的：小宝宝呀，你的小手在哪儿？伸出来让爸爸摸摸吧。你的小脚在哪儿？会不会蹬？蹬蹬让爸爸瞧瞧吧。你的大脑袋呢？现在长头发了吗？妈妈经常为了你吃核桃和黑芝麻，你的头发一定是又黑又亮的，对吗？今天又有什么新本事呢？噢，会推了。那就轻轻地推一下吧，可千万别把妈妈推疼了。刚才听到音乐了吗？……

极为有趣的是，这个常与爸爸对话和玩耍的胎儿，每天晚上到了10点钟就"急不可待"地动起来，仿佛是盼望与爸爸"游戏"时刻的到来。这个孩子出生后，同爸爸的感情非常好，同时，这个孩子的智力、能力发展水平远远高于同龄孩子。

爸爸同胎儿游戏所起到的作用是极其明显的，尽管为什么能起到这个作用的奥秘当前还难以弄清，但将要成为父亲的人要经常与胎儿玩耍，早日建立起父子感情，以促进胎儿的健康发育。

六、合理安排每日胎教内容（仅供参考）

每日胎教内容安排如下表：

每日胎教内容表

时间	生活安排	胎教内容
6:00～	起床、整理房间、卫生打扮	音乐胎教、光照胎教（孕37周始）。
6:30～	散　步	运动胎教、语言胎教。
7:10～	早　餐	体积小、热量高的食品，动物奶、鸡蛋、面食、水果。
7:40～	上班途中	语言胎教、环境胎教。
8:00～	上班	中间休息：足尖运动、语言胎教。
12:00～	中餐	体积小、热量高的食品，动物奶、鸡蛋、面食、水果。
13:00～	午休	音乐熏陶法。
14:30～	上班	踝关节运动、语言胎教。
18:00～	晚餐	营养胎教。
19:00～	看电视	新闻联播、天气预报。
20:00～	夫妻欢聚	直接胎教、孕20周后抚摩胎教。
21:00～22:00	睡前准备	喝牛奶、情绪胎教。

第四节　胎儿的训练

一、胎儿的听力训练

胚胎学研究证明，胚胎从第8周开始神经系统初步形成，听神经开始发育。当胎儿发育进入5~7个月时听力完全形成，还能分辨出各种声音，并在母体内做出相应的反应。有几个有趣的实验研究：

①有人曾做过这样的实验，让新生儿吸吮一个与录音机相连的奶嘴，婴儿以某种方式(长吸或短吸)吸吮就可听到自己母亲的声音，而且他们通过辨别声响，表示出对自己母亲的声音特别的敏感。

②还有人选择在怀孕的最后的5~6周时让孕妇给胎儿朗读"戴帽子的猫"，历时5个多小时，当胎儿出生后进行吸吮试验。先准备两篇韵律完全不同的儿童读物：一篇是婴儿在母亲体内听到过的"戴帽子的猫"，另一篇是婴儿从未听到过的"国王、小耗子与奶酪。"婴儿通过不同的吸吮方法才能听到这两篇不同的儿童读物。结果发生了让人非常惊喜的事情，这些婴儿完全选择了他们出生前学过的"戴帽子的猫"。

以上这些事实说明了胎儿在未出生前已经具备了听力。此外，科学家们还发现，如果胎儿在母体内患有先天性耳聋，通过听力训练可以做出初步的诊断，当胎儿出生就可以采取相应的措施。

二、胎儿的运动能力训练

"生命在于运动"，运动可以促进胎儿的生长发育。从孕第7周开始胎儿就可以在母体内蠕动了，但这时活动幅度很小，只能借助B型超声显像仪才可以观察到，当胎儿发育到16~20周时活动能力大增，动作多种多样。如：吸吮手、握拳、伸腿、眯眼、吞咽、甚至转身、翻筋斗等。运动使胎儿逐渐强大，这时母亲也感到了胎动。

对胎儿进行适当的运动训练，可以激发胎儿运动的积极性，促进胎儿身心发育。我们可以通过对胎动的观察来了解胎儿的健康。现代医学已经证明，胎动的强弱和胎动的频率可以反映出胎儿在母体内健康状况。有人曾对胎动强者和胎动弱者进行观察，直到出生后，发现在宫内活动强者出生后其动作的协调性和反应的灵敏度上均优于出生前胎动弱者。凡是在母体内受过运动训练的胎儿出生后翻身、爬行、坐立、行走及跳跃等动作都明显的早于一般的孩子。因此，对胎儿进行运动训练确实不失为一种积极有效的胎教手段。有些孕妇担心锻炼会伤害了胎儿，其实这种担心是没有必要的。胎儿在4个月时胎盘已经很牢固了，胎儿此时在母体内占有较大的空间，而且羊水对外来的作用力具有缓冲的作用，可以保护胎儿。

三、胎儿的记忆能力训练

年轻的母亲可能有过这样的体会，当刚出生的宝宝哭闹不止时，如果马上将宝宝的头转向左侧胸部，宝宝的耳朵贴近心脏，宝宝会立即停止哭闹或安静入睡。这是什么原因呢？原来胎儿在母体内生活已经习惯了那里的声音包括心脏的跳动声。胎儿出生后虽然离开了母体，但记忆犹新，一旦又听到了他所熟悉的心脏跳动声音时，马上又产生了安全感，故而停止了哭闹，安静入睡。

因此，根据胎儿的这一能力进行及时合理的训练，使其更进一步的发展与完善是非常必要的。

四、胎儿的语言能力训练

对胎儿进行语言训练是一种行之有效的胎教方法。法国学者曾经对一些婴儿进行过法语和俄语的选择试验，结果发现他们对法语的发音反应更为强烈。美国“胎儿大学”的一个“小学生”在妈妈肚子里经过“胎儿大学”的语言学习后，出生仅仅9周居然能对录像机放映的节目说“哈罗”。

这两个实例说明了这样一个问题，一个小生命在胎儿期就已经具备了语言学习的能力。根据胎儿这种潜在的能力，只要母亲不失时机对胎儿进行认真、耐心的语言能力训练，那么等到胎儿出生后，其听力、记忆力、观察力、思维能力和语言表达能力将会大大超过于未经语言能力训练的孩子。

五、胎儿的呼唤训练

根据胎儿具有辨别各种声音并能做出相应反应的能力，父母就应该抓住这一时机

经常对胎儿进行呼唤训练，也可以说是“对话”。孩子刚出生就会马上识别出父母的声音，这不但对年轻父母是一个激动人心的时刻，而且，对孩子来说，刚来到这个完全陌生的世界时，如果能听到一个他所熟悉的声音，对他来说是莫大的安慰和快乐，同时也消除了由于环境的突然改变而带给他心理上的紧张与不安。

曾有一位父亲从胎儿7个月开始经常向胎儿说：“小宝贝、我是你的爸爸！”一边抚摸着胎儿，以后每当这句话一出现胎儿就会兴奋地蠕动起来。当这个孩子出生后因环境的突变产生不安而哭闹不止时，他的父亲突然想到了与胎儿经常说的话，于是马上说：“小宝贝，我是你的爸爸！”话刚出口，婴儿就像着了魔法一样突然停止了哭声，并掉转头来寻找发出声音的方向，后来竟高兴地笑了。以后每当孩子哭闹时这句话就会使孩子从哭闹中安定下来。

可见父母通过声音和动作与腹中的胎儿进行呼唤训练，是一种积极有益的胎教手段。在对话过程中，胎儿能够通过听觉和触觉感受到来自父母亲切的呼唤，增进彼此生理上的沟通和感情上的联系，这对胎儿的身心发育是很有益的。

六、胎儿的体操训练

如果说做体操是人们为了增强体质，有利于身心健康。那么对胎儿来说同样适用。早期对胎儿进行这方面的训练可以培育出心灵手巧、体格健壮的孩子。例如，有人曾对腹中的胎儿进行长期的体操训练，当孩子出生后2～3个月便可以顺利地完成各种动作，有些动作则是1周岁以后的婴儿才能完成的，如：翻身、抓握、爬，还可以自己转动袖珍收音机的旋钮，捡起床上的瓜子皮，抓住小奶瓶自喂等，这种超前的运动能力实在令人惊讶。据专家们观察这样的孩子不但身体健康，很少得病，而且精力充沛，智力发育良好。

此外，经常给胎儿做体操的孕妇还有利于顺利分娩，在某一妇产医院有一位产妇分娩时发生难产，经医生检查后发现胎儿心跳减慢，心律不齐，当即决定产妇要进行剖宫手术，这位产妇突然想起已经到“做操”时间了。于是她立即抚摸胎儿为胎儿做操后，奇迹发生了，胎儿很快安定下来了，而且自然分娩，胎儿平安出生。

可见经常为胎儿“做操”不但对胎儿的发育有利，而且还有助于母亲正常、顺利的分娩。

七、胎儿的游戏训练

医学研究发现,胎儿在母体内有很强的感知能力。父母对胎儿进行游戏训练,不但增进了胎儿活动的积极性,而且有利于胎儿智力的发育。让我们通过胎儿超声波的荧屏显示来观察一下胎儿在母体内的活动情况。胎儿在某一天醒来伸了一个懒腰,打了一个哈气,又调皮地用脚蹬了一下妈妈的肚子,这使他感到很满意。一个偶然的机会使胎儿的手碰到了漂浮在旁边的脐带,“这是什么东西?”很快脐带成了他的游戏对象,一有机会便抓过来玩弄几下,有时还抓住脐带将它送入嘴边,这个动作使他产生了一阵快意。从胎儿这些动作和大脑的发育情况分析,科学家们认为胎儿完全有能力在父母的训练下进行游戏活动。

据国外报道:天才儿童迭戈从他在母亲腹内第3个月起他的父母亲就开始对他进行游戏训练,通过敲他母亲的腹壁观察他的反应。经过一段时间的训练,小迭戈已经会调皮地与人玩游戏了。当有人敲他母亲一下,他也敲一下,你敲两下,他也敲两下。而且他的父母很自豪地说:“他们的孩子一出世就马上认出他的父母。”可见胎儿是很有潜能的,父母要不失时机地通过各种渠道对胎儿实施早期胎教,使其获得良好而有益的刺激。

八、胎儿的性格培养

性格是儿童心理发展的一个重要组成部分,它在人生的发展中起到举足轻重的作用。人的性格早在胎儿期已经基本形成。这一点已被专家们所证实。因此在怀孕期注重胎儿性格方面的培养就显得非常的必要。胎儿性格的形成离不开生活环境的影响,母亲的子宫是胎儿的第一个环境,小生命在这个环境里的感受将直接影响到胎儿性格的形成和发展。

20世纪70年代初期一直被妇产科医生用来防止孕妇流产的一些药物,如:雌激素和黄体酮对胎儿的性格有着不良的影响,美国纽约州立大学的一项研究报告表明:孕期的女性使用雌激素和黄体酮会使胎儿出现明显的女性特征,表现为男性性格软弱,很少有攻击能力,而女性则更加女性化。而且还发现与孕妇的服药量有密切关系,同时注射了黄体酮、雌激素的孕妇所生的孩子与只注射黄体酮的孕妇所生的孩子相比,前者比后者更具有明显的女性特征。

这是我们从报告中看到激素对胎儿性格的形成的

影响。那么，是不是只要不使用这些激素，对胎儿的性格形成就没有影响呢？许多研究表明，孕妇的精神状态、情感、行为、意识等也同样可以引起激素分泌的异常改变，而影响到胎儿的性格形成。

瑞典有一个名叫克列斯蒂娜的女婴，她虽然长得健壮，但却不愿吸吮母亲的奶，母亲把奶头对着她，她仍然把头转过去。她情愿去吸别人妈妈的乳汁或奶瓶的奶。后来经过调查后才知道，原来这位婴儿的母亲在怀孕时打算流产，但因其丈夫执意不肯才勉强生下了她。克列斯蒂娜在母亲的腹中已经痛感到母亲不希望生下自己，出生后就心怀不满，因此，拒绝吃妈妈的奶，对母亲仍存有戒心。

如果母亲是一位热爱胎儿，不论在任何不良环境中都能够表现出坚强的个性，那么对胎儿则产生不同的效果。

曾有一位在妊娠期间遭受沉重打击的女性，她于怀孕数周后被丈夫所抛弃，家庭负担、经济问题都摆在了面前。常常为此发愁，当她怀孕到6个月时，在一次检查中，发现一侧卵巢患有癌前性囊肿，需要立即手术切除。医生建议她流产，但她毅然拒绝，为了孩子她做好了冒任何风险的准备。最终这位女性生下了一个完全健康的胖儿子。

从这个实例说明：只要母亲有坚强的性格就会感染胎儿使其同母亲一道战胜困难，并从中得到性格方面的锻炼。心理学研究证明，胎儿能敏锐地感知母亲的心理活动及母亲对自己的态度。

九、胎儿的习惯培养

我们每一个人都有着各自的生活习惯，有的人习惯于早睡早起，而有的人喜欢晚睡晚起，但不论我们每个人有什么习惯，养成一种良好的生活习惯是不容易的，有的人可能一辈子生活都是没有规律的。那么这是为什么呢？俗话说：“江山易改，本性难移”，也就是说人一旦养成了一种习惯想改成另一种习惯是很困难的。

那么，一个人的习惯是什么时候养成的呢？有人说是儿童时期养成的，也有的人说是出生后开始逐渐养成的。如果我们说早在胎儿时期一个人的某些习惯就已基本养成，恐怕你不会相信。其实胎儿的生活习惯在母亲腹内就受到母亲本身习惯影响，而潜移默化地继承下来，这不是哪个人的凭空想象，而是经过科学家实践证明

的事实。让我们通过一项有趣的实验来看。

瑞典有一位医生叫舒蒂尔曼，他曾对新生儿的睡眠类型进行了实验，结果证明：新生儿的睡眠类型是在怀孕后几个月内由母亲的睡眠所决定的。他把孕妇分为早起型和晚睡型两种类型，然后对这些孕妇进行追踪调查，结果发现：早起型的母亲所生的孩子天生就有同妈妈一样的早起习惯；而晚睡型母亲所生的孩子也同其妈妈一样喜欢晚睡。

通过实验我们是否可以得出这样一个结论：胎儿出生几个月内，可能和母亲在某些方面就有着共同的节律了。母亲的习惯将直接影响到胎儿的习惯。如果有些母亲本身生活无规律、习惯不良，那么从怀孕起就要从自身做起，养成一个良好的习惯，以便培养出具有良好习惯的胎儿。

十、胎儿的美学培养

我们生活的这个世界里到处充满了各种各样的美，人们通过看、听、体会享受着这美的一切。如果对胎儿进行美学的培养，就需要母亲将自己感受到的美传送给胎儿。美学培养也是胎教学的一个组成部分。它主要包括：音乐美学、形体美学和大自然美学3部分。

(1)音乐美学

对胎儿进行音乐美学的培养可以通过心理作用和生理作用这两种途径来实现。心理作用方面：音乐能使孕妇心旷神怡，浮想联翩，从而使其情绪达到最佳状态，并通过神经系统将这一信息传递给腹中的胎儿，使其深受感染。同时安静、悠闲的音乐节奏可以与胎儿创造一个平静的环境。使躁动不安的胎儿安静下来，使他朦胧地意识到世界是多么的和谐，多么的美好。在生理方面：悦耳怡人的音响效果能激起母亲植物神经系统的活动，由于植物神经系统控制着内分泌腺使其分泌出许多激素，这些激素经过血液循环进入胎盘，使胎盘的血液成分发生变化，有利于胎儿血液中健康的化学成分增多，从而激发胎儿大脑及各系统的功能活动，来感受母亲对他的刺激（教育）。

(2)形体美学

主要指孕妇本人的气质，首先孕妇要有良好的道德修养和高雅的情趣，知识广博，举止文雅，具有内在的美。其次是颜色明快、合适得体的孕妇装束，一头干净、利索的短发，再加上面部恰到好处的淡妆，更显得人精神焕发。据日本“每日新闻”报道近期研究结果证明，孕妇化妆打扮也是胎教的一种，使胎儿在母体内受到美的感染而获得初步的审美观。

(3) 大自然美学

孕妇多到大自然中去饱览美丽的景色，可以促进胎儿大脑细胞和神经系统的发育。

十一、胎儿的情趣培养

科学家经常告诫人们，要保持身心健康，就要适当丰富人们的精神活动。例如：听音乐、看书、读诗、旅游或欣赏美术作品等，这些美好的情趣有利于调节情绪、增进健康、陶冶人的情操，而且对下一代也是非常重要的。

我们知道胎儿和母亲是血肉相连的，胎儿与母亲之间有着微妙的心理感应。因此，母亲的一言一行都将对胎儿产生潜移默化的影响。

著名提琴家列昂尼德·科根曾讲过他自己的一段有趣经历：在一次音乐会上，他在他妻子的伴奏下演奏了新乐曲，在此之前曾短期练习过这首乐曲。当时他的妻子临近产期，不久生下了儿子。儿子长到4岁时便学会了拉提琴，有一天他突然奏出了一支从来没有人教过他的乐曲，正是那次音乐会上演奏的乐曲。那支乐曲仅在那次音乐会上演奏过一次，后来从未演奏过，亦未灌制成唱片。他的儿子出生以来也没有听过那支乐曲。

提示

科学家们还发现，广泛的情趣对改善大脑的功能有着极为重要的作用。有人认为：乐队指挥、画家、书法家等生活情趣较丰富的人，他们之所以具有创造力，这与他们经常交替动用大脑左、右半球，促进左、右大脑的平衡，提高大脑的功能有关。因此母亲的生活情趣无疑对胎儿大脑左、右半球的均衡发育起着很关键的作用。

第五节 胎教的方法

一、呼唤胎教法

呼唤胎教法是根据胎儿具有辨别各种声音，并能作出相应反应的能力，父母对胎儿进行呼唤的训练方法。它主要建立起胎儿的记忆反应，是父母与胎儿最初的沟通。

父母通过声音和动作，与腹中的胎儿进行对话和呼唤训练，是一种积极有益的胎教手段。因为在这样一个呼唤的过程中，胎儿能够通过听觉感受到父母充满爱心的呼唤，同时增进母亲和胎儿之间生理上的沟通和情感上的联系，对胎儿的身心发育具有极大的好处。

二、抚摸胎教法

抚摸胎教应在怀孕24周后进行。一般每天可进行3次，每次约5分钟，起床后和睡觉前是进行抚摸胎教的好时机，应避免在饱食后进行。进行抚摸前，准妈妈先排空小便，平卧床上，下肢膝关节向腹部弯曲，双足平放于床上，全身放松，此时准妈妈腹部柔软，利于触摸。抚摸可由妈妈进行，也可由爸爸进行，也可轮流进行。先用手在腹部轻轻抚摸片刻，再用手指在胎儿的体部轻压一下，可交替进行。有的胎儿在刚开始进行抚摸或按压时就会作出反应，随着孕周的增加，胎儿的反应会越来越明显。当胎儿对刺激感到不舒服时会不耐烦地踢蹬，习惯指压后，胎儿会主动迎上来。孕28周以后，轻轻地触摸配合轻轻地指压可区别出胎儿圆而硬的头部、平坦的背部、圆而软的臀部以及不规则且经常移动的四肢。当轻拍胎儿背部时胎儿有时会翻身、手足转动，此时可以用手轻轻抚摸以安抚之。在用手触摸胎儿的时候，别忘了同时还应轻轻地、充满柔情地对

胎儿说话，让胎儿更强烈地感受到父母的爱意。父母也可以在触摸胎儿的时候谈谈心，交流交流感情，憧憬一下宝宝出生后美好的生活，营造出温馨、亲密的气氛，这样有利于加深一家三口间的感情。

> 抚摸胎教是促进胎儿智力发育、加深父母与胎儿之间情感联系的有效方法，胎儿和准妈妈都是悉心呵护的对象，抚摸胎教也有需要注意的地方。首先，抚摸及按压时动作一定要轻柔，以免用力过度引起意外。其次，有的准妈妈在怀孕中、后期经常有一阵阵的腹壁变硬的情况出现，可能是不规则的子宫收缩，此时不能进行抚摸胎教，以免引起早产，但可以用音乐胎教和语言胎教。最后要注意的是，准妈妈如果有不良产史，如流产、早产、产前出血等，则不宜使用抚摸胎教。

三、音乐胎教法

(1)音乐胎教的方法

音乐胎教通常以下述几种方法施行：

①哼歌谐振法。准妈妈每天可以哼唱几首歌，要轻轻哼唱，而不必放声大唱。最好选择抒情歌曲或轻歌，也可唱些“小宝宝，快睡觉”等类似摇篮曲的歌。唱时心情舒畅，富于感情，如同面对亲爱的宝宝，倾诉一腔柔爱。这时，母亲可想象胎儿正在静听你的歌声，从而达到爱子心音的谐振。

②欣赏音乐。准妈妈每天定时欣赏一些名曲和轻音乐，如《春江花月夜》、《江南好》等传统轻音乐曲，施特劳斯的《春之声》圆舞曲，维扎尔和莫扎特的那些轻松明快的室内乐曲，等等。准妈妈在欣赏音乐时，要沉浸到乐曲的意境中去，如痴如醉，旁若无人，如同进入美妙无比的仙境，以获得心理上、精神上的最大享受和满足。

③音乐灌输法。可将耳机或微型录音机的扬声器置于准妈妈腹部，并且不断地移动，将优美动听的乐曲源源不断地灌输给母腹中的胎儿。每天反复2~3次，每次20分钟左右，一次播放2~3支乐曲。注意音量不宜过大，时间不宜过长，以免胎儿疲劳。

④准妈妈教唱法。胎儿虽具有听力，但毕竟只能听不能唱。准妈妈要充分发挥自己的想象，让腹中的宝宝神奇地张开小嘴，跟着音乐和谐地“唱”起来，可先将音乐的发音或简单的乐谱反复轻唱几次，每唱一个音符后等几秒钟，让胎儿跟着“学唱”，然后再依次进行。

(2)音乐胎教的种类

音乐胎教的方法多种多样。由于人们文化水平、禀赋素质、欣赏水平、生活环境等

方面存在着差异，有的准妈妈喜爱音乐，有的则对音乐不感兴趣。因此也就不能对所有准妈妈都统统使用固定的曲子。但我们坚信，绝对不喜欢音乐或根本没有音乐细胞的人很少，只不过是没有尝到音乐有益于身心健康的甜头。就说在比较偏远的农村，可能会有许多人对音乐不太感兴趣，可是她们肯定有自己喜欢听或喜欢唱的山歌、民歌，或地方戏曲。这些曲子欢快自如，有很强的表情性与感染力，听起来给人以十分亲切的感觉，听过以后同样可以收到音乐胎教的效果。所以，施以音乐胎教时不一定拘于一种方式与形式。常可供准妈妈采用的音乐胎教方法有如下几种：

①母唱胎听法：准妈妈低声哼唱自己所喜爱的有益于自己及胎儿身心健康的歌曲与戏剧以感染胎儿。在哼唱时要凝思于腹内的胎儿，其目的是唱给胎儿听，使自己在抒发情感与内心寄托的同时，让胎儿得到美乐的享受。这是不可忽视的一种良好的音乐胎教方式，适宜于每一个准妈妈。

②母教胎唱法：当准妈妈选好了一支曲子后，自己唱一句，随即凝思胎儿在自己的腹内学唱。尽管胎儿不具备歌唱的能力，只是通过充分发挥准妈妈的想象力，利用“感通”途径，使胎儿得以早期教育。本方法由于更加充分利用了母胎之间的“感通”途径，其教育效果是比较好的。

③器物灌输法：这种音乐胎教的方法是英国心理学家奥尔基发明的。利用器物灌输法进行音乐胎教，可准备一架微型扩音器，将扬声器放置于准妈妈的腹部，当乐声响时不断轻轻地移动扬声器，将优美的乐曲通过母腹的隔层，源源不断地灌输给胎儿。在使用当中需要注意，扬声器在腹部移动时要轻柔缓慢，并不宜播放时间过长，以免胎儿过于疲乏。一般每次 20 分钟左右。

④音乐熏陶法：本方法主要适宜爱好音乐并善于欣赏音乐的准妈妈采用。有音乐修养的人，一听到音乐就进入了音乐的世界，情绪和情感都变得愉快、宁静和轻松。准妈妈每天欣赏几支音乐名曲，听几段轻音乐，在欣赏与倾听当中借曲移情，浮想联翩，寄希望于胎儿，时而沉浸于一江春水的妙境，时而徜徉进入芭蕉绿雨的幽谷，好似生活在美妙无比的仙境，神驰魂荡，遐思悠悠，当然就可以收到很好的胎教效果。

⑤朗诵抒情法：在音乐伴奏与歌曲伴唱的同时，朗读诗或词以抒发感情，也是一种很好的音乐胎教形式。现代的音乐胎教也正朝着这个方向发展，在一套音乐胎教当中，器乐、歌曲与朗读三者前后呼应，优美流畅，娓娓动听，达到有条不紊的和谐统一，具有很好的抒发感情作用，能给准妈妈与胎儿带来美的享受。适宜准妈妈采用的音乐

胎教方法还有许多，每一位准妈妈可以根据自身的具体情况而采取相应的音乐胎教方法。

(3)胎教音乐曲目推荐

民族音乐

二胡曲:《良宵》、《江河水》。

丝竹乐:《春江花月夜》、《紫竹调》。

广东音乐:《喜洋洋》、《步步高》、《彩云追月》。

古琴曲:《平湖秋月》。

古筝曲:《渔舟唱晚》。

管弦乐曲:《金蛇狂舞》、《春节序曲》、《北京的喜讯到边寨》。

重奏曲:《春天来了》。

小提琴曲:《新疆之春》、《苗岭的早晨》。

钢琴曲:《牧童短笛》。

笛子曲:《喜相逢》、《牧民新歌》。

唢呐曲:《百鸟朝凤》等。

外国音乐

小提琴协奏曲《四季》(维瓦尔迪)。

《D大调第三管弦乐组曲》(巴赫)。

《水上音乐》(亨德尔)。

《D大调弦乐四重奏》(海顿)。

《小夜曲》(海顿)。

《A大调钢琴奏鸣曲》(莫扎特)。

《G大调弦乐小夜曲》(莫扎特)。

《C小调钢琴协奏曲》(莫扎特)。

《第十四钢琴奏鸣曲》(贝多芬)。

《G大调小步舞曲》(贝多芬)。

《致艾丽丝》(贝多芬)。

《少女的祈祷》(贝多芬)。

《E小调弦乐四重奏》(贝多芬)。

《鳟鱼》(舒伯特)。

《小夜曲》(舒伯特)。

《摇篮曲》(舒伯特)。

《春之歌》(门德尔松)。

《仲夏夜之梦》序曲(门德尔松)。

《童年情景》(舒曼)。

《降 E 大调夜曲》(肖邦)。

《A 小调玛祖卡舞曲》(肖邦)。

《匈牙利狂想曲》(李斯特)。

《摇篮曲》(勃拉姆斯)。

《匈牙利舞曲》(勃拉姆斯)。

圆舞曲《蓝色多瑙河》(约翰·施特劳斯)。

圆舞曲《维也纳森林的故事》(约翰·施特劳斯)。

圆舞曲《春之声》(约翰·施特劳斯)。

《E 小调第九交响曲》(德沃夏克)。

《摇篮曲》(格里格)。

《月光》(德彪西)。

《幻想曲》(德彪西)。

《沉思曲》(马斯特)。

《天鹅湖》(柴可夫斯基)。

《D 大调第一弦乐四重奏》(柴可夫斯基)。

《动物狂欢节组曲》(圣·桑斯)。

《小夜曲》(霍夫哈内斯)。

《蝴蝶夫人》(普契尼)。

《爱的喜悦》(马蒂尼)。

《摇篮曲》(图尔尼埃)。

(4)胎教音乐欣赏举例

中国乐曲部分。

《春江花月夜》(丝竹乐)

[作品简介]

《春江花月夜》原是一首琵琶古曲,1923 年被改编为丝竹合奏曲,并且借用《琵琶行》中"春江花朝秋月夜,往往取酒还独倾"这个诗句改名为《春江花月夜》,至今用此名。

丝竹合奏曲《春江花月夜》共分 10 段。改编者根据对乐曲内容的理解而用诗的语言为每段加了小标题,它可以让人们在欣赏音乐时产生联想。

[作品欣赏]

①江楼钟鼓。先由琵琶模拟阵阵深沉的鼓声，由慢渐快，箫和筝以轻巧宁静的波音与之配合，有如春风吹拂下的涟漪。接着，乐队齐奏出委婉如歌的主题，在人们面前展现出一幅夕阳西下的江南水乡的秀丽景色。

②月上东出。乐曲的主题音调开阔而流畅，描写了明月升空、银波万顷的意境。后半部既有变化又很统一，推动着各段旋律不断向前展开。

③江风拂水。音乐主题又在高 5 度的位置上做自由变奏，表现了江风吹拂、水流回旋的意境。

④花影层叠。在徐缓的曲调之后，琵琶突然弹出了急促而热烈的短句，描写了花枝弄影、香飘春江的情形。

⑤水云深际。音乐在低音区回旋，然后跳进高音，并运用颤音和泛音奏出飘逸的音响，异常鲜明地刻画了水天一色的壮丽景色。

⑥渔歌晚唱。柔美的洞箫声犹如远船渔歌，接着，乐队合奏，速度加快，又如同船上众人的应声合唱，刻画了人们欢快、兴奋的心情。

⑦回澜拍岸。音乐一开始，琵琶奏出一连串由慢而快、顿挫有力的音符，继而引出乐队的合奏，音乐快速而热烈，刻画了一幅群舟竞归、江水拍岸、波涛飞溅的场景。

⑧桡鸣远濑。此段音乐仿佛从远处传来的橹桨击水之声。

⑨尾声。归舟远去，江月更幽，万籁皆寂。结尾时，大锣轻轻一击，余韵缭绕。

[欣赏提示]

这首乐曲适合于孕早期母亲情绪烦躁时听，它能镇静孕妇的情绪。孕妇在欣赏这首乐曲时，应将自己融入月夜春江的迷人景色中，在优美柔婉的旋律里，除尽烦躁，洗练出一个宁静、甜美的心境，让自己的情绪在音乐绘就的这幅清丽、淡雅的长卷山水画中变得心旷神怡起来。

《渔舟唱晚》(古筝曲)

[作品简介]

古筝曲《渔舟唱晚》，标题取自唐代王勃《滕王阁序》里“渔舟唱晚，响穹彭蠡之滨”中的“渔舟唱晚”4 个字。乐曲以歌唱性的旋律，形象地描绘了晚霞斑斓、渔歌四起、渔夫满载丰收的喜悦荡桨归舟的欢乐情景，表现了作者对生活和美丽河山的赞美和热爱。

[作品欣赏]

全曲大致可分为 3 段：

第 1 段，用慢板奏出悠扬如歌的旋律，展示了优美的湖滨晚景，抒发了作者内心的感受和对景色的赞赏。

第2段，音乐速度加快，其旋律是从第1段的音调中发展而来的，形象地表现了渔夫荡桨归舟、乘风破浪前进的欢乐情绪。

第3段，快板，形象地刻画了荡桨声、摇橹声和浪花飞溅声。随着音乐的发展，速度逐渐加快，力度不断增强，展现出渔舟近岸、渔歌飞扬的热烈情景。

在高潮突然切住后，尾声缓缓流出，出人意料又耐人寻味。

[欣赏提示]

这首乐曲适合于孕妇在睡眠不好时听，它乐声悠扬如歌，意境旷达，能促使孕妇的情绪回复宁静。孕妇在临睡前听此曲，可让自己的思绪沉静到傍晚的水波上，在渔舟的轻摇慢曳中静静入睡……

《金蛇狂舞》（管弦乐曲）

[作品简介]

《金蛇狂舞》是聂耳根据民间乐曲整理改编的民族器乐合奏曲，表现了在我国传统民间节日中人们舞动巨龙、锣鼓喧天的欢乐场景。聂耳将其定名为《金蛇狂舞》，反映了他对新中国的坚定信念和革命的乐观主义精神。乐曲短小精悍、欢快流畅，演奏形式生动活泼。铿锵有力的锣鼓，有时做间奏，有时与丝竹乐队对奏，有时与曲调同时奏鸣，渲染了热烈欢腾的气氛。

[作品欣赏]

乐曲一开始，以昂扬、奔放的引子揭开了序幕。接着，由鼓、钹奏出激越的音响作为过渡，引出明快、流畅的主题乐句。主题旋律具有强烈的内在推动力，赋予乐曲热情、兴奋、欢乐的色彩。

第2段上、下句对答呼应，并将对答的双方处理成领与合、吹与弹、锣与鼓、强与弱等对比关系，情绪逐层高涨，达到了全曲的高潮，巧妙地描绘出民间喜庆时人们舞动巨龙、锣鼓喧天的欢乐场景。

第3段是第1段的再现。乐曲从头反复了一遍，紧接着，在经过第2段的展开和对比之后，又一次出现第1段的旋律，随着速度逐渐加快，力度逐渐增强，情绪更加红火，再度把乐曲推向高潮。最后在锣鼓齐鸣中，以短促有力的3个音符结束全曲。

[欣赏提示]

这首乐曲适合孕妇精神委靡时听，它活泼生动的表现和铿锵有力的旋律渲染了热烈欢腾气氛，能振奋孕妇的精神，感染孕妇沉浸到乐观的情绪中来。

《春天来了》（高胡、筝、扬琴三重奏曲）

[作品简介]

《春天来了》由雷雨声根据福建民间歌舞《采茶灯》曲调编成。作者运用丰富多变的配器、变奏等手法，充分表现了采茶姑娘欢快的劳动和对春天到来时的喜悦、赞美之情。这首三重奏曲，形式新颖，曲调华丽，曾在1957年第6届世界青年联欢节的民间音乐比赛中荣获金质奖章。

[作品欣赏]

此曲的引子是节奏自由的散板，好似春回大地，万物苏醒。

A(主部)：以福建民歌《采茶扑蝶》为主部的、轻快活泼的旋律，歌唱春天的到来。

B(第1插部)：转为抒情的慢板。抒发了采茶姑娘们怡然自得的喜悦之情；接着是主部的第1次再现，更增添了音乐的欢快气氛。

C(第2插部)：与主部的对比更强烈，它以云南民歌《小河淌水》的音调为主题，鲜明地刻画了春回大地的动人意境。尾声中速度不断加快，力度不断加强，最后在高潮中结束全曲。

[欣赏提示]

这首乐曲适合孕妇在情绪忧郁时听，孕妇在倾听音色丰富、配器多样、色彩华丽、形式新颖的乐曲时，要努力营造出自己内心的欢快喜悦之情，排解忧郁。

《春节序曲》(管弦乐曲)

[作品简介]

《春节序曲》是李焕之所作《春节组曲》中的第1乐章，因这一乐章最受欢迎，所以常单独演奏。

乐曲以我国民间的秧歌音调、节奏及陕北民歌为素材，通过对热烈欢快的大秧歌舞的概括描写，生动地体现了我国人民在传统节日——春节时的热烈欢腾、同歌共舞的情绪。

[作品欣赏]

开始为前奏。在热烈欢快的管弦齐鸣及锣鼓乐声的伴合下，把人们带入春节的喜庆气氛之中。

第1部分以2首陕北民间唢呐风旋律作为素材，生动而形象地表现了人们在欢度新春佳节时欢欣、喜悦的心情和高歌欢舞的热闹场面。

第1主题：节奏鲜明、粗犷有力，绘声绘色地表现了秧歌群舞的生动画面。

第2主题：旋律优美，由长笛和单簧管主奏，双簧管奏复调，弦乐用拨弦奏着舞蹈性的节奏，非常引人入胜，与前奏有鲜明的对比。

第3部分是第1部分的缩减再现，先变化再现第2主题，随后第1主题才以极强的力度、更快的速度由乐队全体演奏再现。最后再次强调奏出引子的后半部分，乐曲在

欢乐沸腾的情绪中结束。

［欣赏提示］

这首乐曲适合孕妇在疲劳和不愉快时听，孕妇在欣赏这首乐曲时，要想象喜庆的画面和喜悦的气氛，通过乐曲渲染的舒畅情绪，达到舒心的目的。

《百鸟朝凤》(唢呐曲)

［作品简介］

《百鸟朝凤》原是流行于山东、安徽、河南、河北等地的民间乐曲。它以热情欢快的旋律，生动描绘了百鸟和鸣、气象万千的自然景象，表现出人们对大自然的赞美和热爱之情。

［作品欣赏］

全曲共分8段，是一首循环体结构的乐曲。

①山雀啼晓

乐曲开始是一段散板。在唢呐奏出清新、悠扬的乐句之后，随即模仿鸟叫声，由伴奏乐器笛子与之对答呼应，互相竞赛，展现出山雀啼晓的意境。

②春回大地

这是一段具有浓郁乡土气息和北方民间音乐粗犷、爽朗风格的曲调，优美而流畅。这段音乐的特点是造成一种欢乐的情绪和变化多端的气氛，为下一段落模拟音调的出现提供了心理上的准备。

③莺歌燕舞

唢呐自由地模拟各种鸟叫声，伴奏声部以舒展的节奏和优美如歌的旋律做陪衬，加强了音乐性。

④林间嬉戏

短句替代前面悠长的乐句，音乐变得活跃起来，犹如人们在山林中嬉戏的欢快情景。

⑤百鸟朝凤

这是第2次出现的模拟各种禽鸟的叫声，充分发挥了唢呐所特有的演奏技巧，惟妙惟肖地表现了百鸟争鸣的情景。

⑥欢乐歌舞

随着速度的转快，乐曲的情绪不断向前推进。当乐队戛然停止之后，唢呐出人意料地用花舌音发出蝉鸣声，非常真切喜人。特别有趣的是模拟蝉被捉住时发出的阵阵挣扎声和最后长鸣一声远飞而去的一段，绘声绘色，充满了欢快热烈的气氛。

⑦凤凰展翅

随着乐曲速度的加快和短小音型的反复推进，音乐进入了高潮，之后又出现了唢呐的华彩段，它使得欢腾的情绪达到极点。

⑧并翅凌空

这是高潮段落的继续，音乐情绪越加热烈，再次出现百鸟齐鸣的场面。最后以一个短小的尾声结束全曲。

[欣赏提示]

这是一首特别适合于孕妇在怀孕中、晚期以及给胎儿听的乐曲，因为它不仅描绘了大自然中百鸟和鸣的景象，有助于孕妇舒畅心情，还模拟了林中各种禽鸟的叫声，把人仿佛带入了大自然中。这种原声的模拟给胎儿听，能直接刺激胎儿的听觉，有助于胎儿的智力发展。孕妇在与胎儿共同欣赏这首乐曲时，若能一边听一边给胎儿描述林中百禽的叫声和欢快的场面，则对胎儿智力发展更有利。

外国乐曲部分。

《四季——春季》(维瓦尔迪)

[作品简介]

这部协奏曲集是意大利作曲家维瓦尔迪于 1725 年发表的一套大型作品《和声与创意的尝试》中的前 4 首，该大型作品由 4 首协奏曲组成，当时题献给波希米亚伯爵 W·冯·莫尔津。

第 1 首《春季》协奏曲，全曲分 3 个乐章，分别是快板、最缓板、快板(田园舞曲)。第 2 首《夏季》协奏曲，全曲分 3 个乐章，分别是不很快的快板、慢板、急板(暑夏季节)。第 3 首《秋季》协奏曲，全曲分 3 个乐章，分别是快板、很慢的慢板、快板(狩猎)。第 4 首《冬季》协奏曲，全曲分 3 个乐章，分别是不很快的快板、最缓板、快板。

作品如同一幅幅富有表现力的风景画，流露出巴洛克音乐的风格特征。特别是小提琴的多种演奏技巧，具有强烈的描绘性特点。

[作品欣赏]

第 1 乐章回旋曲，由主要主题——春天主题和 4 个插段组成。

春天主题：春天来了，无限欢欣。

第 1 插段：小鸟唱着愉快的歌迎接着春天。

第 2 插段：微风轻拂着清泉，泉水叮咚流淌。

第 3 插段：天空乌云密布，电闪雷鸣交作。

第 4 插段：雷鸣电闪过后，鸟儿又重新歌唱。

第 2 乐章比较短，描绘了田园风光。在鲜花盛开的草地上，在轻轻摇曳的草丛中，牧羊人在歇息着，忠实的牧羊狗躺在身旁。音乐情绪优美而恬静。

第 3 乐章具有舞曲的特点，伴随着乡间风笛欢快的音乐声，在春天晴朗的天空下，少女们与牧羊人翩翩起舞。

[欣赏提示]

《四季》是巴洛克音乐的最重要的代表作之一，而巴洛克音乐又是最适合于胎教的音乐。因为巴洛克音乐非常注重音乐形式上的表现和创造，其低音和音乐的结构特别能让孕妇在聆听时达到宁静、抒怀、赏心的目的。因此，在欣赏巴洛克音乐的重要代表作曲家维瓦尔迪的《四季——春季》时，孕妇可以通过它细腻和美的音乐语言，足不出户地享受到春季的萌动和勃发，以唤起自己美好的情怀。

《D 大调第三管弦乐组曲》（巴赫）

[作品简介]

在巴赫所写的 4 首管弦乐组曲中，这一首最有名。德国大诗人歌德在听了门德尔松用钢琴为他弹奏这首组曲后说，乐曲的开头部分实在太壮丽，就好像一大群富丽堂皇的人们正沿着宽阔的台阶庄严地迈步而下。这是对作品最好的评价。这首组曲由 5 个乐章组成。

第 1 乐章序曲，气势庄严、雄壮，歌德所说的“乐曲的开头部分”，指的就是这一乐章。第 2 乐章咏叹调，旋律质朴，富于歌唱性，带有巴洛克后期的夜曲风格。第 3 乐章加沃特舞曲和第 4 乐章布列舞曲都表现出一种活泼愉快的情绪。第 5 乐章吉格舞曲，是一首以双簧管和小提琴为主演奏的华丽舞曲。

[作品欣赏]

全曲分 2 个部分，第 1 部分是 6 小节的乐段，这段曲调质朴而深情，音乐从极弱而慢慢渐强的长音开始，抒发着深思的心绪，而伴奏声部弦乐器的拨奏，更衬托出这种情感。第 2 部分共 12 小节，情绪起伏较前一部分更为显著，在哀怨缠绵的情调中流露出激情。

[欣赏提示]

这也是一首典型的巴洛克后期的音乐作品，它非常有抒情性，旋律优美，富于浓郁的感情。孕妇在听这首乐曲时，主要以感受抒情性为主。

《水上音乐》（亨德尔）

［作品简介］

这部管弦乐组曲作于1715～1717年间。组曲分成3个分组曲：《F大调第一圆号组曲》、《D大调第二小号组曲》、《G大调第三长笛组曲》，全部组曲由21段音乐组成。

《水上音乐》以优美的旋律、轻巧的节奏而流传于世。全部组曲演奏时间长达1小时，目前已很少演奏它的全部，而只演奏其中的一部分。《F大调第一圆号组曲》常被演奏，这个组曲由于只使用圆号这一种铜管乐器而得名，其实主要的演奏乐器是木管和弦乐。

［作品欣赏］

《水上音乐》之《F大调第一圆号组曲》全曲由9段音乐组成：

第1曲前奏曲，表现了碧波荡漾的泰晤士河的韵味。

第2曲宁静的断奏，这是一段抒情的慢板音乐，全曲只有32小节，由双簧管独奏，乐队协奏，音乐虚实相辉，意境深远。

第3曲快板和行板，以圆号为主，中间的B段为行板，以木管和弦乐为主。

第4曲小步舞曲，音乐典雅明快，分为3部分，前后部分圆号主奏，浑厚深沉的音色显得十分庄重，明快的节奏和清晰的旋律线条，具有豪爽自信的气质；中间部分柔美抒情，木管和弦乐主奏，弦乐器清淡的音色与前后形成鲜明的对比。

第5曲咏叹调，采用民间分节歌形式，朴实优美，富有个性。

第6曲为圆号而写的小步舞曲，音乐充满贵族沙龙气息，无论是风情潇洒的主部，还是雍容华贵的中段，都使人联想起盛大的宫廷舞会。

第7曲布列舞曲，这是一种快速的法国民间舞曲，表现出欢乐的情绪，先后由提琴、双簧管、木管和弦乐主奏，3次的情绪一次比一次高涨。

第8曲角笛舞曲，这是流行于16世纪的一种3拍的英国舞曲，因舞蹈用动物角做的角笛伴奏而得名。全曲反复3次，配器上与前一首布列舞曲相似。

第9曲是终曲，这是一首无标题的轻快的舞曲，坦然自若，逍遥自在。

［欣赏提示］

这首巴洛克风格的乐曲特别适合孕妇在疲劳时听，它虚实相辉的音乐和意境深远的画面能使疲劳了一天的孕妇尽快消除疲乏，充分体验轻松柔美的音乐境界。

《D 大调弦乐四重奏》(海顿)

[作品简介]

这首《云雀》弦乐四重奏,作于 1790 年。由于它的第 1 乐章和第 4 乐章的主题开始,使人联想起云雀的啾鸣和凌空飞翔,故得此名。

海顿的作品,充溢着健康、明快、幽默、轻松的气氛,旋律质朴,在气质上保持着与民间音乐的联系,在他的作品中,可以听到奥地利各民族音乐的音调。同时,他的作品结构匀称讲究,逻辑严密并与富于变化的情绪有机地结合在一起。所有这些,使海顿成为维也纳古典乐派的奠基人,被誉为“交响曲之父”、“四重奏之父”。

[作品欣赏]

全曲共 4 个乐章。

第 1 乐章,音乐开始,有一个活跃跳动的引子。由此引出了轻盈欢快的主部主题,由第一小提琴奏出,旋律中运用各种装饰音,宛如云雀的鸣叫。

展开部主要是展开主部主题,主部的云雀歌唱旋律反复出现,给人以云雀啼鸣不绝于耳的感觉。

第 2 乐章,如歌的慢板,主题恬静优美,沉寂舒展。

第 3 乐章,小步舞曲,第 1 主题是明朗的大调式,音乐坚定有力;中间部分的第 2 主题建立在小调上,轻盈飘逸。

2 个主题在调式和力度上都有明显对比,曲式两端部分的大调强劲有力,中间部分的小调力度柔和。

第 4 乐章,全曲音乐情绪紧张热烈,快速流动的音符,就像云雀在高空飞翔。乐章中的中间部分,在下方声部第 1 主题的背景上,于上方声部出现一个对比的新旋律,2 个旋律遥相呼应,更为乐曲增添了无穷乐趣。

[欣赏提示]

《云雀》这首乐曲特别适合孕妇在妊娠中、晚期听,它的旋律及意境都需要欣赏者去想象和体会,所以也特别适合胎儿听,它能促进胎儿的智力发育。

《小夜曲》(海顿)

[作品简介]

这首典型的器乐小夜曲,是海顿所作《F 大调第十七弦乐四重奏》的第 2 乐章“如歌的行板”,作于 1771 年。

海顿在一生中共写有 80 余首弦乐四重奏,

大多是欢乐、热情的抒发。

这首小夜曲色彩明朗，节奏轻快，旋律娓娓动听，具有一种典雅质朴的情调，表现了无忧无虑的意境。

[作品欣赏]

乐曲开始时，先由第一小提琴带上弱音器奏出柔美、亲切的第1主题，充满欢快的情绪。其他3个声部由第二小提琴、中提琴、大提琴用拨弦模仿吉他的音响为之伴奏。

这一主题略加装饰反复了一次。在短小的连接部之后，出现一个由装饰音和附点音符构成的第2主题，它在调性、音区、旋律等方面与第1主题形成对比。

展开部只有8小节，它的旋律进行时出现大跳音程，显得活泼而富于生气。

在再现部中，第1主题出现后立即进入连接部，它由第1主题结尾的音调加以变奏而成，继而完整再现了第2主题。最后，乐曲在欢快的气氛中结束。

[欣赏提示]

这首乐曲极富有抒情性，孕妇听后能怡情养性，也能使孕妇镇静、舒心。

《A大调钢琴奏鸣曲》(莫扎特)

[作品简介]

这首奏鸣曲写于1778年，格调明朗，由于作曲家没有采用快板乐章，而采用变奏形式写成第1乐章，因而作品更富于诗意和幻想色彩。全曲共分3个乐章，其中第3乐章就是广为流传的著名的《土耳其进行曲》。

莫扎特的音乐充满热情和乐观的情绪，音乐语言通俗易懂，朴素亲切，不乏深邃的情感，他十分强调音乐的自然、和谐、均衡，因此他的音乐又具有典雅、含蓄的特点。正像莫扎特1781年9月给他父亲的信中所说："因为感情——不论是否激烈——永远不可以令人厌恶的方式表现，所以即使在最惊心动魄的场面中，音乐也永远不能引起耳朵的反感，而仍应当令人入迷，换句话说，要始终成为音乐。"这就是莫扎特的音乐。

[作品欣赏]

乐曲分3个乐章。

第1乐章为主题与变奏。音乐主题抒情明朗，富于歌唱性，并略带舞曲特点。

这个主题旋律线条平稳，起伏不大，柔和的音乐中又略带欢跃的气氛，主题一共变奏了6次，形象基本保持原样，但在第3次变奏时，音乐有了变化，使整个乐章充满了诗意的幻想。

第2乐章为小步舞曲。全曲分为3段，从音乐情绪上看，好像是前一乐章最后一个舞曲性变奏的继续，但是更明亮、更抒情。

第 3 乐章为回旋曲式。这个乐章就是著名的《土耳其进行曲》，它具有当时比较时髦的所谓东方异国情调。它激奋有力，具有一往直前的精神。

［欣赏提示］

这首乐曲适合孕妇在妊娠中、晚期听，也适合给胎儿听。《土耳其进行曲》是莫扎特音乐的代表作之一，它能使胎儿在追逐乐曲奇幻般音符时，脑部流动活跃，促使其脑部的"网路"联想迅速，对智力发育大有好处。因此，也有人说，莫扎特的音乐是"提高智力"的音乐。

《第十四钢琴奏鸣曲》(贝多芬)

［作品简介］

作品写于 1801 年，第 2 年发表，是献给朱丽爱塔·吉齐阿尔迪的。朱丽爱塔是一位伯爵的女儿，向贝多芬学习钢琴，两人真诚相爱，后因为门第的鸿沟，1 年后便分手了。恋爱失败，加上耳疾，贝多芬精神上受到沉重打击，他把这种痛苦、悲愤的心情倾泻到这首作品中。德国诗人路德维希·莱尔施塔勒在听完这首乐曲后，将第 1 乐章比做瑞士琉森湖上的月光，因而这首奏鸣曲又被称为《月光奏鸣曲》。

此作品的思想内容充实，个性鲜明，深刻展示了贝多芬内心的矛盾、痛苦和斗争。在乐章的安排上，作曲家打破了一般古典奏鸣曲"快—慢—快"的乐章结构布局，代之以表现使情绪不断增长的乐章安排：第 1 乐章慢板代替快板的奏鸣曲式，第 2 乐章为稍快板，第 3 乐章为激动的急板，奏鸣曲式。这种大胆布局，更增加了音乐的动人魅力。

［作品欣赏］

全曲共分为 3 个乐章。

第 1 乐章为慢板，表现出的抒情感是获得"月光"的浪漫主义特征的主要依据。全曲没有主题对比和力度对照，均匀的运动造成延绵不断的流动感。乐曲的伴奏音形成平静和谐的和声背景，在这个背景上，出现如歌般的主题。

这个主题旋律具有浪漫主义夜曲的特点，色调是暗淡的，仿佛作者心弦的波动，整个乐章通过音区、和声、节奏的变化，将作曲家内心的悲哀、激动、幻想细腻地表现出来。

第 2 乐章为稍快板，具有小步舞曲的特征，情绪比较活跃，与第 1 乐章形成对照。同时，作为连接环节，缓和了第 1 乐章的忧郁气氛，完成了到终曲乐章的过渡。

第3乐章为急板，是最富于戏剧性和矛盾冲突的乐章，它是全曲的重心，各种鲜明的音乐形象都在急速的运动中表现出来。

结束部力度的急骤变化，造成了呈示部的紧张性，罗曼·罗兰称之为："一场大冰雹倾盆而下，震撼人的灵魂。"在结束部的末尾，几个结束乐句，使紧张气氛缓和下来，进入发展部。

展开部内心的激动更为强烈，感情更为奔放。它肯定了人的意志，坚定了克服困难的信心，在全曲结束处，当音乐突然沉寂下来之后，又一次响起了结束部的主题，新的情绪又在高涨，这是最后的冲击，最后的抗争。随之，是2个强有力的主和弦——意志和力量的象征，结束了全曲。

[欣赏提示]

这是一首不算简单的乐曲，它的不简单是指它内含的深刻主题：人的意志和力量的不可战胜性，因此，这又是一首益智乐曲。孕妇欣赏它时更多地需要理解和想象，以促进胎儿的智力发展。

《G大调小步舞曲》(贝多芬)

[作品简介]

在众多的小步舞曲中，贝多芬的这首《G大调小步舞曲》是最通俗、最流行的一首。作于1795年，为其钢琴曲集《小步舞曲六首》中的第2首。后被改编为小提琴曲、大提琴曲和管弦乐曲等。

这首《G大调小步舞曲》虽然是按传统曲式结构写成的，但是与其他一些小步舞曲不大相同：它的两端部分优美典雅，中间部的旋律流动性强，轻快活泼，呈典型的方整性结构。

[作品欣赏]

此曲第1部分是以三拍子为特征的小步舞曲主题，曲趣高雅，表情丰富，其主要音调突出了附点节奏，从容简朴，典雅庄重。

第3乐句奏出形成波浪式的旋律，与前后乐句形成对比，具有较强的动力，推动了音乐的进行，直到第4乐句结束于主音，回到主调上结束。

中间部轻盈而活泼，与第1部分的温雅色彩形成鲜明对比。后半段的乐曲充满欢乐情趣。

最后，以第1部分的再现结束全曲。

[欣赏提示]

这是一首欢快典雅的舞曲，它适合孕妇在妊娠晚期听，胎儿也可以听。它能使孕妇消除疲乏，放松临产前的紧张心情。胎儿听也可以促使其从频繁的胎动中安静下来，有利于身心的发育和性格的培养。

《鳟鱼》(舒伯特)

[作品简介]

《鳟鱼》是舒伯特写的一首富于戏剧性的艺术歌曲。作于1817年，当时他才20岁。歌词取材于诗人舒巴尔特的一首浪漫诗，它以叙述式的手法向人们揭示了善良和单纯往往被虚诈和邪恶所害。借对小鳟鱼不幸遭遇的同情，抒发作者对自由的向往和对迫害的憎恶，是一首寓意深刻的作品。

1819年，舒伯特又采用这首歌的曲调，作成A大调钢琴五重奏，使得这首《鳟鱼》更为著名。

[作品欣赏]

歌曲弱起的节奏贯穿全曲，旋律明快。在歌声出现之前，有6小节活泼、轻快的前奏。它还一直贯穿在整个第1、第2部分的伴奏音乐之中，旋律流畅而活跃，形象地描绘了潺潺流水以及小鳟鱼在水中畅游的神态。

歌曲第1部分由5个乐句组成，音乐活跃而又灵巧，体现了小鳟鱼天真活泼的动态。第2部分的旋律是第1部分的重复，但歌词不同，它描述了渔夫在思忖如何引鱼上钩，表达了作者暗中的期望：希望河水又清又亮，他特想用那鱼钩把小鱼钓上。第3部分先渲染了河水被搅浑和鳟鱼上了钩的痛苦挣扎的情景，最后表达了作者看到鱼儿受骗上钩的不平而惋惜的复杂心情。尾曲与前奏、间奏基本相同，全曲前后呼应，完整统一。

[欣赏提示]

《鳟鱼》这首艺术歌曲是一首寓意深刻的作品，它适合孕妇在怀孕中、晚期听。孕妇在欣赏时要对歌曲进行一定程度的理解，对提高胎儿的智力发展大有益处。

《摇篮曲》(舒伯特)

[作品简介]

这首广为人们喜爱、熟悉的《摇篮曲》，是舒伯特在19岁时创作的作品，作于1816年。后被改编为钢琴、小提琴等独奏曲以及合唱曲等，成为广泛流行的乐曲之一。

摇篮曲最早为母亲抚慰婴儿入睡时咏唱的歌谣，后由舒伯特、勃拉姆斯等作曲家发展为艺术歌曲。19世纪，摇篮曲成为一种特性曲风格的器乐体裁。其特点为3/4拍或6/8拍、4/4拍，速度中庸或徐缓，主旋律亲切温柔，伴奏音乐多模仿摇篮摆动的节奏。

[作品欣赏]

此曲轻而徐缓的旋律，非常甜美，表现出安详、温馨的意境，充满着无限的温存和爱抚。伴奏声部用稳定和不稳定的 2 个和弦的不断交替，形成了摇篮的晃动感，进一步烘托了乐曲平稳宁静的气氛。

[欣赏提示]

摇篮曲，尤其是舒伯特的这首摇篮曲特别适合孕妇在晚上用音乐与胎儿交流，让胎儿安静入睡，它能增强母亲与胎儿的感情，能平静胎儿的躁动。

《春之歌》(门德尔松)

[作品简介]

《春之歌》是门德尔松的包括 6 首小曲的钢琴曲集《无词歌》第 5 集中的第 6 首，作于 1842 年。

这首钢琴小品，作者以如歌的旋律、丰富的和声，生动地表现了春回大地、春意盎然的景象及其带给作者的恬静、舒适的内心感受。

[作品欣赏]

此曲共 2 段。

第 1 段，清新流畅的歌唱性主题旋律，在清澈、流水般的华彩音乐伴奏下，自然酣畅地倾泻出来，它带给人们春天的气息——万物将要复苏。

第 2 段，似乎是前面主题旋律的倒影，它继续描绘着春天气象万千的大自然景色：如同经过冬眠的小生物，在悄悄地试探出土并节节成长，继而过渡到前面主题的再现。

当各主题都回到主调终止后，尾声的和弦交替出现，不肯安静下来，最后在持续稳定的主和弦烘托下，开始时的那个春意盎然的主题片断徐徐地节节向下，如同小生物们要休息了——万籁俱寂，大自然笼罩在静谧的夜色中。

[欣赏提示]

这是一首无词歌，它的旋律犹如歌曲，给我们描绘了一幅春意盎然的画面，其抒情性和歌唱性通俗易懂，尤其适合孕妇给胎儿哼唱时选用。

《梦幻曲》(舒曼)

[作品简介]

《梦幻曲》是舒曼所作的钢琴套曲——《童年情景》中的第 7 首，作于 1838 年。由于它有着宽广如歌的旋律和诗一般的意境，常被一些音乐家在音乐会上单独演奏。

舒曼前期(指1840年以前)的作品多与个人经历有关,带有某种自传和日记的性质。正因为如此,他特别热衷于由一系列独立小曲联结成的套曲形式。《童年情景》这部套曲虽然不是直接取材于作者个人的经历,但却通过对他妻子——钢琴家克拉拉童年情景的描绘,形象而准确地表现了儿童的心理和他们的某些生活画面,唤起包括作者在内的成人对童年美好生活的回忆。

[作品欣赏]

此曲整个旋律起伏匀称、婉转流连,渗透着宁静的冥想的色彩。由于中段采用了调性不确定的处理手法,正体现了在梦境中轻柔缥缈、朦胧变幻的感觉。

第3部分基本是第1部分的再现,只是在乐曲将近结束时,主题旋律最后一次上升达到最高点,进入音乐的高潮,然后随着缓慢的下降,力度渐弱,全曲在温馨、幽静的气氛中结束。

[欣赏提示]

《梦幻曲》是描绘对童年美好回忆的作品,它尤其适合孕妇在怀孕早期听。由于孕早期胎儿对声音的刺激尚不太敏感,也不能过重,因此这支旋律舒缓、轻柔抒情的音乐小品正适合不能受强声音刺激的孕早期胎儿。

《降E大调夜曲》(肖邦)

[作品简介]

钢琴曲《降E大调夜曲》为肖邦所作21首《夜曲》中最早的2首中的第2首,作于1830~1831年间。

这首明朗的、田园风格的夜曲有着宽广如歌的旋律,其摇摆、荡漾而新颖的和声伴奏,犹如一首无词歌。全曲安逸平静,几乎毫无对比,表现了一种凝神沉思的意境。

[作品欣赏]

乐曲一开始,恬静优美的旋律(主题A)把人们带入了宁静的月夜之中,使人忘却了一切忧愁和烦恼。

这一优美的主题在整个乐曲中反复了3次,辅以大量装饰音,带有较强的即兴色彩,使旋律更为流畅,乐思更加深化。这种即兴性特点,在主题B中有所减弱,与主题的音调略有对比,带有沉思和抒情的色彩。

接着,主题A的音调又相间出现了2次,而每一次都有着不同程度的装饰和变化。而后出现了主题C,形成临近尾声的气氛。

在主题C变化重复一次后,出现了一段富有热情的华彩段落,乐曲结束在安逸、恬静的气氛中。

[欣赏提示]

这首乐曲安逸平静，尤其适合于孕妇在孕晚期听，也适合给胎儿听。由于它表现了凝神沉思的意境，因此孕妇在孕晚期焦急烦躁时欣赏它能使自己镇定下来，而胎儿听则能减轻胎动，对胎儿性格培养有好处，也适宜于晚间帮助孕妇和胎儿入睡。

圆舞曲《春之声》(约翰·施特劳斯)

[作品简介]

圆舞曲《春之声》是约翰·施特劳斯的代表作，约作于1883年，钢琴曲。后来经轻歌剧《蝙蝠》的脚本改编者里查·格涅填词，成为声乐曲。现在常以管弦乐曲的形式演出。

[作品欣赏]

此曲是由4个既有对比又有再现的部分组成。它既有维也纳圆舞曲的特点，又兼备一个主题多次再现的回旋曲特点。

第1部分是结合着轻盈而富于弹性的节奏，热情奔放并含有舞蹈的律动，这是贯穿整个圆舞曲的主要主题。此段旋律优美流畅，具有摇曳、荡漾的性质。

第2部分由2个段落组成，前段幽雅、轻盈，好像是一种深情的倾诉。后段节奏放宽，起伏更大，酣畅地抒发了激情。最后出现了鸟儿鸣叫般的花腔，把春光点缀得十分迷人。

第3部分也由2个段落组成，旋律更加委婉动听，对比也更加强烈。

第4部分是第1部分的减缩再现并自然地引入尾声，呈现了百鸟争鸣的欣欣向荣的景象，再度把情绪推到全曲的最高潮。最后，第1部分的主要主题以更加奔放的激情再现，圆满地结束了全曲。

[欣赏提示]

约翰·施特劳斯的圆舞曲旋律流畅，节奏轻松，尤其主旋律平滑流畅，妩媚动人，给人带来明快清亮的感觉。因此，这首乐曲特别适合孕妇忧郁时听，心情郁闷的孕妇在听这支乐曲时，应尽量将自己投入到乐曲所描绘的春天的华丽景象中，将忧愁赶走。

圆舞曲《蓝色多瑙河》(约翰·施特劳斯)

[作品简介]

圆舞曲《蓝色多瑙河》全名《在美丽的蓝色的多瑙河畔》，是约翰·施特劳斯所作170首圆舞曲中最具代表性的一首，作于1867年。

1866年，奥地利在普奥战争中惨败，维也纳陷入了深深的消沉之中。为振奋人心，作者受维也纳男声合唱协会领导人赫贝克的委托写作象征维也纳生命活力的圆舞曲。

曲名和创作动机源自德国诗人卡尔·贝克题献给维也纳城的诗句，“在多瑙河旁，美丽的蓝色的多瑙河旁”。半年后，作者把它改编成为管弦乐曲，在巴黎万国博览会上公演，获得了极大的成功，并很快被介绍到英国、美国及其他国家，被誉为奥地利的“第二国歌”。而后合唱曲也开始流行，歌词由诗人格尔纳特重新创作。

[作品欣赏]

此曲按照典型的维也纳圆舞曲的结构写成，由序奏、5 首小圆舞曲和尾声组成。

序奏一开始，由小提琴用碎弓轻轻奏出，好似黎明的曙光拨开河面上的薄雾，唤醒了沉睡的大地。在这一背景的衬托下，圆号吹出了全曲的主要音调。

接下来是 5 首连着一起演奏的小圆舞曲，每首小圆舞曲都包含 2 个相互对比的主题旋律。

第 1 小圆舞曲的主题 A 抒情明朗的旋律、轻松活泼的节奏以及和主旋律相响应的顿音，充满了欢快的情绪，使人感到春天的气息已经来到多瑙河；主题 B 轻松、明快，仿佛是对春天的多瑙河的赞美。

第 2 小圆舞曲第 1 部分的旋律跳跃、起伏，层层推进，情绪爽朗、活泼，给人以朝气蓬勃的感觉；第 2 部分显得优美委婉，与第 1 部分形成对比。

第 3 小圆舞曲的主题 A 有优美典雅、端庄稳重的特点；主题 B 具有流动性特点，加强了舞蹈性，呈现出狂欢的舞蹈场面。

第 4 小圆舞曲的主题 A 优美动人，富于歌唱性；主题 B 强调舞蹈节奏，情绪热烈奔放，与主题 A 形成了对比。

第 5 小圆舞曲的主题 A 旋律起伏回荡，柔美而又温情；主题 B 则是一段炽热而欢腾的音乐，形成了全曲的高潮。

最后是合唱曲的尾声，比较简短、迅速地在热烈的气氛中结束；而管弦乐曲的结尾则规模较大，它依次再现了第 3、第 2、第 4 小圆舞曲的主要主题，接着又再现了乐曲序奏的主要音调，然后在热烈欢腾的气氛中结束全曲。

[欣赏提示]

这支著名的圆舞曲旋律优美动人，节奏富于动感，适合孕妇在怀孕中、晚期听。孕妇在欣赏这首作品时，通过想象能感受鲜明的音乐形象，从而进一步理解奥地利人民

热爱生活、热爱故乡的深厚感情。

《e 小调第九交响曲》(德沃夏克)

[作品简介]

《e 小调第九交响曲》是德沃夏克最著名的一首交响乐作品，用“也许没有一个乐队没有演奏过它，也没有一个指挥没有指挥过它”来评说，大概并不为过。作品初稿完成于 1893 年 5 月。

作品表现了德沃夏克对美国这个新大陆的印象和感受，并倾注着对遥远的祖国和家乡的思念。

[作品欣赏]

全曲共分 4 个乐章。

第 1 乐章音乐开始，是一段慢板序奏，共 24 小节，其主题与随后出现的快板部分有微妙的联系，它类似一个主导动机，起贯穿、统一全曲的作用，这个主题由大提琴深沉而宁静地奏出。

这段序奏，为整个交响曲的戏剧性叙述做了铺垫，同时又给人们以丰富的联想，仿佛作曲家正在体验着初到美国时的感受，他站在甲板上凭栏望岸，那里是他心目中怎样的一个新世界呢？

呈示部的主部主题激奋、昂扬，它由 2 个对比形象组成。这个主题中的 2 个对比形象，前者突出了黑人歌曲中所有的切分节奏，后者富于斯拉夫民间歌曲的音调，两者完美地结合在一起，使主题具有强烈的震撼力。

第 2 乐章，非常感人，有的评论家把它视为所有交响曲慢乐章中最动人的一个。音乐开始，是引子和弦，之后，英国管在弦乐和弦的伴奏下奏出了著名的 A 段主题，这个主题也是为英国管谱写的最优美的旋律，它充满奇异的色彩和神妙的情趣，沁人肺腑，体现了一种黑人的歌谣风与斯拉夫民族气质结合的独特韵味。

第 3 乐章具有舞曲性质，据说是受到舞蹈场面的启发。全曲的几个主题，充满内在的对比，或热烈欢愉，或温文尔雅，或思念祖国，或幽默欢趣。

第 4 乐章是一个激动人心的乐章，它气势宏大而雄伟，充满活力与热情，是整首交响曲戏剧发展的高潮，也是全部乐思发展的总结。作曲家在本乐章谱表下面写下了：“孩子们抵达桑珊普顿，安东宁・德沃夏克，下午 1 点 33 分来了电报”的字样，可以想见，当时作曲家怀着怎样欢乐激动的心情热盼与亲人欢聚，并最终完成全曲。

[欣赏提示]

这首乐曲适合孕妇在怀孕中、晚期听，乐曲表现出的深邃的意境、沉思的韵味、鲜明的民族色彩、感人至深的旋律，不仅能让孕妇陶醉，而且还给孕妇以独特的美感，尤其适合美育胎教。

《月光》(德彪西)

[作品简介]

《月光》又名《明月之光》，是德彪西早期代表作《贝加马斯卡组曲》中的第3曲，作于1890年。

“贝加马斯卡”为意大利北部贝加摩地区流行的曲调。德彪西曾于留学罗马期间，游历了风光秀丽的贝加摩地区，《贝加马斯卡组曲》就是根据这一印象所作。其中这首《月光》在构思上还可能受到了法国象征派诗人魏尔伦（1844～1896）的同名诗作的影响。

[作品欣赏]

乐曲为行板，一开始，明亮的旋律以缓慢的速度向下浮动，宛如月亮正把银色的光芒洒向人间。接着，在连续的和弦进行中，上声部轻轻地奏出优雅如歌的“月光曲”。中间部分由3个段落组成，是一个富于抒情意味的部分，好似抒写了人们在银色月光下浮想联翩、舒心歌唱的情绪。乐曲的再现部分，把淡淡的月色描绘得更加富于诗意。

由于这首乐曲的旋律清新并富于浪漫情调，较通俗易懂，因而流传较广，成为脍炙人口的标题钢琴小品。

[欣赏提示]

在这首钢琴曲里，作者采用了色调柔和而明净的和声与钢琴体，着意描绘了月夜幽静景色，给人以心旷神怡的感受，它尤其适合于孕妇在孕早期或孕晚期心情烦躁时听，以起镇静和催眠的作用。

《动物狂欢节组曲》(圣·桑斯)

[作品简介]

《动物狂欢节组曲》又称《动物园狂想曲》，是一部形象生动、充满幽默谐趣的管弦乐组曲。常采用2架钢琴和小型管弦乐队的形式演奏。

在这部新颖的组曲中，作者以漫画式的笔调，运用各种乐器的音色和表情特征，惟妙惟肖地描绘出动物们滑稽的动作和可爱的情态，其中的大提琴独奏《天鹅》尤为动人。

[作品欣赏]

乐曲一开始，钢琴以清澈的和弦，清晰而简洁地奏出犹如水波荡漾的引子。在此背景上，大提琴奏出舒展而优美的旋律，描绘了天鹅以高贵优雅的神情安详地浮游的情景。

中间部分由第1部分的主题因素发展构成。中间调性的变化，为音乐增添了色彩，它所表现的感情更加内在而热切，犹如对天鹅端庄而高雅的形象的歌颂，把人带入一种纯净崇高的境界。

当第1部分在主调变化再现后，随着音乐力度的渐弱、速度减慢，使人感到美丽的天鹅向着远方渐渐地离去。

[欣赏提示]

《动物狂欢节组曲》特别适合孕妇在孕中、晚期时听，也适合给胎儿听，因为它描绘了各种动物的形象，能让孕妇引发很具体的想象。欣赏时，孕妇最好能给胎儿描述具体的动物形象，这无疑对胎儿的感知和智力发展有很大好处。

《第一弦乐四重奏》第2乐章“如歌的行板”(柴可夫斯基)

[作品简介]

柴可夫斯基一共写了6首室内乐作品，以《D大调第一弦乐四重奏》为最优秀，作于1871年。其中又以第2乐章“如歌的行板”为最突出，常单独演出，是作者著名的音乐小品之一。

作者创作这个作品时，沙俄的反动统治令人窒息，柴可夫斯基感到苦闷压抑，没有出路，这首缓慢、悲怨的第2乐章正是这种痛苦心灵的倾诉。1877年，列夫·托尔斯泰来到莫斯科音乐学院，当他听到这首乐曲时，被感动得流下了热泪。

[作品欣赏]

曲名为原曲的速度表情术语——如歌的行板。

第1部分基本上是民歌主题的呈示和变奏。第1部分的第2主题是第1主题的自然继续，但是，第一小提琴与中提琴交替奏出一种祈求、疑问的音调。

第2部分(中部)是主调风格的。开始，由大提琴、中提琴拨弦表现出不可排遣的郁闷心情，第一小提琴祈求式旋律，充满热情和幻想；后半段感情更为沉郁而悲切。

第3部分是第1部分的压缩再现。在最后的尾声中，又时断时续地出现呜咽般的民歌音调。最后，乐曲以2个清澈的和弦，平和地在梦幻般的音乐声中结束。

[欣赏提示]

这首作品本身想表达作者对帝俄时代人民的痛苦的关怀，因此有些旋律显得忧郁。孕妇在听这首作品时重点要放在体会音乐对人物内心世界的反映上，要带着深切

的关怀去理解作者深沉的思想感情。孕妇最好在孕晚期配合美育胎教时听。

《天鹅湖》(柴可夫斯基)

[作品简介]

四幕芭蕾舞剧《天鹅湖》的音乐由柴可夫斯基作曲，完成于1876年，舞剧于1877年2月20日在莫斯科皇家大剧院首演，由于当时的导演、指挥不能理解柴可夫斯基的这部作品，没能正确诠释而未获成功。直至柴可夫斯基逝世后的1895年，经法国舞剧编导彼季帕、俄国舞剧编导伊凡诺夫再度排练公演，其艺术价值始为人们所认识，成为全世界舞剧中的经典作品。

《天鹅湖》的故事情节：美丽的公主奥杰塔及其女友们在天鹅湖畔采摘鲜花，被恶魔罗特巴尔德施用魔法变成天鹅，她们只有在夜晚才能恢复人形。一日，王子齐格弗里德打猎在湖边与奥杰塔相遇，他们互相倾慕，并产生了爱情。奥杰塔向王子叙说了自己的不幸遭遇，并告诉他，只有真诚的爱情才能破除魔法。王子发誓忠贞不渝，永远爱她。王子决定在次日挑选新娘的舞会上宣布奥杰塔为新娘。恶魔使用诡计把女儿奥吉莉娅扮装成奥杰塔的模样，欺骗了王子。王子发觉受骗后，立即奔向天鹅湖畔，他用坚定、忠贞的爱情终于战胜了魔法。随着一声巨响，恶魔陨灭，奥杰塔及其女友们恢复了人形，奥杰塔与王子终于赢得了幸福。

[作品欣赏]

这部作品共有29个曲子，现择其《小天鹅舞曲》赏之。

《小天鹅舞曲》是舞剧第2幕“天鹅之舞”(第13分曲)中的第4首舞曲。描述了奥杰塔向王子表达自己的不幸遭遇，王子发誓要以自己的忠贞爱情营救奥杰塔和所有被魔法变成天鹅的少女们时，4只小天鹅在满地银辉的天鹅湖畔翩翩起舞的场景。

这首舞曲精巧别致，诙谐活泼。开始，在大管吹奏的短促的顿音背景上，由2支双簧管轻盈地奏出主题曲调，栩栩如生地刻画出小天鹅纯洁、天真可爱的形象。

中段顺着第1段旋律末尾的音，由弦乐器奏出对比的主题旋律。放宽的节奏和力度的变换犹如舞姿和场面的变化，音乐情绪达到高潮。

第3段是第1段的再现。最后以很强的力度干脆利落地结束了全曲。

由于各乐段间的结束小节与开始小节刚好巧合(重叠)，因而衔接得缜密精巧，珠联璧合。

［欣赏提示］

《小天鹅舞曲》欢快明净，适合孕妇在孕早期或晚期时听，也适合给胎儿听，形象生动的音乐语言给胎儿描述了4只小天鹅纯真、可爱的形象，音乐形象生动可触，能促进胎儿的感知能力和智力的发展，也能给性格抑郁的胎儿一个欢快的刺激。

四、语言胎教法

(1) 语言胎教的方法

胎儿在腹中是可以学习的，听起来好像不可思议，实践证明，胎儿也有学习能力，如何教胎儿学习呢，有以下几种方法，以供参考：

①利用彩色卡片学习语言和文字。彩色卡片就是写有彩色文字、数字的卡片。首先从汉语拼音 *a*、o、e、i、u 开始，每天教4～5个，如果父母想从小发掘胎儿的外语天赋，也可教胎儿26个英语字母，然后是简单的单词。

怎么教呢？如教 *a* 这个汉语拼音时，一边反复地发好这个音，一边用手指写它的笔画。这时最重要的是能通过视觉将“*a*”的形状和颜色深深地印在脑海里。因为这样一来你发出的“*a*”这一字母信息，就会以最佳状态传递给胎儿，从而有利胎儿用脑去理解并记住它。

汉语拼音韵母教完后，可以接着教声母和简单的汉字，如“大”、“小”、“天”、“儿”等，在教胎儿学习时，母亲要用真挚的感情和耐心，切忌急躁和敷衍了事。

②利用彩色卡片学习数字。通过深刻的视觉印象将卡片上描绘的数字、图形的形状和颜色以及声音一起传递给胎儿。使胎教成功的诀窍是不要以平面的形象而是要以立体的形象传递信息。例如光是“1”这个数字，就可联想起许多的事物。如“竖起来的铅笔”、“一根电线杆”等，让“1”这个数字具体又形象。在教“2”这个数字时，你可以想象“浮在水面上的天鹅的倩影”和“发条的一端加上一根横棍儿”的样子，尽可能从身旁的材料中找出适当的例子来。当然，这时不要忘记清楚地发好“1”、“2”的读音。

③学做算术题。做算术题也是一样，例如教1加1等于2的时候，可以说“这里有1个苹果，又拿来了1个苹果，现在一共有2个苹果了。”将具体的、有立体感的形象，也就是将三维要素导入胎教中去。

④教图形。教图形时，先用彩笔在卡片上描绘出圆形、方形、三角形，将其视觉化

后再传递给胎儿，并找出身边的实物来进行讲解。

⑤生活常识和自然知识的学习。让胎儿预先掌握生活中的智慧和一般常识，以便出生后对日常生活的事物更加感兴趣。如做菜时，可以讲述有关炊具和烹调的方法，通过视觉将菜的颜色“告诉”给胎儿，通过嗅觉将菜的气味转达给胎儿。

胎儿的大脑犹如一张白纸，对外界的信息是没有什么难易之分的，好奇就接收，厌烦就一概拒绝。这样就不妨有选择地挑一些有趣的话题通过感官和语言传递给胎儿以刺激胎儿的思维和好奇心。

（2）给胎儿讲故事

给胎儿讲故事是一项不可缺少的胎教内容。讲故事时准妈妈应把腹内的胎儿当成一个大孩子，用娓娓动听的、亲切的语言，讲述故事的内容，使胎儿不断接受客观环境的影响，在不断变化的文化氛围中发育成长。讲故事既要避免尖声尖气的喊叫，又要防止平淡乏味的读书，方式可以根据准妈妈的具体情况而定。内容由母亲任意发挥，讲随意看书的故事，也可以读故事书，最好是图文并茂的儿童读物。还可以给胎儿朗读一些儿歌、散文等。内容不应长，宜有趣，切忌引起恐惧、惊慌。

（3）让胎儿欣赏文学作品

有人说：“读一本好书，就像是与一位精神高尚的人在谈话。”书中精辟的见解和分析，丰富的哲理，风趣幽默的谈吐，都会使人精神振奋，耳目一新。准妈妈相对休息时间较多，如能在闲暇时欣赏一本好的文学作品，母子都会受益。

为了保护准妈妈心境宁静，情绪稳定，准妈妈不宜看那些低级下流、污秽、打斗、杀戮的作品，世俗人情写得过分悲惨凄凉的文学作品也不宜看。

应当看一些轻松、幽默、使人向上的作品，如《居里夫人传》、《小木偶奇遇记》、《克雷诺夫寓言》、《三毛流浪记》、《塞外风情》、《长江三日》、《西游记》、《儒林外史》、《钢铁是怎样炼成的》以及安徒生、格林童话等。另外，朱自清、冰心、秦牧等作家的散文作品优美隽永，耐人寻味，也应欣赏，还可朗诵古典诗词。

一些儿童文学作品，如《伊索寓言》、《克雷诺夫寓言》等，孕妇在欣赏过程中会使自己回到童年时代，产生童心和童趣，无形之中培养了准妈妈的爱子之心。《木偶奇遇记》等写得生动有趣，即幽默又富于感情色彩，不仅能化解孕期的烦乱心绪，而且有助于领悟儿童的心理特征，能帮助自己成为一位称职的母亲。

当然，欣赏文学作品时不要废寝忘食、通宵达旦，这样不仅达不到怡情养性的目的，反而累及身体。

(4)给胎儿看画册

为了培养孩子丰富的想象力、独创性以及进取精神，最好的教材莫过于幼儿画册。孕妇可以将画册中每一页所展示的幻想世界，用自己富于想象力的大脑放大并传递给胎儿，从而促使胎儿心灵健康成长。

要选那些色彩丰富、富于幻想的画面，可以是提倡勇敢、理想、幸福、爱情的。只要适合胎儿成长的主题都可以选用。

利用画册作教材进行胎教时，一定要注意把感情倾注于故事的情节中去，通过语气声调的变化使胎儿了解故事是怎样展开的。单调和毫无生气的声音是不能唤起胎儿的感受的。一切喜怒哀乐都将通过富有感情的声调传递给胎儿。

五、光照胎教法

光照胎教法是指通过光源对胎儿进行刺激，以训练胎儿的视觉功能。

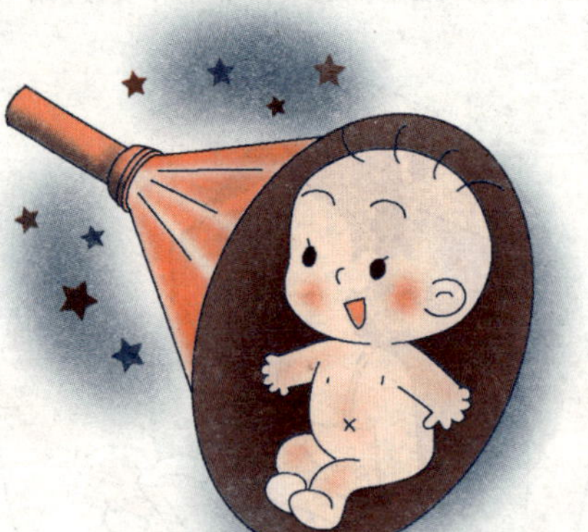

尽管胎儿在妊娠25周前和32周之后，不愿睁开眼睛，总是把眼睛紧紧地闭着，好像是因为看不到任何东西。其实，胎儿的视觉在怀孕第13周就已经有了。虽然胎儿不愿去看东西，但对光却很敏感。

用胎儿镜观察可以发现，妊娠4个月时胎儿对光就有反应。当胎儿入睡或有体位改变时，胎儿的眼睛也在活动。怀孕后期，如果将光射进子宫内或用强光多次在母亲腹部照射，可发现胎儿眼球活动次数增加，胎儿会安静下来。用B超检查仪观察还可发现，用手电筒一闪一灭地照射孕妇的腹部，胎儿的心率就会出现剧烈变化。因此，光照胎教法正是基于胎儿具有视觉而实施的。

一般来说，胎儿在妊娠8个月时才尝试睁开眼睛，这时他能看到的是母体内一片红色的光芒，橘黄色的阴影下母亲体液在运动。所以，光照胎教最好从孕24周开始实

施，早期可进行适度刺激。孕妇每天可定时在胎儿觉醒时用手电筒（弱光）作为光源，照在自己腹部胎头的方向，每次 5 分钟左右。为了让胎儿适应光的变化，结束前可连续关闭、开启手电筒数次，以利胎儿的视觉健康发育。实施光照胎教时需注意光源不能太强，照射时间也不宜过长。

六、情绪胎教法

情绪胎教，是通过对准妈妈的情绪进行调节，使之忘掉烦恼和忧虑，创造清新的氛围及和谐的心境，并通过母亲的神经介质的作用，促使胎儿的大脑得到良好的发育。

（1）准妈妈应做好情绪胎教

①应胸怀宽广，乐观舒畅，多想孩子远大的前途和美好的未来，避免烦恼、惊恐和忧虑。

②生活环境应整洁美观，赏心悦目。最好挂几张健美的娃娃头像，准妈妈可以天天看，想象腹中的孩子也是这样健康、美丽、可爱。多欣赏花卉盆景、美术作品和大自然美好的景色，多到野外呼吸新鲜空气。

③饮食起居要有规律，按时作息，参加适度的劳动和锻炼。衣着打扮、梳洗美容应考虑有利于胎儿和自身健康。

④常听优美的音乐，常读诗歌、童话和科学育儿书刊。不看恐惧、紧张、色情、斗殴的电视、电影、录像和小说。

⑤准妈妈在情绪胎教中负有特殊的使命。准妈妈应了解怀孕会产生一系列的生理、心理变化。要让生活恬静，谈吐宜幽默诙谐，时时憧憬美好的未来，这是做准妈妈给自己孩子的第一份美好的礼物。

（2）准妈妈受到的精神刺激对胎儿的不良影响

作为历史悠久，以提高人口质量、改善民族素质为目的的胎教，人们一提起来往往觉得有点玄虚。深居母腹的胎儿怎么能接受教育呢？岂不是天方夜谭吗？事实上却不是这样，母亲给胎儿以积极的教育可以有效地提高孕胎质量，若母体接受了难以承受的不良刺激，则会给胎儿造成严重的不良影响。

1976 年 7 月 28 日凌晨，唐山发生了一场毁灭性的大地震，这一灾难的降临，给唐山的准妈妈带来了巨大的精神刺激。事过 10 年以后，为了考察这场严重的自然灾害对当时正在母腹中的胎儿有无影响，某学院研究小组从市内几所小学中挑选了 350 名出生于 1976 年 7 月 28 日至 1977 年 5 月 30 日的儿童进行研究，其中 206 名作为地震组，该组儿童的母亲在孕期均遭遇了震灾。另外 144 名是同期出生在外地，后来在唐山定居的作为对照组。这批儿童的母亲在孕期身体健康，婴儿分娩时无产伤，以后也没有患过影响智力的疾病。体力测验结果两组没有大的差异，智力测验结果则是地震组

普遍偏低。地震组平均智商86.43，智商90以上者占36.4%；对照组平均智商91.95，智商90以上者占50.7%。研究者又从两组中选出性别、学校、年级、父母职业及文化程度相同的34对儿童加以对比，对比结果为：地震组平均智商81.7，而对照组为93.1，从对比中发现，地震组与对照组的智商差别比较明显。

在地震组206名儿童的母亲中，有87%以上在地震中失去了直系亲属。这种突然的、从未体验过的非常事件，给当时的准妈妈造成了心灵上强烈的震撼与创伤，就必然会导致心理状态失衡，引起高度紧张和应激反应。时至今日，每当提起当年的大地震，仍能触痛这些母亲的心灵。悲痛和忧伤长时间的笼罩，对胎儿的正常生长发育无疑是一种不良影响。通过这一事例我们也就不难看出精神因素与胎儿的生长发育存在着密不可分的内在联系，精神状态的好坏可直接影响孕胎质量的高低。

七、联想胎教法

联想胎教法主要是指孕妇利用母亲和胎儿之间情绪、意识的传递，通过对美好事物和意境的联想，将美好的体验暗示和传递给胎儿的方法。

联想胎教也是胎教的一种重要形式，联想胎教就是想象美好的事物，使孕妇自身处于一种美好的意境中，再把这种美好的情绪和体验传递给胎儿。例如，孕妇可以想象漂亮娃娃的画像，想象名画、美景、乐曲、诗篇等所有美的内容。

由于联想对胎儿具有一定的"干预"作用，母亲的联想内容十分重要，美好内容的联想无疑会对胎儿产生美的熏陶，内容不佳的联想，则会起到反面作用，或把孕妇本不想传递给胎儿的信息传递给了胎儿。这一点，孕妇要千万注意。

意识会对胎儿进行怎样的"干预"，国外心理学家对此颇有研究。美国纽约大学教育中心托马斯·伯尼博士在他的著作中讲述了这样一个真实的故事。在巴黎的某医院，有一位名叫托马蒂斯的语言心理学教授接待了一位名叫奥迪尔的4岁患儿，奥迪尔患有孤独症，不爱讲话，无论父母怎样启发都无济于事，只好送到医院求助于教授。开始时教授用法语和患儿交谈，她毫无反应，经过一段时间的治疗和观察，偶然中教授发现了一个奇怪的现象，每当有人同这位小患儿讲英语时，奥迪尔就表示出既爱听又喜欢开口和别人交谈的兴趣，每当这时病就自然而然地好了。教授发现了这一现象

后，找来了她的父母，了解他们在家里是否经常讲英语，可他们的回答是在家里几乎不讲英语，教授又问他们曾经什么时候讲过英语。这时患儿的母亲突然回忆起自己在怀孕期间曾在一家外国公司工作过，因为那里只允许用英语讲话，所以她在怀孕时一直是讲英语，教授这才恍然大悟地说："胎儿意识的萌芽时期是怀孕后7～8个月，这时胎儿的脑神经已十分发达！"

以上这段真实的故事告诉我们，由于胎儿意识的存在，孕妇自身的言语、感情、行为以及联想内容均能影响胎儿，"干预"一直会持续到出生后，因此孕妇联想内容的优劣十分重要。

提示

在日常生活中，少数孕妇由于怀孕后的身体不适而出现对胎儿怨恨的心理以及产生不好的联想感受，这时胎儿在母体内就会意识到母亲的这种不良感受，从而引起精神上的异常反应。许多专家认为，在这种情况下发育的胎儿出生后大多数会有情感障碍，出现感觉迟钝、情绪不稳、易患胃肠疾病、体质差等现象。因此，孕妇必须在妊娠期间排除不良的意识和联想，尽量多想些美好的事情，将善良、温柔的母爱充分体现出来，用多种手段爱护、关心胎儿的成长。

八、美育胎教法

美育胎教法是指根据胎儿意识的存在，通过母亲对美的感受而将美的意识传递给胎儿的胎教方法。

人们通过看、听、体会，享受着世界上各种各样的美，而胎儿无法看到、听到、体会到这一切，所以母亲要通过自己的感受，将美的事物经神经传导、输送给胎儿。美育胎教也是胎教学的一个组成部分，它主要包括音乐美育、自然美育、感受美育。

(1)音乐美育

音乐美育是指对胎儿进行音乐美的培养，以此来达到胎教的目的，它主要通过孕妇的心理和生理两种途径来实现。从心理方面讲，音乐能使孕妇心情愉悦，产生联想，从而使情绪达到最佳状态，再由神经系统将这一信息传递给腹中的胎儿，使其受到感染。同时，安静舒缓的音乐也可以给胎儿创造一个悠闲的环境，使躁动不安的胎儿安静下来，让他意识到世界是多么和谐美好。从生理方面讲，悦耳的音乐能激起母亲植物神经系统的活动，植物神经系统控制着内分泌腺，使其分泌出许多激素，这些激素经过血液循环进入胎盘，使胎盘的血液成分发生良性变化，有利于胎儿健康的化学成分增多，从而激发胎儿大脑及各系统的功能活动，使胎儿感受到母亲对他的教育。

(2)自然美育

大自然是美的最高境界，孕妇多到大自然中去欣赏美丽的景色，可以促进胎儿神经系统的发育。在这里，我们要着重强调大自然的美对胎儿的积极作用和熏陶。

在我们生存的这片土地上，不管是神奇辽阔的草原、挺拔峻峭的高山、幽静神秘的峡谷、惊涛拍岸的江河，无不开阔着我们的胸襟，启迪着我们的思考，给我们带来美的享受和精神的升华。孕妇在大自然中感受到这一切后，再将提炼过的感受传递给胎儿，使胎儿也能得到大自然的陶冶。

同时，母亲经常走入大自然，吸收新鲜空气，也有利于胎儿的大脑发育。有人曾在动物身上做过这样的实验，把怀孕的兔子和老鼠分别放在空气不畅的箱子里，结果，这2种受试动物所生的幼崽出现无脑畸形的比例非常高，这说明大脑发育需要充足的氧气。

(3)感受美育

孕妇如果有优雅的气质、饱满的情绪和文明的举止，就能感受到来源于自身的一种美。这种感受确立了孕妇的审美观，也能将这种审美观传递给胎儿，使胎儿在母体内也得到美的熏陶。因此，专家经常告诫妇女，在怀孕期间不仅要精神焕发，穿着整洁，举止得体，还要适当丰富自己的精神生活，例如，多听音乐、看书、旅游、欣赏美术作品等，通过感受这些美好的行为来增加孕妇的情趣，丰富美的内涵，陶冶人的情操。

九、环境胎教法

(1)给准妈妈创造好的家庭气氛

准妈妈的整个妊娠过程，绝大多数的时间是在家庭中度过的，家庭气氛和谐与否对胎儿的生长发育影响很大。和谐的家庭气氛是造就身心健康后代的基础。在和睦相处的氛围中，准妈妈得到的是温馨的心理感受，胎儿也能在如此良好的环境中获得最佳熏陶，从而促进身心的健康发育。要创造好的家庭氛围，夫妻双方的修养都有必要加强。夫妻之间要互敬、互爱、互勉、互慰、互谅、互让，经常交流感情，彼此相敬如宾，尤其是丈夫更要积极热忱地为妻子及腹内的孩子服务好，不断地给准妈妈的精神与饮食上输入营养，给正在孕育着的这株“秧苗”以阳光雨露，扮演好未来父亲的光荣

角色，使妻子觉得称心，胎儿也感到惬意。如此和谐的家庭氛围，对母儿的身心健康均大有裨益。

(2)给准妈妈创造温馨的家庭环境

家庭并不是游离于社会之外的孤岛，而是社会的重要组成部分，一天 24 小时，一般只有 1/3 的时间是在工作岗位，其余的时间多数是在家庭中度过的。有一个温馨的家庭环境，对于调节准妈妈的情绪，增强胎教的信心，激起对未来生活的期盼等都大有裨益。

怎样才能给准妈妈创造一个温馨的家庭环境呢？在这个问题上可是大有学问的。从有益于调节准妈妈的情绪来说，置办必要的家庭设施当然重要，但关键是要多搞精神上的“投入”，使夫妻生活更和谐。敬爱的周恩来总理和邓颖超同志根据几十年的生活实践，总结出了一首“八互歌”，可以作为夫妻共创温馨家庭的准则。歌词主要大意是：

一互敬，多协商。
二互爱，情意长。
三互信，莫乱想。
四互勉，共向上。
五互助，热心肠。
六互让，不逞强。
七互谅，心坦荡。
八互慰，暖心房。
合家欢，乐无疆。八互歌，切莫忘。
努力做，认真想。携手进，路宽广。

“八互歌”高度概括了夫妻关系应遵循的道德准则，同时也道出了怎样才能使夫妻和谐与家庭温馨的秘诀。夫妻间互敬互爱是共同创造温馨家庭的感情基础。男女之间缔结了婚姻关系后，应由婚前的感情相爱，转化为理智相爱。夫妻之间应互相尊敬，既要尊重对方的人格、工作与劳动，还要尊重对方的志趣和意愿，任何一方都不能盛气凌人，傲慢无礼。丈夫不要大男子主义十足，认为自己是一家之主，一切自己说了算，生儿育女是女人们的事，社会大舞台才是男人们的天地，这些传统的世俗观念非常错误，应彻底加以纠正；妻子也不要一心想慑服丈夫，动辄大发威风，使对方俯首帖耳，一切都凌驾于丈夫之上。只要夫妻之间做到相互尊敬，即使有点意见和分歧，也能妥善解决。

夫妻间互信互勉是共同创造温馨家庭的心理保障。婚后的小两口有事共同商量，有困难共同克服，有缺点互相纠正。互相信赖，以诚相见，这是夫妻生活和谐的可靠心理保障。倘若听见风就是雨，对对方疑神疑鬼，胡乱猜疑，就很容易引起夫妻感情的破裂。所以，夫妻间必须相互信任，相互理解，相互激励，相互鞭策，使之感情恩爱，和睦相处。夫妻间互助互让是共同创造温馨家庭的根本。男女之间由于生理特点不同，在不同的时期夫妻双方在家庭中就有不同的分工和义务。当小两口制订好受孕计划以后，诚然仍需相互帮助，但更主要的是丈夫要多帮助妻子，使妻子心神愉悦地受孕怀胎。尤其是当女方受孕以后，丈夫更应多帮助妻子干些家务，有好的食物也要让妻子吃。在妻子受孕初期，由于突然的生理改变，导致心理上也相应地发生一些变化，变得易于烦躁，多善唠叨，这时丈夫要大度，应更多地帮助、谦让妻子，这是不容忽视的一点。

夫妻互谅互慰是共同创造温馨家庭的关键。在家庭生活中，夫妻之间相互体谅和抚慰，就可以密切夫妻之间的感情。比如在家务劳动中，适合丈夫去做的事丈夫要主动承担，适合妻子做的活也应愉快地参与，只要双方都能主动承担应尽的职责，其家庭生活当然是温馨的。当妻子怀孕以后，平日经常干的家务活不能胜任了，丈夫应体谅妻子，主动去承揽这些家务，并且还要多给妻子一些抚慰，这样才能使准妈妈安全顺利地度过妊娠期。所以，丈夫应当多体谅和抚慰怀有身孕的妻子。

只要按照“八互歌”的要求，夫妻之间做到互敬、互爱、互信、互勉、互助、互让、互谅、互慰，其夫妻感情就一定能融洽，家庭环境也必然温馨；所怀胎儿的质量也肯定较高。

以上着重强调了丈夫应该做的，并不表明妻子在创造温馨家庭当中的责任就无足轻重，在此顺便向准妈妈进一言：作为在妊娠期的妻子，也应该理解丈夫，在这一过程中丈夫也有一定的心理变化，他既为将要当上爸爸，成为一个真正的男人而喜悦，同时也为担负起丈夫和父亲的责任而惶惑，加之妻子身体的不适、性情的改变、感情的转移，常常使丈夫感到无所适从，焦虑不安。因此妻子也要像“八互歌”中所讲的那样，给丈夫以一定的关怀和理解，与丈夫一道为共同创造温馨家庭而努力。

第八篇 胎教步骤

第一节 孕第1个月的胎教

怀孕的第1个月由于没有任何反应,所以很多的孕妇并不知道自己怀孕是从什么时候开始的,而新生命就是在不知不觉中迅速成长发育起来的。孕第1个月,胎儿的成长速度比其一生中任何时候都快,各器官都在这一时期内发生发育,是胎儿生长发育的决定性阶段,也是最为重要的阶段,很容易受到外界因素的影响而导致胎儿出现异常。

因此,父母一定要注意安排好妊娠第1个月的日常生活,如加强营养和锻炼,保持良好的情绪,避免药物、疾病、辐射等外来因素对自身和胎儿的侵害。同时,丈夫在保证自己的良好状态外,还要多关心体贴妻子,为胎儿的健康发育创造一个良好的生存环境。

妊娠第1个月的胎教内容主要是环境胎教和音乐胎教,此时胎儿还不具有听的能力。

一、日常生活安排

(1)注意怀孕的征兆

结婚之后,就算尚未准备怀孕,除非有绝对安全的避孕措施,否则随时都有怀孕的可能。如果感觉身体和平时不一样,首先应考虑是否为怀孕的征兆。在怀孕初期,征兆并不太明显,很多孕妇有疲倦和发热的现象,或是出现下腹疼痛、情绪不安、容易生气、乳头变得敏感、一触及就会疼痛等变化。此时许多人会将发热和疲倦误以为是感冒,下腹疼痛以为是便秘,而服用泻药。其实,这些都是胎儿对母亲的呼唤,是胎儿发

出的信息，是受精卵在子宫内膜着床时产生的激素所引起的，是尚未安定的胎儿在告诉母亲："妈妈，请注意，我在这里。"

在日常生活中，许多不知道自己已经怀孕的女性，对生理上的这些变化，往往会产生无谓的忧虑。因此，已婚的妇女要特别关注自己的生理周期，要随时做基础体温测量。如果能早日确定怀孕日期，就能早日为腹中的胎儿准备一个理想的生存空间。

(2)情绪的调节

《千金方·徐之才逐月养胎方》中指出："一月之时，血行否涩，不为力事，寝必安静，无令恐畏。"也就是说妊娠第1个月，血的运行尚滞涩，不要做力所不能及的劳务，睡卧须安静，不要有恐惧害怕的情绪。这里就提到了保持良好情绪的重要性，孕妇在妊娠早期由于妊娠反应的影响，情绪极易波动，容易出现情绪不快、精神疲倦、烦躁不安等，这对孕妇自身和胎儿都不利，因为此时受精卵刚刚种植在母亲的子宫中，还很脆弱，而且此时各种器官的雏形都已出现，胚胎的生长速度是惊人的，到第1个月月末，胚胎的体积迅速增长，大约已经有1厘米左右。这时母亲的血液已在小生命的血管中缓缓地流动，心脏已经形成并开始工作了，这时的胚胎极易受到外界因素的干扰，而导致胚胎发育异常甚至流产，所以此时孕妇一定要保持良好的心态。

怎样才能保持良好的心境呢？首先，要明确早孕反应不是病，可采取转移注意力的办法，如和丈夫一起去看电影、去朋友家做客、逛公园、观花赏景，以减轻怀孕期反应，同时，为了孩子的健康发育，一定要坚持进食。其次，可多听一些轻松愉快、诙谐有趣、优美动听的音乐，使孕妇不安的心情得以缓解，在精神上得到安慰。再次，初次怀孕的妇女，容易产生心理负担，如担心怀孕和哺乳会使自己的体形发生变化，对分娩过分害怕，对胎儿性别有很高的期盼等，这就需要丈夫、亲属、医生给予耐心的解释，及时消除这些多余的担心，使其能正确地认识怀孕。另外，在此期间，丈夫会起到很重要的作用，此时的丈夫更应该体贴关心妻子，对妻子因怀孕反应造成的烦恼多采取谅解和忍让的态度，并应该给予精神上的抚慰，努力调节好日常生活，帮助妻子尽快度过这段焦虑的日子，切实保护好初期孕育的胚胎，为日后胎儿的正常生长发育开个好头。

(3)营养的摄取

众所皆知，孕妇的营养对胎儿的发育有很大的影响。妊娠第1个月，因为胎儿只

有1~2厘米大，所以只需要极微量的营养。可是很快的，胎儿即需从母体摄取大量的养分，供自己成长，因此母亲必须从此时开始就应合理地摄取营养，为将来胎儿的发育打下良好的基础。

那么，怀孕之后应该吃些什么呢？要吃多少，才会生下聪明健康的宝宝呢？虽然没有确切的答案，但腹中的胎儿要依靠母体的营养才能成长，这是不容置疑的事实。如果母亲缺乏营养，那么生下的婴儿也会营养不良，如果母亲偏食，胎儿也容易发生营养不均衡的情况。所以，为了使体内的胎儿能顺利成长，孕妇要尽量安排好每天的饮食生活，养成均衡良好的饮食习惯，尽量将食物烹调得美味可口，以增进食欲。

首先，要确保孕妇摄取合理的营养。制定食谱时应注意合理而全面的营养，包括蛋白质、脂肪、碳水化合物、矿物质、维生素和水。孕妇可多吃一些肉类、奶类、蛋类和鱼类，保证优质蛋白质的供给；适当增加热能的摄入，比未孕时略有增加就可以了，热能主要来源于脂肪和碳水化合物；矿物质的摄入是很重要的，孕妇所需的钙质比正常人要多，所以孕妇要多吃乳制品、豆类、绿色蔬菜、动物骨等含有丰富钙质的食品；铁是人体造血的主要元素，女性每次月经都要流失铁，因而女性应补充铁质，最行之有效的补铁方法是多食用一些含铁量高的食物，如猪肝、牛肝、羊肚、猪血、鸭血、豆制品、芝麻、蘑菇、木耳、海带、紫菜、桂圆等，此外，常用铁锅做饭也可以增加铁的摄入量；锌在促进发育、维持正常功能、增强人体抗病力等方面有不可取代的优势，含锌多的食物有海产品、豆类、苹果、瓜子、芝麻、块根蔬菜也含有较丰富的锌；维生素对胎儿的发育也是非常重要的，奶类、豆类、海产品、肉类、芝麻、木耳、动物肝脏、花生、核桃等都含有丰富的维生素，为防止胎儿神经器官缺损，应多吃些绿叶蔬菜、橘子、麦穗、豆类、谷物等含有丰富叶酸的食物。

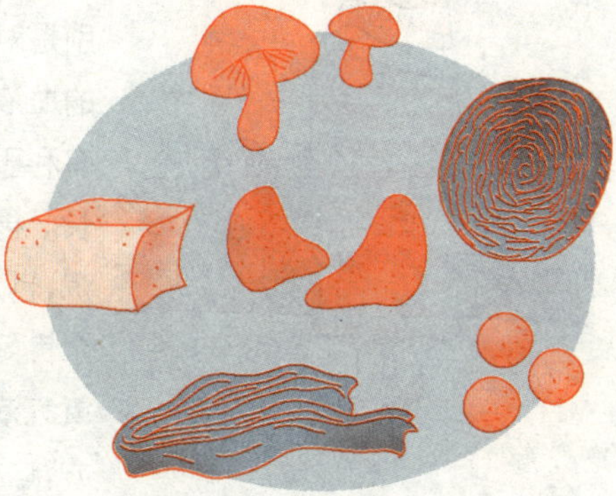

其次，要养成良好的饮食习惯。良好的饮食习惯是保证胎儿健康发育的基本条件。一般情况下，要坚持不断地补充充足的水果和蔬菜，禁止吃刺激的、咸的食物，更不要进食一些变质的、含过量添加剂或受污染的食物。早餐是很重要的，一定要重视。经常吃少量的东西要比一次性吃大量的东西更重要，所以要养成少量多餐的习惯，即每天吃5~6次饭，每次少吃一些。每天应吃1~2次少量的零食，如色拉、牛奶（每天300~500毫升）、乳酸菌发酵食物、水果等。此外，要养成多喝水的习惯，吸收充足的水分很重要，专家建议孕妇每天应摄入水分1000~1500毫升，可用水果、汤菜、牛奶、淡茶、酸梅汤、柠檬汁等来补充，但禁止喝含有酒精的饮料，避免喝浓咖啡、浓茶、可乐等。

(4)适度的运动

运动既可增强孕妇的体质，又有利于胎儿健康的发育，因此孕妇在怀孕初期进行运动锻炼是非常必要的。适合孕妇的运动项目有很多，但孕妇要根据自己的实际情况选择适合自己的运动项目来进行锻炼。如果怀孕前就一直爱好运动的孕妇，怀孕后如果没有什么特殊的情况，可以继续进行，但运动要有限度，不要运动到令自己感到疲劳或上气不接下气的地步。注意不要尝试那些剧烈的运动，要避免任何有损伤腹部危险的运动。如果怀孕前一直不怎么运动的孕妇，那么怀孕后最好选择一些简单易行的运动方法，如散步、打太极拳、做孕妇体操等。

最适宜孕妇的运动项目是散步，散步是增强孕妇和胎儿健康的有效运动方式。首先，散步有利于呼吸新鲜空气，可以提高神经系统和心肺功能，促进全身血液循环，增加新陈代谢，加强肌肉活动，可使腿肌、腹壁肌、胸廓肌、心肌加强活动，也可使胎儿在母体内有足够的氧气以供其生长发育。其次，由于血管的容量扩大，肝和脾储存的血液便进入了血管，动脉血的大量增加和血液循环的加快，对身体细胞和营养，特别是对心肌的营养有良好的作用。胎儿可从母亲的血液中获得生长所需的营养物质，血容量扩大更有利于胎儿对营养物质的吸收，从而促进胎儿的成长。再次，散步可使肺的通气量增加，呼吸变得深沉，也加强了肌肉的能力，为正常顺利分娩打下一个良好的基础。散步的地点最好选择在空气清新、氧气浓度高、尘土和噪音都比较少的花草茂盛的地方，这样安宁恬静的环境，无疑对孕妇的身心是极好的调节。如果条件不允许，则可选择一些僻静的街道散步，但应避开空气污浊和犬群聚集的地方，以防撞击肚子和传染上疾病。同时由于上下台阶和走坡道有摔倒的危险，所以还应尽量避开有台阶和坡度的地方。

做孕妇体操可减轻腰部的沉重感，解除腿部疲劳，锻炼和分娩有直接关系的关节和肌肉，如腰部和骨盆的肌肉，为将来的分娩做准备，并且做孕妇体操还可使胎儿得到良好的锻炼，有利于胎儿的健康发育。孕妇体操有很多种，孕妇可根据自己的实际情况选择适合自己的体操进行锻炼，这里介绍一种被孕妇们普遍接受的“床上体操”。

首先，自然地坐在床上，两腿前伸成“V”字，双手放在膝盖上，上身右转；保持两腿伸直，足趾向上，腰部要直，目视右脚，慢慢数到10个数，然后再转至左边，同样数到10个数，恢复原来的正面姿势。接着，仰卧床上，膝部放松，双足平放床面，两手放在身旁，将右膝抱起，使之向胸部靠拢放回原处。然后将左膝抱起，使之向胸部靠拢，放回原处。然后，仰卧，双膝屈起，手臂放在身旁，滚向左侧，用左臂着床，头向右看，恢复原来的姿势，然后滚向右侧以右臂着床，头向左看，动作可以反复做几次，以活动颈部和腰部。最后，跪在床上，双手双膝平均承担体重，背直，头与脊柱成一直线，慢慢将右膝抬起靠近胸部，抬头，再伸直右腿，然后改用左腿做这一动作。

另外，孕妇可根据自己的情况选择练太极拳等，既可修身养性，又有利于胎儿的发育成长。

(5)淋浴

在怀孕的最初几周内，处于发育中的中枢神经系统，特别容易受到热的伤害。孕妇无论是何种原因引起的体温升高，如感染发热、夏日中暑、高温作业、洗热水澡等，都可能使早期胚胎受到伤害。有一项研究证明：孕妇体温比正常体温升高1.5℃时，可使胎儿脑细胞的数量增殖和发育停滞；上升3℃，则有杀死脑细胞的危险，而且这种脑细胞的损伤，常常是不可逆的。

因此，从怀孕的第1个月起，孕妇就不要再洗热水浴(指水温超过42℃)，因为洗澡水过热，可使孕妇体温超过正常体温，从而导致胎儿脑细胞损伤，造成智力障碍、发育畸形。据调查，凡妊娠早期洗热水浴蒸汽浴者，所生婴儿的神经管缺陷(如无脑儿、脊柱裂)比未洗热水浴或蒸汽浴者大约高3倍。因此，为了防患于未然，减少畸形儿和低能儿的发生，孕妇尽量不要用过热的水洗澡。通常来讲，孕妇的浴水以35℃～37℃之间为宜，而且最好洗淋浴澡。

另外，在洗澡时，不要用力搓腹部等部位，因为这样有可能会引起流产；要注意清洗会阴部位；还要注意不要用含有化学成分的洗浴用品，因为有些洗浴用品中的化学成分对胎儿有很大的危害，应使用天然无刺激的洗浴用品。

(6)睡眠

怀孕以后，为了给胎儿创造一个良好的环境，一定要保证充足的睡眠时间。应比平时多一些，每晚最少睡8～9小时，每日午间最好也能睡一会儿，但时间不宜过长。妊娠早期，孕妇的身体变化不大，此期胎儿在子宫内发育仍居在母体盆腔内，外力直接压迫都不会很重，不必过分强调孕妇的睡眠姿势，可随意选择舒适的睡眠体位，如仰卧位、侧卧位均可。

但要注意的是，要养成良好的睡眠习惯，早睡早起，不熬夜，以保持充沛的精力。还要改变以往不良的睡眠姿势，如趴着睡觉或搂抱一些东西睡觉，因为趴着睡觉或搂抱东西睡觉可造成腹部受压，导致胎儿发育障碍。一般来说，怀孕的第1个月很难察觉，因此，最好在计划怀孕前就要养成良好的睡眠习惯，以免影响到胎儿的生长发育。

(7) 丈夫需要做的事

丈夫要多关心体贴妻子。此时的妻子可能一下很难适应怀孕所带来的各种变化，情绪波动很大，因此丈夫要比以前更加爱护妻子，体谅妻子，合理地为妻子补充营养，陪妻子一起去医院检查身体，多陪妻子散步，为妻子创造一个良好的环境，使妻子保持良好的心态。还要注意不抽烟喝酒，保持生活环境卫生，此外要注意避免性生活，以免给妻子和胎儿造成伤害。

二、胎教方案

主　题：通过欣赏音乐消除压力。

工　具：音乐带。

参与者：妈妈和胎儿。

进　度：60分钟，每周至少两次。

在开始做这节练习前，先选择让你觉得特别放松和愉快的音乐，时间为60分钟。由于巴洛克音乐或类似巴洛克音乐的慢节拍，最接近胎儿从子宫中听到的妈妈在休息状态的心跳声，所以我们建议你采用这类的音乐。要是你不喜欢古典音乐，那么任何可以令你心情放松的音乐——除了热摇滚或迷幻摇滚以外都可以。据那些参加过摇滚音乐会的怀孕妈妈说，她们感觉到，胎儿对摇滚音乐的反应是激烈的运动。反过来看，也不应选择过于缓慢、平板的音乐。你要利用听音乐的机会来和宝宝进行沟通。

如果你选择了一盘包括了多位音乐家的录音带，应尽量让前一种曲子和下一种曲子间的转变较平缓而自然些。因为这个练习的目的是放松。

选好60分钟的音乐后，你可以把它们录在一盘录音带上，随时听它。我们建议你至少每周两次全部听一遍。如果可能的话，每周找两段安静的时间，让你舒适地坐下来，一面任思绪自由驰骋，一面听完整盘录音带。听录音带时别躺下来——因为这样你可能睡着，失去让你在清醒中放松的目的。还有，别在你工作或驾车的时候以这盘录音带为背景音乐。这个练习需要你完全而积极地将注意力投注在音乐上，排除所有其他的事务。

特别注意：请你在分娩时把这盘录音带带进产房，在你阵痛时播放它。它将帮助你和你的宝宝放松，甚至帮助你的丈夫和协助你分娩的人放松。分娩之后，你可能会发现，当孩子生病或焦躁不安时，放这盘特殊的录音带能帮助他放松心情，让他觉得舒服。

三、专家提醒

妊娠的第1个月是胎儿神经管、四肢、眼睛开始分化的时期，是胎儿发育的关键时期，如果外界给予一些不良的刺激，就会影响到胎儿这些组织和器官的发育，从而导致胎儿的异常。由于大多数的孕妇在怀孕第1个月时自己并不知道，无意中就会对胎儿造成伤害，所以计划怀孕的女性，即使在不能确定自己是否怀孕的情况下，仍要以孕妇的标准来安排自己的生活。

不要到剧院、舞厅、商店等人多的地方，避免与患有流感、风疹、传染性肝炎等患者接触；尽量避免使用任何药物，因为怀孕15～40天内药物最容易引起胎儿畸形，如果因病情需要使用药物，必须在医生的直接指导下谨慎使用；远离电磁污染，调离有毒有害的工种，避免重体力劳动和距离地面2米以上的高空作业，避免因职业因素而影响胎儿的发育；听音响、看电视时要保持一定的距离；尽量少用电脑、微波炉、手机等；居室暖气刚停的时候，孕妇不要睡电热毯，因为它可以产生电磁场，对孕妇和胎儿存在危害；避免饮浓茶、浓咖啡及可乐型饮料，孕妇最理想的饮料是白开水；淘米、洗菜不要将手直接浸入冷水中，寒冷刺激有诱发流产的危险；洗碗要选用不含有害物质的洗洁精；避免与家养宠物接触，因为这些小动物往往带有致病的细菌和寄生虫，会感染宫内的胎儿；尽量避免穿高跟鞋，避免过于激烈的运动；身体不适要尽早去医院就诊，就诊时，向医生讲明自己的身体状况，以便医生做出合适的处理。

如果母体在妊娠初期患麻疹，则胎儿的眼睛、耳朵、手、脚、心脏发生畸形的概率非常高（约33%～58%）；如果孕妇已有免疫性，胎儿就可免于遭受麻疹病毒的侵犯，所以女性在妊娠前要做麻疹抗体检查，如果是阴性显示，就要早日接种麻疹疫苗，日后就可安心受孕。但在接种疫苗时要注意，由于接种的是活疫苗，如果这时已怀孕或接种后马上怀孕，胎儿会有被感染的危险，因此接种前1个月和接种后2个月，都必须避孕，如果已经怀孕，千万不能接种。

另外，在此期最好不要进行性生活，因为在怀孕早期有早孕反应，又考虑到胎儿的事情，孕妇的性欲和性反应受到抑制，而且这段时期是最容易发生流产的时期，性交是一种机械性的刺激动作，容易导致流产。如果需要，性交次数也应比平时减少，以减少对胎儿的刺激。偶尔性交，应注意体位，丈夫伸开胳膊撑住身体，不要压迫孕妇身体，特别是腹部，动作要温柔，男性生殖器不能插入很深，减少刺激强度。有习惯性流产的

人应该绝对禁止性生活。

第二节　孕第2个月的胎教

怀孕的第2个月，一般是发现怀孕的时期，也是开始发生早孕反应的时期。早孕反应因人而异，一般表现为恶心、呕吐、厌食等，并伴有头晕、倦怠等症状，给孕妇带来不舒服的感觉，很容易影响孕妇的情绪，进而给胎儿的生长发育造成不良的影响。因此，此期保持孕妇良好的精神状态是最重要的。

此期的胎儿已由分化前期进入分化期，是胚胎器官高度分化和形成期，极易受到外界因素的影响而导致畸形或流产，因此一定要避免接触对胎儿发育不利的因素，如药物、激素、放射线、辐射等。此期是适宜进行初诊的时期，应及早进行检查，可以及早发现疾病、并发症以及胎儿的异常，从而做到早期发现，早期治疗。

此期的胎教内容主要是音乐胎教和意念胎教，音乐胎教可缓解孕妇因早孕反应带来的不良情绪；意念胎教是通过母亲的意念转化渗透在胎儿的感受之中，使胎儿了解母亲的想法。

一、日常生活安排

(1) 情绪的调节

从妊娠的第2个月开始，孕妇就有了早孕反应，除了恶心呕吐之外，还会出现口中发酸、头痛、肩膀僵硬、腰痛、倦怠、焦躁等现象。不同的孕妇，早孕反应也有不同的表现，有的孕妇反应很重，会觉得很不舒服，因此将怀孕视为很可怕的事情，从而影响了孕妇的情绪，再加上考虑到有关分娩的这样和那样的问题，有时会令人很烦躁。而且，感情波动激烈，有时为一些鸡毛蒜皮的小事也会发火或哭闹不止。而此时的胎儿已经能够感受到母亲的反应了，这种情绪就会通过母体直接传递给体内的小生命，影响胎儿的正常发育。

所以，孕妇一定要学会自我克制。首先认识到早孕反应是为了让母亲准备一个让胎儿成长的环境所最早产生的正常生理变化，有了正确的认识，就会用正常的心态去看待这件事情，从而稳定自己的情绪。其次孕妇应该学会自己调控心情，如凡事要往

好处想，不要生气，不要着急，要往别处想，离开不愉快的情境，转移注意力；坐下来，跟自己说话，相信有办法解决，说话慢一点，平和一些，逐渐使心情平静下来；把眼睛闭上几分钟，什么都不要想，全身放松，按摩头部和太阳穴；或到附近草木茂盛的宁静小路上散步；还可以将自己置身于欢乐的人群中，使自己的情绪受到积极的感染，从中得到快慰；听听自己喜爱的乐曲，翻翻自己喜爱的书籍，想一想未来小宝宝的模样等。总之，尽量做一些令自己愉快的事情，使心情舒畅，才会对宝宝有利。

另外，孕妇的丈夫及家人也应该理解和体谅孕妇，尽量为她创造一个良好的环境，解除其顾虑，丰富孕妇的精神生活，转移其注意力，使其保持愉快的心情，以利于胎儿的健康成长。

(2)营养的摄取

胎儿在母体中生长发育需要的所有营养都只能依靠母体供给，营养是决定胎儿生命力的基础。专家研究证实，人的脑细胞绝大部分是在出生前分裂形成的，在怀孕的第2个月，受精卵开始发育，第10～18周胎儿脑细胞增殖达第一次高峰，也就是神经系统和人体的系统功能发育的基础阶段，为了保证胎儿大脑的良好发育，孕妇此时应该特别注意及时补充足量的优质蛋白，为胎儿大脑的发育打基础。孕妇的营养不足，胎儿则可能发育不良，这是理所当然的结果。若胎儿的需求不能及时由母体供给，则可以夺取母体本身的营养，导致母体产生骨质软化、贫血、营养不良等症状。若孕期营养不良，产后乳汁分泌必然不足，婴儿得不到充分的母乳，则是更大的损失。

在妊娠的第2个月，有些孕妇会因孕吐而吃不下东西，并且担心胎儿是否会营养不够。妊娠初期胎儿生长缓慢，但母体体重通常每日也要增加1克左右，对营养的要求增高，但不是很高。所以不要勉强自己进食，假如为了胎儿，勉强吃下含有钙质或蛋白质的食物，效果也不大。只要能尽量吃些清淡爽口的食物，就不致影响胚胎发育。想吃的时候就放心地吃，稍微改变饮食习惯，如可采用少食多餐的方法，并多吃清淡易消化的食物，如面包、饼干、牛奶、稀粥、果汁、蜂蜜及新鲜水果等。汤类和油腻食物特别容易引起呕吐，所以吃饭时孕妇不要喝汤、

喝饮料及吃油腻食物。避免吃过甜或刺激性强的食物，如辛辣食品。孕妇要摄入充足的水分，咖啡和红茶最好不喝，因为咖啡或红茶均含咖啡因，会妨碍胎儿脑部或其他器官的细胞分裂，对各器官的发育也会有影响。孕妇要少吃糖，因为妊娠第7周胎儿的乳牙胚开始形成，如果服用过量的糖会大量消耗母体的钙质，从而不利于胎儿的牙齿

生长和钙化，如出现牙齿先天发育不良，不但牙冠形态可发生永久性异常，而且抗龋能力也会下降。呕吐严重的孕妇，要多吃蔬菜和水果，同时口服维生素 B_6 和维生素 C。孕吐和心情有密切的关系，丈夫要关心体贴妻子，夫妻两人一起到外面享受一顿气氛好的晚餐，也许会令妻子食欲大增。

在此期间还要注意的是，叶酸是胎儿中枢神经系统发育所必需的，尤其是在妊娠最初几周内更为需要，体内不能储存叶酸，并且妊娠期间叶酸的排出量也高于平时的好几倍，所以重要的是每天都要适量供给叶酸。新鲜的、深绿色多叶蔬菜是叶酸良好的来源，但要蒸着吃或生吃，因为经过烹调后，大量维生素会被破坏。不要食用经过高度加工过的食品，如罐头食物及各类袋装食品，加工过的食品常常含有大量脂肪以及不必要的防腐剂、香料及色素，购买前要仔细地查看标签，要选择没有食品添加剂或者这些成分的含量非常低的产品。不要食用小卖部出售的熟食，也不要买事先烹调过的在市场出售的肉类以及可以即食的家禽食品，因为这些食物可能含有细菌，会对胎儿的健康造成威胁。

由于此期会出现早孕反应，故在饮食上也有特殊的要求，下面介绍几种缓解妊娠反应的食谱：

橙子煎：取橙子用水泡去酸味，加蜂蜜煎汤频服。

甘蔗姜汁：取甘蔗汁加少量生姜汁，频频缓饮。

葡萄藤煎：取干葡萄藤用水煎服。

柚子皮煎：取柚子皮用水煎服，连服数天。

枇杷叶蜜：将枇杷叶洗净，在火上稍烤，抹去绒毛，加水煎取汁，调入蜂蜜服用。

生姜米汤：取生姜汁数滴，调入米汤内，频服。

牛奶韭菜末：将牛奶煮开，调入少量韭菜末服用。

紫苏姜橘饮：苏梗 9 克，生姜 6 克，大枣 10 枚，陈皮 6 克，红糖 5 克，煎水取汁当茶饮，每日 3 次。

益胃汤：取沙参、玉竹、麦冬、生地等适量，用水煎取汁，加冰糖，每日 1 次饮服。

竹菇蜜：将竹菇 15 克煎水取汁，对调蜂蜜 30 克服用。

生地黄粥：用白米煮粥，临熟时，取地黄汁，搅匀食用。

白术鲫鱼粥：鲫鱼 30 ~ 60 克，去鳞及内脏，白术 10 克洗净，煎汁 1000 毫升，再将鱼和粳米 30 克煮粥，粥熟后加药汁和匀，每日 1 次，连服 3 ~ 5 天。

（3）淋浴

在怀孕的第 2 个月，母体为适应胎儿生长发育的需要，发生了一系列的变化，如皮肤的新陈代谢旺盛，孕妇的汗腺和皮脂腺分泌旺盛，并且由于盆腔充血，阴道白带也较非孕期明显增多，常会导致不适感。所以应经常洗澡和更换内衣，保持皮肤和外阴清

洁，避免感染。经常洗澡不仅可以促进皮肤的排泄功能，保持皮肤清洁，而且还可以通过温热刺激加速母体的血液循环，有利于消除机体疲劳，改善母子间的物质代谢。

提示

孕妇洗澡最好采用淋浴的方式，因为洗盆浴有可能使洗浴的液体进入阴道，造成感染，危及胎儿。洗澡时水温不宜过高，以不超过40℃为最佳，因为水温过高，会使孕妇全身血管扩张，造成一时性子宫胎盘的血流量减少，也会给胎儿带来不良的影响。另外洗澡的时间也不宜过长，最好不要超过15分钟。

怀孕后，因为胎盘产生大量的雌激素，子宫和盆腔的血液供应丰富，白带比怀孕之前要多，这也是正常现象，不需治疗。由于分泌物增多，使外阴经常处于潮湿状态，对局部皮肤有一定的刺激作用，因此宜常用温水清洗，保持外阴部干燥。每天用自己的专用盆和浴液及温开水清洗外阴2~3次，清洗时避免用普通肥皂。但要注意，如果白带质地异常，如呈豆腐渣样或凝乳块样，或是黄色脓样，有臭味，这都是不正常的现象，需及时到医院就诊，查明病因，进行治疗。

(4)睡眠

由于妊娠早孕反应，此期的孕妇很容易疲劳，所以要保证充足的睡眠时间。首先，卧房内要保持空气新鲜，我国20世纪80年代的“环境质量与出生缺陷关系流行病学研究”结果表明：室内外空气的污染，对早孕胚胎致畸有显著的相关性。因此，在睡觉前应将窗户打开10~15分钟，让有害物质自然逸出窗外。其次，屋内摆设应整洁，床不能太软，也不能太硬，以孕妇自感舒适为宜。再次，孕妇睡觉时不能开着电灯，以防光源污染，因为电灯光会对人体产生一种光压，长时间照射会引起神经功能失调，令人烦躁不安。日光灯缺少红光波，且以每秒钟50次的速度抖动，当室内门窗紧闭时，更强化了空气的污染；白炽灯光中只有自然光线中的红、黄、橙三色，缺少阳光中的紫外线，不符合人体的生理需要；荧光灯发出的光线带有看不见的紫外线，短距离强烈的光波能引起人体细胞发生遗传变异，容易诱发畸胎或皮肤病。

由于此期子宫增大不明显，体位对胎儿的影响很小，因此孕妇可采用随意的姿势睡眠，但可以经常采用左侧卧位的姿势，为将来做准备。虽然说以保证睡眠为前提，但也不要整天躺着不动，还要做一些适当的运动，做到劳逸结合。

(5)接受初诊

怀孕第1个月时，一般不易被发现，而且子宫的变化不明显，尿液还显示不出表示怀孕的绒毛膜促性腺激素，所以此时不宜接受初诊。一般情况下，月经周期正常的人，过了预测日期10天以上还不见月经来时，去接受检查最为适宜。

怀孕2个月时，要做第一次阴道检查，有些人会担心孕期的阴道检查会对胎儿造成伤害，这种担心是没有必要的。检查目的是了解孕妇生殖器官有无畸形、肿瘤，如阴道纵隔、双子宫、盆腔包块以及怀孕子宫与停经日期不符合等；同时可检查阴道白带有无霉菌、滴虫等病原体的感染。可以及早发现并发症，及早治疗。

初诊的检查内容包括测量身高、体重、腹围、子宫底、血压及骨盆外的测量。以及血型检查、贫血检查、梅毒血清反应检查、尿常规检查、风疹抗体值的检查、弓形体抗体的检查等。其中身高和骨盆外测量在初诊时进行，其他的测量在每次定期健康检查时进行。在检查的当天，要注意进餐的时间，至少应在饭后2小时后再接受检查，因为刚吃完饭时尿里容易出现糖分，这时做尿常规检查结论不容易准确。

(6)丈夫需要做的事

在怀孕早期，怀孕所带来的喜悦是暂时的，接踵而来的是恶心、呕吐、厌食等早孕反应，并伴有头晕、倦怠等症状，同时，由于身体的变化也会使心情跌宕起伏，因此丈夫在此时的作用是很重要的。

要多体贴照顾妻子，主动承担家务。注意劝慰妻子切不可因妊娠反应、体形改变、面部出现色素沉着等而产生不良情绪，不与妻子斤斤计较；注意调节婆媳关系，注意妻子的性情和心理变化，为之创造一个和睦、亲切的生活环境。有些孕妇会因孕吐而吃不下东西，丈夫要注意选择做一些妻子喜欢的能吃的饭菜，以保证营养的供给。怀孕初期虽然从表面上看没有明显的变化，但此时的胎盘很脆弱，很容易造成流产，因此丈夫注意不要让妻子干体力活儿，要帮助妻子提重的物品，帮助妻子从高的地方拿东西或者放东西，打扫浴室等，让妻子尽可能得到充分的休息。

此外，还要帮助妻子创造一个良好的胎教环境。应经常陪同妻子到空气清新的大自然中去散步，环境的绿化、美化、净化是胎儿健康发育的必要条件；多让妻子看一些能激发母子感情的书刊或电影、电视节目，引导妻子爱护胎儿；要同妻子一起想象胎儿的情况，描绘胎儿的活泼、自在、健康、漂亮，对增进母子感情是非常重要的。

胎儿是丈夫和妻子的爱情结晶，所以从妻子开始怀孕，丈夫就应该与妻子共同担负起保护胎儿健康发育和成长的责任，尽好自己的一份义务。

二、胎教方案

练习(1)：童年往事

主　题：探讨你童年时期的家庭。

工　具:笔记本。

参与者:妈妈。

进　度:40 分钟,本月份一次。

在本练习中,你将通过你心灵的时光隧道,回到你一生中度过最初 6 年的地方。这个地方可能是一栋平房、一间公寓、一座农庄或任何形式的建筑与居所。如果你在这段期间不只搬一次家,那就选一个你记忆最鲜明的地方。借着回忆过去,你能更容易地发掘深层的情感。如果这些情感是负面的,它们得到妥善的解决,从而帮助你做一个最好的母亲。如果是正面的,这些情感能提醒你随时注意胎儿的需要。

在用约 5 分钟的时间回想你童年的家以后,拿出你的笔记本,进行下面的 5 个步骤:

①写出你记忆中家里的每一个房间,从你记得最清楚的房间开始写起。

②画一张你老家的平面图,包括楼梯、窗户、家具、植物和你能想得到的所有细节。

③在这幅平面图的协助下回到你心里的老家,慢慢地走遍它。运用你所有的感官,试着尽可能完整地重温你的童年老家。沙发的颜色如何? 椅垫的质料是哪一种的? 你在厨房闻到什么? 你的卧房? 储藏室? 你最喜欢的地方是哪里? 墙上有画、海报、日历或挂钟吗? 你把你最心爱的东西藏在哪里?

④借着回答下列的问题来探讨你对老家深藏的情感:

有哪些东西是不允许我碰的?

有哪些地方是不允许我去的?

我记得在哪些房间里哭过? 究竟发生过什么事?

我记得在哪些房间曾笑得很开心过? 究竟发生了什么事?

我记得在哪些房间曾经非常生气过? 究竟发生了什么事?

我记得在哪些房间曾经跟母亲或父亲很亲近?

我记得在哪些房间曾经偷听到我不该听的谈话?

⑤现在来到你睡觉地方的窗口往外看。你看到了什么? 仔细看看对街的空地和房子,往右看,往左看。看季节改变。你是否看到窗棂上的雪? 如果看到,你会怎么做? 继续回忆你在这个窗前度过的时光。从这个窗口看到的东西是否给你留下深刻的印象? 如果有,尽可能详细描述你所看到的景象。

练习(2):照片

主　题:探索你和父母的关系。

工　具:笔记和照片(或类似照片的记忆)。

参与者:妈妈。

进　度:60 分钟,本月份一次。

在这个练习中,你将继续回想你的童年。但是这一次焦点将放在你和父母及兄弟姊妹的关系上。老旧的家庭照片(或是你对它们的记忆)将是你回到过去的"机票"。和上一个练习一样,回忆并解决过去的冲突将能使你的心灵获得解放,使你得以对将出生的孩子付出更多的爱与接纳。回忆快乐的童年时光能唤起你对胎儿的热情,激发你的共鸣,有助于强化你和家人间的联系。

如果你有童年的相簿或零散的照片,把它们拿出来。你找出的照片应该包括越多的家庭成员越好。如果找不到旧照片,那就花几分钟想想要是你现在手上有一张小时候家人的照片,那会是什么样子。别担心你的记忆是否会跟真的照片一样,你内心的印象不管正确与否都能够帮助你完成以下练习的 4 个步骤:

①一面仔细看着家人的老照片——或回忆对这些照片的印象;一面尽可能详细地回答下列的问题:

这些照片是否有类似的公式或主题:例如,你是否总是站在你父母的身边?如果是,这对你和你父亲及母亲的关系有什么意义?

是否有人总是未出现在照片中?如果是,是因为照片是由那个人照的吗?你对这个或这些未出现在照片中的人有什么感觉?

这些照片中是否有小团体的情形?例如,你和你的姊妹是否总是站在一起?或你母亲总是和父亲站在一起?你母亲是否总是手中抱着婴儿?

照片里的人是否站着彼此不接触,各据一方,或你看到大家经常很亲密,彼此接触?

读一读照片里的身体语言。家人可能紧密地站或坐着,但他们的头倾向某个人,或偏离某个人。

谁是照片中人们注意的焦点?

找一张你母亲或父亲正从事某种活动的照片,例如,画画或整理花园。那种活动对他们的个性有什么影响——对今天的你又有什么影响?

描述每个人脸上的表情。如果要你用一种动物来形容照片中的每一个人,你会选什么动物?

②以你童年的任何一部分为背景,用你的想象来构思一幅理想家庭的照片。你可以想象在过生日时,在春节晚餐时,或夏日午后在游泳池

畔的情景。如果你一时想不出来，不妨创造一个场景。使用文字、箭头、线条和任何能帮助你画出正确景象的方法。当你画好后，写下你的想法和感觉。

③画一幅你母亲和父亲的画像，以他们最具代表性的姿势，穿着你最熟悉的衣服，手上拿着熟悉的东西，或抱着宠物。你可以画得非常详细正确，也可以只用线条描绘，你也可以用文字、箭头或任何能帮助你掌握住气氛的方法来解释你的画。画好后，写下你的想法和感觉。

④找一张你父母争吵和一张他们表现出亲密恩爱的照片。如果没有这样的照片，用你的想象。

等你做完上述的4个步骤后，想想你获得了什么。如果勾起了你痛苦的回忆，那就告诉自己，你不会让它发生在自己的家，然后让那些回忆消失。如果你想起了过去美好的一面，那就想想，你将如何用这些经验指导你眼前的生活。

练习(3)：怀孕的心理调适

主　题：你对怀孕的感觉。

工　具：笔记和激励法。

参与者：妈妈。

进　度：每周两次，直到你喜欢怀孕后的感觉为止。

现在我们已经确知胎儿的生理及心理的发展不只是受到母亲吃、喝、呼吸的影响，还受到母亲的经验、感觉和思想的影响。我们也知道，深刻的积极的思想能使胎儿产生宁静的感觉。

与此相反，消极或不愉快的想法可能使你的身体产生不良的化学或神经性的改变，并且很快地将这些负面的信息传给胎儿。然而，怀孕的过程从头到尾不可能总像首田园诗那么美，即使是最快乐的妈妈也会经历疑惑。例如，你可能担心是否有足够的能力做个好母亲，或担心养育孩子会增加的财务负担。你可能担心流产或害怕胎儿的健康有问题。怀孕有时是在出其不意的情况下发生的，在这种情况下，你可能觉得心里没有充分的准备，或害怕多一个宝宝会给你的生活添麻烦。

这些负面的感觉是正常的，而既然如此，你只要记住胎儿需要你的爱与接纳就够了。为了让你的孩子受到正面情感的影响，你有必要妥善调整你负面的情感。

要想从根本上解决你对怀孕的疑惑，或你对你的丈夫、你与其他任何人之间的问题，请抽出时间来回答下列的问题。把问题写进你的笔记中，然后尽量不加思考或分析地回答它们。你不必照顺序或一次回答完所有的问题，但最好在这个月内处理完所

有的问题。你的答案可长可短，也可以非常详细，但记住——要完全坦诚。

我希望现在怀孕吗？

我现在生孩子的时机恰当吗？

我的丈夫对我怀孕有什么感觉？

我的丈夫对有一个孩子的感觉是什么？

我的母亲和父亲对我怀孕有什么感觉？

我应怎样调整情绪？

我应如何处理财务上的事情？

我的宝宝会给我的事业带来什么样的影响？

我的宝宝会给我和我丈夫间的关系带来什么样的影响？

在正常的情况下，这种方法能帮助你解决那些疑惑。如果你仍旧对怀孕、分娩或做父母的责任存有许多无法解决的难题，我们建议你请教产科医生，或心理医生。

三、专家提醒

怀孕第 2 周后，胚胎进入器官分化期，这个时期是胎儿最容易受到外界因素干扰的时期，流产常常发生在这个时期，因此这个时期是危险时期，孕妇的日常行为动作一定要小心：注意身体不能长时间处于同一种姿势，避免反复做腰部用力动作；不要长时间地骑车、乘车、开车，以免发生早期流产，特别是曾有过妊娠失败的女性；应避免激烈的运动、旅行；要有足够的休息和睡眠，性生活要节制；应尽量少接触家用电器及手机，避免对胎儿造成伤害；风疹和流行性感冒是造成畸形儿的原因之一，要注意预防；尽量避免用药，如必须服药，应该在医生的指导下正确地用药；避免接触有毒的化学物质及放射性物质。

早孕反应是从妊娠 4 ~ 7 周开始的，反应的时间、症状、程度因人而异，一般表现为恶心、食欲减退、空腹时想吐、头晕乏力、不能闻油烟或异味等。这些不良反应会给孕妇的情绪带来很大的影响，而孕妇的不良情绪又会影响腹中的胎儿，虽然胎儿和母体的神经系统没有直接联系，但存在着血液物质及内分泌的交流，不良情绪会引起某些化学物质的变化，从而对胎儿发育造成不良影响。因此，孕妇一定要保证心情愉快，情绪平稳，按时起居，保证充

足的睡眠，避免身心过劳；设法减轻早孕反应带来的不安，可把居室内的色调变为绿色，既可以缓解精神紧张，又可改善机体功能，使皮肤温度下降、心跳减慢、呼吸平缓、心理放松；保证充足的氧气，每天可到绿地或林间散步；饮食上应选择清淡可口和易消化的食品，此时，能吃多少就吃多少，不必太介意营养够不够的问题；注意不要缺水，让体内的有毒物质能及时从尿中排出；应暂停性生活，因为此期易发生流产。

第三节　孕第3个月的胎教

从怀孕的第3个月起，胎儿的增长速度是很快的，此时的胎儿已经真正具有人形了，而且可以在母体的子宫内自由活动，但这种活动还不能被母亲所感知。这个月是妊娠反应最严重的时期，因此孕妇的情绪很不稳定，易发脾气，孕妇要学会调节自己的情绪。又由于恶心、呕吐等反应，影响孕妇营养的摄取，所以要注意保证全面合理的营养，为胎儿的发育提供充足的养分。另外可以进行适度的运动，保证身体的健康。

从这个月开始，孕妇要定时进行产前检查，了解孕妇及胎儿的健康情况，以便发现异常能及时处理。并且，此期是容易发生流产的时期，孕妇一定注意不要进行过猛、过激的运动，也不要勉强干体力活儿，避免一切可能引起流产的因素。

这个月的胎教内容主要是给予胎儿一些适当的刺激，如运动胎教、情绪胎教、音乐胎教和意念胎教等。让胎儿在母亲的子宫中开始活动，有利于胎儿的健康发育。

一、日常生活安排

(1) 情绪的调节

怀孕的第3个月，孕妇的早孕反应越来越重，身体上的不适和对分娩的害怕，再加上从“初为人妻”到即将“为人母”这一社会角色的变化，使孕妇很难一下适应这么多的变化，所以造成孕妇的情绪不稳定，爱发脾气，易受暗示，依赖性强，使家人无所适从，甚至影响到夫妻感情。孕妇的不良情绪，会对腹中的胎儿造成伤害，虽然孕妇只是通过脐带给胎儿送去营养，排出代谢废物，使胎儿发育长大，与胎儿之间并没有直接的神经传递，但孕妇的情绪发生变化时，不好的情绪可以通过神经内分泌系统对胎儿产生影响。孕妇情绪不好时，可激发起体内植物神经系统的活动，使由植物神经系统控制

的内分泌腺分泌出多种多样的不同激素，这些激素为化学性物质，可经由脐带进入胎盘，使胎盘的血液发生变化，从而间接性地与妈妈体内建立起神经介质传递关系，对正处在形体和神经发育关键时期的胎宝宝造成刺激，不利于胎儿的发育成长。

因此，在怀孕期间孕妇一定要保持良好的心态，首先自己应该注意精神修养，克制自己的情绪，做到胸怀博大、举止端庄、生活清静、情绪平和。其次丈夫及家人应该理解和体谅孕妇的这种心情，给予其更多的关心和照顾，为其创造一个良好的生活环境，使其心情愉快舒畅。这样会使腹内胎儿胎动缓和而有规律，按照生命节律进行良好有序的发育。胎儿性情平和，对智力和形体发育都有着极好的促进作用。

(2)营养的摄取

此期，是胚胎发育和各器官形成的重要时期，胚胎迅速成长，人体的主要系统和器官逐渐分化出来。由于胎儿迅速成长和发育受子宫内环境的影响最大，所有的先天发育缺陷如腭裂、四肢不全及盲聋等，几乎都在这个关键的时期内发生的。但由于胎儿体积尚小，所需的营养更注重的是质的好坏，而不是量的多少。而且此时的妊娠反应较重，应以清淡、营养的饮食为主，如果孕妇胃口好转，可适当加重饭菜的口味，但避免吃辛辣、过咸、过冷的食物，宜多吃水果、蔬菜，补充水分。

首先，要保证全面合理的营养。妊娠早期，胚胎各器官的形成发育需要比较全面的营养素，例如蛋白质、维生素、碳水化合物、无机盐和水。但由于妊娠反应，孕妇往往不能吸收合理的营养素。因而，膳食要根据孕妇妊娠反应的情况，依照孕妇的口味，合理地进行调配，以满足胚胎发育所需的各种营养。如喜酸嗜辣者，烹调中可适当增加调料，引起孕妇食欲；脱水者，宜多食水果、蔬菜，补充水分、维生素、无机盐；冷食较热食气味小，可适量食用冷饮和冷食，以防止呕吐。

其次，要保证优质蛋白质的供给。妊娠早期，虽然胎儿体积很小，但它是胚胎发生发育的关键时期。若此时母体缺乏蛋白质和氨基酸，会引起胎儿生长迟缓、身体过小等现象，造成胚胎畸变，出生后无法弥补。孕妇在妊娠早期，一定要保证足够的蛋白质摄入量，至少不应低于孕前的蛋白质摄入量，即每日供给蛋白质70毫克。要选取易于消化、吸收和利用的优质蛋白质，如奶类、蛋类、畜禽肉类等食品，确保妊娠早期胚胎发育所需的蛋白质。

再次，要增加热量的摄入。妊娠早期基础代谢增加不明显，母体组织变化不大，因此热能需求量不多，但仍要适当增加，保证胎儿所需的能量。孕妇可增加面粉、稻米、玉米、小米、食糖、红薯、土豆等碳水化合物类食物。这些食物也易于消化，而且能缓解早孕反应。

另外，还要保证无机盐的供给。无机盐和维生素在胚胎各器官的形成发育中具有重要的意义。妊娠早期正是细胞分裂阶段，尤其是脑细胞的发育更为重要，此阶段的营养状况直接影响脑细胞数量。如果妊娠早期缺乏无机盐，后果将难以弥补。研究发现，孕早期铜摄入不足，能导致胎儿内脏、骨骼畸形，引起中枢神经系统发育不良。锌缺乏可使胎儿生长发育迟缓，骨骼、内脏畸形。因此，此期孕妇要特别注意摄取富含锌、铜、铁、钙的食品，如核桃、芝麻、畜禽肉类、内脏、奶类、豆类和海产品等。

在饮食的安排上，由于妊娠反应，孕妇应该选用易于消化、在胃内存留时间短的食物，以减少呕吐的发生，如大米、小米粥、烤面包、馒头、饼干等；孕妇不必拘泥于进餐时间，可采用少食多餐的饮食方法，想吃就吃，细嚼慢咽；少喝汤，多饮水，为了母体和胎儿的健康，不要饮用酒精类饮料，茶和咖啡因类饮料也要慎用。

我国营养学会为妊娠早期孕妇推荐了每日的营养供给量，孕妇可根据自己的实际情况补充适当的营养：蛋白质 70 毫克，热能 9.6 兆焦耳（2 300 千卡），钙 800 毫克，铁 18 毫克，锌 15 毫克，维生素 D 5 微克，维生素 E 10 毫克，硫胺素 1.2 毫克，核黄素 1.2 毫克，尼克酸 12 毫克，抗坏血酸 60 毫克。

那么究竟哪些食物含有上述的营养呢？应该吃多少呢？以下几种食品每日要保证吃一些，因为它至少可以提供一种营养素：牛奶、酸奶可提供丰富的蛋白质、钙质，深绿色的多叶蔬菜中含有大量的维生素 C、纤维素、叶酸，瘦肉含蛋白质和铁质较为丰富，全麦面包中含蛋白质、纤维素、叶酸，全麦做的不同形状的面食及未经细磨的米中的纤维素含量较多。专家建议每日膳食构成应包括以下一些成分：主粮（稻米、面）200～250 克，杂粮（玉米、小米；燕麦、豆类）20～50 克，蛋类（鸡蛋、鸭蛋）50 克，牛奶 250 克，畜禽鱼虾肉类 150～200 克，蔬菜（绿色蔬菜占 2/3）200～400 克，水果 50～100 克，植物油 20 克。

（3）适度的运动

妇女怀孕是个生理过程，虽然为了胎儿的生长发育，孕妇全身都发生了一系列变化，但一般情况下孕妇的身体都能胜任，能照常参加工作和适当地进行运动。但要注意以下几点：不接触放射线和有毒物质；站立工作时，两脚要一前一后，不要并齐靠拢，不要站立过久；尽量避免做任何可能损伤腹部的危险运动，如跳跃、扭曲和快速旋转等；不登高，不搬抬重物，如必须向上用力搬东西，则要先屈膝蹲下，然后再搬；避免下腹部和腰部受力，上台阶或楼梯时，先让前脚尖落地，再让其脚掌落地，然后，一面把

膝关节伸直，一面把身体重心移到前足，可以轻轻地抓住楼梯扶手以保持平衡，但不要以此拉身体上楼，另外，要尽量减少上下楼梯的次数；坐椅子时，先轻轻地坐在椅子中间，然后腰向后移动靠椅背，最后全身放松地坐在椅子上；弯腰劳动时，要先背部垂直，屈膝蹲下，再干；劳动或运动时一旦发生腹痛、阴道出血等情况，应及时卧床休息，并去医院检查。

有些孕妇怕伤到胎儿，干脆什么活都不干，也不运动，这也是不对的。合理的运动，无论是对孕妇还是对胎儿均有好处，既可增强体质，又可转移孕妇的注意力，减轻妊娠反应所带来的不适，还有利于胎儿的生长发育。但此时仍有流产的危险，因此不要进行过猛过激的运动，以散步、做孕妇体操为宜。孕妇的运动以不感到疲劳、不损害胎儿为原则，如果一直喜欢运动，妊娠后仍可进行，以不感到疲劳或不感到上气不接下气为限度；如果平时无锻炼习惯，也不必为了妊娠去重新开始，可做些家务或散步、做体操等。提倡从怀孕 3 个月起开始坚持每天做孕妇体操，借以活动关节，使孕妇精力充沛，减少由于体重增加及腹部渐渐隆起所致的重心改变而引起的肌肉疲劳。怀孕后期如能坚持锻炼，可使腰部与盆底肌肉松弛，增加胎盘供血，有利于促进自然分娩。另外，游泳也是一种很好的运动方式。

(4)产前检查

产前检查应在确诊妊娠后开始，检查的时间应在妊娠 3 个月左右，主要做全面性的一般检查及妇科检查，如身高、骨盆外测定及乙肝抗原、血色素、血型、梅毒血清和尿测定等实验室检查，以了解孕妇的健康情况以及是否被感染，至妊娠 4 个月时再做第一次复查。

定期的产前检查对孕妇和胎儿都是十分重要的，通过检查，可以全面地了解妊娠过程的正常与否和孕妇及胎儿的健康状况，及早发现、及早处理异常，对优生、优教有重要的意义。在保健医生的建议及指导下，开始做保健助产操，既可健身，又可为今后能顺利分娩做准备。

(5)丈夫需要做的事

妻子怀孕后，丈夫对妻子的关爱与照顾尤为重要，良好的开端是成功的一半，妊娠早期丈夫对妻子的精心照顾能增强孕妇妊娠的信心和夫妻的感情，有利于胎儿发育和今后的教养。妊娠也是对每一对夫妻情感的考验，丈夫对妻子精心照顾和诚挚关爱，定能赢得妻子更多更深更持续的爱。同时，丈夫对妻子的照顾和爱抚也

是丈夫的责任和义务，妻子怀孕是在承诺两人爱情的责任，是在养育双方情感的结晶。

首先，丈夫要做到在生活上照顾妻子。胚胎植入子宫后，女性体内绒毛激素增加，导致孕妇出现妊娠呕吐。有充分心理支持的孕妇，呕吐症较轻，消失也早，没有充分心理支持的孕妇的情况则相反。丈夫应将自己对妻子的真情深爱体现在细微之处，具体担负起为父为夫的责任，如陪妻去医院检查，照顾妻子服药，为妻子做一些有助治疗和改善呕吐症状的饭菜，给妻子买回一些平时爱吃的小食品等。为了让不喜欢吃饭的妻子能摄取到各种营养，有时需要在旁边稍微地劝食。妊娠反应严重的人不仅本人不能吃饭而且连饭的味道都不能闻，因此，为了妻子应该亲自做饭或者寻找适合妻子的菜谱，一起出外进食也是一种增进妻子食欲的好办法。不管怎样，最重要的是不能在妻子旁边抽烟。众所周知，怀孕期间吸烟会增加自然流产的机会，发生先天性畸形或引发发育延迟，而间接吸烟对胎儿造成的影响并不亚于直接吸烟。戒烟是最好的，但如果很难的话，至少在妻子旁边不能吸烟。此时应禁止性生活，丈夫应精心爱护妻子和胎儿，努力节制，不断充实和丰富家庭生活内容，用其他方式表达爱情。

其次，丈夫要在心理上关心妻子。怀孕使妇女体内孕激素增加，使得孕妇生理和心理发生变化。一是孕激素增加，内分泌变化，使孕妇开始不关心异性，对丈夫和性的兴趣降低，性的适应能力下降，因此孕妇会出现内在的担忧，害怕影响夫妻感情。

二是妊娠使孕妇脸上产生蝶形色素沉着，身体出现病态苍白，腹部脂肪松弛，皮肤失去弹性，体态变得臃肿，孕妇会产生“丑”的感觉，担心失去丈夫的宠爱。这时做丈夫的一定要细心，避免在妻子面前指出这些变化，用其他活动，如散步、听音乐、读书等分散妻子的注意力。

三是丈夫还要做到对妻子更加怜爱，经常与妻子一起畅谈家庭的未来发展计划以及孩子的培养目标，共同进行胎教活动。当妻子想和丈夫聊天闲谈时，无论谈话内容多么枯燥，丈夫也要表现出浓厚的兴趣，切忌烦躁和应付。这样既可增进夫妻感情，又丰富了家庭生活内容。

再次，丈夫还要做到在情绪上体谅妻子。孕妇由于妊娠反应，以及其他一些生理上的原因，很容易造成情绪不稳定，常常反复无常，两人原有的默契与和谐被破坏。做丈夫的要考虑到妻子处于特殊时期，应该体谅。丈夫应特别注意自己的言谈举止不要伤害了妻子，更不能对妻子的呕吐表现出厌烦、嫌脏的情绪；而应做愉快的事情扭转妻子的情绪，一如既往地照顾爱抚妻子。孕妇也会出现一些违背常理的食欲要求，即异食现象，如吃臭鸡蛋、喜酸嗜辣等，如妻子的异食对身体和胎儿没有太大的危害，丈夫应该尽量满足妻子的要求。丈夫的表现是对妻子很好的安慰，妻子自然会更加尊重丈夫。

二、胎教方案

练习(1):种子

主　题:探索你自己的胎儿时期和出生的经验。

工　具:引导式想象、录音带、纸和蜡笔。

参与者:妈妈和爸爸。

进　度:60 分钟。

这个练习将带领你经历一次温馨、愉快的心灵之旅。你将体验到放松、充满幸福以及各种奇妙的感觉,甚至唤起你在子宫中的生活和出生时的记忆。

我们建议你和你的丈夫一起做这个练习。要是你们参加了产前课程,不妨把这个练习介绍给其他的夫妻一起做。

记住,只有在你们的时间充裕而能完全享受它的时候才做这个练习。如果喜欢的话,你们可以经常反复做。

当你们进入相当放松的状态后,就可以进入本练习中的“引导式想象”。“引导式想象”之后,在录音带后面应加上 10 分钟的巴洛克音乐。

要录制的提示语如下:

闭上眼睛,做几个深呼吸。持续以平稳的方式做深呼吸,把你的注意力放在呼吸的节奏上,放在你身体的感觉上,放在任何你对自己的感觉和想象上。如果有外界的思绪闯进来,你只要让它们飘过去,就好像浮云飘过天际一样。注意着它们,然后让它们飘走。

现在感觉你的脚,注意你脚上承受的压力,和你的脚放置的角度。感觉你的脚掌,注意你的脚跟、脚趾、脚踝。现在开始向脚掌心弯曲你的脚趾,好像要让脚趾碰到脚掌心一样,把脚趾往下压,压,压,保持这样,然后放松。

吸气——吐气——完全放松。

随着你一次次的呼吸,你也进入了一次比一次深层的放松状态。你并没有睡着,你仍然保持清醒,但是很放松。

现在开始感觉你的小腿,从你的膝盖到脚踝的地方。在你感觉小腿时,我要你缩紧小腿所有的肌肉,缩紧,缩紧,缩紧,保持这样,然后放松。

吸气——吐气——完全放松。

随着你一次次的呼吸，你也一次比一次更深入你自己，你的身体也变得一次比一次放松。

现在集中注意力在你身体的中段——你的大腿、骨盆和臀部。在你感觉它们时，缩紧这些部位所有的肌肉。缩紧，缩紧，缩紧，保持这样，然后放松。

吸气——吐气——完全放松。

继续平稳地做深呼吸。每次吸气的时候，你是在吸进新鲜的氧气和能量，每一次吐气时，你是在把二氧化碳和身体的废物吐出。把每一次吸气想象成你吸入宇宙中的爱和支持；把每一次吐气想象成排出不好的情绪和紧张。

现在继续身体的下一部分。感觉从骨盆到头部以下的背脊骨，开始将整个脊椎压向你的椅背或靠垫。压，压，压，保持这个姿势，然后放松。感觉你的背和胸松弛下来。

吸气——吐气——完全放松。

每一次呼吸你都是在帮助你的身体放松。当你吸气时，你的每块肌肉、每个细胞都因为得到养分而充满活力。当你吐气时，你的每块肌肉、每个细胞都在洗清杂物和紧张，你的身体和你的宝宝都真正喜欢这个练习。

现在感觉你的肩膀和脖子，感觉你所有囤积在那里的紧张。开始把肩膀往你耳朵的方向耸起来，借这样来排出那些紧张，耸起你的肩膀直到你感觉它几乎要碰到耳朵为止。

耸起，耸起，耸起，保持着姿势，然后放松。

吸气——吐气——完全放松。

现在把两手抬起，离你的身体几寸远，握起拳头。把拳头握紧，握紧，握紧。保持这样，然后放松。

吸气——吐气——完全放松。

继续平稳地深呼吸。每一次吸气时，你就变得更加放松，你感觉很舒服而且很安全。

现在感觉你的脸。注意你眼睛四周的肌肉，嘴巴四周的肌肉，你下颚的肌肉。开始紧闭你的眼睛，收紧嘴巴四周的肌肉，咬紧你的下颚。收紧，收紧，收紧。保持这样，然后放松。

吸气——吐气——完全放松。

随着你每一次呼吸，你开始一次比一次更深入你自己，而你的身体也变得一次比

一次放松。

吸气——吐气——完全放松。

现在你的身体已经放松了，让你的思绪也放松，别强迫它，只管任它飘荡就可以了。

（让录音带持续两分钟的沉默，然后继续。）

现在想象你沿着河边漫步，看着河水流过，在河中的岩石边激起小小的漩涡，看着它轻拍岸边。流水的声音悦耳而舒缓，河面的风轻拂在你的肌肤上，令你感到清爽而舒畅。

小河边是一片翠绿茂盛的草地，上面开满了各式各样的花朵，有紫罗兰、水仙和野玫瑰。草地的边缘有一片高大的橡木、柔软飘逸的柳树、苍劲的松树、粗壮的桦树。这是一个美丽的地方，使你忍不住躺在草地上，欣赏着眼前的美景。

从这些围绕你四周的花与树中，选一株你最喜爱的。然后想象你自己是这朵花里或这棵树上的一粒种子。

感觉你自己环绕在温暖和湿润中，感觉你现在是多么安全和舒适。当你逐渐习惯你是一粒种子时，注意你正在慢慢地成长。让你自己真正深入体验这种成长。感觉你的细胞一个个地增长。只管放松地看着自己变得越来越大，越来越强壮。你有的是时间，尽管慢慢来，让音乐带领着你的感觉。

（在录音带里录10分钟的巴洛克音乐，录好后，念词的人继续录下面的话。）

慢慢回到意识完全清醒的状态。先摆动你的手指和脚趾。现在张开眼睛，记住保持住你在这个练习中获得的感觉和意象。保持住你的体验，同时运用全部的感官，包括视觉、听觉和触觉，来注意此刻周围的一切。然后，坐起来。

（录音带到此结束。）

在这个练习最后一部分，拿出一张大的白纸——例如一张用来素描的图画纸和一盒蜡笔。将你刚才的体验用图像、符号或任何你想得到的方法画在纸上。

即使你认为“什么体验也没有”，你的画也可能透露出你早年生活的情感和感觉。例如，你可能看到产房的颜色，或者能体会到当你出生时在场的人的感觉。所以在你全部做完“种子”的练习前，先不要做任何批判。

练习(2):回到子宫

主　题:再体验胎儿时期和出生的感觉。

工　具:一本介绍胎儿发育情况的书、观想技巧。

参与者:妈妈。

进　度:30 分钟,本月至少做一次。

做这个练习需要用一本印有怀孕 9 个月各期间胎儿生长过程彩色照片的书,或者这类图片。

先在你家里找个安静隐秘的地方,坐在舒适的椅子或沙发里,用大约 20 ~ 30 分钟的时间仔细看你选的图片。想象你看到的是你自己在胎儿时期的情景。然后让自己沉浸到你的感觉和情绪中。

在看完图片后,靠在椅背上,然后聆听你在本书练习(1)时所录的音乐,至少听 30 分钟。听音乐时,专注地回想你刚才看到的图片,和此刻进入你心中的念头、感觉或意象。请不要强迫自己去"回忆"你在子宫里的经验,或有意识地制造出生的意象。相反的,你只要放松,一面听着音乐,一面回想书里的图片,让心中的意象自然浮现。闭上眼睛,想象音乐带领着你回到子宫,回到湿润封闭的子宫里。

这个练习能激发你胎儿期或出生时的记忆,或是你在子宫时的感觉和印象。例如,你可能瞥见某个颜色,听到某个模糊的声音,或感觉到胎儿在羊水中游泳的印象。或者你可能直接产生在子宫里的那种感觉。

> 如果你觉得这个练习带给你的感觉是正面的,我们建议你一周后再做一次,以后就可以随你喜欢反复地做。这个练习所激发的印象往往彼此互相交叠架构,所以在经过一段时间的练习后,一幅比较完整的胎儿期印象才会开始浮现出来。

练习(3):羊膜中的海洋

主　题:出生时的声音和景象。

工　具:收音机、温水浴、笔记本、铅笔和观想。

参与者:妈妈。

进　度:30 分钟,本月至少做一次。

对大多数人来说,出生前所获得的安全感可能就深藏在我们内心的安全感和被爱的感觉里。借助一项由专家发明的练习,可以重温那种遗忘已久的奇妙感觉。

选一个安静的夜晚来做这个练习,你需要一段能独自浸在浴缸至少 30 分钟的时间。将你的浴缸注满温水,把收音机打开,音量调小,将选台调到两个电台中间的频率,使收音机发出嘶嘶的电波声。记住你在水中时别去碰收音机,除非收音机用的是干电池。把浴室的灯关掉,将窗帘放下,让浴室沉浸在黑暗中。

当独自坐在黑暗中时,让你的感官沉浸在温暖和心理学家所谓的"透明的噪音"

中，你将重温某种在子宫中的感觉。当这么做时，试着在你心中再现你离开温暖而黑暗的子宫，进入一个充满色彩与光线以及各种各样的人与物的大世界的情景。不管这个练习是否激发真实的出生记忆，它都将带给你至少某种程度的出生的感觉。

当你泡完澡后，为了诱发更深刻的感觉，请在你的笔记本上抄录下列的问题，一次抄一题，然后试着不加考虑地作答。

我出生的时候我母亲说了些什么话吗？

我出生的时候医生或其他在场的人说了些什么话呢？

我感觉到周围人的快乐吗？

我感觉到了周围人的恐惧或惊慌吗？

我感觉到周围的人松了一口气吗？

刺眼的灯光让我不舒服吗？

我母亲当时曾抱过我吗？

我父亲也在场吗？

我父亲当时曾抱过我吗？

记住，你可以任意补充上列的问题。在回答每个问题后，花几分钟想一想你的答案具有什么心理学上的意义。例如，你认为你父母对你出生感到害怕或快乐，这种想法对你一生的情感发展可能产生什么影响？还有，注意你所有答案透露出的整体语调。你所产生的印象和情感是否透露出你的家庭环境是快乐的，或是冷漠而令人困惑的？

在做完上面三项出生练习后，如果你愿意的话可以向你母亲、父亲、产科医生或找医院记录证实你的答案。

三、专家提醒

本月仍是胎儿发育的关键时期，怀孕的准妈妈们要谨防各种病毒和化学毒物的侵害；本月还是最易发生流产的时期，应停止激烈的体育运动、体力劳动、旅行等；日常生活应避免劳动过度，注意安静，避免做使肚子受压迫的动作；坚持工作的孕妇，更应注意量力而行，应该努力争取单位同事们的谅解；在此期最好避免性生活。

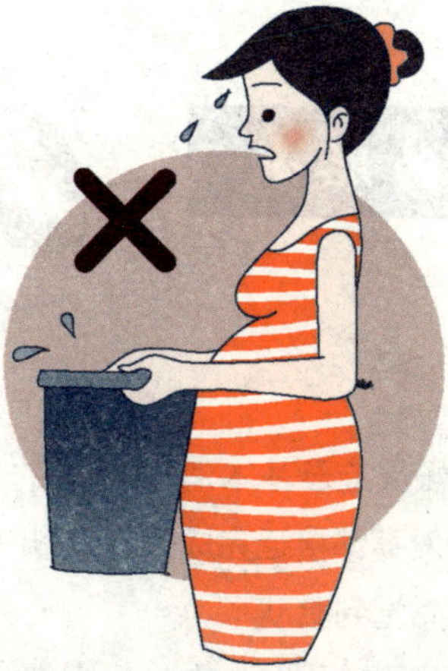

这段时期是胎儿各器官发育的关键时期，但此期的妊娠反应最严重，很多孕妇胃口不好，吃不进东西，因此一定要注意全面合理的营养，要吃得精，多吃蛋白质含量丰富的食物及新鲜水果、蔬菜等，叶酸的补充应该持续到第3个月月末，饭菜制作要清淡爽口。如果呕吐得厉害，要去医院检查，输液治疗很有效。如果感到腰酸、腰痛，可吃一些阿胶，将10克阿胶与适量白糖加水蒸食；或者服用几天六味地黄丸，每日2次，1次1丸。一般而言，正常孕妇不会有腰痛的感觉，如出现腰痛，多为先兆流产征兆，应引起重视，及时治疗。

此期还要保证充足的睡眠，每天中午最好睡一会儿。要注意自身的清洁卫生，常洗头洗澡。在体内大量雌激素的影响下，从本月起，口腔会出现一些变化，如牙龈充血、水肿以及牙龈乳头肥大增生，触之极易出血，医学上称此为妊娠牙龈炎，孕妇要坚持早晚刷牙、漱口，防止细菌在口腔内繁殖。

提示

保持良好的心情也很重要，孕妇因妊娠不适会产生烦躁不安或抑郁沮丧的情绪，这样对胎儿的生长发育不利，所以孕妇要经常到空气清新的公园、绿地去散步，有丈夫的陪同，效果更好，丈夫应该爱护安慰妻子，使妻子保持愉快开朗的心情，确保胎儿的正常发育。

本月末，应该到医院办理围产保健手册，以便今后定期进行产前检查。产前检查是很重要的，即使一切正常，也要定期接受医生的检查。如果出现下腹部疼痛和少量出血的现象，要立即接受医生的检查，因为有流产和宫外孕的可能性。

到了这个时刻，胎儿已开始“努力”，希望母亲在适应妊娠的情况后，能有最成熟的心理来为日后做准备。这时孕妇可以参加“妈妈教室”等活动，了解一些妊娠生活中必须注意的事项，还可学习将来如何育儿，经过这些学习，也能提高孕妇的母性意识。

第四节　孕第4个月的胎教

怀孕的第4个月，孕妇的腹部已经开始微微隆起了，妊娠反应已基本消失，孕妇的身心开始舒畅。此时的胎儿已经有了人的轮廓和外形，各器官的发育都接近完成阶段，胎儿可以在羊水中做不规则的运动。所以从这个月开始，孕妇就可以感觉到胎动了。

此期孕妇的情绪开始好转，食欲也比以前有所增加，但由于此时的胎儿需要大量的养分，所以孕妇还要注意均衡合理地摄取各种营养素。此期由于子宫增大，很容易造成胎盘血流的灌注减少，所以孕妇睡觉时应以左侧卧位为最佳。另外孕妇还要进行适量的运动，如散步、做孕妇体操、旅游等。孕妇平时不要浓妆艳抹，以免对胎儿造成伤害，要选择宽松的衣服和平跟鞋，这对孕妇及胎儿都有好处。

这个月的胎教内容主要是给予胎儿一些适当的刺激，如情绪胎教、音乐胎教、对话胎教、动作胎教和环境胎教等，让胎儿在母亲的子宫中开始活动，有利于胎儿的健康发育。

一、日常生活安排

(1)情绪的调节

此期孕妇的妊娠反应大都已经消失，所以大部分孕妇的情绪都比前3个月时要好。但仍要避免其他一些因素的影响，避免忧郁、烦躁，否则会导致胎儿意识的发育迟钝。

孕妇情绪不好时，可以试用以下一些方法来缓解紧张的情绪：

①心理互补法。应让孕妇多接触大自然景观，注意创造寝室优雅、和谐、整洁的环境。灿烂夺目的朝霞，一碧如洗的晴空，苍翠叠嶂的森林，姹紫嫣红的花朵，会使孕妇的心情变得愉悦，而优雅和谐的居室也会使孕妇情绪安定。所以，寝室内色彩、灯光的选择、各种气味的巧妙运用、音响效果的合理控制以及井然有序的艺术化布置，都应科学合理。如以苹果绿或紫色为主的色彩基调环境，配上柔和的灯光、芬芳的香味以及优美的轻音乐，对孕妇来说是十分有益的。

②心理转移法。孕妇自己或丈夫可以用暗示、活动和幽默等方法来转移孕妇的注意力，使其从不良情绪中走出来。初次怀孕的女性对分娩充满了恐惧感，认为那是一件很可怕的事情，这时丈夫就应对其进行语言的暗示，如"你的骨盆较宽，很适合分

娩”、“你体格强壮，分娩时力气一定不小”等。有些孕妇为过于注意胎儿的性别，丈夫可以对其说“世界因为有了女人而五彩缤纷”来消除孕妇的紧张情绪。有时不出声的文字语言，也能给人以强烈的暗示，达到情绪调控的目的，例如给孕妇送上一束浓郁芳香的鲜花，并附上一张纸条，上面写一些有针对性的暗示语言“阵痛的到来就是幸福的开始”，“生育是女人神圣职责与高尚品德的体现”等。另外孕妇可根据自身特点及爱好，可以进行绘画、唱歌、游戏、散步、集邮、钓鱼等活动，转移注意力，避免消极因素如担心婴儿性别、害怕分娩疼痛及是否顺利等，从而保证情绪平稳安定。

③幽默情趣法。幽默对各种类型的消极情绪，都是一剂通用的“良药”。制造幽默的方法很多，如给孕妇提供幽默画刊、音带、说个笑话、讲些幽默故事等。幽默主要来自于亲人的机智诙谐，比如当看到孕妇因疼痛而皱眉呻吟时，就说：“小宝宝够调皮的，给你这位未来的妈妈一个下马威，看你当妈妈是否合格。”当看到孕妇因亲人回来晚了无人陪伴而显得抑郁沮丧时，就说：“你唉声叹气不要紧，还愁眉苦脸，胎宝宝哪里还有兴趣跑出来。”这些幽默的语言都是在与孕妇融洽接触交往中的自然流露，注意把握分寸，不然孕妇会把幽默当嘲笑，结果就适得其反了。

(2)营养的摄取

怀孕的早期由于早孕反应，孕妇的食欲不好，很容易造成营养的缺乏。到怀孕的第4个月时，早孕反应大都已经消失，食欲已恢复正常，不论吃什么都觉得非常可口。但此时仍不可掉以轻心，因为从这个阶段开始，胎儿的运动增多了，正值胎儿需要大量养分的时期，所以孕妇必须均衡地摄取各种需要的营养素，这不仅是为了胎儿，也是为了健康。

> 所谓的“均衡营养”，就是合理适量地摄取包括蛋白质、碳水化合物、脂肪、无机盐、维生素等的营养素。这些营养素对自身和胎儿有着不同的作用，缺一不可，不要因为喜欢吃某种食物而养成偏食的习惯。

蛋白质由多种氨基酸组成，人体所需氨基酸有20种之多，其中有8种是人体自身不能合成的，必须从动物或植物性食物中摄取，这种氨基酸被称为必需氨基酸，含有大量必需氨基酸的蛋白质则为优质蛋白质。优质蛋白质是建造胎儿器官组织的重要成分。含优质蛋白质较丰富的食物有：家禽类，如牛肉、猪肉、羊肉、兔肉、鸭肉及蛋类等；

果实类，如花生仁、南瓜子、西瓜子、杏仁、核桃仁、葵花子等；水产类，如甲鱼、海龟、牡蛎、墨斗鱼、章鱼、带鱼、鲫鱼、鳙鱼、鲤鱼、鳝鱼及虾等；奶类，如牛奶、羊奶，以及大豆和豆制品。孕妇在摄取蛋白质时，应注意将动物蛋白与植物蛋白混合食用。这样能使两者中的氨基酸相互补充，更好地增加蛋白质的利用率。

脂肪是胎儿发育的必需营养。脂肪中的脑磷脂、卵磷脂及 DHA 是胎宝宝大脑细胞的主要原料，其中 DHA 能促进大脑细胞数量的增加和发育。研究表明，如果孕妇在孕期摄入足量的脂肪，生出的孩子较聪明。脂肪分为动物性脂肪和植物性脂肪，动物性脂肪主要存在于动物性食品中，如全脂奶及制品、肥肉、黄油和猪油中，可可油和棕榈油中含量也很高；植物性脂肪主要存在于大豆油、芝麻油、玉米油、谷类食物中；DHA 在海鱼、甲鱼油中含量较高，核桃仁、葵花子仁等坚果被摄入体内，经肝脏转化也可合成为 DHA。孕妇每日所需的脂肪大约应占每日总热量的 25% ~30%，由于妊娠时动物性蛋白质摄入增多，自然动物性脂肪也随之增加，因而妊娠时应该使用植物油，日摄取量为 2 ~3 匙。孕妇在摄取脂肪时应注意，动物性脂肪胆固醇含量较高，孕妇过多摄取容易导致高胆固醇血症，给孕妇带来不利影响，而植物性脂肪能够降低动物脂肪中的某些胆固醇，所以应该将两种脂肪混合食用。还要注意的是，脂肪的摄入量一定不要超过每日所需量，因为脂肪摄入过多会导致肥胖，不利于孕妇的分娩。

碳水化合物是胎儿新陈代谢的必需物质。碳水化合物通常被称为糖类，它是人体热能的主要来源，是胎儿用来呼吸的主要能源。谷类如大米、小米、玉米、薯类及各种蔬菜和水果中均含有丰富的碳水化合物。孕妇每日所需的热量除了蛋白质和脂肪的热量外，剩余热量就是由糖类来补充了，大约为每日所需热量的 50% ~60%。通常，孕妇每日主食应在孕前的基础上增加 50 ~100 克。孕妇在妊娠中晚期，如果每周体重增加 350 克，说明糖类摄入合理，如果体重增加过多，应减少摄入糖类并以蛋白质和矿物质来代替，同时多摄取维生素和矿物质。如摄入过多的糖类则易怀上巨大儿造成日后难产，而且过多的糖会消耗体内的钙质，造成体内钙的缺乏，引起骨质疏松、牙齿脱钙等疾病。

铁、锌、钙等微量元素在胎儿的发育过程中起到很重要的作用，一定注意不能缺乏。铁是胎儿生长发育及胎盘等附属物的生成所必需的物质，如果孕妇缺铁就会发生贫血，贫血会使未成熟儿、低体重儿、早产儿的发生概率明显增大，而且孕妇妊娠高血压疾病的发生率也明显高于正常孕妇，还会使得分娩时间延长，出血量增多，产褥期抵抗力下降，所以孕妇应多吃动物肝脏、瘦肉、禽类、鱼类等，其中肝脏含铁量最高，豆类

食品和面食含铁也较多，且吸收率高，每天铁的摄取量不应少于 28 毫克。要多吃新鲜蔬菜和水果，它们所含的维生素 C 可增加肠道对铁的吸收。锌在人体内的新陈代谢中有重要作用，并可促进脑细胞的增殖及蛋白质的合成，孕妇缺锌可导致胎儿畸形，发生脑积水、无脑儿。缺锌容易发生于以植物性食物为主的孕妇，高蛋白质的食物含锌量均很高，如动物肝脏、瘦肉、蛋黄等，鱼类、海螺、海蚌含量也较高，每天锌的摄入量不应少于 20 毫克。钙是胎儿骨骼发育的必需物质，自妊娠第 4 个月，胎儿开始长牙根，此时正需要大量的钙元素，如孕妇此时期摄取不足，体内的钙就会向胎体转移，导致孕妇牙齿脱钙、小腿抽筋，甚至发生骨软化，而胎儿容易出现牙齿发育不健全，出生后易患佝偻病。奶和奶制品不仅含有丰富的钙，而且吸收率也很高，是最理想的钙源，虾皮、带鱼、海带、荠菜、豆腐等食物含钙量也很高，孕妇每天钙的摄入量不应少于 1000 ~ 1200 毫克。另外孕妇还应注意，不要忘记多去户外接受日光，日光可促进孕妇身体合成维生素 D，而维生素 D 则可促进食物中的钙在体内的吸收。

维生素有助于胎儿骨骼的形成。维生素 A 的缺乏容易引起胎儿发育不全或生长迟缓，孕妇容易发生产褥感染发热。蛋黄、牛肉、肝脏、胡萝卜、南瓜、菠菜等食品中的维生素 A 含量较丰富，维生素 B_1 的缺乏可引起流产、早产、胎儿死于宫内等。花生、大豆、肝脏、白薯及不太精细的面粉中含维生素 B_1 较多，维生素 B_1 每日摄入量不应少于 1.8 ~ 2.1 毫克。维生素 B_2 的缺乏可导致胎儿骨骼发育不良和早产，应该多吃牛奶、干酪、大豆、蛋、有色蔬菜和肝脏，维生素 B_2 每日摄入量不应少于 0.2 ~ 0.8 毫克。维生素 C 的缺乏可造成胎儿宫内发育不良、牙齿出血以及孕妇分娩时出血，应多吃蔬菜，特别是绿色蔬菜、水果（柑橘），维生素 C 每日摄入量不应少于 80 克。维生素 D 的缺乏可造成胎儿出生后患先天性佝偻病，并经常发生呼吸道和消化道感染，应该多吃含脂肪高的海鱼、动物肝脏、蛋黄、牛油、香菇等，维生素 D 每日摄入量不应少于 400 国际单位。维生素 E 的缺乏容易导致胎儿死亡，是流产、早产的主要原因，应该多吃莴笋、油菜、花椰菜。

在饮食方面，除了要均衡合理地摄取营养外，还有一些注意事项，如避免食用速食面，因为速食面中含有大量的盐分，成人一天的盐分需求量约 6 克左右，一包速食面的含盐量即高达 4.5 克，如果摄取过多的盐分，容易造成妊娠高血压疾病。尽量不要喝罐装的饮料，因为每瓶罐装饮料的糖含量很高，食入过多的糖会消耗钙质，即使吃再多含钙质的食物，一旦喝下大量的罐装饮料，也会使体内钙质缺乏。另外煮菜时调味要淡，不仅在妊娠中如此，平常也应该注意。如果孕妇饮食味道偏重，孩子将来口味偏向也会和母亲一样。

(3)适度的运动

许多妇女怀孕后,常因反应较大、体弱乏力而沉溺于卧睡。医学研究表明,孕妇坚持运动可以适应重心转移的变化,缩短近1/3的分娩时间,并且有利于保持良好的身材。怀孕早期由于胎盘没有发育完全,胎儿处于危险时期,孕妇只需做些轻微的活动即可,到了第4个月,胎儿已经处于一个相对稳定的状态了,此时孕妇可适当增大运动的强度,但是孕妇也要避免剧烈运动和过度疲劳,以免引起胎儿营养不足。

孕妇散步比坐着的时候的氧气的供给量要高2~3倍,能改善不快的心情,并且给胎儿以充足的氧气,有利于脑细胞的发育,从而使胎儿变得聪明而富有感性。孕妇散步的最佳时间是在上午10点到下午2点之间,这个时间是一天中子宫最放松的时间,时间和距离以自己的感觉来调整,以不觉劳累为宜,散步时不宜走得太急,可慢慢地走,以免对身体振动太大或造成疲劳。

在妊娠中期,早孕反应已过,生活恢复规律,腹部又不算太大,行动还算灵活,所以此时很适宜外出旅游。既可更换生活环境,呼吸新鲜空气,观光美景,又有利于孕妇和胎儿的身心健康。但孕妇出外旅游也有一些不利因素,如旅途疲劳和颠簸可能会造成早产或流产,卫生和营养得不到保障会感染疾病和造成营养不良。因此孕妇如果打算出外旅游,首先,要征得医生的同意,外出前需去医院检查身体,征询医生对外出的意见,如果经过医生检查同意孕妇外出,也要听从医生的劝告;其次,事先要做好旅游的计划。旅行生活很紧张,要事先定出计划,留出宽松的休息时间,免得身体疲劳,精神紧张;再次,在旅途中必须要有人陪伴,外出旅行有很多繁琐事宜,需要有人跑前跑后,孕妇也需人照顾,出现异常情况,能帮助联系和护送医院治疗;另外,注意避免去路途颠簸、人多拥挤的地方,应选择较为平稳的交通工具。一般是最好选择在天气好的时候去郊游,既观光美景,呼吸新鲜空气,又不会发生危险,达到有利于孕妇和胎儿的身心健康的目的。

除此以外,孕妇在散步后或在工作的空闲时间里可以做几节孕妇操,以活动腰部、脚腕、手腕、脖子等,每次不要太累,微微出汗就可以了。在没有异常时,可以做些煮饭、洗衣服、清洁等家务事,做完之后要保证有充足的时间休息,恢复体力。

不论做什么运动,都要注意以下几点:孕妇每周至少活动3次,运动量的大小以心率在每分钟140次以下为宜,有氧运动每次不超过20分钟;孕妇活动时衣着要宽松舒适,要穿运动鞋,戴乳罩;孕妇运动前先做准备活动,使全身关节和肌肉活动开;孕妇应在活动前多喝水,喝水多,活动时出汗多,体热散得快,体温就不会升高;孕妇在酷暑天要严格控制运动量;孕妇要加强腿部力量和腹部力量的锻炼,以使双腿适应体重的快速增长和减轻胎儿对后背下部的压力;孕妇怀孕后期,要加强阴道肌肉力量的锻炼,可通过意念想象进行排尿和停止排尿的控制训练,这将有助于分娩和预防孕期小便失禁；孕妇妊娠前期不应骑自行车，如非骑不可，也要骑女式车，而且不急不赶，不急启动，不急刹车；孕妇运动过程中，如出现晕眩、恶心、局部疼痛、极度疲劳，应立即停止活动，如出现阴道分泌物增多或出血，应该马上去医院。

（4）淋浴

怀孕的第4个月，孕妇最好每天洗澡。洗澡要选择淋浴，因为盆浴有可能引起孕妇的感染，对胎儿有影响。洗澡水不要过冷或过热，以34℃～37℃为宜。许多孕妇在天气特别热的时候喜欢用凉水冲脚，以图凉快，却不知脚底因脂肪薄，血液循环差，是全身温度最低的部位，若经常用冷水冲脚，则会使脚进一步受冷遇寒，反射性引起呼吸道痉挛，容易患上感冒，而且还会使脚底较发达的汗腺遇冷后突然闭合，发生排汗功能迟钝，时间久了因血管急剧收缩，将导致关节炎等疾病。洗澡的水温也不能过热，一项研究检查了20%育龄妇女的阴道体温，发现在39℃水浴15分钟后或41℃水浴10分钟后，阴道内壁的温度就达到39℃，这一温度会危害胎儿的中枢神经系统。美国医学专家研究发现，经常洗热水浴的孕妇所生婴儿患神经结缔组织发育缺陷的可能性比其他孕妇高出3倍，还发现，如果孕妇体温经常超过38℃，会产生同样的后果，因为体温过高会抑制细胞繁殖，损害毛细血管，导致神经系统发育异常。

从这个月开始，孕妇每天应用温水清洗乳房，洗净乳痂。清洗时不可用肥皂水，也不可用酒精。清洁后，在乳头上涂一些冷霜膏和橄榄油，用手指轻轻摩擦乳头。每日2次，每次2分钟。如果乳头上的硬痂块难以清洗掉，可在乳头上盖一块涂有油脂或浇过花生油的纱布，等次日晨起再清洗。

（5）睡眠

从怀孕的第4个月起，孕妇的腹部一天天大起来了，这样很容易造成孕妇疲劳，因此获得足够的睡眠对此时的孕妇尤其重要。另外从胎儿方面来看，胎儿通过胎盘与母体进行气体和物质交换，获取氧气和养料，排出二氧化碳和废物，胎盘血液灌注与否，直接影响胎儿的发育与生存。孕妇只有获得充足的睡眠，才能保证胎儿健康发育成长。

此外，孕妇还要采用有利于胎儿发育的睡眠姿势。从这个月开始，子宫增大，仰卧或右侧卧位时，增大的子宫会因压迫腹主动脉及扭转子宫韧带和系膜，使子宫血流量明显减少，直接影响胎儿的营养和发育，从而导致胎儿宫内发育迟缓，所以主张左侧卧

位休息姿势。每天睡眠时间不得少于 8 小时，在白天还应至少保证 1 个小时的午休时间，但要控制在 2 小时以内，以免影响夜间的睡眠。

(6) 产前检查的第一次复诊

初次产前检查主要是确认孕妇是否怀孕，了解怀孕前的一切情况，对孕妇进行全面检查，以预见怀孕未来发展情况。而在此期进行的复诊，是为了了解前次产前检查后有何不适，以便及早发现高危妊娠，即在妊娠期有某种并发症或致病因素可能危害孕妇、胎儿及新生儿或导致难产。

产前检查的第一次复诊的内容应包括：了解前次产前检查之后有无特殊情况出现，如头痛、眼花、浮肿、阴道流血、胎动是否出现特殊变化等，经检查后给予相应治疗；进行全身体检，对孕妇的全身情况进行观察及检查各脏器，尤其注意心脏有无病变，测量身高、体重、血压及双侧乳房发育情况；还要进行产科检查，包括腹部检查和阴道检查，腹部检查主要测量子宫高度、腹围、胎位、胎心等，阴道检查要了解产道、子宫颈、子宫及附件有无异常，还要在骨盆外测量各个径线；进行孕期卫生宣传教育，并预约下次复诊日期。

有高危妊娠者，如生过死胎、胎儿畸形、有遗传病史者，则应进行相关化验，包括母体血清或羊水穿刺检查染色体。甲胎蛋白主要用于筛选胎儿畸形，检查时间选择在妊娠中期甲胎蛋白高峰时进行，在诊断上更有意义。

(7) 丈夫需要做的事

到了怀孕的第 4 个月，丈夫们得知自己要当爸爸的兴奋心情已经渐渐平息，于是又恢复到妻子怀孕以前的状态了，对妻子的关心也少了，逐渐会引起妻子的抱怨，给妻子带来不好的情绪，影响到腹中的胎儿，甚至还会影响夫妻的感情。所以，在此时期，丈夫要做的事情主要有：给妻子创造一个良好的生活环境，保证妻子饮食的营养，还要做好孕期的保健监护。

妻子的情绪对胎儿的发育有很大的影响，这在前面已多次提到，这里就不再重复了，所以丈夫要一如既往地关心和体贴妻子，如代替妻子外出购物，代为整理、打扫环境，在每个周末夜晚，带妻子到外面享受烛光晚餐等。每位丈夫对妻子的体贴方式各不相同，选择适合自己的方式，使妻子保持愉悦心情，等于间接帮助胎儿的成长，如此也能增进夫妻之间的感情。

孕妇到了妊娠中期，由于妊娠反应消失，胎动出现，胎儿发育迅速，孕妇的情绪明显好转而且稳定，食欲旺盛，食量增大，所以做丈夫的就需要在孕妇的饮食上下工夫。

首先，不要讥讽妻子饭量大；其次，亲自动手为妻子选购、烹调各种可口的佳肴；再次，注意核算每日妻子饮食的营养量，保证营养平衡，并根据孕妇的健康状况，适当调整饮食的结构。

此期是胎儿发育的重要时期，丈夫应该帮助妻子做好孕期保健和自我监护，共同关心小宝宝，既有利于胎儿的生长发育，又可以增进夫妻感情。丈夫还要和妻子一起对胎儿进行胎教，为自己的小宝宝健康成长做出努力。

二、胎教方案

练习(1)：更加亲密

主　题：加深和你丈夫间的感情。

工　具：对话、笔记用具和纸。

参与者：妈妈和爸爸。

进　度：30 分钟，每周至少做一次，直到怀孕结束。

理想中，怀孕是你和你丈夫共享快乐的一段时期。不过大多数即将有小孩的夫妻同时也面临着许多压力。在怀孕期间，你可能想到你的丈夫是否还觉得你有吸引力。另一方面，你的丈夫也可能担心孩子出生后能不能做一个尽责的好爸爸。况且，你和你的丈夫之间可能还存在着其他未获解决的问题。

由于你和你丈夫间的关系造就了你孩子生长的情感环境，所以现在就解决任何存在的问题是极为重要的。怀孕的第 4 个月正是一段适合你们以诚实和开放的态度来探讨你们关系的好时机。

有些人就是不愿意把事情扩大，他们抱持着鸵鸟式的生活哲学，宁可对问题视而不见，把头埋到沙堆里。但是我们的经验显示，只有在正反两面的情感都能充分表达的关系才能不断成长。许多研究也显示，怀孕妇女和她们丈夫间的良好关系，可以带来顺利的怀孕，生出较健康的婴儿。

为了帮助减轻你们之间的紧张，使你和你丈夫间的关系越来越亲密，请做下面的对谈练习。在这个练习中，你们将问彼此一系列具体而深入的问题。通过这种引导式的谈话，你们将整理出彼此的情感和恐惧，进而加深你们之间情感的联结。

提示

找一个你和你丈夫都方便的时间，坐下来，花至少30分钟在一起。这将是一个绝佳的机会让你们讨论彼此的情感和即将出生的孩子。这个练习最好能每周做一次，先商量好时间。重要的是，即使你们两个都觉得没什么好说的也要在固定时间做。相信我们，你们会谈出一些东西的。

以下是对谈的基本规则：

说实话。

说心里的话。

分享彼此的情感。

真正倾听对方说话。

支持对方。

别打断对方的话。

别让你的丈夫为他所说的话感到愧疚，并试着别让自己也产生愧疚感。

原谅你自己和你的丈夫。

当倾听丈夫的想法和情感时，注视着他的眼睛。

为你自己的情感负责。

现在你们已经准备好要开始了。在你们的第一次对谈中，两个人都应该在各自的笔记本里写下面的句子。

我欣赏你的地方是……

我讨厌你的地方是……

过去我曾伤害过你，因为……

过去你曾伤害过我，因为……

我是否准备原谅你？

请先停下来几分钟，讨论你们的答案，然后回到你们所写的问题上来，完成这个句子：

我到现在还不敢告诉你……

现在放下你们的笔，讨论最后一个问题的答案。

特别注意：在往后的各周和各月里，你们将利用每周的对谈时间来讨论各式各样的问题。例如，你们可以讨论彼此小时候父母之间的关系如何？你们是否发现彼此的家庭间有任何相同之处？你们之间的关系是否受到当年你们父母的关系影响？只要你们喜欢，就大胆地写自己想到的问题和答案。

练习(2):感性与性感

主　题:增进你和你丈夫间身心的联结。

工　具:全身镜子、激励法和对谈。

参与者:妻子和丈夫。

进　度:视需要反复使用。

随着身体形状的改变,你可能像大多数妇女一样会对自己的吸引力产生怀疑。事实上,孕妇往往会因为身体的变形而觉得自己成了异类,尤其到怀孕末期时更是如此。怀孕期间的身体形状显然和电影明星与运动员格格不入,而且你几乎要和慢跑、短裤、运动鞋、流行服饰绝缘了。你可能感觉自己和时代脱了节,也可能怀疑你的丈夫是否还觉得你性感迷人,或担心他看其他女人的眼光和以前不一样了。

为了克服这种感觉,你必须认为你怀孕的身体是美丽而性感的。同样重要的是,你需要和你的丈夫开诚布公地讨论你们的性关系。

先独自在一面全身镜前做这个练习的前半部。脱去你的衣服,仔细地看着你怀孕的身体。注意你肚子柔和的圆弧形和你丰满的乳房。站在镜子前至少5分钟,从头到脚检视你的身体。观察你的身体在这几个月来发生了什么变化。闭上眼睛,回想你的身体在4个月以前的模样。

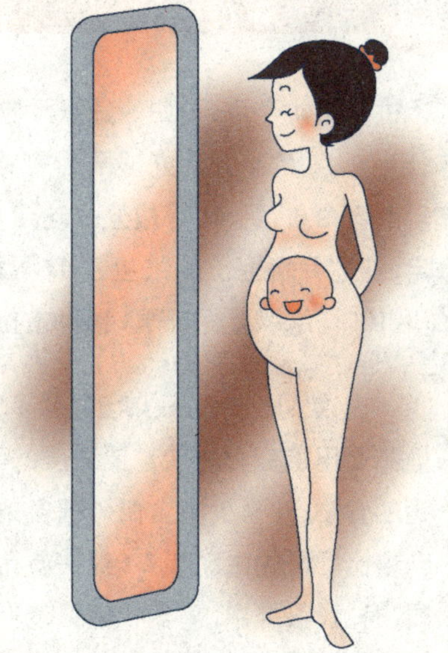

然后张开眼睛,注视你身体现在的样子。你是否觉得你看起来还吸引人?你觉得自己看起来太小了?太大了?你认为你的体重增加得恰到好处?或稍多了点?你是否觉得你怀孕的身体在曲线扩张的情况下仍然充满了性感?你怀孕的身体中你最喜欢的是什么?最不喜欢的是什么?再次闭上眼睛,想象它在4个月前的样子。

现在,你闭着眼睛回想你的身体从未怀孕的状态变化为现在的样子。张开眼睛,再一次从头到脚检视你的身体。如果你的观察并没有帮助你增加对身体的好感,那么就反复练习以下的激励语:

我的身体很美。

我的皮肤容光焕发。

怀孕是一种充满性感的状态。

我觉得自己比以前更有女人味。

我的性欲强烈而活跃。

我是一个强壮、健康而美丽的女人。

接着是本练习的第二部分，你将在你和你丈夫每周例行的对谈中讨论下列的对话。在开始做本节的对谈部分前，你和你的丈夫应先在你们各自的笔记中回答下列的问题。（如果你的丈夫没有笔记，请他写在白纸上。）

我最糟糕的性经验是……

我最好的性经验是……

我们的性生活中我最喜欢的是……

我们的性生活中我最不喜欢的是……

我是否总能清楚地表达出我的性欲和需求？

我是否有任何未曾告诉我丈夫的性念头或性幻想？

我是否有时候利用性来表达我的愤怒、挫折、不安全感或恐惧？

回答完问题后，放下纸笔，然后和你的丈夫彼此讨论你们的答案。

三、专家提醒

进入第4个月，孕妇的妊娠反应大都已经消失，此时食欲好转，但还要注意加强营养，因为此期的胎儿比妊娠早期需要更多的养分。对生成胎儿的血、肉、骨骼起着重要作用的蛋白质、钙、铁等成分在这个阶段的需求量比平时大得多。由于维生素与钙的作用，促进骨骼生长的维生素D要比平常的需要量高出4倍，热量也要比平时增加5%～10%。所以要保证孕妇食物的质量，从多种食物中吸收各种营养素，使营养平衡。

在饮食上要注意少吃含盐多的食品，盐分吸收太多，会在后期引起浮肿和妊娠高血压疾病。冷饮也要适度的节制。第4个月是宝宝长牙根的时期，要多吃含钙的食物，注意少吃含白砂糖多的食物，且易引起发胖，可选用红糖，红糖中钙的含量比同量的白糖多2倍，铁质比白糖多1倍，而且还有人体所需的多种营养物质，有益气、补中、化食和健脾暖胃等作用。饭量增加后，再加上子宫的增大，很容易引起便秘，应该多吃一些粗粮及粗纤维蔬菜，多饮水，多活动，还可以饮用一些酸牛奶和蜂蜜，以起到润肠通便作用。应该去医院做一次微量元素检查，以便补充不足的元素。

女性怀孕后，卵巢的黄体便会分泌大量的雌激素和孕激素，以维持受精卵的着床和发育，因此雌激素和孕激素始终保持着高水平状态，从而使得外阴和子宫颈腺体一直分泌旺盛，致使白带增多，这是一种正常的生理现象，孕妇只需加强外阴的清洁即可。每天可用温开水清洗外阴2～3次，注意不要清洗阴道内部。为了避免交叉感染，一定要准备专用浴巾和水盆，天天更换内裤，内裤洗净后，应该在日光下晾晒。孕妇在

白带增多的同时，如颜色及性状发生了变化，并有不好的气味，则应马上去看医生。

孕妇不宜浓妆艳抹，化妆品中有不少成品具有刺激作用，如氧化铝、氧化锌、过氧化物等，孕妇使用不当能引起毛囊炎、过敏和皮肤对光的反应。妇女怀孕后，体内激素内分泌失调，皮肤会失去光泽和弹性，变得粗糙和敏感，过多使用化妆品，容易引起斑疹。只要注意皮肤清洁，怀孕 5 个月后自然能恢复。此时，孕妇妊娠性黄褐斑开始在面部显现，经日光照射会更明显，孕妇可多吃优质蛋白质和富含维生素 C、维生素 B 的食物，外出尽量减少日光对面部的直接照射。口红的成分主要是油脂、蜡质、染料和香料，油脂一般为羊毛脂，它会吸附空气中的各种不利于人体健康的重金属微量元素和大肠杆菌等微生物，具有一定的渗透作用，讲话时，唾液可能使吸附于唇上的有害物质向机体内侵入，因此，孕妇最好不要抹口红。烫发使用的冷烫剂，多含有碱性硫甘醇酸盐和过氧化氢等物质，染发剂为硝基、氨基的芳香族化合物，孕妇妊娠期间，发质比较脆弱，头发容易脱落，若用化学药剂烫发，则可导致大量脱发，而且这些物质带有毒性，会诱发皮疹和呼吸道疾病，对母婴不利，另外烫发时的电烫和电吹风会产生电磁场，对胎儿健康有害，因此孕妇不宜烫发或染发。很多指甲油里均含有“酞酸酯”，它可能是一种能引起胎儿畸形的有机化学物质，尤其是会使男孩子的生殖器发育受到影响，即使是哺乳的妈妈使用，也有可能使孩子长大成人后患不育症或发生阳痿，因此孕妇和产妇应该注意不要涂指甲油。孕妇化妆可使用平时惯用的化妆品，但不要浓妆艳抹，以免掩盖病态，又刺激皮肤。孕妇去医院更不应化妆，以免影响医生的检查判断。

孕妇还要注意弓形虫的感染。弓形虫的繁殖离不开猫，猫感染弓形虫后，它先在猫的肠道繁殖卵囊，然后随猫的粪便排出，污染土壤、水、蔬菜。成熟的卵囊能够保持传染力达一年半之久，它如果被人吃进体内就可随血液扩散到全身，并侵入各种细胞内进行分裂繁殖，猫感染弓形虫后唾液里也有弓形虫，抱着

猫逗玩同样能够被传染。孕妇吃火锅涮肉是弓形虫进入体内的途径之一，大多牛、羊、猪体内均有弓形虫寄生，吃火锅时，肉片只是在热汤里烫了一下，很短的时间内不可能将弓形虫杀灭。若孕妇被弓形虫感染，怀孕早期可发生流产、早产和畸形，晚期感染则可致胎儿生长迟缓或出现以侵害中枢神经和双眼为主的多发性异常，如脑积水、小头、小眼、无眼等。因而，孕妇除了尽量避免与猫或狗等宠物接触外，还应该不吃火锅。若孕妇确实被弓形虫感染，应当机立断，马上做人工流产，终止妊娠。

提示

孕妇的居室中不宜摆放花草。有些花草，如万年青、五彩球、洋绣球、仙人掌、报春花等能够引起接触过敏等不良反应，如果孕妇的皮肤触及它们或其汁液不小心弄到皮肤上，会发生急性皮肤过敏反应，出现疼痒、皮肤黏膜水肿等症状。另外，一些具有浓郁香气的花草如茉莉花、水仙、木兰、丁香等会引起孕妇嗅觉不敏、食欲不振，甚至出现头痛、恶心、呕吐等症状。因此，孕妇卧室应避免摆放花草，特别是芳香浓郁的盆花。

此外孕妇应该避开一些对胎儿不利的因素，如尽量不要吃药，以免引起胎儿的畸形，尤其是不可滥用泻药，以免引起子宫收缩而导致流产、早产。不宜用风油精，风油精中含有樟脑，它能穿过胎盘进入羊膜腔，引起孕妇恶心、呕吐。夏季不要长时间地使用电风扇，在有空调的屋子里也不要待得太久。保持好的心情是胎教的第一步。

第五节　孕第5个月的胎教

从怀孕的第5个月开始，胎儿的增长速度增快，各器官的发育已经基本完成，此时的胎儿已经有正常足月儿的1/2大了。孕妇已经能够明显地感觉到胎动，真正地感觉到小生命的存在了。

这个月是胎儿大脑开始形成的时期，孕妇在这个时期应该注意从饮食中充分摄入对脑发育有促进作用的食品，如水果、核桃、芝麻等，以利胎儿脑组织的发育。此期的妊娠反应完全消失，胎儿也已经比较稳定，所以孕妇可适当地增加运动量。从妊娠中期开始，孕妇及家人要做好孕期的保健监护，以便及时发现胎儿的异常情况，及时处理。此期孕妇做产前诊断，对胎儿的健康发育是很重要的。

从妊娠中期开始，是胎教的重要时期，胎儿的各种器官都已经发育得比较完善，所以此期要从各方面对胎儿进行胎教训练。这个时期的胎教内容主要有：运动胎教、音

乐胎教、对话胎教、情绪胎教、故事胎教、艺术胎教和环境胎教等。

一、日常生活安排

（1）情绪的调节

女性在妊娠期间，总会有许多不必要的担心，尤其是第一次怀孕的孕妇，担心性生活对胎儿的影响，担心孕吐，担心流产，担心将来的分娩等等。一般怀孕中的女性，性欲都会降低，又会担心丈夫在外拈花惹草，于是就会产生出许多不良的情绪，如急躁、烦闷、抑郁、恼怒、胆怯等，这些不良情绪会造成肝火上升，影响胎儿的正常发育。

夫妻可通过商量的方式相互体谅，夫妻之间的沟通并不仅限于做爱，平时一些生活上的琐事也可以无所不谈。夫妻最好能一起阅读有关妊娠的书籍，等知识充实后，再坦率地商量。在妻子孕吐严重时，相信没有一个丈夫会强行要求做爱的。同样，没有一个妻子在不需禁欲的时期，还要丈夫抑制性欲。

（2）营养的摄取

怀孕的第5个月，是胎儿大脑开始形成的时期，所以孕妇在这个时期应该注意从饮食中充分摄入对脑发育有促进作用的食品，以利胎儿脑组织发育。那么健脑的食品有哪些呢？核桃的营养丰富，特别对大脑神经细胞有益。芝麻，特别是黑芝麻，含有丰富的钙、磷、铁，同时含有19.7%的优质蛋白质和近10种重要的氨基酸，这些氨基酸都是构成脑神经细胞的主要成分。多吃水果对大脑的发育也有很大的好处，水果为脑细胞的合成提供了大量的维生素。营养学家研究，小米和玉米中蛋白质、脂肪、钙、胡萝卜素、维生素的含量是非常丰富的，是健脑和补脑的有益主食。而海产品可为人体提供易被吸收利用的钙、碘、磷、铁等无机盐和微量元素，对于大脑的生长、发育有着极高的效用。

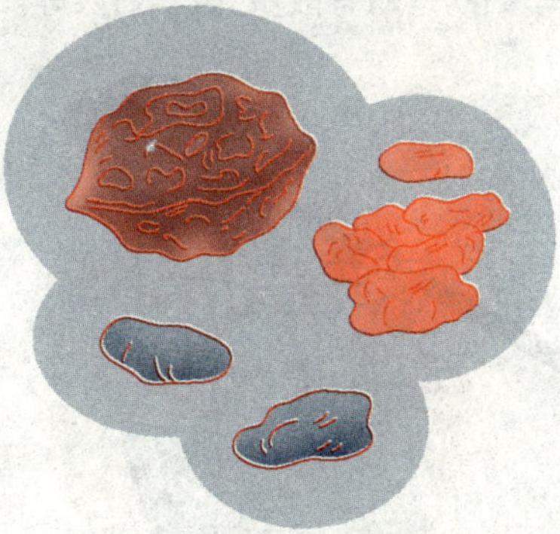

但有些食品对胎儿的大脑发育有害，应尽量避免过多地摄入，以免影响胎儿大脑的正常发育。如肉类，人体呈微碱性状态是最适宜的，而肉类可使体内趋向酸性，致使大脑迟钝、不灵活，影响胎儿智力的发育。精白砂糖等能够直接进入血液中，使血液不能畅通，精白砂糖还能进入脑细胞，带进水分，使脑细胞呈“泥泞”状态，不仅有损大脑，还可导致脑溢血、脑血栓。米和面在精制过程中，会使有益于大脑的成分丧失很多，剩下的基本就是碳水化合物了。碳水化合物在体内只能起到“燃料”作用，而大脑需要的是多种营养，所以久吃精白米和精白面不利于胎儿的大脑发育。黄油又名奶油，其实就是脂肪块，脂肪容易滞留在血管壁上，妨碍血液流

动。大脑中有为数众多的毛细血管，通过这些毛细血管向脑组织输送营养成分，若脂肪使毛细血管不畅通，则会引起大脑营养不良，导致大脑正常发育受阻。

有些孕妇为了胎儿大脑的发育，大量食用人参、桂圆、鹿茸、蜂王浆等补品，她们并不知道补品是不可滥用的，用多了往往会起到相反的作用，可能造成流产或死胎。妇女怀孕后身体出现一系列的生理变化，如内分泌旺盛，血流量增加，心脏负担加重，胃肠功能不好等，这是“阳常不足，阴常有余”。人参是大补之品，孕妇服用易导致气盛阴耗，阴虚火旺，会加重妊娠呕吐、水肿和高血压等。孕妇妊娠后期原本就很容易出现水肿、高血压等症状，而人参有抗利尿的作用，会使水钠潴留而减少排尿，导致羊水过多，这些都可以引起阴道流血、流产或死胎。有些孕妇发生先兆流产就是因为服了人参等补品引起的。除了人参以外，桂圆也要少用或不用，就连鹿茸、鹿胎膏、鹿角胶等温热大补之品在怀孕期间也不宜使用。孕妇适宜的补品就是饮食中的蛋白质、维生素、微量元素。只要日常饮食全面、营养充足，孕妇是不需要使用大补之品的。

另外，孕妇在饮食中还要注意以下几方面：饭后，食物在胃里不易消化，所以可以少食多餐，将一日三餐分为四餐、五餐吃；孕妇要避免每餐进食过多，特别是不要太饿了才去吃东西，也不要一次喝大量的水或饮料，尤其是避免喝浓茶和含咖啡因、巧克力的饮料，这些饮料可加重食道肌肉的松弛；辛辣性食物、过冷或过热的食物也会刺激食道黏膜，加重“烧心”感，应该少吃为宜；要多吃些含铁的食物，如猪、牛、鸡等的肝脏及海藻、绿色蔬菜，注意不要患贫血，还应注意进食后不要立即躺下。

(3)适度的运动

此期妊娠反应基本消失，胎儿也已经比较稳定，可以适当地增加运动量。适宜此期孕妇的运动有散步、做孕妇操等。散步仍然是孕妇最好的运动方式，也是最基本、最简单的运动方式。每天早上起床后或晚饭后都可进行，宜选择在空气清新的绿地、公园等处散步，时间和距离以自己的感觉来调整，以不觉劳累为宜，不宜走得太快，以免造成疲劳或对身体振动太大影响胎儿。

除了每天坚持步行外，还可做一些保健体操。一位运动专家设计了一套孕期保健操，只需要一根棍子作为辅助器械，简便易学。

①双手握棍，两足分立，保持双肩、臀部及双膝成一直线，吸气，呼气，收臀部，收紧骨盆，低头，下巴抵胸，背部微弯成C形，两手前伸时耸肩，膝微屈，重复5次。作用是伸展背、腰和颈部。

②面对墙直立，两手撑墙，收臀部，手肘微屈，胸靠近墙，再用力推开，重复做5~10

次。作用是运动胸、臂肌。

③两足分立，收臀，双膝放松，举双臂，两手在头上相握，手肘靠头侧，两臂向后伸，两手仍相握，然后恢复原位，重复动作10～20次。作用是运动肱三头肌。

④两足分立，慢慢下蹲10厘米左右，再起立，重复动作15次。作用是运动腿部、臀部。

⑤背墙而立，双脚离墙8厘米，两足分立，膝微屈，双肩及臀压向墙。尽量使背部贴紧墙，不要留空位。放松，再压，重复10次，到第10次时，屈双膝，背靠墙下滑10厘米，维持姿势10秒，再伸直。重复5次。作用是运动背肌与双腿。

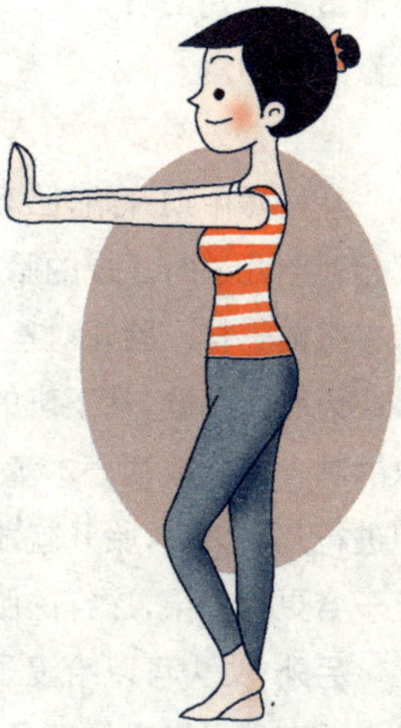

⑥双手撑墙，左脚离墙稍许，屈膝，右腿伸直，右脚全部着地，背直。维持姿势10秒，换另一脚。作用是伸展放松。

孕妇还可根据自己的实际情况选择一些简单的家务活来做，但切记攀高、拿重物。

(4)淋浴

孕妇妊娠期新陈代谢旺盛，皮脂腺、汗腺分泌增加，常出现多汗的症状，主要表现为手脚的掌面、皮肤的皱襞、肛门、外阴以及头皮等汗腺分布较多的部位发汗增多。如遇炎热天气，还会出现浑身冒汗的情况，有可能发生多汗性湿疹。此时的孕妇要勤换洗内衣，勤洗澡，保持身体的卫生。全身清洁还可促进血液循环和皮肤的排泄。

孕妇洗澡时，不宜用浴盆，应该选用淋浴。淋浴不需弯腰，适合于身体不便的孕妇。盆浴可将细菌带入阴道，引起孕妇感染。公共浴盆更易传染阴道疾病。盆浴时，下身浸入热水之中，容易导致子宫充血，孕妇长时间盆浴更易升高阴道体温，危害胎儿中枢神经系统。孕妇洗澡时要特别注意行走稳当，以免滑跤。妊娠晚期，行动不便时，可以请人擦澡。洗澡时，应该有人陪同在身边，以防不测。

此时阴道的分泌物也在增加，因此孕妇应该每天用温水清洗会阴部，保持阴道的干净、清爽，可以避免湿疹的发生。

(5)睡眠

孕妇要保证充足的睡眠，每晚睡眠时间不得少于8小时，中午最好也要保证1～2小时的睡眠。睡觉的姿势应该采用左侧卧位，有利于胎盘血流的灌注，进而有利于胎儿的健康发育。孕妇不宜睡软床。另外，孕妇的睡眠时间要适度，也不能睡得太多。近年来，医院产房经常出现这样的情况：孕妇身体健康，胎儿生长发育情况良好，胎位正常，产道畅通，自然分娩应该没问题。但在临产时，产妇却宫缩无力，产程进展缓慢，造成滞产，只得采取胎头吸引器助产，甚至发生有胎儿宫内窘迫，只好进行剖宫产。调

查发现，发生滞产的主要原因是孕妇在妊娠期特别是妊娠中晚期卧床静养较多所造成的。

很多女性在怀孕后，受到家中的特殊“待遇”，不仅增加营养，而且什么都不用做，整天躺着不动，孕妇长期缺乏活动和锻炼，使身体的肌肉，特别那些与分娩有关的腰、腹及盆腔肌肉变得松弛无力，再加上妊娠期营养充足或过剩，使胎儿在腹内生长过大，因而造成分娩困难。所以孕妇从此期就要注意，在保证适度睡眠的情况下，还要进行适量的运动。

(6) 丈夫需要做的事

从妊娠中期开始，胎教对胎儿的健康成长就更为重要了，这时的丈夫应该和妻子一起对胎儿进行正规的胎教。妈妈或爸爸可以和母体内的婴儿进行对话，就好像孩子就在眼前一样。胎儿对爸爸的声音很敏感，因此爸爸要经常和胎儿说话，给胎儿讲故事或为胎儿唱歌，从下班的时候“爸爸早点回家”开始做起，以后话题就越来越多了，偶尔的唱一首歌或读一本童话书都是不错的胎教。虽然刚开始的时候胎儿不是很习惯，但进行几次之后，胎儿就能感知准备爸爸和准妈妈的心情，谈话的时候轻轻地抚摸着肚子会更有效果，这样的胎教进行几次之后胎儿就会对爸爸的嗓音有感应。

另外，丈夫可以给妻子进行按摩，不仅可以预防孕妇的妊娠纹和赘肉，而且还是在性生活有消极影响的怀孕期间向妻子积极表达的一种方式。还要陪同妻子去医院进行产前检查，这些都是作为丈夫和父亲的责任和义务。

二、胎教方案

练习(1)：快速放松法

主　题：快速进入深度放松的状态。

工　具：自我催眠。

参与者：妈妈。

进　度：5 分钟。

开始的时候先躺下来或坐在一张舒适的大椅子里。

在采取舒适的姿势后，开始注意你视野里的三样东西。例如，你可以选择一只古董铜挂钟，你喜欢的一幅海报和一本书，或者其他任何三样东西都可以。

当注意力集中在视野内的三样东西后，再把注意力转移到你身体的三种感觉。例如，你可以专心感觉你的皮肤接触天鹅绒坐垫的感觉，你刚刷过牙残留在嘴里的辛辣味和你呼吸时胸部有规则的起伏。任何三种感觉都可以。

当注意力集中在身体的三种感觉后，再把注意力转移到你四周的三种声音上。你可以选择挂钟的滴答声、隔壁房间的电视机声和屋外哗啦啦的下雨声。任何三种声音都可以。

现在闭上你的眼睛，默想眼睛所看到的三样东西中的两样；感觉三种身体感觉中的两种；听三种声音中的两种。最后，集中注意力在视觉影像中的一种；身体感觉中的一种；声音中的一种。

现在你已经准备放松了。你可以利用这段时间让自己任意飘浮，沉醉在你的梦境里。

练习（2）：甜美的歌声

主　题：借歌声与胎儿沟通。

工　具：1～2首你最喜爱的歌。

参与者：妈妈、爸爸和胎儿。

进　度：到怀孕结束，最好每天做一次。

从你怀孕的第一个月以来，你每天都播放了你最喜欢的音乐带。音乐带所放出的声音和振动使你心情放松，并深入你的子宫内部，安抚并刺激了你的胎儿。然而，现在你的宝宝到了怀孕的第5个月，他的听觉器官已经发育成形了。而且，他正在学习从传到子宫的各种声音中辨认出你的声音甚至你丈夫的声音。这正是你和你的宝宝借着歌声沟通的好时候。

即使你和你丈夫的嗓子不是特别好，你们也对着胎儿唱歌或哼歌，——甚至你五音不全也无妨！你的歌不必具有职业的水准，重要的是它能表示你的存在，并将你的爱和关怀传达给胎儿。

选择1～2首轻柔、具有抚慰效果、而且你愿意经常唱给宝宝听的曲子，或一些你觉得特别悦耳、温馨的民谣。你也可以选一些广受欢迎的儿歌。注意你选的歌最好活泼而不刺耳，轻柔但是却不会放松到让你的宝宝睡着了。

尽可能常对你的宝宝唱歌，越频繁越好。记住宝宝喜欢重复，所以你可以在整个妊娠期不断反复地唱同样的1～2首歌。你的宝宝将把你的歌声当成你对他的爱与支持。要是你选择的歌在你的宝宝出生后很久仍然对他产生强大的良好影响时，你也不用感到惊讶。

练习（3）：讲故事

主　题：通过讲故事和你的胎儿沟通。

工　具：一则你最喜欢的故事，或两首童谣。

参与者：妈妈、爸爸和胎儿。

进　度：到怀孕结束，每天一次。

定时讲故事给你子宫里的宝宝听，可以给他一种安全和温暖的感觉。如果你一直反复讲同一则故事，会令宝宝的神经系统变得对语言更加敏感，出生后因为对语言的敏感而更容易受到欢迎。

选一则让你觉得特别愉快的儿童故事，或是两则童谣或童诗，作品内容要多彩多姿，而且要充满趣味。

你和你的丈夫可以选相同的故事，或选择不同的故事。选好以后，必须每天各念一次你们的故事或童谣给胎儿听。

在练习“讲故事”一个月后，看看是否有某些特别的字或句子可以引起胎儿某种特定的反应。是否某一特定的字或句子能使他几乎每次都会踢脚？故事的某一段是否特别容易使他平静？宝宝是否对不同的故事做出不同的反应？对你的声音和你丈夫的声音反应是否也不同？

三、专家提醒

妇女怀孕后，腹部皮肤会出现一些斑纹，有的孕妇因为担心身材变形而使用腹带，其实正常妊娠根本没有必要使用腹带，腹带用法不当会影响胎儿的正常发育。但是，并非妊娠期绝对不能使用腹带，如果孕前腹部肌肉没有得到锻炼，很松弛，或怀有双胎，造成妊娠时腰背疼痛，这就需要使用腹带托起子宫，以减轻腰背痛，同时支撑并固定腹部，保持正确姿势。另外，有时为了纠正胎位也需要用腹带。使用腹带时要注意以下几点：所用腹带应在医生指导下挑选；腹带的中间和边缘要适当加厚，以免卷起；系腹带时要仰卧，站立时才能有效地托住子宫，不可太紧，腹带要完全包住髋部。腹带用于纠正胎位时，必须由医生操作，不可自作主张。

由于怀孕后体内激素的变化，可能会出现皮肤瘙痒。孕妇皮肤瘙痒是妊娠期较常见的生理现象，不需要特殊治疗，孩子出世后就会消失。经常洗澡，勤换内衣，避免吃刺激性食物，保证睡眠充足，保证大便通畅，都有助于减轻皮肤瘙痒。面部出现蝴蝶形“妊娠斑”的孕妇外出时应戴遮阳帽。由于孕妇乳房开始增大，胸径增宽，胸罩号码也应加大，避免过紧影响呼吸。从这时起，开始进行乳房的保养，做授乳的准备。孕妇下腹部逐渐突出，腰围因此加大，因而裤子

应选用宽松肥大的，否则会妨碍胎儿的生长。避免腹压增加，如有便秘的孕妇排便时不要过于屏气用力，衣带要宽松，咳嗽时要进行积极医治。由于体内激素的影响，阴道的分泌物增多，此时要注意经常换洗内裤和清洗会阴部。当有“烧心”感时，孕妇睡眠时可将头部的床垫垫高15～20厘米，使得上身抬高，即能有效减少胃液反流，采取只垫高枕头的办法是不可取的，因为它不可能使孕妇整个上身抬高角度。此时的孕妇经常出现腿部抽筋的现象，主要是由于孕妇血液中缺钙造成的，所以要注意补充适当的微量元素。许多孕妇可能出现腰、腿部神经痛或膀胱刺激征，因此要格外注意身体下身的保暖，尤其是寒冷时节，贴身的内裤应挑选覆盖式内裤，即裤腰能覆盖肚脐，而且保暖效果要好。

怀孕超过4个月以后，流产的危险也比早期小了，孕妇的早孕反应消失，性器官的分泌物也增多了，是性欲增高的时期，因此，可以愉快地过适度的性生活。但是，不能与非怀孕期完全相同，要有节制。这个时期肚子越来越显眼了，注意不要压迫腹部，同时，由于性高潮引起子宫收缩，有诱发流产的可能性，所以孕妇本人自身的调节也是极其重要的。此外，丈夫也应注意不要刺激乳头，性交的体位采取前侧位、前坐位、侧卧位较好，但仍要注意男性的生殖器不能插入太深，动作不要太激烈。

从这时起，孕妇要注意自己的体重，母亲肥胖容易诱发糖尿病、妊娠高血压疾病等，引起胎儿发育不正常。怀孕中期，每周体重增加不超过500克，孕妇最好每周测一次体重，及时调整饮食，使自己的体重符合标准。这个月的产前检查要做B超，以了解胎儿的大小、活动情况、心跳、羊水量、胎盘位置、器官发育情况等。另外，孕妇还可以去上产前学习班，学习班由产科医院主持，或由妇幼保健机构组织，与许多准妈妈在一起听课，会增加你的信心。

第六节　孕第6个月的胎教

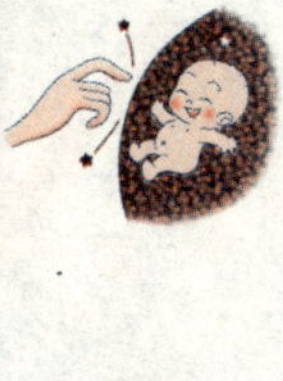

妊娠的第6个月，胎儿已经能够在羊水中自由地活动了，并且可以感受到母亲的情绪，所以，此时孕妇的情绪对胎儿的影响是很大的，孕妇应该选择各种方式来调节自

己的情绪。胎儿出生后的饮食习惯也会受到母亲的影响，孕妇应该养成良好的饮食习惯，做到规律饮食，均衡地摄取各种营养。6 个月的胎儿已经基本稳定，此时的孕妇可以做一些适当的运动，如散步、游泳、跳舞等，既可提高自身的抵抗力，为顺利分娩做好准备，又可为胎儿提供充足的氧气，有利于胎儿大脑的发育。

此期由于子宫增大，孕妇应该预防便秘、浮肿以及尿路感染等病症。要定期去医院做检查，发现意外情况及时处理。并且此期子宫增大很容易造成孕妇疲劳，所以孕妇应该注意充分的休息，一天睡眠时间应不少于 8 个小时，睡觉要以左侧卧位为最佳。

此期的胎教内容主要有：情绪胎教、音乐胎教、对话胎教、意念胎教和运动胎教等，并且孕妇可以综合应用多种方法对胎儿进行胎教，会收到意想不到的成果，但要合理，要循序渐进，不要操之过急。

一、日常生活安排

(1) 情绪的调节

一个心情愉悦和一个紧张焦虑的孕妇的情绪，都将转化为胎儿的身心感受，从而影响着他的成长。若孕妇时常处于紧张、发怒、惊恐、痛苦及忧虑等情绪中，这些刺激会使内分泌腺分泌出有害的激素，通过生理信息传递到胎儿的身体内，对下丘脑造成不良影响，致使胎儿日后患精神病的概率大，出生后的婴儿体重低、好动、情绪易激动、爱哭闹不爱睡觉，发生消化系统功能紊乱和患其他疾病的可能性较高，并且对环境的适应能力差，精神易紧张，往往发生行为问题及学习困难。更为严重的是孕妇如果情绪极度不安，则能引起胎儿形体发育出现异常，如发生兔唇、腭裂、心脏有缺陷等畸形，并会引发流产。因此，孕妇千万不要忘记在自己腹内时时刻刻都在发育的宝宝，为了胎儿必须要有博大的心胸，拥有平稳、乐观、温和的心境，这也是良好的胎教。

日常生活中难免有很多烦恼，它们会影响孕妇的情绪，在这种情况下，孕妇要学会转移注意力，如可以在林阴大道、江边、田野等地方散步，自然景观会消除紧张不安的情绪；可以用警句、名言告诫自己，让自己保持好心情，每当生气或发脾气时，首先要想到宝宝正在看着妈妈呢；可以离开让自己不愉快的地方，去做一些自己喜欢的事情，如听音乐、欣赏画册，阅读自己感兴趣的书刊，或去郊游，各种自然美感引起的情感会使孕妇对生活的乐趣提高一半；还可以换一个发型，给自己买一件新衣服，或装点一下自己的房间，都会给自己带来新鲜感，从而改变沮丧的心情；或广

交情绪积极乐观的朋友，充分享受与他们在一起的快乐，让他们的情绪感染自己，把自己的烦恼向密友倾诉，或写信、写日记，一般都能非常有效地调整情绪。

(2)营养的摄取

首先，要做到规律饮食，即三餐定时、定量、定点。最理想的吃饭时间为早餐7～8点，午餐12点，晚餐6～7点，吃饭时间最好控制在30～60分钟，进食的过程要从容，心情要愉快。三餐都不宜被忽略或合并，尤其是早餐，而且分量要足够，每餐各占一天所需热量的1/3，或呈倒金字塔形——早餐丰富，午餐适中，晚餐量少。吃饭的时候最好固定在一个气氛和谐温馨的地点，且尽量不因外界的干扰而中断用餐。

其次，营养要均衡而多变。身体所需的营养尽量从食物中获得，不同的食物所含的营养素是不一样的，目前仍有许多营养素尚未被发现，所以建议孕妇多变换食物的种类，每天可吃2～5种不同的食物，营养才易充足。补充营养要科学、合理，不要认为多多益善，拼命地补充营养，这样会造成孕妇发胖，不利于分娩。

再次，要以没有加工的食物为主。因为没有加工的食物其中的营养素不容易丢失，有利于为胎儿提供全面的营养。母亲在怀孕时尽量多吃原始食物，如五谷、青菜、新鲜水果。烹调时以保留食物原味的方式为主，少用调味料，少吃垃圾食品，让宝宝还在肚子里时就习惯此类的饮食模式。加上日后用心培养，就不会为孩子“不爱吃青菜、正餐喜吃饼干、糖果、汉堡、可乐”而烦恼了。

在怀孕期间，孕妇很容易出现贫血，这是因为早孕反应会使孕妇铁的摄入量下降，妊娠后胃酸分泌减少，摄入的铁质也不能完全被吸收。到了妊娠中后期，孕妇的血容量增加，使红细胞相对不足。另外，母体除了本身对铁的需求之外，还要满足日益成长的胎儿对铁的需要。母亲贫血容易出现水肿、妊娠高血压疾病、心功能障碍，还会使胎儿发育不良、体重偏低、早产甚至死亡。因此，此时孕妇应该多吃一些含铁丰富的食物，如奶类、蛋类、瘦肉、豆制品、动物肝脏等，还需要多吃西红柿、绿色蔬菜、红枣、柑橘等富有铁质的水果等。如果血红蛋白低于10克，应遵医嘱补充铁剂及维生素，直到血红蛋白恢复正常为止。

这里介绍几种妊娠浮肿的食疗法：方法一：鲤鱼片100克，入麦片粥内氽熟，加盐、味精、葱、姜末少许；方法二：赤豆30克，与麦片30克同煮粥，加饴糖一匙；方法三：冬瓜250克，煎汤，日服2次。

(3)适度的运动

妊娠的第6个月，胎儿的状况已经基本稳定了，此时孕妇应该主动参加一些合理的运动。孕妇适当进行运动，不但可以控制体重，还可提高身体抵抗力，改善妊娠中的不适，如腰痛、水肿、便秘及痔疮，而且适当运动可加强骨盆和腰部的肌肉，使胎儿在分娩时容易娩出。运动能充分地摄取氧气。研究表明，脉搏一分钟跳动120次时，是摄取氧气最好的时机。通常，胎儿是通过脐带来摄取氧气和营养的，如果母亲能充分地摄

取氧气，胎儿的大脑即会因为充足的氧气而变得活性化。运动能生出头脑好的孩子，这并不是夸张的说法。户外锻炼能更多的接受日光照射，可防止孕妇缺钙。最为重要的是运动还能帮助大脑释放有益物质，这些物质通过血液进入胎儿体内，对胎儿大脑发育极为有利。另外，运动还可以有效地转变孕妇的心情，这对婴儿的健康是很重要的。此时的孕妇可选择的运动项目有散步、做孕妇操、游泳、跳舞等。

散步对所有孕期的女性都是合适的，具体做法前面已叙述过，这里不再重复。做孕妇操能够防止由于体重增加和重心变化引起的腰腿疼痛，能够松弛腰部和骨盆的肌肉，为将来分娩时胎儿能顺利通过产道做好准备，还可增强自信心，在分娩时能够镇定自如地配合医生，使胎儿平安降生。

游泳是妊娠中期一项很好的运动项目。游泳可以促进健康，可以防止因过少的活动而引起的肥胖，游泳还有助于孕妇顺利分娩。游泳的时间最好选择在上午10点到下午2点之间宫缩不是很厉害的时候进行。水温要适宜，水温过高，超过32℃，容易引起疲劳；而水温过低，低于28℃，就会刺激子宫收缩，有可能引起早产或流产。在下水之前，一定要量血压、测脉搏，此外，还要对身体状况做全面详细地检查，身体合格者才能下水游泳，并且一定要有游泳教练在场。并不是所有的孕妇都适合这项运动，以前不会游泳的孕妇一定不要尝试，如果怀孕未满4个月，或有过流产、早产、死胎病史、阴道出血、腰部疼痛、妊娠期高血压疾病、心脏病的孕妇都不宜参加。注意动作不宜剧烈，可在水中漂浮、轻轻打水，仰泳较为合适。

跳舞的目的和游泳一样，随节奏有规律地活动手脚和全身，使紧张的肌肉得到放松。在适度的活动中，使分娩时需要使用的肌肉和关节都得到锻炼，分娩的准备工作也积极地进行了。跳舞最好在轻音乐的伴奏下进行，在家里最好，不要到喧闹的舞厅里。在妊娠中期，腹部虽然大起来，但是由于妊娠中产生的荷尔蒙的影响，孕妇身体的柔韧性很强，可以自由地、舒展地、愉快地进行活动。

提示

不管进行什么运动，强度都不宜太大，因为运动的目的只是为了促进腹中胎儿的健康成长，为婴儿的诞生做准备。所有孕妇的运动强度和运动时间要比非妊娠期减少30%左右，运动到只要稍微流汗的程度即可。一旦运动过于剧烈，脉搏超过150次时，反而会呈现氧气不足的状态，剧烈运动后，呼吸急促，连话都说不出来，即会造成相反的效果，这样会抑制胎儿大脑的发育。

另外，孕妇在运动中还要注意避免做影响腹部的工作，如农田里的劳作，笨重物品的举上卸下，弯腰、提重物或用搓板顶住腹部洗衣服等，这些都会对腹部造成挤压，可能引起孕妇流产和早产。孕妇站立时，两腿要平行，两脚稍稍分开，把重心放在脚心上。孕妇走步时要抬头挺胸，下颌微低，后背直起，臀部绷紧，走路时要一步一步踩实，上下楼时切忌哈腰和腆肚，特别到了怀孕晚期，下楼时一定要手扶着扶手，看清台阶踩稳了再迈步。孕妇坐立时要深深地坐在椅子上，后背伸直靠在椅背上，髋关节和腰关节呈直角状，千万不能只坐在椅子边上。孕妇起床时不要仰面猛起，应先侧身双手撑床后慢慢起来，避免腰腹部着力太大。孕妇拾取东西时注意不要压迫肚子，不要采取不弯膝盖只做倾斜上身的姿势，要先弯曲膝盖，然后弯腰，蹲好后再拾。不要双手拾重东西，不要站在小凳子上取高处的东西。

(4) 淋浴

许多孕妇在天气特别热的时候喜欢冲个冷水澡，或是经常用冷水冲脚以图凉爽。却不知脚底因脂肪薄，血液循环差，是全身温度最低的部位。若经常用冷水冲脚，则会使脚进一步受冷遇寒，反射性引起呼吸道痉挛，容易患感冒。所以在此时，淋浴要特别注意脚的洗浴，孕妇在淋浴完毕后，可用适度的温水对脚进行特殊的浸泡，时间在 15 分钟左右，如果有条件可用专用的按摩洗浴脚盆，进行合理的足浴。但洗澡或洗脚的水温不能太热，水温太热可能会导致胎儿的出生缺陷。因此孕妇在洗澡时，把水温控制在 35℃～37℃较为合适。

(5) 睡眠

提示

妊娠 6 个月时，孕妇的子宫明显增大，右侧卧位睡眠时可使下腔静脉受压，而平卧位睡眠可使腹主动脉受压，这些都可阻碍下肢、盆腔以及肾脏的血液回流入心脏，导致心脏向全身各组织器官输出的血量减少。若是大脑供血减少，孕妇会感到头晕、心慌；若是子宫供血减少，则使胎盘长期灌注不足，胎儿缺氧及养料，从而导致胎儿宫内发育迟缓或胎儿畸形。另外仰卧位睡眠还可压迫骨盆入口处的输尿管，影响尿液流入膀胱，致使尿量因此减少，不利于孕妇的代谢废物排出体外，还能够引起孕妇身体水肿。所以孕妇适宜采取左侧卧位的睡眠姿势，可避免增大的子宫对大血管的压迫，有利于回心血量增加，使孕妇全身获得充足的供血量，还可缓解水肿发生。

(6)丈夫需要做的事

从此期开始，孕妇的肚子急剧增大，行动变得越来越不方便，所以此时的丈夫要更加关心体贴妻子，以消除妻子不安的心情。首先，要增加对妻子按摩的次数，由于妻子的肚子变大，即使没有什么异常，腰腿也很容易疲劳，如果妈妈疲劳就会间接对胎儿产生影响，因此这期间对妻子的手腕、脚腕等部分的按摩应适当地增加，特别是为了让上半身和下半身的血液循环更加舒畅，按摩的次数更应增加。其次，为了给宝宝提供一个好的哺乳条件，从此时开始，应该对乳房和乳头进行护理，虽然妻子自己也可以护理，但如果丈夫给予护理会更好，丈夫把手洗干净，用温热的毛巾轻轻擦拭妻子乳头的周围，然后用橄榄油或冷霜进行按摩。

另外，从这时开始，应该为将来的分娩做准备了。此时的妻子活动还比较方便，所以趁这个时候要准备好分娩用品并布置好宝宝的房间。与妻子逐一地准备婴儿的衣服及奶瓶等分娩用品，当前需要的物品一定要购买，但没有必要一次全部购买所有的物品，有些物品在分娩以后再购买也不晚。

二、胎教方案

练习(1)：第一次按摩对话

主　题：与胎儿的触觉沟通。

工　具：动作、按摩和音乐或声音。

参与者：妈妈、爸爸和胎儿。

进度：10 分钟，每周两次。

你的胎儿几乎从受孕开始就接受了一种按摩的抚慰：当他还比一个铜板小、视觉和听觉都还未发育时，他便受到一波波羊水温柔地激荡；当他长得更大点时，他开始感觉到子宫壁强劲的附着力。

现在，到了怀孕的第 6 个月，你的宝宝已经大到足以使你感觉到他的转动和踢脚。在这个时候，他也可以感觉到你的手通过腹壁的抚摸。如果你抚摸腹部，你的胎儿将感觉到触摸，并且会以缓慢和陶醉的动作回应那种放松和温暖的感觉。

每当感觉宝宝在踢脚时，你可以尽可能温柔而爱怜地抚摸你的腹部。以舒适的姿势坐下或躺下，并确定你至少有约 10 分钟的时间来做这个练习。然后在你腰带下缘到胸部下

缘的部位以缓慢、悠扬的节奏按摩，或是用手掌在相同的部位以画圆的方式按摩。这个简单的技巧可以帮助你安抚你的宝宝，舒缓他的动作，并向他传达你的爱。

为了强调这种特别的沟通，你可以用自然油脂擦腹部。虽然我们的按摩练习不用油脂也完全有效，但润滑油对你用手按摩腹部会有帮助。我们建议你使用不含添加物或化学成分的水果油或蔬菜油——椰子油和杏仁油最理想。

当按摩胎儿时，你也可以一面播放柔和的音乐、轻声说话或唱歌。本书中推荐的任何歌曲或音乐都可以。你的手和声音所制造出的温柔、持续的节奏，将使你的宝宝感受到你给他的爱，使他充满自信和安全。

研究显示，怀孕期间接受按摩的妇女在分娩时较为顺利。

练习(2)：第二次按摩对话

主　题：与胎儿的触觉沟通。

工　具：动作、按摩和观想。

参与者：妈妈、爸爸和胎儿。

进　度：本月中至少一次，随时可做。

先采取一个舒适的姿势，可以让你维持大约10分钟。然后在你腰带下缘到胸部下缘的部位以缓慢、悠长的节奏按摩，或者用手掌在相同的部位以画圆的方式按摩。你可以在开始按摩前把水果油或蔬菜油擦在腹部皮肤上。

但在按摩的时候不播放音乐或唱歌、说话，而是使用观想技巧。当按摩胎儿时，闭上眼睛，想象你可以用手掌透视你的腹壁。把你的手当成一台敏锐的电子扫描器般移动，透视你的子宫和胎儿，想象胎儿身体的形状。你的宝宝是熟睡或是清醒？活动或安静？看你的宝宝如何对你的手的动作做出反应？

现在想象一道光从你的手掌发出，想象这道光化为充满爱的按摩。你的宝宝是否对这道想象的光做出任何特别的反应？如果有的话，他的反应如何？

想象这道光像一条通道，你和宝宝的感觉可以轻易地流过。当你继续按摩腹部时，想象你正温柔地抚摸宝宝的背部和胸部，抚摸他的手臂和脚。如果你的宝宝不高兴，用你的抚摸来安慰他。如果他很快乐，那么就和他分享快乐，用你手的动作附和你所感受到的那股快乐。当你的手随着宝宝情绪的节奏而抚摸时，感觉那种情绪的强度。让你所有的爱流过那道光，进入子宫，并感觉宝宝感受到被爱和安全感，他的

反应通过光传回到你温柔地按摩着他的手。

当这一段按摩缓缓进入尾声时，举起你的手，停在离你腹部上方约 30 厘米的位置，然后把手再举得更高，感觉你和孩子之间的联结。经过几秒钟后，把注意力转向你的呼吸，然后摇晃你的手指和脚趾，慢慢让注意力回到你的身体和你所处的房间。现在张开眼睛，低头看你的身体，然后环视四周。感觉那股充满在房间每个角落的平静和爱。低头看你的手，回想它刚才所带来的你和胎儿间那种独特的情感交流。现在站起身来，继续你一天的工作。每当你看到你的手时，你都将回想起你通过它传达给孩子的爱，以及你的孩子传给你的回应。

练习(3)：梦见宝宝

主　题：通过梦和你的胎儿建立紧密的联结。

工　具：梦的解析和笔记。

参与者：妈妈和胎儿。

进　度：每周一次或两次，直到怀孕结束。

在这个月中你已学到如何借着梦来和你的胎儿沟通，这种方法称为“养梦”。在古老的文明中，做梦的人常让自己数天置身某一个特别的环境，进行冥想，借以引发想做的梦，或刺激特定的梦中角色和意象。但养梦不复杂，如果你遵照我们的提示，你将轻松自如地借着你梦境中的谈话、意象和行动，和你的胎儿建立起紧密的联结。

首先回想你睡眠环境的气氛。它是否温馨而愉悦，到处可见你家人的照片、弥足珍贵的个人物件、书籍和盆栽？你的卧房是否安静而且通风良好——冬暖而夏凉？当检视你的卧房时，问自己它是否恰如其分地表现出你个性中的积极面和你的婚姻关系，它是否表达出你对体内孩子的情感？

当你考虑这些问题时，尽可能将你做梦的房间安排得安静且舒适。如果你有和你丈夫表现出恩爱的照片，可以将它放在一个显著的位置。让能表现出你生活和个性积极面的东西，和能带给你平静与快乐的照片围绕着你。最后，找几样能使你联想到胎儿的东西，放在靠近你的床铺的地方。例如，你可以选一幅 6 个月大婴儿的照片、一件小衣服，或你每天念给宝宝听的故事书。

现在你已经营造了一个睡眠的气氛，适合用来培养有关胎儿的好梦。在进入睡梦前，先安静地坐在你的卧房中，集中注意你体内的胎儿。轻抚你的腹部，对自己说：“今晚我将在睡梦中和我的胎儿相见。”看看那些能使你想到胎儿的东西，把玩它们，然后集中精力想着你期待梦中的相会，把所有其他的意象和念头从你心里驱除。再一次说：“今晚我将在睡梦中和我的

胎儿相见。”然后拿出笔记本，将这句话写下。如果你愿意的话，也可以画一幅表现出你意象的画。等你一做完这件事就把灯熄掉，让你自然地沉入睡梦中。当你渐渐入睡时，一面继续想着你的句子或图画，以及任何你特地放在房间里的东西，提醒自己今晚你将记住所有有关胎儿的梦。

当你睡醒以后，在还没开始动也未张开眼睛前，先集中精力回想你最后做的那个梦。如果它和你的宝宝无关，那就顺着你心中的意象往前回想，直到你发现一个有关你胎儿的梦。然后张开眼睛，立刻记下这个梦和任何其他的梦。记住，你可能以一种象征的形式梦见你的宝宝，所以尽可能详细地写下梦境的每个细节，然后试着去解开它们。

上述的方法应该能使你在梦中和胎儿相见。据美国心理学家梅布克表示，曾有一位女性使用类似的养梦技巧，梦见她与胎儿一起住在子宫里。

“我们一起在水中漂浮和游泳，但是我无法呼吸和说话。”那位女士在梅布克的书《怀孕与梦》中现身说法：“那实在太奇妙了。水是淡蓝色的，而我的宝宝则是明亮的粉红色。脐带有点土耳其玉的蓝，微微泛着淡蓝的光。那实在太令人为之赞叹，太美了……我醒来时这绝妙的奇迹使我内心充满崇敬和感激。”不管你的梦是什么情景，养梦技巧将帮助你表达出对胎儿最真挚的情感。当情感通过梦的意象显现出来后，母亲与孩子的联结将越来越强固。

练习(4)：心灵圣地

主　题：接触你最深层的自我。

工　具：观想和引导式想象。

参与者：妈妈和爸爸。

进　度：10 分钟，本月中至少一次，在你需要时做。

在你内心深处存在着一片圣地，那是你内心的一座教堂、一个避难所，或是一座庄严的寺庙。要找到你心灵的这片圣地，请闭上眼睛，想象你坐上了飞机、火车，或踏上了一块魔毯，展开了你的追寻之旅。想象你穿越高山和峡谷，经过城市与海洋，直到你感觉终于抵达了目的地。现在仔细地看着你的这片圣地。它是一个广阔无边的地底洞穴，地上长满了茂盛的青草和雏菊？或是埃及金字塔的里面，到处可见古象形文字和古工艺品？它是一个房间，从地板到天花板画满印象派画家莫奈风格的荷花？或是你老家的阁楼，堆满了家族的古物、尘封的信件和你祖母的旧帽子？不管你的圣地像什么，想象你置身其中。

做完了这一段观想以后，请一个人为你念下面的引言。如果你找不到人来念，不妨把它录下来，然后在你练习时播放。

现在你已经进入了你心灵的圣地。想象有一道阳光从你上方倾泻而下，你走进这

道温暖的阳光中，让阳光浸透你里里外外。当你站在那儿时，想一想那些一直盘绕在你脑海中的消极思想和情感。让阳光洗尽这些忧虑和困扰你的念头。

如果你的避难所里有圣者的画像与塑像，你可以对他们说话，向他们倾吐你的问题与忧虑，请求他们给你指引。如果你愿意的话，不妨赠一份感谢的礼物。完成这件事后，回到你此时此刻的所在。

看看你的四周，然后回想心灵圣地的细节。每当你感觉需要时，随时可以再回到这个能令你忘却烦忧的心灵世界。

三、专家提醒

进入妊娠第 6 个月，孕妇的肚子越来越大，体形接近典型孕妇的体形，身体的重心前移，很容易产生疲劳的感觉，所以要注意充分休息，保证充足的睡眠，条件允许的话，中午应该睡 1 ~ 2个小时的午觉。由于子宫增大，压迫血管，使血液回流不畅，所以此时的孕妇很容易产生下肢水肿，站立、蹲坐太久或腰带扎得过紧，浮肿就会加重，所以孕妇应该避免站立或蹲坐太久。此时的孕妇应该选择上腹部宽松的孕妇服装，衣料选用轻软、透气、吸湿性好的真丝、纯棉织品，不宜用化纤类织品。不能让腹部长时间受到压迫，不能弯腰，注意对腹部的保护。注意鞋子的质地应该穿着舒适，不至于摔跤或滑倒。不要拿重物行走。避免急促的动作，特别是低血压的孕妇，下蹲时应慢慢地站起，身体的位置变化应慢慢进行。

要预防疾病的发生。注意口腔卫生，因为此时的胎儿成长迅速，孕妇体内的钙质等成分被胎儿大量摄取，所以孕妇易患牙痛或口腔炎。注意防止便秘，多吃含粗纤维的食物，如绿叶蔬菜、水果等，还应多饮水，每天至少喝 6 杯开水，有浮肿的孕妇晚上少喝水，白天要喝够量。妊娠期易患尿路感染，多喝水是保证尿流畅通的有效方法。

妊娠 6 个月的胎儿已具备了记忆、听力和学习的能力，是进行胎教的关键时期，因此保持愉快的心情是很重要的，还要求孕妇情绪活跃，富于想象，通过对胎儿的想象活动，可以使孕妇产生甜蜜而温馨的母爱心态，加强母子情感沟通，使自己感到充实而不空虚。

第七节　孕第7个月的胎教

妊娠进入第7个月时，孕妇的肚子明显增大，完全呈现出孕妇的体态。此时胎儿的大脑已经能够通过母亲的刺激，感受外界发生的变化了，对声音的分辨力也有所提高。

此期由于增大子宫的压迫，很多孕妇容易出现便秘、下肢水肿、静脉曲张等症状，因此孕妇在饮食中要注意预防这些症状的发生。虽然孕妇体态变得笨重，但此时的运动仍然是必不可少的，适合此期孕妇的运动主要是孕妇操。此时的孕妇很容易疲劳，所以保证充足的睡眠对孕妇来说是非常重要的。此期的产前检查也是很重要的，主要检查胎儿的胎位，如果胎位不正，则需要马上进行纠正。

为了胎儿更好的发育，孕妇在这段时间里要使自己情绪保持最佳状态，各种胎教方法可以轮流使用，如情绪胎教、音乐胎教、对话胎教、故事胎教、听觉胎教、意念胎教、环境胎教、运动胎教等。

一、日常生活安排

(1)营养的摄取

提倡食物的多样化，多吃动物性食品、豆类食品和水果，选用富含维生素B、维生素C、维生素E的食物，维生素B可以促进消化，增加食欲，维生素C可以提高身体抵抗力，改善新陈代谢，有解毒、利尿的作用，维生素E能防止早产。少吃或不吃不易消化的、油炸的、易胀气的食物，如白薯、洋葱、土豆等。忌吸烟饮酒等不良嗜好。

(2)适度的运动

此时孕妇的肚子越来越大，行动越来越不方便，但不能因为这样就不再活动，运动可以为胎儿提供充足的氧气，为胎儿的健康发育提供良好的环境，运动还可以帮助孕妇将来顺利分娩。此期适合孕妇的运动项目是一些简单、轻松的运动，如散步和做孕妇操等。

前面已经多次提到散步是适合孕期全过程的一项运动项目，而且适合于所有的孕妇，所以此期的孕妇还应该进行散步，在散步的同时还可以和胎儿说话，对胎儿进行胎教。

适合此期孕妇的运动还有孕妇操，这里介绍一套适合妊娠晚期做的孕妇操，通过

锻炼可以防止由于体重增加和重心变化引起的腰腿疼痛，能够松弛腰部和骨盆的肌肉，为将来分娩时胎儿能顺利通过产道做好准备。

①伸展运动。站立后，缓慢蹲下，动作不宜过快，蹲的幅度应根据孕妇所能及的程度；双腿盘坐，上肢交替上举下落，上肢及腰部向左右侧伸展；双腿平伸，左腿向左侧方伸直，用左手触摸左腿，尽量能伸得更远一些，然后，右腿向右侧方伸直，用右手触摸右腿；坐直，小腿向腹内同时收拢，双手分别扶在左右膝盖上。

②四肢运动。站立，双臂向两侧平伸，肢体与肩平，用整个肢体前后摇晃画圈，大小幅度交替进行；站立，用一只腿支撑全身，另一只腿尽量抬起（注意：手最好能扶住支撑物，以免跌倒），然后换另一只腿进行，可反复几次。

③骨盆运动。平卧在床上，屈膝、抬起臀部，尽量抬高一些，然后徐徐下落。

④腹肌运动。半仰卧起坐，平卧屈膝，从平仰到半坐，不完全坐起，这节运动最好根据孕妇的体力情况而定。

⑤盆底肌练习。收缩肛门、阴道，再放松。

上述各节运动应该重复进行，每次以5～10分钟为宜。运动量、频度、幅度要根据自己的实际情况自行掌握。

（3）淋浴

妊娠的中后期，孕妇由于体内激素的影响，导致汗腺分泌旺盛，容易造成孕妇多汗，所以孕妇应该经常洗澡以保持身体的清洁卫生。洗澡应该洗淋浴，以减少盆浴的感染机会。洗澡水温要合适，一般保持在35℃左右，水温过高对胎儿不利，水温过低可导致孕妇感冒。另外，此时的孕妇活动很不方便，一定要注意避免滑倒，所以洗澡时丈夫最好在旁边帮忙。

此外由于激素的影响，阴道的分泌物也会增多，使外阴部经常处于潮湿状态，对皮肤有一定的刺激，而且给细菌的孳生创造了良好的条件，所以应该经常用温水清洗，保持外阴部的清洁干燥，最好穿棉质、透气好的内裤。

（4）睡眠

孕妇的肚子越大，越不容易入睡，尤其是第一次怀胎，每当要躺下休息时，肚子里的宝宝也会跟着改变姿势或增加活动量，影响孕妇的睡眠。还有的孕妇由于担心即将到来的分娩或宝宝将来的养育问题也不容易入睡。

保证充足的睡眠对孕妇来说是非常重要的，睡眠中母亲的脑下垂体会不断产生促进胎儿生长的激素，这种激素是胎儿成长时不可或缺的。睡眠不但可以消除孕妇身心的倦怠感，而且能积存第二天活动的精力，这些都是因为脑下垂体激素的作用。妊娠中的孕妇必须有比平常更充裕的睡眠，就是为了使脑下垂体可以分泌更多的生长激素。采取合适的睡眠姿势是很重要的，由于仰卧位和右侧卧位都可造成下腔静脉受压，使心脏的回流血量减少，对孕妇本身和胎儿的生长发育都不利，所以孕妇最好采用左侧卧位的姿势，可以减轻上述的症状。

怀孕中后期的孕妇行动不便，很容易疲劳，所以更应该多休息，古人说“善睡的孩子长得大”，在妊娠中，善睡的孕妇也可帮助腹内胎儿快速成长。

二、胎教方案

练习(1)：摇你的宝宝

主　题：放松并加深你和胎儿的心理联结。

工　具：观想和韵律呼吸。

参与者：妈妈。

进　度：30 分钟，每周一次。

东方的瑜伽把呼吸变成一门科学，对每一种特殊的呼吸方法进行研究，使其能实现生理的、情感的和精神层次的目标。事实上，借着规律的呼吸，有些瑜伽师傅能表演看似超自然的绝技，这些绝技包括从能自主地控制心跳速率和体温，到增强对饥饿和痛楚的忍受力，不一而足。

西方科学现在已经证实，精确控制的规律呼吸能增加血液吸收的氧气，使整个身体看起来更有效率地运作。因此，利用韵律呼吸，你将发现你的头脑变得更清晰，思绪变得更敏锐，你的肺部运作得更轻松，而且营养输送到细胞的速度也更快。

近年来瑜伽专家也发展出适合怀孕妇女的呼吸法。本节介绍的一种呼吸法，是由美国瑜伽专家奥尔金创造的，本书中也采用她的方法。如果你定期练习我们的韵律呼吸法，你将发现更能轻易地放松自己，加强你和胎儿的联结。

特别注意：你身体的机能可能在练习这种呼吸法时变得更加活跃，因为这种技巧能增加你血液中的氧气浓度——当然也包括你宝宝的血液。

先以舒适的姿势坐着，确定你有半个小时独处的时间。开始时双手握着，放在你怀孕的腹部上方约 15 厘米的地方，持续 3 ~ 5 分钟。低头看着你的腹部，并想象肚子里的宝宝。想象你胎儿的小身体，从 10 根小手指到 10 根小脚趾，从大大的头到脚，看他舒服地蜷曲着身体。想象你孩子小脸上精巧的五官，看着他的嘴巴张开又合上，想象

他的眼皮颤动着，四周包围着温暖的羊水。

当你以心灵的眼睛尽可能深入地吸收了宝宝的意象后，站起身来，将两手放在腹部上。现在，心里存着宝宝的意象，一面吸气一面往前突出你的腹部。然后吐气并往后缩回你的腹部。重复一次，然后再一次。当你重复这段指示时，你将发现实际上你正在前后地摇摆你的身体。

花几分钟的时间用这种方式练习。练习的重点不在于使你的呼吸技巧变得完美，而是在强化你和胎儿间的联结。让你的情绪尽可能融入腹部摇摆的动作，融入胎儿的感觉之中。

当你感觉和胎儿完全契合时，闭上眼睛，用你的鼻子吸气。吸气时，想象你的身体是一条长长的风管，你的气息温柔地穿过你，按摩着肚子里的孩子。当你经由鼻子吸气，然后经由嘴巴吐气时，用放在腹部上的手拥抱你的孩子。一面轻轻前后摇着宝宝，一面用手抚摸着他。在做这样的练习时，注意吸气和吐气各需要约 5 秒的时间。每当你吸气时，感觉氧气进入你的鼻子，进入你的肺，然后流遍你的身体。每当吐气时——当你抱宝宝时——感觉那股空气循原路出来。

请做这个练习直到所有的动作都十分流畅而平稳的程度。这个练习将带给你宁静近乎催眠般的感觉，使你产生一种与胎儿声息相通的感觉。

练习(2)：从头到脚按摩宝宝

主　题：与胎儿做触觉沟通。

工　具：动作、按摩和音乐或声音。

参与者：妈妈、爸爸。

进　度：10 分钟，每周两次，直到怀孕结束。

这个练习类似第 6 个月介绍的“第一次按摩对话”。

每当感觉宝宝在踢脚时，你可以尽可能温柔而爱怜地抚摸你的腹部。以舒适的姿势坐下或躺下，并确定你至少有约 10 分钟的时间来做这个练习。然后在你腰带下缘到胸部下缘的部位以缓慢、悠长的节奏按摩，或是用手掌在相同的部位以画圆的方式按摩。在这个月份中，你将真正能感觉出你宝宝头和脚的位置，因此，你可以扎实地反复从头到脚抚摸他。这种按摩方法不仅可以安抚并刺激你的胎儿，还能为你以前曾用过的触觉语言增加一些深度和活力。

像你以前用的方法一样，你可以涂抹一些自然油脂在腹部上，以增加这种特殊沟通方法的效果。当按摩胎儿时，你也可以一面播放柔和的音乐、轻声说话或唱歌。

本书中推荐的任何歌曲或音乐都可以。要切记的是，每一个声音和动作都应该表达出你的爱。你的手和声音所制造出的温柔和持续的节奏，都将使你的宝宝充满自信和安全。

特别注意：如果你的丈夫也希望参与这个按摩对话，我们建议他也扎实地反复从头到脚抚摸宝宝，这和第6个月介绍较一般的按摩方法略有不同。

练习(3)：内在的治疗师

主　题：强化你和胎儿的健康与免疫力。

工　具：清醒状态渐进放松法、观想、引导式想象和笔记。

参与者：妈妈。

进　度：30分钟，每周一次，直到怀孕结束。

在开始前，先将以下的提示语录音。我们建议你找你的丈夫或一位亲近的朋友来为你录下这些话，因为亲近的朋友或丈夫的声音特别有效。但如果你喜欢的话，也可以自己录这些提示语。我们建议担任录音工作的人先默念一遍内容，然后再进行录音。当一切都准备就绪后，念词的人应尽量以平静、放松的方式来念，在该停顿的地方适时停顿。

> 在你播放这卷录音带前，先确定你至少有30分钟独处的时间，然后闭上眼睛，利用几秒钟的时间，回忆第6个月你曾创造和造访过的心灵圣地。然后重复对自己说下面的句子：

我将寻求内在治疗师的指引，他将协助增进我和胎儿的健康及免疫力。你的内在治疗师可能是一个穿着白衣服，蓄着短发的医生，或是你刚毅过人的曾祖母，甚至是一位来自印度的瑜伽行者。这位内在治疗师长什么样子都没有关系，只要这个人是你所欲探索的能力的化身就行了，他将指引你发掘内在的心灵能量，增进你的健康。

当你完成这些步骤后，张开眼睛，然后马上播放你的录音带。

闭上眼睛，做几个深呼吸。持续以平稳的方式做深呼吸，把你的注意力放在呼吸的节奏上，放在你身体的感觉上，放在任何你对自己的感觉和想象上。如果有外界的思绪闯进来，你只要让它们飘过去，就好像浮云飘过天际一样。注意着它们，然后让它们飘走。

现在感觉你的脚，注意你脚上承受的压力，和你的脚放置的角度。感觉你的脚掌，

注意你的脚跟、脚趾、脚踝。现在开始向脚掌心弯曲你的脚趾，好像要让脚趾碰到脚掌心一样，把脚趾往下压，压，压，保持这样，然后放松。

吸气——吐气——完全放松。

随着你一次次的呼吸，你也进入了一次比一次深层的放松状态。你并没有睡着，你仍然保持清醒，但是很放松。

现在开始感觉你的小腿，从你的膝盖到脚踝的地方。在你感觉小腿时，我要你缩紧小腿所有的肌肉，缩紧，缩紧，缩紧，保持这样，然后放松。

吸气——吐气——完全放松。

随着你一次次的呼吸，你也一次比一次更深入你自己，你的身体也变得一次比一次放松。

现在集中注意力在你身体的中段——你的大腿、骨盆和臀部。在你感觉它们时缩紧这些部位所有的肌肉。缩紧，缩紧，缩紧，保持这样，然后放松。

吸气——吐气——完全放松。

继续平稳地做深呼吸。每次吸气的时候，你是在吸进新鲜的氧气和能量。每一次吐气时，你是在把二氧化碳和身体的废物吐出。把每一次吸气想象成你吸入宇宙中的爱和支持；把每一次吐气想象成排出不好的情绪和紧张。

现在继续身体的下一部分。感觉从骨盆到头部以下的背脊骨，开始将整个脊柱压向你的椅背或靠垫。压，压，压，保持这个姿势，然后放松。感觉你的背和胸松弛下来。

吸气——吐气——完全放松。

每一次呼吸你都是在帮助你的身体放松。当你吸气时，你的每块肌肉、每个细胞都因为得到养分而充满活力。当你吐气时，你的每块肌肉、每个细胞都在洗清杂物和紧张。你的身体和你的宝宝都真正喜欢这个练习。

现在感觉你的肩膀和脖子，感觉你所有囤积在那里的紧张。开始把肩膀往你耳朵的方向耸起来，借这样来排出那些紧张，耸起你的肩膀直到你感觉它几乎要碰到耳朵为止。耸起，耸起，耸起，保持着姿势，然后放松。

吸气——吐气——完全放松。

现在把两手抬起，离你的身体几寸远，握起拳头。把拳头握紧，握紧，握紧，握紧。保持这样，然后放松。

吸气——吐气——完全放松。

继续平稳地深呼吸。每一次吸气时，你就变得更加放松，你感觉很舒服而且很安全。

现在感觉你的脸。注意你眼睛四周的肌肉，嘴巴四周的肌肉，你下颚的肌肉。开始紧闭你的眼睛，收紧嘴巴四周的肌肉，咬紧你的下颚。收紧，收紧，收紧。保持这样，然后放松。

吸气——吐气——完全放松。

现在你的身体已经放松了，你的心情也应该是放松的。

在这种放松但清醒的心智状态中，找寻你的心灵圣地，你曾经造访的那个内在的避难所。和你以前曾做过的一样，想象你经历一次遥远的旅程，来到这个隐秘、和平的天地。现在仔细地看你的圣地，不管你的圣地是什么样子，想象你置身其中。

（停顿 1 分钟）

现在环顾四周，寻找你的内在治疗师。寻找并等待你内在治疗师的化身现形。如果没有任何内在治疗师出现，在你的圣地四处走走，探索你的环境，直到你发现所找寻的人。花点时间仔细地观察那个人，并问他或她叫什么名字。不管你脑中浮现的名字是什么都接受它。

（停顿 30 秒）

现在拉起你内在治疗师的手，在他或她的带领下离开你的圣地，来到一个温暖的大海边。环视四周，看看沙滩和海水神秘的色彩。抬眼望着海鸥优雅地飞过头上，再四下观看并感觉太阳散发着具有疗效的光线。脱去你的衣服，让你沉浸在海水里。坐在海边柔软的沙滩上，把头往后仰，张开你的双臂和双腿。让海水具有疗效的矿物质和太阳具有疗效的光线浸透你，进入你身体的核心。看着水和阳光穿透每个毛孔和体内的管道——经过你的心脏和肺脏，你的肾和肝，你所有的细胞。

看着具有疗效的水和阳光经过腹部、脐带和胎盘，进入胎儿的每个毛孔和管道。注视着具有疗效的光线和水浸透宝宝小小的手臂和腿，浸透他美丽的脸和腹部，经过他体内的器官——经过他的心脏和肺脏、他的肾和肝、他所有的细胞。

（保持这个意象约 5 分钟）

如果你有特定的问题，要求你的治疗师帮助克服它。如果你的骨盆肌肉酸痛或感到无力，想象你的治疗师在那个部位涂上一种神奇的药膏。如果你觉得全身疲倦，看着你的内在治疗师以一道光束照在你身上，使你顿时恢复精力。如果你觉得全身舒畅，要求你的内在治疗师帮助增进你和胎儿的健康。不要刻意地改变浮现你脑海的意象——你只要问内在治疗师有什么你应该知道的事。别停下来分析浮现你脑海的意象，只要看着它们自然地呈现出来，就像看电影一样。

（停顿 2 分钟）

现在是你结束这段心灵之旅的时候了。跟着你的内在治疗师回到宁静祥和的圣地，向你的治疗师告别，然后回到此时此刻的地方。

（停顿 1 分钟）

现在慢慢回到意识完全清醒的状态。先摇动你的手指和脚趾。张开你的眼睛，记住保持你刚加强的免疫力、健康、活力和平静的感觉。继续保持放松，把你全部的感官都注意到你此刻周围的一切。现在，你身心充满新的活力，全身放松，你可以站起来，继续你一天的生活。不过当你做着其他事的时候，仔细地回想内在治疗师提供给你的建议。如果那些建议似乎能帮助你、你的丈夫和照料你的医生，那么不妨考虑将它纳入你的日常生活中。

特别注意：上面的练习用意不在取代传统的医疗。如果你的怀孕情形很健康，我们建议你把我们的引导式想象练习视为医生提供照料的一种补充——而非取代。如果你的怀孕有严重的问题，那么必须在娴熟引导式想象的专业人士的协助下，从事引导式想象的练习，这样的专业人士须由你的医生或邻近的教学医师推荐，而且这样的练习须配合正统的医疗来进行。

练习(4)：熟悉分娩环境

主　题：为阵痛和分娩做安排。

工　具：观想和笔记。

参与者：妈妈和爸爸。

进　度：20 分钟，本月中一次。

第 7 个月是你考虑你所选择的分娩环境是否适合你的好时候。我们建议你在清醒的放松状态下做练习中的观想部分，以使你能完全融入最深层的感情和思绪中。请在开始前将你的笔记本和笔放在身边。

本练习的第一步是先探访你未来分娩的地方——如果你还没看过那里的话。当进行探访时，尽可能详细地看整个环境，并提出越多的问题越好。

在探访过后的 24 小时内选一段时间，找个舒适的地方坐下来，进入清醒的放松状态。你可以使用第 5 个月介绍的“快速放松法”。当进入深度放松后，用心灵的眼睛回想你未来分娩的环境。尽可能详细地看每个细节，回忆和你谈话的人，以及你所提出的问题。现在，在你仍然处在深度放松时，问自己是否对在这样的环境下分娩觉得满意。如果觉得满意，你甚至可以继续想象真正阵痛、被送到产房、最后终于在这个地点分娩的情况。在回想过分娩的环境并觉得满意后，摇动你的手指和脚趾，张开眼睛，回到意识完全清醒的状态。

等你的意识完全清醒后，拿起笔记本抄写下面的问题，然后逐一回答每个问题：

当我产后时，在我选择的产房中我将感觉到自己是分娩过程的中心吗？

在我选择的产房中，我将能掌握自己分娩的经验吗？

在我选择的产房中，万一发生紧急状况，我是否能获得迅速良好的照顾？

在我选择的产房中，我是否将得到应有的情感上的支持？

除了上面的问题外，我还有没有别的疑惑？

把你所有的感觉写在笔记中。写完后，开始分析你的想法和感觉，并和你的丈夫做讨论。如果你觉得你选择的分娩地点有太多不好的因素，不妨考虑有没有别的选择。

三、专家提醒

怀孕7个月以后，孕妇的身体变得越来越笨重，这时一定要防止早产的发生，所以平时要注意避免过度激烈的运动，上下楼梯次数要尽量减少，拿重东西、向高处伸手、突然站起等动作都是应避免的。腿抽筋和静脉曲张的人，不要长时间站立，下半身不要系带子，为了防止曲张的静脉破裂出血，可以在静脉曲张处用短袜或紧身衣加以保护，睡觉时把脚稍微垫高一些有助于静脉血的回流。为了防止便秘，应该每天早晨喝牛奶和水，多吃水果及纤维多的食物。乳房保健、产前检查都是应该切实注意的事项。

此期的产前检查是很重要的，主要检查胎位，如果胎位不正，必须从这时开始矫正，以利于将来分娩的顺利。胎位是指胎儿在子宫里的位置，胎位在妊娠期就已确定，正常的胎位是枕前位，占所有胎位的90%以上，胎儿的位置为屈膝倒坐，头部在下，臀部在上，胎头俯屈，下颌紧贴胸部，背在前，后枕骨最低。胎位是否正常影响着分娩顺利与否，而且决定所采取的分娩方式。造成胎位不正的主要原因，有骨盆狭小，胎头入不了骨盆，子宫形状异常，腹壁太松或羊水过多，胎儿在子宫里不受约束等。

在不正常的胎位中，横位的危险最大，胎体横在子宫里，胎头在孕妇一侧，可能危及孕妇和胎儿的生命，临产时必须及时做剖宫产手术；然后是臀位，头部在上，臀部在下，约占所有分娩胎位的3%～4%，臀位可能会使胎儿闷死在子宫内；头部在下，胎头后仰的额位一般也必须做剖宫产手术；而枕后位是头部在下，胎头俯屈，后枕骨和胎背在后，有时可能会自然转正或可在产钳协助下分娩。由于胎位不正会给胎儿或孕妇带

来很大的危害，所以在妊娠第7个月时要进行胎位的检查，及时发现异常胎位，及时纠正。不正常的胎位中，臀位和横位一般在产前检查时能够诊断出来，而枕后位、额位和面位往往要等分娩发动、宫口开大以后才能发现。如果在产前检查中发现臀位和横位，就要采取纠正措施，以期分娩前能转为枕前位。

妊娠6～7个月时，臀位比较多见，故孕妇不必惊慌，也可以不加纠正，胎位会自然转正，但如果之后仍为臀位，则就要采取措施。首先要查清发生臀位的原因，由医生检查是否存在子宫畸形或胎儿畸形，骨盆是否狭小，是否有肿物阻塞产道等，可根据原因进行胎位的纠正。如做胸膝卧式体操，目的是改变胎儿重心，使其便于转成正常胎位。做体操时应在医生指导下，在硬板床上，放松裤带，跪在床上，大腿要垂直，胸部要贴近床面，每日早晨起床和晚上临睡前各做一次，每次10分钟，连做7天。也可由医生通过手法矫正，由医生将腹部子宫底处摸到的胎头，朝胎儿俯卧的方向回转，将胎头推下去，臀部推上来。如果经过上述处理，胎位仍是臀位，则要进一步查找原因。臀位较头位容易发生胎膜早破，所以，孕妇应提前入院，及早决定分娩方式。如果产前检查发现是横位，医生就会将孕妇腹部摸到的胎头推向下方，如果临产时仍是横位，就要做剖宫产。

第八节　孕第8个月的胎教

怀孕的第8个月，孕妇的腹部突出更加明显，给孕妇的生活带来很多不便，再加上马上要面临的分娩，孕妇情绪又会发生很大的变化，所以此时的孕妇一定要减轻心理负担，保持良好的心态，用平和的心情去面对分娩。

此期孕妇的饮食也要特别注意，如果吃得太多，很容易发胖，会造成难产，如果吃得太少，又会使胎儿的发育缺乏营养，所以一定要合理安排饮食，以量少、丰富、多样为主。孕妇不要因为身体笨重就不运动了，适量的运动还是有好处的。

从这个月开始，就应该为分娩做准备了，以免到时手忙脚乱。同时一定要按时进行产前检查，预防妊娠高血压疾病的发生。另外，此期是容易发生早产的时期，要注意避免引起早产的因素。

这个月的胎教内容主要有：音乐胎教、对话胎教、意念胎教、视觉胎教、运动胎教等。此期进行胎教，胎儿会积极配合，如果在胎教时胎儿反应迟钝，则应注意，严重时应停止胎教，及时去医院检查，并且注意胎教方法不要太"过"，以免给胎儿造成损伤，

或引起早产。

一、日常生活安排

(1)情绪的调节

在妊娠的第8个月，由于孕妇的身心负担加重，又要面对分娩，所以引起的生理和心理变化是巨大的，一点儿小事就会造成心烦意乱，因此孕妇做好心理保健极为重要。

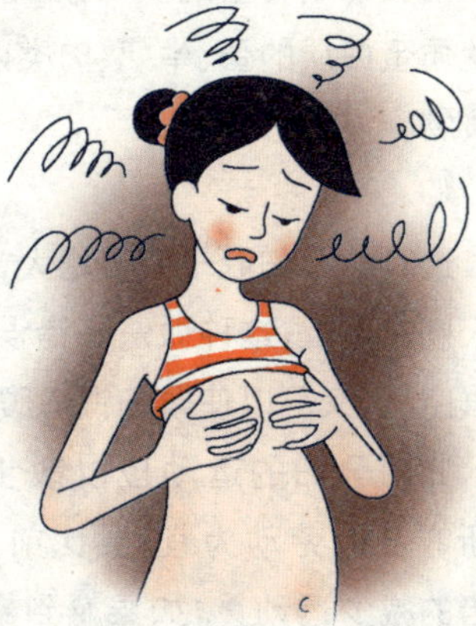

此时的孕妇由于乳房肿胀、尿频、便秘、恶心呕吐、偏食等，常常感到疲劳和烦躁，加上孕妇对分娩的恐惧心理，很容易造成孕妇情绪的波动。

所以此时的孕妇一定要保持良好的心态，对做母亲充满自信，这是产后母乳喂养成功的基本保证。此时丈夫的作用就更重要了，要在生活中为妻子创造良好的条件，在心理上开导妻子，帮助妻子消除对分娩的恐惧心理等，使妻子以良好的心态度过这一时期。

(2)营养的摄取

孕妇从妊娠第8个月开始，胎宝宝的身体长得特别快，胎宝宝的体重通常主要是在这个时期增加的。主要特点为大脑、骨架、筋脉、肌肉都在此时完全形成，各个脏器官发育成熟，皮肤逐渐坚韧，皮下脂肪增多。若孕妇营养摄入不合理，或者是摄入过多，就会使胎儿长得太大，出生时造成难产。所以一定要合理地安排此期孕妇的饮食。

此时的饮食要以量少、丰富、多样为主，一般采取少吃多餐的方式进餐，要适当控制进食的数量，特别是高蛋白、高脂肪食物，如果此时不加限制，过多地吃这类食品，会使胎儿生长过大，给分娩带来一定困难。此外，脂肪性食物里含胆固醇量较高，过多的胆固醇在血液里沉积，会使血液的黏稠度急剧升高，再加上妊娠毒素的作用，使血压也升高，严重的还会出现高血压脑病，如脑出血等。饮食的调味宜清淡些，少吃过咸的食物，每天饮食中的盐量应控制在6克以下，不宜大量饮水。孕妇应选体积小、营养价值高的食物，如动物性食品，避免吃体积大、营养价值低的食物，如土豆、红薯，以减轻胃部的涨满感。特别应摄入足量的钙，孕妇在吃含钙丰富食物的同时，应多摄入维生素D，维生素D能促进钙的吸收，含维生素D丰富的食物有动物的肝脏、鱼肝油、禽蛋等。孕妇在使用药用维生素D制剂时，要注意不可过量，以免引起中毒。另外，应多摄入含足量维生素B_1的食品。这一时期孕妇体重增长每周不应超过500克。专家建议，此期每天饮食的品种和量如下：主食（大米、面粉、小米、玉米和杂粮）370～420克，蛋类（鸡蛋、鸭蛋、鹌鹑蛋)50克,牛奶500克,肉类和鱼类150克,动物肝脏50克(每周一次),豆类60克,蔬菜500克,水果100克,烹调用油20克。

需要注意的是,妊娠晚期容易出现妊娠期高血压疾病,该病是引起早产和胎儿、婴儿、产妇死亡的重要原因之一。由于其表现主要为水肿、高血压、尿中出现蛋白,所以在饮食中更加应该注意。一般原则为摄取足够的优质蛋白质和必需脂肪酸,但尿蛋白高的孕妇应限制蛋白质、水分和食盐的摄入,多吃植物性油。注意均衡营养,平常的饮食生活要节制食盐的摄取,热量高的食物、甜食、米、面包等主食不要吃太多,要多吃含有优质蛋白质的蛋、牛奶、肉类以及大豆制品等,同时也要考虑食用含有其他营养成分的食物。

(3)适度的运动

这时的孕妇肚子明显增大,行动笨重,很容易疲劳。有些孕妇于是就什么都不做,整天躺在床上,这种做法是错误的。此时的运动是非常重要的,既可以使胎儿呼吸到新鲜空气,又可以使孕妇锻炼腹部和盆腔的肌肉,有助于将来的顺利分娩。

此期孕妇的运动应以散步、做些力所能及的劳动为宜,要比前几个月适当的减少运动量,如果感到累了,应马上休息。此期的孕妇可在每天早上起床、晚上睡觉或午睡时,开始学习和练习一些分娩辅助动作,以便在分娩时配合医护人员,使自己顺利分娩。分娩能否顺利进行,很大程度取决于产妇是否懂得用力、休息、呼吸这三方面的方法,所以孕妇应该从这几方面进行训练。

腹式深呼吸适用于孕妇在分娩开始,感到有子宫收缩及阵痛出现时进行,可以减轻子宫收缩带来的疼痛。具体方法是:孕妇把肩膀自然放平,仰卧,把手轻轻地放在肚子上,不断地进行深呼吸,先是把气全部呼出,然后慢慢地吸气,使肚子膨胀起来;气吸足后,再屏住气,放松全身,最后慢慢地将所有的气全部呼出。

胸式呼吸同腹式呼吸有着同样的作用,但要注意:吸气时,左右胸部要鼓起来,胸骨也向上突出;气吸足够后,胸部下缩,呼出气。

腰部压迫可在分娩第一阶段腰痛开始时使用,可以减轻腰部疼痛。方法是身体仰卧,膝盖弯曲呈45度左右,两手向腰的上部及背部方向揉捏,两手握拳,手背向上,放在背后,用力压。

按摩可在分娩第一阶段子宫收缩越来越频繁的时候与腹式深呼吸同时进行。两手放在腹部中间,吸气时,两手向上做半圆状按摩;呼气时,两手向下做半圆状按摩。

另外，还有下腹水平式按摩，吸气时，从下腹中央向左右两边进行按摩，呼气时再往回按摩。

阵痛之后，分娩开始，这时产妇应像解大便一样自然地用力，用力是全身肌肉都参与的激烈运动。如果用力得当，腹部可受到强烈压力，从而将胎儿经产道推出；如果用力不当，力量集中在上半身，就没有效果，只会徒劳地消耗孕妇的体力。正确的用力方法是：身体放直仰卧，两膝弯曲，两腿分开，双手握住产床的栏杆，背贴着床，下巴低下，深深地吸气，又屏住气，然后像解大便一样用力。这时最重要的是不让背和腰抬起来，头部歪斜或上身弯曲是不行的。

随着分娩的进程，当婴儿的头从产道露出来时，就使用短促呼吸的方法，这种呼吸方法可以消除会阴的紧张，在婴儿娩出阴道时，不致使阴道撕裂。姿势同腹式呼吸法一样，两手交叉放在胸上，口张大，一口接一口地呼吸，要一遍又一遍地快速进行，呼吸时有无声音、是深呼吸还是浅呼吸都无关紧要。重要的是产妇自身要放松，这样疼痛会减轻。

在开口期的子宫收缩时，用松弛法可以收到很好的效果，松弛法和分娩时的用力方法完全相反，练习时首先从身体的一部分开始，握紧拳头，然后拳头张开，整个手放松下垂，反复进行，做掰手腕的动作，力气要均匀，往回掰再放松。脚、腹肌、头等身体的主要部位一松一弛反复进行。

分娩辅助动作，应当坚持每天用一点时间来练习。但是如果已经被医生认为有早产可能的孕妇就绝对不能练习分娩的辅助动作了。下面介绍三种消除分娩时肌肉无效紧张的方法，以减少孕妇在分娩过程中无效的体力消耗。

浅呼吸：像分娩时那样平躺着，嘴唇微微张开，进行吸气和呼气间隔相等的轻而浅的呼吸，此法用于解除腹部紧张。

短促呼吸：像分娩那样，双手握在一起，集中体力连续做几次短促呼吸，为的是集中腹部力量，使胎儿的头慢慢娩出。

肌肉松弛法：肘和膝关节用力弯曲，接着伸直放松，这是利用肌肉紧张感的差异进行放松肌肉的练习。

(4)淋浴

进入妊娠第8个月，孕妇身体各组织、系统均发生了一系列的生理变化，汗腺和皮脂腺分泌旺盛，所以孕妇应该注意保持卫生，常洗澡。孕妇洗澡要注意选择恰当的方

式，仍要选择淋浴，因为淋浴可防止污水进入阴道，避免孕妇感染。由于孕妇身体笨重，进出澡盆、浴缸时注意不要滑倒，以免腹部受到撞击。洗澡时水温要与体温接近，以35℃左右为宜，太凉或太热的水对皮肤造成的刺激，会影响孕妇的周身血液分布，不利母体健康及胎儿发育。在饥饿或饱食后1小时以内不宜洗澡。夏季酷热，每天洗澡不可少于1次；春秋气候宜人，每周1～2次即可；寒冬腊月每两周1次就足够了。

此时还要注意乳头的清洁，要经常用温水清洗乳头，洗后抹上油脂，这样可使皮肤滋润而有韧性，分娩后经得起婴儿吸吮，否则容易发生乳头皲裂。孕妇的外阴部发生了明显的变化，由于激素的影响，阴道上皮细胞通透性增高，子宫颈腺体分泌增加，使阴道分泌物明显增加，所以孕妇应该经常清洗外阴部，以保持外阴部的清洁干燥。清洗时要用温水不可用热水烫洗，最好用专用清洗液清洗，也可用清水，但一定不要用肥皂水洗，也不可用高锰酸钾液洗。

(5)睡眠

妊娠8个月时，由于孕妇行动不便，很容易疲劳，所以更应该多加休息，每天最少保证8小时以上的睡眠时间，中午最好也要保证1～2小时的睡眠。不管是夜晚睡眠，还是白天躺卧，孕妇必须采取左右侧卧位。因为日渐增大的子宫在孕妇仰卧时会压向脊柱，使得脊柱两旁的大静脉和大动脉受压，从而使大静脉中的血液不能顺畅地流回心脏，造成回心血量减少，导致心脏向全身输出的血量减少，出现头晕、心慌、发冷、出汗、血压下降等症状，甚至神志不清和呼吸困难，这就是仰卧综合征。

仰卧综合征不仅影响孕妇的健康，对胎儿也同样有危害。由于心输出量的不足及大动脉的受压，都会减少对子宫的供血，胎盘的血液供应因而也减少，导致胎儿缺氧，很快出现胎心或快或慢或不规律，以致胎儿发生窒息和死亡。所以孕妇要避免长时间的仰卧位，在牙科、美容院和妇科等处几乎都要采取仰卧位，所以要警惕仰卧综合征的发生，如因仰卧发生了血压下降，孕妇应迅速改换体位，即由仰卧位改为左侧卧位或半卧位，症状就会缓解。母亲的行为大多会传达给腹内的胎儿，为了使宝宝能在母亲体内睡得安稳，在妊娠期间，母亲应该保持充分的睡眠，使宝宝也有一个甜美的梦。

(6)产前检查

妊娠28周之前，孕妇每个月只需做一次产前检查就可以了，但从妊娠第28周开始，则必须每两周做一次检查，36周之后要改为每周检查一次，这种频繁的检查次数，是为了尽早发现妊娠后期的孕妇疾病，特别是对胎儿有直接影响的"妊娠高血压疾病"。

妊娠高血压疾病又叫做妊娠高血压综合征，是妊娠期所特有的疾病，据调查，约有9.4%孕妇可发生不同程度的妊娠高血压疾病。本病常发生于妊娠20周以后，临床表现为高血压、蛋白尿、浮肿，严重时出现抽搐、昏迷，甚至母婴死亡，是怀孕产妇及新生

儿死亡的重要原因。妊娠高血压疾病可引起孕妇大脑、心脏、肾脏以及肝脏的小动脉痉挛，导致组织器官缺血缺氧，从而引起一系列的改变。同时胎盘也会严重受损，血管痉挛，血管腔变窄，影响母体对胎儿的血液供应，导致胎儿宫内发育迟缓，严重时动脉栓塞、坏死，可发生胎盘早剥。

高血压是妊娠高血压疾病最先出现的症状，孕妇在未孕前或妊娠 20 周前，基础血压不高，至妊娠 20 周后血压升高可达 140/90 毫米汞柱，或收缩压超过原基础血压 30 毫米汞柱，舒张压超过原基础血压 15 毫米汞柱时，要特别注意。蛋白尿的出现常略迟于血压升高，在每次定期的尿常规检查中就可以发现。在妊娠后半期，如果孕妇体重每周增加 500 克，两周增加 1 千克以下，这是正常现象。但如果每周体重增加超过 500 克，就是肾功能不好引起浮肿的证据，水肿多由脚开始，逐渐延至小腿、大腿、外阴部、腹部，按之可有凹陷。大部分的孕妇在妊娠中都会有浮肿现象，如果浮肿发生在黄昏，第二天早上自动消失，这是正常现象，但是如果早上就有浮肿的情形，则要尽快到医院检查。严重者可有全身水肿或伴有腹水。

提示

对于孕妇来说，重度的妊娠高血压疾病可引起心脏病、胎盘早剥、肺水肿、凝血功能障碍、脑出血、急性肾功能衰竭、产后出血等并发症，可能导致孕妇的死亡。对胎儿来说，由于子宫血管痉挛所引起的胎盘供血不足、胎盘功能减退，可致胎儿窘迫、胎儿宫内发育迟缓、死胎、死产或新生儿死亡。所以为了孕妇和胎儿的健康，一定要定期到医院进行产前检查，做好孕期保健工作，及时发现异常，给予治疗及纠正，从而减少本病的发生和阻止其发展。

另外，孕妇还要注意营养与休息，减少脂肪和盐的摄入，增加富含蛋白质、维生素、铁、钙和其他微量元素的食品，对预防妊娠高血压疾病的发生有一定的作用，并且孕妇要保证足够的休息和保持良好的情绪也有助于抑制妊娠高血压疾病的发生。

(7) 丈夫需要做的事

怀孕的第 8 个月，孕妇的肚子越来越大，负担也越来越重，行动很不方便，容易疲劳，又要面对分娩，有很大的心理负担，所以此时的丈夫要从身心两方面来关心妻子，减轻妻子的负担。要和妻子共同学习一些与分娩有关的知识，充分地收集信息后就会知道如何保护孕妇及婴儿的安全。帮助妻子消除对分娩的恐惧心理，解除妻子的思想压力，理解妻子的心理状态，对妻子的烦躁不安和过分挑剔应加以宽容、谅解，并且帮

助妻子练习分娩的辅助动作和呼吸技巧，有助于妻子的分娩。

要保证妻子的营养和休息，为分娩积蓄能量。丈夫要主动承担家务，还要注意保护妻子的安全，避免妻子遭受外伤。此时的子宫变得非常脆弱极易受伤或感染，再加上性关系会使子宫收缩造成早期破水，所以一定要避免性生活。

要同妻子一起对胎儿进行胎教。在婴儿的感觉器官基本形成的时候，与婴儿进行对话越多越好，最好进行至少 3 次规律性的对话。不仅是听觉，在触觉也基本形成的时候应更加频繁地按摩肚子，在进行对话的时候，用手指头敲一下肚子可以感觉到胎儿的脚在动。并要做好家庭中的妊娠监护，以防早产。

要为分娩做好充分的准备。为妻子分娩做好经济上、物质上、环境上的准备，为迎接新生命的到来做好知识上、物质上的准备。要和妻子一起学习哺育、抚养婴儿的知识，检查孩子出生后用具是否准备齐全，不够的要主动补充准备。

二、胎教方案

练习(1)：愉快的叹息

主　题：帮助你做好阵痛的准备，以及与胎儿沟通。

工　具：观想和韵律呼吸。

参与者：妈妈。

进　度：30 分钟，每周至少一次，直到怀孕结束。

和第 7 个月的“摇你的宝宝”一样，“愉快地叹息”是采用瑜伽专家奥尔金所发展的新技巧。这个练习事实上是以“摇你的宝宝”为基础，但是在每次吐气时加上发出一声悠长而洪亮的“啊——”。

这个叹息的用意是在和你的胎儿沟通，奥尔金表示，“发出声音可以帮助身体在阵痛时更具有弹性”。怀孕时多做这个练习，可以促使你在阵痛时更容易发出这种喉音。

在开始前先确定你以舒适的姿势坐着，并且有约半个小时独处的时间。花 3 ~ 5 分钟握着双手，将双手放在怀孕的腹部上方约 15 厘米的地方。低头看着你的腹部，并想象肚子里的宝宝。想象你胎儿的小身体，从 10 根小手指到 10 根小脚趾，从大大的头到脚，看他舒服地蜷曲着身体。想象你孩子小脸上精巧的五官，看着他的嘴巴张开又合上，想象他的眼皮颤动着，四周包围着温暖的羊水。

当你尽可能深入地吸收了宝宝的意象后，站起身来，将两手放在腹部上。现在，心里存着宝宝的意象，一面吸气一面往前突出你的腹部。然后吐气并往后缩回你的腹部。当吐气的时候，张开嘴巴，发出一声洪亮、悠长的喉音“啊——”，重复一次，然后再做一次。

当你感觉和胎儿完全契合时，闭上眼睛，开始以你的鼻子吸气。吸气时，往前面突出你的腹部，一面想象你的身体是一条长长的风管，你的气息温柔地穿过你按摩着肚子里的孩子。当吐气时，往后缩回你的肚子，一面张开嘴巴，发出一声洪亮、悠长的喉音“啊——”，当你呼吸和叹息时，前后摇着你的宝宝，用你的手拥抱他。记住吸气时一面往前突出腹部，吐气和叹息时一面往后缩回腹部。当你持续做练习时，注意吸气以及吐气与叹息各需要约 5 秒的时间。每次你吸气时，感觉氧气进入你的鼻子，进入你的肺，然后流遍你的身体。当你吐气与叹息时——当你抱宝宝时——感觉那股空气循原路出来。

请做这个练习直到所有的动作都十分流畅而平稳的程度。这个练习将带给你宁静的感觉，给你一种与胎儿水乳交融的感觉。它也将使你在阵痛发生后，更能轻易地借着悠长的喉音叹息来抒发你的感觉。

练习(2)：绽开的花朵

主　题：为分娩时子宫颈张开做准备。

工　具：观想。

参与者：妈妈。

进　度：15 分钟，从现在到分娩每周两次。

你已经用过观想来帮助你放松，增进你的健康与精力，接近你内心的感情，并且和你的胎儿沟通。现在你将使用这种技巧来替你的身体预做阵痛和分娩的准备。

阵痛是许多女性所碰过最耗费体能的事情之一。在怀孕结束之前每周两次以 10 分钟的时间练习“绽开的花朵”，将使你的子宫颈在阵痛开始后能更容易地张开。如果经常做这个练习，它将能帮助你的肌肉预习某些真正阵痛时需要用到的动作。

在开始前，先确定你以舒适的姿势坐着，而且有约 15 分钟独处的时间。可能的话，把房间的灯关掉，拉上窗帘。现在运用“快速放松法”的技巧，进入清醒的放松状态。

当进入清醒的放松状态后，想象你走在一个开了数百朵花的园子里。看看四周，选一朵吸引你注意的花。慢慢地选，红色的玫瑰、白色的百合、黄色的水仙，或任何有花瓣的花都可以。用手拿着花，想象它慢慢地，慢慢地、一次一片花瓣地绽开。想象它越开越大，直到完全绽放开来。

用5分钟在这样的观想中，你可以随意增添任何让它显得更真实的细节。看看那朵花鲜明的颜色、叶子上的露珠、花朵里一粒粒的花粉。闻闻花的香味、听附近的鸟唱着歌或蜜蜂嗡嗡地飞。

在用5分钟观想这朵绽开的花后，低头看着你的骨盆。想象一朵含苞待放的花就是你的骨盆，然后再想象这朵花——和你子宫颈的肌肉，慢慢地张开来，慢慢地，一次一点地。感觉你骨盆附近的肌肉微微刺痛。让这个意象徘徊约5分钟，直到你以心灵的眼睛看到花和你的子宫颈完全张开来。

想象花和子宫颈张开后，继续想象它们合上。提醒你自己：当你的宝宝要出生的时刻到了，你的子宫颈会慢慢地张开，正如花朵在清晨太阳升起时会绽开一样。提醒你自己：当你的宝宝通过产道后，你的子宫颈将会合上，就像花随着夕阳西下而合上一样。这是世界上最自然的过程了，自然已经进行这种过程几百万年了。相信你的身体。现在摇动你的手指和脚趾，张开眼睛，回到意识完全清醒的状态。

练习(3)：呢喃的笛音

主　题：为宝宝准备好你的产道。

工　具：韵律呼吸和观想。

参与者：妈妈。

进　度：10分钟，每周一次，从现在起到分娩为止。

在开始前，先确定你以舒适的姿势坐着，而且有约10分钟独处的时间。把手放在腹部上，并把你的腿张开。现在用你的嘴巴呼吸（吸气和吐气的时间各需约5秒钟）。继续以嘴巴呼吸，吸气、吐气，越来越深。再一次，然后再一次。

当吸气时，想象你的身体里有一根笛子，连接你的嘴巴到你的阴道。吹奏这根想象的笛子：吸气并把空气吐进笛管，经过你子宫里的宝宝，经过你的子宫颈，然后从阴道出去。当空气经过笛管时，感觉所有附近的身体组织和肌肉变得越来越放松，直到它们完全张开、完全松弛，随时准备接受分娩。再吸气，再把空气吐进笛管。重复这个过程，直到你为分娩准备好一条敞开的通道 。当你对这个技巧越来越熟练时，试着用你身体的笛子吹奏一首曲子，用你的想象力自得其乐。

吹奏呢喃的笛音约10分钟后，继续做你一天其他的工作。

特别注意：当你用力推挤宝宝经过产道时，你可以使用这种呼吸和观想的技巧，你将惊讶地发现“呢喃的笛音”给分娩所带来的帮助。

三、专家提醒

孕妇到了妊娠后期，由于挺着大肚子干什么都不方便，因而变得懒散，不爱动，整天待在家里，不停地吃东西，不注意修饰自己，头发也不梳理，这种精神状态是不可取的。此时进行适当的运动对孕妇和胎儿都有好处，有助于孕妇的顺利分娩，有利于胎儿的健康成长，所以孕妇要有规律、有目的地做一些力所能及的劳动。此时也应注意打扮装饰自己，买一些合体的孕妇服装，翻改一些衣服的新式样，这些活动都能转变情绪。

由于身体变得沉重，所以孕妇走路时要特别注意脚下，不要摔倒、绊倒。由于身体的原因，此时的孕妇很容易疲劳，所以孕妇要保证足够的睡眠，母亲睡觉胎儿也睡觉，胎儿生长所需要的荷尔蒙通过脑下垂体制造出来，而充足的睡眠能促进其分泌，这对胎儿的成长有很大的影响。

孕妇要控制脂肪和淀粉类食物的摄入，以免胎儿过胖给分娩带来困难，应多吃营养价值较高的蛋白质以及含有矿物质和维生素的食物。为了防止以后哺乳时发生乳头皲裂，应经常擦洗乳头，然后涂一些油脂。腹部可擦液体维生素 E 或油脂，以增加腹部皮肤的弹性，减少妊娠线的出现。

一定要坚持定期去医院进行产前检查，以防妊娠高血压疾病的发生。可以利用胎动对宝宝进行家庭监护，每天早中晚各测 1 小时，3 次数字相加乘以 4 即为 12 小时的胎动数，正常在 30 ~ 100 次之间，如胎动每小时低于 3 次或比前一天下降一半以上，说明胎儿在宫内有缺氧现象，应到医院急诊。在这个时期，孕妇可能会出现阴道流血、早产、胎盘前置等现象，这时应立即上医院，即使只有少量的出血，也要尽早接受医生的诊治，以防早产的发生。

另外，此时的孕妇腹部膨胀，身体懒得动弹，性欲减退，子宫很容易受到机械性的强刺激而发生收缩，进而导致早产，所以这个时期最好避免性生活。即使要进行性生活，也要采用丈夫从背后抱住孕妇的后侧位，这样不会压迫腹部，也可使孕妇的运动量减少，性交的时间也要缩短。

第九节　孕第9个月的胎教

妊娠的第9个月，胎儿已经基本发育成熟，此时早产的婴儿，只要精心呵护，仍可健康成长。此时的孕妇由于增大的子宫，使行动很不方便，所以要保证足够的休息时间，但也要进行适当的运动，为顺利分娩做好准备，如做孕妇操、练习辅助分娩方法等。

这个时期很容易发生意外情况，如腹痛、阴道出血、血压升高、胎动次数减少等，这时必须及时到医院就诊。由于马上面临分娩的到来，所以孕妇和丈夫都应为分娩做好充分的准备，共同为宝宝的出生创造一个良好的条件。

此期不能因为临近分娩而放松了对胎儿的胎教，此时的胎儿由于发育完善，所以各种胎教方法可以轮流使用，让胎儿在母亲腹中的最后时期过得愉快而轻松。此期可以进行的胎教有：情绪胎教、音乐胎教、对话胎教、故事胎教、触摸胎教、视觉胎教等。

一、日常生活安排

(1)情绪的调节

科学研究证明，孕妇情绪不安时，胎儿的身体运动增加，胎动次数可比平常多3～10倍。如胎儿长期不安，则体力消耗过度，出生时的体重往往比一般婴儿轻0.5～1千克。孕妇与人争吵、家庭不和、极度悲伤、情绪压抑、丈夫脾气不好、婆媳关系不和、人际关系紧张等，常常导致婴儿出生后出现不同程度的消化功能失调现象，如呕吐、消瘦，甚至脱水、躁动不安、爱哭闹。

孕妇不良的精神状态给胎儿所造成的刺激，常引起婴儿行为性格异常。特别是妊娠后期孕妇精神状态的突然改变会使大脑下丘脑受影响，进而引起体内肾上腺髓质激素的分泌增加，而且交感神经系统的活动也明显增加，进而造成心率增快，使每次心搏出血量减少，胎盘供血量也因此减少而使胎儿缺氧。此外去甲肾上腺素还可使平滑肌收缩，进一步使血管收缩及子宫收缩，加重了缺氧，可使胎儿大脑发育受阻。所以为了

胎儿的健康成长和智力发育，孕妇一定要保持良好的心态度过这最后的时期。

(2)营养的摄取

妊娠第9个月时，由于增大的子宫压迫胃部，使得孕妇消化功能减退，还很容易发生便秘，所以此时的孕妇一定要注意饮食的安排。首先要养成少食多餐的饮食习惯，因为这时的孕妇胃部受压，一次吃不了太多的东西，所以可以分开几次吃，每次少吃些。其次由于平常饮食中总会不知不觉摄取过多的盐分，所以可在食物中加入胡萝卜泥和柠檬汁，这样不但可降低含盐量，又能促进消化，保持均衡的营养。此外应该多吃一些薯类、海藻类和含纤维素丰富的蔬菜类，以防止便秘的发生。

当胎儿降至骨盆中时，孕妇感觉会舒服一些，食欲也会恢复正常。但要注意不要因饮食过度而导致肥胖，这时胎儿已经有足够的养分，即使母亲不吃东西，也不会立刻影响他的生长发育。这个阶段的孕妇，要为分娩而贮存体力，要多吃一些增强体力的食品，养精蓄锐为分娩做准备。

要保证蛋白质的摄入量，禽类、鱼类蛋白质中含有丰富的蛋氨酸和牛磺酸，它们二者可调节血压的高低；大豆中的蛋白质能降低胆固醇而保护心脏和血管，同时可以保证胎儿的发育，但肾脏功能异常的妊高征孕妇必须控制蛋白质摄入量，以减轻肾脏负担。

要控制脂肪摄入量，孕妇应该少吃动物性脂肪，使膳食中的饱和脂肪酸(动物性脂肪)与不饱和脂肪酸(植物性脂肪)之比值为1或小于1，这样不仅能提供胎儿生长发育所需要的必需脂肪酸，还可以增加前列腺素的合成，而前列腺素能消除体内多余脂肪。控制热量的摄入，特别是妊娠前体重过重的肥胖孕妇，应维持热能摄入量和消耗的平衡，少用或不用糖果、点心、甜饮料、油炸食品以及脂肪含量高的食品。

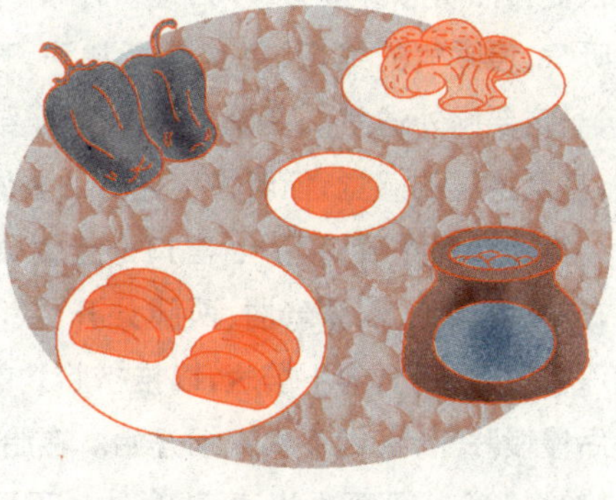

此外，孕妇要注意增加钙、锌的摄入，做到每日喝牛奶、吃大豆或豆制品以及海产品。每天保证摄入蔬菜和水果500克以上，同时搭配蔬菜和水果的种类。烹调用盐2～4克或酱油不超过10毫升，不要吃腌肉和腌菜以预防水肿；禁食碱或苏打制作的食物。

下面介绍一种一日膳食安排范例，供孕妇参考。

早餐：牛奶250毫升，玉米面和标准面粉制成的发糕50克，猪肉松10克；

早点：烤白薯100克；

中餐：大米饭150克，鲤鱼木耳汤(鲤鱼250克，黑木耳30克)280克，海带丝炒肉

丝(水发海带100克,瘦猪肉100克)200克;

午点:酸奶250克;

晚餐:麻酱花卷100克,芝麻酱20克,白虾青椒(白虾米100克,柿子椒100克)200克,蒜蓉西蓝花100克。

(3)适度的运动

女性在怀孕后,产生一系列生理变化,增加了心脏负担,而体育运动能够增强人的心脏功能,保证供给胎儿充足氧气,有利胎儿发育,减缓怀孕期间出现的腰痛、脚痛、下肢浮肿、心跳气短、呼吸困难等症状。另外孕妇进行体育运动时,能使全身的肌肉血液循环得到改善,肌肉组织的营养增加,使肌肉储备较大的力量,防止因腹壁松弛造成的胎位不正和难产。有力量的腹肌、腰背肌和骨盆肌有利于自然分娩。所以此时的孕妇不能因为身体笨重就不运动了,而应该继续进行运动,如继续做孕妇操、继续练习辅助分娩方法,从这个月开始,还应该练习助产呼吸技巧。

助产呼吸技巧不但能够减轻宫缩疼痛,还可积极与助产医生配合,使分娩顺利进行,具体方法如下:

第一产程呼吸练习:当宫缩疼痛开始时,深深地吸一口气,然后慢慢地呼出。孕妇练习时以5秒钟作为标准,心中默默地数1、2、3、4、5,让自己有一种将气体储存在腹中的感觉,然后把气一点一点慢慢地呼出,从嘴里或鼻里呼出都可,呼气时间是吸气时间的2倍。孕妇按照这样的方法反复做4~5次后,呼吸要逐渐变得短而浅一些,直到呼吸恢复自然状态。接着,孕妇继续轻微呼吸,待感到宫缩减弱为止。再连续做4~5次深吸气、慢呼气的练习,每次逐渐加深,直至宫缩停止。注意往外呼气时不要用嘴吹气,一定要向外送气。在临产第一产程结束时,孕妇宫缩加强,可能会出现呼吸被抑制,甚至挤压的感觉,但若按上述方法去做,就会得到缓解。

第二产程呼吸练习:当宫口开全时,孕妇需要进行屏气呼吸,孕妇在做这个练习时,应采取仰卧、双膝弯曲、两腿分开、头和双肩抬高的姿势,孕妇在每次宫缩开始时,深深吸气,并用力向下屏气,以推挤胎儿前进。当宫缩结束时,吸气应缓慢,并且加重,然后慢慢呼气,直到下次宫缩开始。在胎先露出来时,孕妇采用张嘴短促的哈气呼吸,即“哈”、“哈”,不可发出声音,身体也不可用力,练习时应该以30秒为一次宫缩时间,逐渐增加训练,直到能达到以60秒为一次宫缩为止。

(4)睡眠

怀孕第9个月,是孕妇的身体接近最笨重的时候,很容易感觉疲劳,所以要保证足够的休息时间。每天晚上至少要有8~9小时的睡眠时间,有条件的话,中午还可以小睡1~2小时,使孕妇有一个饱满的精神状态和充足的体力。但休息并不等于整天躺着静养或者坐着不动,每天除了适当的休息以外,还必须有一定的运动时间。

睡觉的姿势往往会影响睡眠的质量，妊娠晚期尤为重要。孕妇的姿势对自身与胎儿的安危都有重要关系。要避免长时间的仰卧，以免增大的子宫压迫下腔静脉，使回心血量及心输出量减少，发生低血压，使孕妇出现头晕、心慌、恶心、憋气等症状，且面色苍白、四肢无力、出冷汗等，还会影响胎儿的发育。

一般采取左侧卧位的姿势，此种姿势可纠正增大子宫的右旋，能减轻子宫对腹主动脉和髂动脉的压迫，改善血液循环，增加对胎儿的供血量，有利于胎儿的生长发育。起床时，如果你原来的睡姿是仰卧的，应该先将身体转向一侧，弯曲双腿的同时，转动肩部和臀部，再慢慢移向床边，用双手撑在床上，双腿滑下床下，坐在床沿上，稍坐片刻以后再慢慢起身。

(5)丈夫需要做的事

因为此期接近预产期，所以丈夫要为分娩做好充分的准备。妻子怀孕是夫妻两个人的事，同时也是一个家庭中最重要的事，在整个过程中，丈夫应该扮演一个积极的角色，丈夫的参与和精神上的支持，对怀孕的妻子来说是非常重要的。如果夫妇双方都有充分的知识准备和心理准备，那么就会更有信心，更能有效地互相支持。

首先还要像以前那样在情感上关心体贴妻子，要确定好医院的住院床位，安排好送妻子去医院的交通工具，整理好母子的衣服、用具。其次要在思想上宽慰妻子，对于许多第一次做妈妈的女性来说，在期盼宝宝出生的同时，也会对分娩充满了担心与恐惧，此时就需要丈夫跟妻子进行对话来消除这种恐惧感。另外，丈夫也应该去上产前学习班，学习一些缓解妻子精神紧张的方法，如为妻子按摩等，还可以帮助妻子练习辅助分娩方法和呼吸技巧练习。

总之，丈夫只有真正地了解怀孕带给妻子生理与心理上的变化，才能更有效地帮助妻子。此外还要为分娩做好充分的准备，再次检查住院需要准备的东西，去医院需要的时间及交通方式，医院费用及应付危急情况发生应准备的应急措施，都要提前准备好。最重要的一点是做好经济上的准备，要留出足够的经费用于妻子分娩所需的多种开支，以及给妻子和孩子补充营养的开支。

二、胎教方案

练习(1)：温暖的阳光

主　题：消除紧张与不适。

工　具：引导式想象。

参与者：妈妈。

进　度：5 分钟，随你喜好经常做。

在开始做这个练习前，先把下面的词句录下来。和其他引导式想象的练习一样，建议你找你的丈夫或亲近的朋友来念这段文字，不过如果你喜欢的话也可以自己录。念台词的人最好在录音之前先默读指示的内容，并在录音时尽可能平静而缓慢地念，在该停顿的地方适时停顿。

想象你躺在太阳下，金色的阳光透过你的皮肤，沐浴着你的胎儿、你体内的器官和你的肌肉与骨头。感觉你整个人里里外外因为太阳的能量和温暖而散发出光辉。

现在吸气、吐气，吸气、吐气，尽可能做深呼吸。每一次你吸气时，想象你正吸入太阳温柔、散发着光辉的温暖。想象阳光以能量和健康浸透你和你胎儿的身体。想象阳光扩散开来，充满你身体的每一部分。想象阳光不断扩散直到它以明亮橙黄的光辉包围着你。

现在想象那种光辉在你身体感到紧张或不适的地方显得特别明亮。想象那种光辉在紧张或不适的地方不断振动激荡着，直到疼痛和紧张完全消除为止。

特别注意：这个练习可以在你怀孕最后的阶段，帮助你克服紧张和不适，同时也是在阵痛时可以运用的一种有效的技巧。

练习(2)：准备就绪

主　题：理想的阵痛和分娩。

工　具：激励法和笔记。

参与者：妈妈。

进　度：5 分钟，每天一次，直到分娩为止。

在开始前，先大声逐句地念下面的激励语：

我完全可以应付阵痛的情况。

我的阵痛将完全和自然的节奏协调。

分娩是一件正常、健康的事。

我在为我和我的宝宝准备一次安全、健康的分娩。

我已经完全准备好迎接我的宝宝了。

念完这些激励语后，翻开笔记本空白的一页，将它对折。在左半边写下第一句激励语，同时把你的名字也写进这句激励语（以及本练习中所有的激励语）中，例如，要是你的名字是米雪，你应该写："我，米雪，完全可以应付阵痛的情况。"当写激励语时，尽可能去感受句子的意思，你也可以边写边大声念着激励语。当你在左边写好一句激励语后，换成在右半边把你所有的反应记录下来。如果你觉得该激励语似乎不能代表真实的情况，写出为什么。以这样的方式写每句激励语5～10次，直到你所有的疑惑和感觉都表达出来为止。

写的时候，注意每一次记录下来的反应间有什么改变。在你表达感觉时，你将洗尽所有消极的思维模式，让积极的思想和感觉得以浮现。

如果你还有其他的激励语想补充的话，请尽管这么做。重要的是你借着它来提升你的信心，帮助你度过阵痛和分娩的难关。

三、专家提醒

这时的孕妇行动很不方便，稍微动一下就会感觉心跳，要注意多休息，但为了顺利分娩，还要进行适当的活动，例如做一些简单的家务活。在日常生活中，长时间淋浴、长时间做某种动作都是要加以注意的。由于各种分泌物增多，外阴部容易污染，因此每天要清洗，内裤要勤换，注意经常保持清洁。

产前检查要坚持每两周一次。除此之外，有腿肿、头痛、恶心等症状时，要尽早接受医生的检查。在这个月，妊娠高血压疾病的危险增加，应注意控制体重的剧烈增加，特别要注意胎盘前置性出血和破水。如果有突然大出血，羊水流出，应马上入院。

提示

这个时期应该为分娩和住院做准备了，在物质和精神上都要做好分娩的准备。仍然在工作的孕妇此时应该开始休产假了，要以最好的身心状况来迎接宝宝降临。产后想继续工作的女性，要事先和丈夫商量好，孩子出生后如何照顾，如果想请人照顾，最好找有经验的保姆。假如方便，也可以请父母代为照顾，但是也不能过度依赖父母。准备充分后，即使在预产期前有临产征兆，也不至于慌乱。

第十节　孕第10个月的胎教

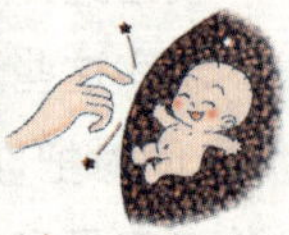

怀孕的第10个月，由于马上要面临分娩，很多孕妇会变得很紧张，对分娩充满了恐惧感。其实这完全是没有必要的担心，分娩对女性来说是很正常的一件事情，几乎每个人都会经历，所以每一个孕妇都应该以积极的心态去面对分娩，多想想可爱的宝宝，就会轻松很多。

此期的孕妇应该学习一些有关分娩的知识，对分娩先兆要有足够的认识，才能以平和的心态迎接随时可能到来的分娩。仍然要进行适当的锻炼，为顺利分娩做好准备。此期有可能出现一些异常现象，如前置胎盘、胎盘早剥、羊水过多或过少、过期妊娠等，一旦发现要及时到医院进行处理。

此期的胎教仍然应该按时进行，可将音乐胎教、对话胎教、视觉胎教、意念胎教、运动胎教等胎教方法综合应用，对胎儿进行全面的训练。

一、日常生活安排

(1)情绪的调节

现在有些女性怀孕后，情绪波动很大，表现为急躁不安、喜怒不定、发呆、抑郁、无故饮泣、情绪低落、整天忧心忡忡等，主要是由以下几方面原因造成的。首先怀孕后女性的日常生活会被改变，例如，不能做任何剧烈运动，饮食方面需要注意，许多事情要被禁忌等，有一种被束缚的感觉。由于妻子怀孕，身为丈夫每当想到自己将为人父，那种兴奋程度凌驾于对妻子的关怀及呵护之上，因而导致妻子有被忽略感觉。其次到了怀孕后期，由于缺乏经验，对分娩充满了恐惧感，当她们在待产室待产，听到产房临产产妇的叫喊声，心理恐惧的成分就更多了，她们怕分娩疼痛，怕不能顺产，还怕手术以后会带来痛苦或并发症。此外还会为孩子的将来担心，如将为人母的责任感加重，担心日后如何教导小孩子，考虑小生命出生后的各种生活安排，担心小生命出生后是否能健康快乐地成长，等等。

这种情绪对腹中的胎儿和将来的分娩都十分不利，所以孕妇一定要排除这些不良的情绪。孕妇可做一些转移注意力的事情，可以为即将出生的宝宝编织一件小衣服，或漫步于环境优美的大自然中，去看夺目的彩霞、如洗的晴空、郁郁葱葱的树木以及五彩绚丽的花朵，孕妇还可以和准爸爸一起去钓鱼，这些都能使孕妇紧张的情绪得到排

遣和放松。准爸爸应陪孕妇去做产前检查，去孕妇学校学习正确的分娩知识和常识，帮助孕妇布置一个自己喜欢的居室环境，以迎接可爱的宝宝的到来。当孕妇感到内心十分焦虑紧张时，准爸爸面对她喋喋不休的宣泄，不要显出不耐烦的样子，以使孕妇的情绪得到抚慰和安定。准爸爸可以用一些幽默或诙谐的语言，来调节孕妇紧张消极的情绪，如“你总是愁眉苦脸、闷闷不乐，我们的宝宝会挂着伤心的泪珠出来的”；或当孕妇由于子宫收缩肚子感到有些疼时，可以说“宝宝正在对你做妈妈是否称职做考察”等。

临产前，孕妇的工作量和活动量都应适当减少，应该养精蓄锐，准备全力以赴地进入临产过程。分娩几乎是每个女性必经的一关，事到临头，人人都能承受。现代医学发达，分娩的安全系数大大提高，分娩手术的成功率也近于100%，一般不会出现意外。此时的孕妇应该保持一个积极的心态，经常对自己说：“我就要见到日思夜想，如同梦中的宝宝了，这是一件多么令人不可思议的事，多么让人心旷神怡！”自己鼓励自己，避免情绪不佳。要摆脱一切外在因素的干扰，尤其不应该顾虑即将诞生的婴儿的性别，亲人也不应该给孕妇施加无形的压力，免得给孕妇带来沉重的心理负担，使分娩不顺利。如果到了预产期腹中的胎儿还没有动静，孕妇也不要着急，因为到了预产期并非就要分娩，错后10天之内都是正常的。

孕妇在分娩前保持良好的心理状态十分重要，它关系到分娩时能否顺利分娩。所以孕妇本人和丈夫都要为此做出努力，以一个良好的心态去面对分娩。

(2)营养的摄取

在妊娠的最后一个月，孕妇一定要保证充足的营养，以蓄积体力，为分娩做准备。在此期，孕妇饮食应注意以下几方面的问题：

①在保证每天所需热量的前提下，增补较完善的蛋白质，要求动植物类蛋白质食品同时搭配吃。同时监测血锌、铜和碘情况，注意血钙低时对缺锌的掩盖现象。

②增补DHA食品或鱼类DHA营养品，以便促进胎儿大脑神经元和视网膜光纤细胞膜磷脂的合成。最好保持血清DHA含量在每毫升不低于60微克。

③在妊娠末期，消化器官功能减弱，所以孕妇容易发生便秘。多吃薯类、海藻类和含纤维质丰富的蔬菜类能防止便秘。要注意少吃一些含脂肪和热量多的食物，以免胎儿过大造成难产。

④禁忌吸烟、饮酒。因为烟酒对胎儿的发育也有很大的不利影响，比如容易导致

出生低体重儿、流产、早产、死胎等危害。

⑤此期为母体代谢增至高峰，并且由于胎儿长大、子宫增大，孕妇常有胃部不适或饱胀感，因此可少食多餐。有水肿的孕妇要控制食盐用量。如有条件，最好食用磷脂、螺旋藻及免疫球蛋白。

(3)适度的运动

到了临产前孕妇的身体非常笨重，几乎进行不了什么活动了，所以此时的散步是孕妇最适宜的运动。孕妇通过散步，可以安定神经系统，增加肺部换气功能，帮助消化、吸收和排泄，可刺激脚下的诸多穴位，以调理脏腑功能，使孕妇健身祛病。散步可以改善孕妇脚部的血液循环，促进全身的血液循环，使胎儿血液供应更充足。散步还可使孕妇肌肉的力量得到锻炼而加强，还可帮助骨盆运动，有助于产妇分娩时减轻疼痛。

由于这时孕妇的行走、睡眠等日常活动都会受到宝宝的影响，为了保证孩子的健康成长和维护孕妇自身的健康，怀孕以后应当注意保持正确活动姿势。平时行走时，应该抬头、挺直后背、伸直脖子、收紧臀部，保持全身平衡，稳步行走。站立的时候，要保持两脚的脚跟和脚掌都着地，使全身的重量均匀地分布在两只脚上，双膝要直，向内向上收紧腹壁，同时收缩臀部，双臂自然下垂放在身体的两侧，头部自然抬起，两眼平视前方。坐下时，最好选择用直背坐椅(不要坐低矮的沙发)，先保持背部的挺直，用腿部肌肉的力量支持身体坐下，使背部和臀部能舒适地靠在椅背上，双脚平放在地上。起立时，要先将上身向前移到椅子的前沿，然后双手撑在桌面上，并用腿部肌肉支撑、抬起身体，使背部始终保持挺直，以免身体向前倾斜，牵拉背部肌肉。上楼时拉住楼梯的扶手，可以借助手臂的力量来减轻腿部的负担。下楼时要握住扶手防止身体的前倾、跌倒。不要直接弯腰从地上拾起物品，以免用力过度导致背部的肌肉和关节损伤，应当先慢慢蹲下，拾起物品后再慢慢站起来。当需要拿高处物品时，千万不要踮起脚尖，也不要伸长手臂，以免不慎摔倒，最好请在家中的亲人帮助。

另外，此时的孕妇可以做一些临产前的准备。可以进行下蹲运动，使骨盆关节灵活，增加背部和大腿肌肉的力量和会阴的皮肤弹性，有利于顺利分娩。具体方法是：两脚少许分开，面对一把椅子站好，保持背部挺直，两腿向外分开并且蹲下，用手扶着椅子，只要觉得舒服，这种姿势尽量保持得长久一些，如果感到两脚底完全放平有困难，可以在脚跟下面垫一些比较柔软的物品，起来时，动作要缓慢一些，扶着椅子，不要过于快捷，否则可能会感到头昏眼花。

盘腿坐练习可以增加背部肌肉，使大腿及骨盆更为灵活，并且能改善身体下半部的血液循环，使两腿在分娩时能很好地分开。具体方法是：保持背部的挺直坐下，两腿弯曲，脚掌相对，尽量靠近身体，抓住脚踝，用两肘分别向外压迫大腿的内侧，使其伸展，这种姿势每次保持 20 秒，重复数次。如果感到盘腿有困难，可以在大腿两侧各放一个垫子，或者背靠墙而坐，但要尽量保持背部挺直，也可以两腿交叉而坐，这种坐姿，也许会感到更舒服，但要注意不时地更换两腿的前后位置。

另外一项临产前的准备是骨盆底的肌肉锻炼，骨盆底的肌肉是支撑肠、膀胱以及子宫的肌肉，怀孕后这些肌肉会变得柔软且有弹性，由于胎儿的重量，会感到沉重并且不舒服，到了怀孕后期，甚至可能会有漏尿症状，为了避免发生这些问题，应该经常锻炼盆底肌肉。具体方法是：仰卧，两膝弯曲，双脚平放，好像要控制排尿那样用力地收紧盆底肌肉，然后停顿片刻，再重复收紧，每次重复做 10 次。

(4) 淋浴

此期有的孕妇已经分娩，分娩后的产妇在洗澡时要注意：刚刚分娩的孕妇，若会阴部位没有伤口，身体疲劳已经恢复，随时都可洗浴，但洗浴时间不宜太久，每次 5 ~ 10 分钟为宜，水温要适宜，冲洗后丈夫应该帮助产妇赶快擦干身体和头发，及时穿好衣服，以免受冷后引起肌肉、关节酸痛。不要洗盆浴，避免脏水流入阴道而引起生殖器官的感染。产后体质较虚弱的孕妇最好先不做冲洗，让丈夫用温水进行擦浴。

(5) 睡眠

此期的孕妇还是要采用左侧卧位的姿势睡觉，此种卧位可纠正增大子宫的右旋，能减轻子宫对腹主动脉和髂动脉的压迫，改善血液循环，增加对胎儿的供血量，有利于胎儿的生长发育。由于身体沉重加重了腿部肌肉的负担，会使腿部抽筋或疼痛，所以睡觉前可以按摩腿部或将脚垫高。另外此时由于马上要临产了，很多孕妇在精神上有很大的负担，所以会导致失眠，这时不必为此烦恼，要减轻心理负担，用积极的心态去面对分娩，如果实在睡不着，可以看一会儿书，转移一下注意力，心平气和自然能够入睡。

(6) 丈夫需要做的事

这个时期丈夫应该把所有的一切都准备好了，随时准备迎接临产的到来。可以先同妻子一起进行分娩辅助运动的练习，可以加深父母与孩子的联系，给胎儿不停的鼓励，对胎儿出生后也有很大的意义。

妻子分娩时，如有可能丈夫最好陪在身边，分娩应该是由夫妻一起体验、一起感受生命诞生刹那的喜悦，这也是人一生中的大事。现代丈夫大多能在妻子妊娠期间，一起学习有关分娩的知识、婴儿的诞生过程、如何使用各种方法辅助分娩等，如果夫妻同心协力，将使这件艰难浩大的工程变得更为顺利。英国小儿科医生乔力博士，积极鼓励先生陪同妻子度过整个分娩过程。如果这时先生能紧握妻子的手，不但可以减少妻子对陌生环境的不安，也可以松弛妻子紧张的情绪，孩子一出生，就能和父母有爱的接触，可减少他对新环境的不安。

二、胎教方案

练习(1)：综合胎教

妊娠晚期，胎儿的各系统已经发育得比较完善，此时各种胎教方法对胎儿都可以使用，所以孕妇在这时要将各种胎教方法综合进行，灵活应用，对胎儿进行胎教。

一般的做法是，每天清晨起床，都要拍着腹中的胎儿对其说一些关于天气或问候的话语；然后到户外散步，可以边散步边对胎儿进行抚摩和说话；晚上睡觉前则进行音乐胎教，一边听音乐一边抚摩胎儿。当然每个孕妇可以根据自己的实际情况来选择适合自己的胎教方法，只要是对胎儿有益的都可进行。另外在进行胎教时，应按照各种方法提出的要求进行，这样做，收效会更大。

练习(2)：是的，我能

主题：在阵痛和分娩时提升自信心。

工具：激励法。

参与者：妈妈。

进度：在阵痛和分娩期间随时做。

请利用下列的激励语来帮助你度过阵痛和分娩。要使这些激励语发挥效果。你只要经常反复念其中对你最有效的句子就可以了。

我现在的阵痛完全与自然的节奏协调。

我现在已经完全准备迎接我的宝宝了。

我子宫收缩的力量可以带领我的宝宝离开子宫。

我可以用推挤的力量帮助我宝宝的出生。

我的子宫收缩是自然法则所驱动的。

我的子宫将像一朵绽放的花朵一样张开来，让我的宝宝出生。

三、专家提醒

到了怀孕的第10个月，孕妇要每个星期去医院做一次产前检查，做好随时入院的

准备；由于行走不便，要更加小心地走路，绝对不要做对母体不利的动作，避免向高处伸手或压迫腹部的姿势；抛开不安与担心，安心地考虑些产后的事情；保证充足的营养和睡眠，以积蓄体力；清洁身体，淋浴或擦身都可以，特别要注意外阴部的清洁；严禁性生活，房事可能造成胎膜早破和早产；此时也不要以怀孕为借口放纵自己酣吃酣睡，适量的运动有助于顺利分娩；如果多次出现规律性的子宫收缩，这就是临产的征兆了，应马上去医院；如果过了预产期，腹中的胎儿仍毫无动静，也不要着急，首先要判断预产期是否已过，然后做 B 超检查胎儿的成熟度，如果确实已过预产期，胎儿也已成熟，继续发育，会因过大造成难产或引起窒息，所以，需请医生帮助尽快分娩，早日结束妊娠。

第九篇 胎教中不可忽视的问题

第一节 正确处理胎教中的不良心理

一、胎教应该始于生命之初

结婚以后，妻子停经自然就会想到怀孕，而更多的人先不告诉丈夫，而是先到医院就诊，等到医生给出了明确的诊断时，才去告诉丈夫。很多人这么做了，也无可非议，可要知道，当我们知道自己怀孕的时候，那已是怀孕的第 2 个月了。在这 1 个多月的时间里，腹中的小生命从无到有已经发生了翻天覆地的变化。快速的发育，调整的分化，这个小生命处于惊人的变化过程中，这时，孕妇的内环境就显得特别重要，而孕妇的心态是影响内环境的直接因素。因此，怀孕之始，孕妇保持良好心态十分重要。

我们说，胎教应该始于生命之初，胎教作为一整套内容，应该始于孕前。如果没做好孕前准备工作，从意识到受孕时起开始胎教也不为晚。

提示

初次怀孕的女性，初知自己怀孕很自然要了解妊娠方面的知识，读书或求教别人。为此我们觉得孕妇首先要做好迎接妊娠的心理准备。妊娠反应是一种正常的生理现象，正确对待，保持心情舒畅，采取一定措施，就会减轻妊娠的不良反应。其次要听听产科医生对妊娠知识的指导，了解胎儿的孕育过程，尽量在思想上和心理上做好准备。还可以经常与做了母亲的人交流思想，做了母亲的人对妊娠都积累了一些宝贵的经验，这也就为胎教实施做好了总体上的心理准备。

二、努力克服胎教中的忧郁心理

有的孕妇怀孕后，情绪会变得异常低落，总感到烦闷，神情沮丧，打不起精神。如果忧郁情绪持续一段时间，会造成孕妇失眠、厌食、性机能减退和自主神经紊乱。有忧郁心境的人往往缺乏活力。神情处于懒散状态。忧郁心理又会使孕妇心情压抑，体内血液中调节情绪和大脑的各种功能的物质含量偏低，直接影响到胎儿的正常发育。受母亲的影响，这样的孩子出生后好委屈，长时间啼哭，长大后，又会表现为缺乏自信心，感情脆弱，郁郁寡欢。由此可见，忧郁不利于胎教，不利于胎儿的发育和发展。为此，有了忧郁心理的人，一定要积极调整自己的心态。积极的人生观是克服忧郁心理的基础。同时孕妇要努力跳出个人小圈子，多到户外呼吸新鲜空气，多参加社会活动，出外游玩。随着精神的放松，心情也会随之变得开朗起来，平日里多在生活中寻找乐趣，多做一些适当的文体活动，如下棋、唱歌、欣赏优美轻松的音乐，这些活动都十分有助于调节人的情感。多和乐观开朗的人接触，多与人交流思想，敞开胸怀，开阔视野，有助于消除内心忧郁的情结。做丈夫的此时可别被妻子的情绪所感染，相反要多体谅和理解妻子。妻子情绪上的变化，很大程度是由生理上的变化引起的，妻子委屈地哭，绝不是你们之间的感情出了什么问题。面对情绪低落的妻子，丈夫要尽量表现出宽宏和温馨，引导妻子控制自己的情绪，多为孩子着想，因为低落的情绪对胎儿的发育实在没有什么好处。丈夫要启发妻子对孩子的一片爱心，转移妻子对烦恼事情的注意力。尽量多陪妻子做一些开心的事，和妻子一起读有关书籍，欣赏音乐，和妻子到户外重温一下恋爱时的梦，这样既可以增进夫妻之间的感情，也会使妻子心里充满爱意和甜蜜，妻子的这种情感会随时传递给腹内的胎儿，使胎儿在一片爱心中茁壮成长。

三、正确对待胎教过程中所出现的淡漠心理

随着妊娠进程，孕妇实实在在地感到腹中新生命的存在了。孕妇满脑子都是这个小小的生命，其他事情都变得无足轻重，凡事都以体内的胎儿为出发点。妻子整个性格爱好似乎都变了，对于过去从不关心的甚至厌烦的话题，十分感兴趣，而原来有兴致

的事，却无心去做了。孕妇对外界的反应显得有些淡漠和迟钝，做事也显得心不在焉。有的孕妇对性生活也缺乏兴趣，甚至有独居的想法，令丈夫难解。妻子对性生活淡漠，一方面是妻子的热点转移，另一方面就是妊娠期的妇女体内分泌的孕激素大量增多，使得孕妇对异性的兴致降低，有的甚至不喜欢异性接近，严重者对异性有反感和敌视心理。

有了孩子，感情就大转移，不如从前那样关心丈夫，对丈夫的感情也不如从前那般细腻，这会让丈夫有一种失落感。特别是在性生活上，如果真的是由于自己的心理、体力、精力等无法进行，那就主动向丈夫解释清楚，取得丈夫的理解，千万不可为此伤害了丈夫。

丈夫对妻子最重要的是理解，理解妻子感情上的转移是正当而自然的。女性爱孩子是一种天性，也是一种自然规律，丈夫要把妻子对孩子的爱理解为是对自己的爱的另一种表达方式，孩子不正是自己生命的延续吗？丈夫在性生活上需要多体谅妻子的心理和生理特点。妻子在孕期，自身负担加重，同时还要面对社会工作、人际关系、家庭事务，还要给未来的宝宝准备些物品，妻子可太疲劳了，不能为个人的情欲再去加重妻子的负担，况且，孕早期和孕后期的性生活的确会引起胎儿流产或早产。那样的话，丈夫就可能追悔莫及了。孕中期也不适合太频繁的性生活，因为性生活的压迫，会加重孕妇腹部的压力，使胎儿受压，而且还会使孕妇呼吸急促，血流不均，造成胎儿暂时性氧气不足。所以丈夫多以克制为本，宽大为怀，积极为妻子创造一个安静、舒适的环境，尊重妻子的意愿，帮助妻子顺利度过十月怀胎期。

四、依赖心理对胎教的影响

有的人怀孕后，感情会变很脆弱，在精神上和心理上都离不开丈夫，对丈夫有一种依赖感，希望丈夫能时时在身边，和自己一样分享快乐、分担忧患。怀孕是女性生理上和心理上一次巨大变化时期，这种转变常造成妻子心理上的不平衡，丈夫在身边，有一种稳定作用，丈夫的爱是妻子精神上的一种镇静剂。妻子在孕期希望丈夫能以自己为中心，时时关心自己、处处照料自己，这种依赖心理既有生理上的需要，也有感情上的需要，还有一份额外的担心，担心自己形体的变化，会改变自己在丈夫心目中的形象，因而有危机感。

这时，丈夫可别吝惜那几句温暖的话，丈夫的贴己话不仅仅是说给妻子听，也是把父爱倾注于胎儿，使胎儿也受到爱的鼓励。在妻子妊娠期间，丈夫多为妻子考虑，多关心妻子，多表白自己的爱心，是不可少的。

作为妻子自身，则别变得太娇气，这种娇气不利于胎儿的生长发育。有了身孕，并不等于什么都不能做了，丈夫对自己必要的关注是应该的，但丈夫有自己的事业和工作，有自己的生活内容。妻子则要体谅丈夫，不要对丈夫有过分的依赖，相反，在很多事情上妻子要学会自强自立，学会在心理上进行自我调理和自我平衡。孕妇的这种坚强与毅力会直接影响到胎儿的生长发育，在胎儿的心理上埋下自尊自强的种子，为胎儿出生后的良好品质打下坚实的基础。

五、帮助孕妇消除暴躁心理

有的女性怀孕后，有时性格很坏，好发脾气，易动怒，喜欢和丈夫和他人找茬儿吵架，弄得与丈夫、与他人关系紧张。孕妇发怒，这不仅有害于自身的健康，而且殃及胎儿。孕妇发怒时，血液中的激素和有害化学物质浓度会剧增，并通过胎盘屏障进入羊膜，使胎儿直接受害。发怒还会导致孕妇体内血液中的白血球减少，从而降低机体的免疫能力，使后代的抗病能力减弱。如果母亲在胎儿口腔和上颌骨形成的第 7 ~ 10 周时经常发怒，会造成胎儿腭裂和兔唇。因此，孕妇发怒，贻害无穷。

为了孩子，孕妇一定要息怒。十月怀胎，是一段漫长的岁月，其间难免遇到让自己气恼的事。当遇到令人气愤的事情，先不必急躁，一则发火是解决不了问题的，再则，发火伤害自身，危及胎儿。为此，发火之前，还是先克制一下，转移话题或做点别的事情，分散分散注意力，这都会使气愤的心理得到缓解。看看电影、听听音乐、散散步、做做操，都会使精神放松，头脑冷静。能否保证遇事不怒，这与一个人的思想觉悟、品德修养密切相关。在孕期的女性尤其要加强自身的修养，以自身的优秀品质、完善的人格来影响腹中的胎儿，进而提高胎儿的心理素质。

对丈夫来说，如果你的妻子孕后爱发脾气，好找茬儿和自己吵架，丈夫则不能拉开架式和妻子吵。为了后代，丈夫理应先克制自己，然后劝妻子克制。丈夫要多给妻子摆事实，讲道理，疏通妻子心中的郁闷。对于发怒的害处，尤其对胎儿的害处，丈夫要多加提醒，每一位妻子都会爱护腹中胎儿放弃发火的。

提示

发怒是由强烈的刺激引起的一种紧张情绪。丈夫要尽量避免让妻子受到这种强烈刺激，多创造缓解孕妇紧张情绪的外环境，引导妻子学会自我放松和自我平衡。同时，丈夫要多开动脑筋，丰富妻子的业余生活，提高妻子的处世能力。

六、胎教与猜想心理的关系

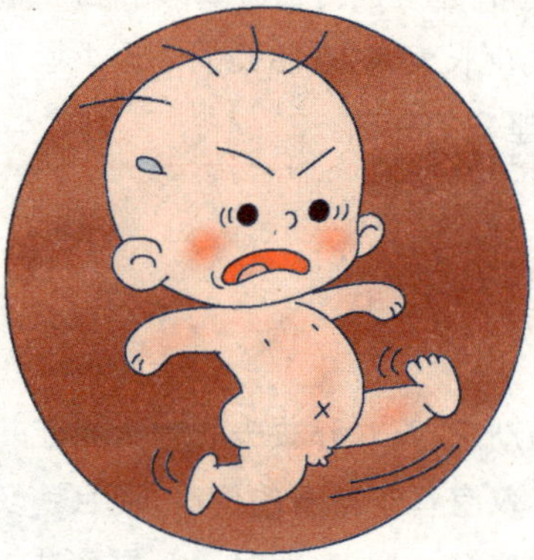

胎儿在一天天长大，长到4个月后，这个小人物可能就不那么听话了。他在妈妈的腹中来回乱动，不时地踢踢妈妈这里，蹬蹬妈妈那里，好像怕妈妈忘了他似的。其实，妈妈才不会忘了他呢，这个小淘气一乱踢乱动，妈妈就会产生各种各样的猜测：孩子长得什么样，像爸爸还是像妈妈，皮肤是白还是黑，会长得很漂亮吗？想得最多的，时间最长的问题就是孩子的性别问题。腹内的胎儿是男孩子还是女孩子，这是夫妻最为关心的问题，也是双方家长十分关注的问题。这就会给孕妇造成一种心理上的压力。孕妇会想：孩子的性别会如愿吗？不如愿怎么办？

其实，在孩子性别上的多虑是最没有意义的事，孩子是男孩还是女孩，早在精卵结合的生命之始就已经确定了的，无论你想与不想，这都是不以人的意志为转移的。

猜想也好，想象也好，不是什么坏事，关键看你怎么想，想什么。积极的、美好的联想会给胎儿的生长发育以良好的鼓励，消极的、悲观的乱想却会给胎儿以不良影响。因此，在孕期，孕妇不能毫无节制地胡思乱想。

孕妇要把不必要的猜测换成有意义的想象，这也就是想象胎教。我国自古就有“欲子美好，数视璧玉”之说。现代科学论证，想不是毫无意义的，想本身是一种念力，这种力会作用于自身，也作用于他人。因此有人总结，看珠宝玉器，欣赏书画，可使胎儿有美感；音乐可融和人心，观看军人队列，听雄壮的乐曲，可有秩序感等，这也就道出了妻子的感受都会影响到胎儿。胎儿心智方面的发展，更有赖于孕妇本身文化素质、道德情操的提高和深化。

妻子对未来的孩子的猜测与幻想，是孕妇的一个美好的愿望，也是妻子的一个美丽的梦。对此，丈夫可以加以正确引导，让孕妇多想一些对胎儿有益的事，消除那些对胎儿不利的想法。对于胎儿性别，不能造成孕妇的心理负担。

妊娠早期，胎儿未定形定性，丈夫要多引导妻子接触一些美好的事物，多有一些美好的想法，多做一些有益的活动。妊娠中期，要想胎儿美丽与聪明、活泼，想象胎儿在阳光下健康成长。妊娠后期，常想胎儿是那么可爱与逗人，他在眨着眼睛和你嬉戏。聪颖的胎儿需要在美好的愿望中逐渐长大。

七、胎教中的羞怯心理

孕妇到了4~5个月，妊娠反应已消失，孕期的身体处于最佳状态，而且还会更显得容光焕发。这个时候孕妇的腹部在逐渐隆起，别人已经能明显看出你怀孕了。此时，个别的孕妇有一种羞怯感，不愿见熟人，特别是遇到要好的朋友会感到很难为情。有的孕妇不喜欢自己腰宽体胖，为脸上出现的“蝴蝶斑”而恼火。其实，这很不必要。

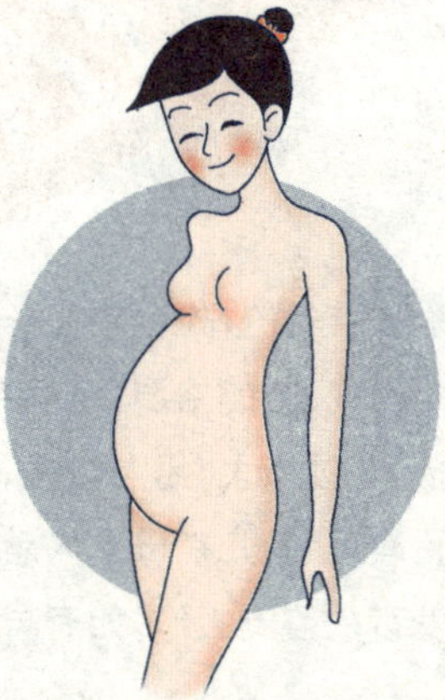

苗条有苗条的美，宽松有宽松的美，孕妇也自有一种孕体美，这种美绝不是任何人可随时就能具有的。在我国，大多数人只能享受一次孕体美，所以，孕妇应好好珍惜，充分享受。至于孕斑，多数人在分娩后自然消失，不必治疗，也用不着难为情。

怀孕不是丑事，不必害羞，参加集体活动，参加好友聚会，可以告诉同伴自己的情况，这样同伴会在多方面给予你关心和照料，对于不适于孕妇参加的活动项目，大家自会给你开绿灯，谁也不会让你为难。总之，你会发现，怀孕使你变得比任何人都重要，大家都会给予你一份额外的关怀和爱，你的胎儿也处于这种浓浓的友爱之中。

对丈夫而言，如果你的妻子恰是那种羞于到公共场所，不愿拜访别人的人，那么你可以时常邀请几位朋友到家中小聚。热烈的气氛，开心的畅谈，有利于孕妇情绪的调节，也十分有利于胎儿的发育。

八、正确引导胎教中的备物心理

到了妊娠中期，孕妇的身体、情绪都很好，除了做正常的工作和家务外，孕妇开始积极准备孩子的东西，为孩子编织毛衣毛裤，购买鞋帽衣衫，缝制童被童垫等。杂乱的事很多，孕妇总是希望尽可能多地为孩子准备，准备得齐全一些，有的孕妇甚至连孩子2周岁用的东西都准备出来，弄得整日忙个不停，得不到良好休息。其实这样做大可不必，为新生儿做点必要的准备是应该的，可好多事情完全可由丈夫或他人代劳，到时

候，亲朋好友也会为孩子赠送一些必需品，所以，用不着在这方面太劳神。孕妇在孕期除休息好以外，应当尽量多做一些对胎儿有益的事情。况且，给孩子编织毛织品而长时间坐着，会压迫胎儿，使血液流动不畅，影响到胎儿供氧。为孩子买东西，经常到商场，那里人多拥挤，空气不好，病源多，容易被感染，易被碰着。很多事情，丈夫完全做得来，如买童床、童车、奶瓶之类的事情，丈夫也会做得很好。对于丈夫做不好的，丈夫可以陪妻子同往，以免发生意外。

妊娠晚期，孩子快降生了，孕妇可能希望重新布置一下房间。过去的房间是为两个人准备的，如今要多一个人，孕妇希望在房间中安排一个舒适的位置。房间换成新的样式、新的格调，难免要移动一些大件物品。孕妇要按自己的心愿办，自己动手不行，负重太大，用力过猛，都可能造成严重的后果。丈夫还要抽点时间与妻子一同搞好胎教，让胎儿在母体内就感受到父爱。从妊娠中期开始，丈夫就要帮助妻子做好胎儿发育的监测工作，如有异常情况，能及时帮助妻子处理。

九、过高的期望心理对胎教的影响

有的孕妇实施胎教，有时期望过高，心太切，使得物极必反，收不到好的效果。比方有的孕妇在进行语言胎教时，长时间将耳机放在腹部，造成胎儿烦躁。胎儿生下来以后，变得十分神经质，以致对语言有一种反感和敌视态度。听音乐时，也不能没完没了地听，连孕妇本人都感到疲惫不堪，那胎儿的感觉也绝对不会好。正如某些父母盼子成龙的心切一样，想把胎儿培育得更出色一些，这种心情是可以理解的，但任何事情都有个度，一旦过度其结果就会适得其反，不仅达不到预定的目的，而且会导致不良结果。同样，胎教的每项内容都会使胎儿受益，如果不能适度地对胎儿实施，恐怕胎儿不但不能获益，还会受害。因此，孕妇对胎儿进行胎教，不能热情过度，心也不能太切。

生育一个健康聪明的孩子，是每一位孕妇的心愿。胎教可以帮助孕妇实现这一心愿。为了正确实施胎教，使胎儿真正受益，孕妇必须认真学习胎教内容，准确掌握胎教的正确方法。在实施胎教过程中，严格按胎教的方法去做，不要认为什么方法比规定的多做一些，就会更有效。孕妇生活要有规律，这既是胎教的一项内容，也是对每位孕妇的起码要求。每项胎教内容，需按一定规律去做方能成功。如抚摸胎教，一天两天不足以和胎儿建立起联系，需坚持长久地、有规律地去做，才能使胎儿领会到其中的含

义，并积极地去响应。母亲和胎儿相互配合，相互协作，乐趣无穷。在这种乐趣中，胎儿的发育得到激励，胎儿的心智发展得到激励，孕妇的信心持之以恒，是胎教的成功保证。

妻子对胎儿进行胎教，丈夫不能袖手旁观，应积极参与。当妻子过分热衷于此事，丈夫可以适时制止，在时间上为妻子把握好，并随时提醒胎儿的感觉。如果发现胎儿烦躁，应立即让妻子停止胎教。胎儿是在睡眠中长大的，胎儿需要更长时间的睡眠和休息。如果一味刺激胎儿，使胎儿得不到很好的休息，会影响到胎儿的生长发育。

提示

丈夫对胎教的参与，不仅仅限于辅助妻子，还可以直接对胎儿进行胎教，丈夫贴在妻子的腹部对胎儿讲话，胎儿是完全能听得到的。所以，丈夫除了通过对妻子的爱心来影响胎儿外，还可以直接与胎儿建立联系。孩子在胎儿期就感受到父爱，会促进日后与父亲建立起亲密关系。

十、克服胎教中的怀疑心理

孕妇进行胎教，可胎儿深藏在腹中生活，胎儿的每一点每一滴的变化，孕妇不能目睹，也就很难知道自己所做的一切对胎儿到底起多大作用。于是，孕妇做过一段时间之后，一些没有耐性的孕妇，其热情在降低，也有半途而废者，这样，胎教自然不会成功。在日常生活中，信心不足的人很多，这些人是很难把事情做成功的。信心不足同样是胎教的大敌。凡事总抱怀疑心理的人，多是那种信心不足的人。

孕妇要树立持之以恒的信心，要做的事，就坚持到底。对看不到的事情，也不必多想，坚持做下去。知道自己是没有耐性的人，就要在做事情之前，告诫自己始终坚持。如果怕坚持不下来，可请丈夫帮忙，让丈夫时时提醒自己，激励自己。胎教的过程，也是孕妇自身性情磨炼、修养提高的过程。胎教是一门“性”“命”双修的课程，“命”是指人的活动机体，“性”是指人的品性，即一个人的性格品质、道德修养。胎教提倡孕妇首先自身修身养性，然后才能对胎儿施以积极的影响。换句话说，胎教的过程，同时也是孕妇在不断地克服掉自身的缺点和不足的过程。

如果，发现妻子做事不持久，丈夫就要在胎教过程中发挥重大的作用。首先鼓励妻子适时地进行胎教，同时激发妻子进行胎教的热情。其次，丈夫要积极参与胎教，每天与妻子一道进行胎教，用自身的信心和持之以恒的精神带动妻子把胎教进行到底。最后，丈夫要帮助妻子克服不良的习惯和毛病。

十一、排除胎教中的焦急心理

随着妊娠天数的一天天增加，尤其到了妊娠后期，孕妇开始盼望孩子早日降生。越往后孕妇的这种心理越强烈，临到预产期，有的孕妇会变得急不可待了。是的，熬过了漫长的孕期，特想看看孩子是什么样的，这种心理可以理解，但不可取。要知道，新生儿所具有的一切功能，产前的胎儿已完全具备。一条脐带，连接了母子两颗心，无论是在情感上，还是在品性上，母亲都会无可辩驳地影响着胎儿心智的发育。母亲着急，心境不好，也会影响到胎儿在最后一段时间里生活不宁，这实在要不得。

十月怀胎，一朝分娩。分娩是早一天晚一天的事，孩子到时候自会降临，所以，根本不必为最后的几天着急。10个月都熬过来了，不差这几天，孕妇要安心度过最后几日。要知道，孕期马上就要终止，孕妇所能享受的孕育生涯也只有几日之遥，要好好珍惜才对。在孕期的最后一段日子里，教一教胎儿出生后该做的事，给胎儿讲一讲他所能看到的这个大千世界。

然后告诉胎儿，父母会爱他、保护他，会给他以安全和保障，父母亲在热切地等待他的安全降生。给胎儿以信心，教胎儿愉快地降生，这同时也在增强孕妇自身的分娩信心，增加分娩的愉快心理。

分娩前，妻子行动不便，丈夫对妻子要多方照料，体贴入微。每日与妻子共同完成胎教的内容，这已到了胎教的最后一课，也是很重要的一课，夫妻一定把胎教坚持到底。此外，丈夫还需要每日陪妻子活动、散步，这有利于宫缩，但不能让妻子太疲劳了。

十二、紧张心理对胎教有害

临产前，孕妇不仅焦急，还很紧张。人称分娩乃女性过生死大关，这种说法，在过去很合适，因为过去卫生条件差，医疗设备落后，造成分娩的死亡率很高。现在不同了，如今产妇分娩，极少发生意外事故，先进的医疗水平，完善的医疗设备，完全可以保证母子平安。所以，孕妇不必紧张，更不必担心，只是要尽量到医院分娩，不要相信一些不科学的偏方，更不可迷信。对于那些有妊娠后期合并症的人，最好提早入院，医生会针对孕妇的情况，采取必要的医疗措施，以保证安全分娩。

分娩前期，孕妇不可多思多虑，对于你的“高血压怎么办?”“心率过速怎么办”医生自会处理，对于你“能否顺利分娩”的问题，更用不着去多虑，还没有发生的事，想它又有什么意义呢？况且你并不一定会难产啊。让还没有发生的事，徒然地增添一些精神紧张，这多可笑。孕妇尤其不要听别人说分娩如何如何可怕，生活中自有喜欢夸大其词的人，你干吗去听人家的闲谈呢？孕妇应该做的，倒是临产前吃好、睡好，养足精神，同时要保持坦然的心理，平稳的情绪，冷静的头脑，以必胜的信心迎接分娩的来临。

提示

对于妻子的紧张心理，丈夫一定要想办法帮妻子消除，妻子紧张的同时，也会造成胎儿心理的紧张，致使母子无法很好地相互配合，造成分娩的障碍。妻子孕晚期生活，全靠丈夫照料，妻子的挑剔和耍脾气，丈夫要尽量耐住性子，不能和妻子“一般见识”。妻子的饮食和睡眠一定要照顾好，这是保证孕妇产前充分的精力和充足的体力的必要保证。

第二节　孕期胎教的要点

一、孕期常见疾病的防治

对于孕妇来讲，每一位孕妇在妊娠期间身体的好坏，不仅会影响胎儿的营养和生长环境，而且孕妇患病还会给胎儿的正常发育造成各种隐患。下面介绍几种常见的孕期疾病及其预防方法。

(1)便秘

怀孕期间由于肠管平滑肌正常张力和肠蠕动减弱，腹壁肌肉收缩功能降低，加上饮食失调，因此孕妇出现便秘的几率比较高。尤其是到了孕晚期，增大的子宫和胎儿压迫直肠，也可能导致排便困难。患便秘的孕妇，食欲减低，不利于营养胎教；重者可能诱发自身中毒，影响胎儿的各器官发育，造成神经系统损害，甚至流产。

孕妇便秘的预防方法有：

①养成定时大便的良好习惯。

②要多吃一些含纤维素多的绿叶蔬菜和水果，多饮用水，可在每天早晨空腹饮一杯温开水或凉开水。

③注意坚持适当运动，加强肠管运动，缩短食物通过肠道的时间。

④蜂蜜有润肠通便的作用，可调水冲服。

⑤如果采取以上方法便秘症状未缓解，可以在医生的指导下服一些缓泻药。

(2)贫血

孕期贫血会影响营养的吸收，并且宝宝的生长需要可能会使孕妇贫血加重。重度贫血可导致胎儿宫内发育迟缓，更有甚者会出现早产或死胎。所以，孕期准妈妈一定要注意预防贫血。平时注意膳食，加强营养，多吃富含高蛋白、维生素，含铁质高的食物。并且加强孕期检查，找出贫血原因，根据贫血程度及临床表现在医生的指导下进行治疗。

(3)感冒

怀孕期间，孕妇特别容易感冒。一般的普通感冒对胎儿的影响也不会太大，但要慎重用药，一些治疗感冒的抗生素之类的药物对胎儿的发育影响甚大，稍不注意就会损害胎儿的各个器官功能的发育。因此患了感冒的孕妇切忌使用这些药物。当然，感冒也要分清是普通感冒，还是病毒性的流行性感冒。若是一般的普通感冒，准妈妈最好不要吃药，可以通过多喝白开水、保持充足睡眠、多吃水果和绿色蔬菜、注意保暖等方式来进行自行治疗。但若是病毒性流行性感冒，并伴有发烧等症状，那就要在医生指导下做一些特殊处理，以保证孕妇和胎儿的安全。流行性感冒病毒会引起胎儿畸形、胎儿生长迟缓及智力缺陷等，因此要特别注意，这就要求孕妇在冬春季较干燥的环境中，特别是呼吸道传染病流行期间，尽量少去或不去人多的地方，出门戴口罩，回家洗脸漱口等。

(4)腹痛腹泻

准妈妈出现腹痛腹泻的原因很多，比如胃胀气、肠痉挛、阑尾炎和细菌性痢疾等等。有这种症状的孕妇切忌拖延就医时间，导致病情恶化，否则有可能因阑尾炎穿孔而造成腹膜炎，引起胎儿早产流产等。事实上，引起肠胃不适的最大原因就是消化不良，这通常没必要用药物处理，只要在饮食上多加注意就行。首先要减少高脂肪食物的摄取，避免辛辣食物和含有咖啡因的饮料即可。同时，增加高纤维食物的摄取，做到少食多餐，一天可以吃四五餐，减少每餐的摄入量。

孕期不利于胎儿的疾病还有很多，在此只介绍这几种孕妇常易患的疾病，希望能引起准妈妈的注意。对于其他疾病，准妈妈们也不要掉以轻心，比如孕期出血、高血压、阴道炎、心脏及肾脏疾病等。不管怎样，准妈妈们要爱护好自己，不要让疾病伤害到自己，以保障自己及未来孩子的健康和安全，保证科学胎教的顺利实施。

二、盲目节食对胎儿会造成不良影响

有些年轻的孕妇怕孕期发胖，影响自己产后体形，或怕胎儿太胖，担心分娩困难，要做剖宫产，就节制饮食，尽量少吃。这种做法显然是十分有害的。

女性怀孕以后，新陈代谢变得旺盛起来，孕妇需要营养，胎儿也需要从母体获取营养，在这种情况下哪能节食呢！

俗话说："先天不足，后天难养。"营养供应不足，就会给胎儿带来严重后果。如缺乏蛋白质，就会影响神经细胞的增殖，从而导致智力低下；缺乏无机盐、钙、磷等营养物质，就会影响骨骼、牙齿的生长发育，甚至可以导致发育不全；缺乏脂肪，再加上心脏、肝脏内贮藏的糖原（能量来源）明显减少，就经受不住出生时由宫缩和经过产道时受压迫等方面的考验，娩出后还容易发生低血糖和呼吸窘迫症。在这种情况下根本不能施行胎教。

营养不良对孕妇本身的危害就严重了。缺乏蛋白质，就不能适应子宫、胎盘、乳腺组织的变化，尤其是在怀孕后期，会因血浆蛋白降低而发病；缺钙会使骨软化，腰酸腿痛；缺铁会出现贫血、头昏脑涨等症状；缺乏维生素A容易出现早产、死胎，而且由于身体的抵抗力降低，容易发生产后感染；缺乏维生素B_1会影响食欲和乳汁分泌，而且下肢浮肿也会加剧，易得脚气病；缺乏维生素C会加剧便秘、贫血等孕期症状，并容易早产或流产等。

由此可见，孕妇不可任意节食，否则就容易导致某种营养素的缺乏或相互间失去平衡。怀孕5个月以后，每日至少需热量2700～2800千卡，这些热能可从饮食总量中获得。所以，要保证充分足量的蛋白质、脂肪、糖、钙、铁、维生素，要适量摄入鸡、蛋、鱼、瘦肉、猪肝及乳类、杂粮、豆类、新鲜蔬菜、水果和海产品等食物；要合理搭配饮食，不挑食，不偏食。这样才能满足妊娠期的需求，为胎教的顺利实施奠定良好的物质基础。

三、准妈妈饮水有讲究

现在市场上的饮用水层出不穷，花样不断翻新，有纯净水、超纯水、太空水、蒸馏水、离子水、富氧水、矿泉水，还有各种果汁、饮料等，不胜枚举。而且，很多水都是以"健康新概念"的面目出现的。那么，孕妇究竟应该饮什么水和不应该饮哪些水呢？

纯净水、超纯水、太空水等，都属超纯水，只是称呼上的不同。它们的优点在于没有细菌，没有病毒，干净卫生，但其缺点是水分子凝聚成线团状，不易被人体细胞吸收，大量饮用时，还会带走人体内有用的微量元素，从而降低人体的免疫力，容易产生疾病，对胎儿不利。所以孕妇不宜喝这类水。

蒸馏水是普通水通过蒸馏而成，一些低沸点的有机物被蒸馏，但一些有毒的有机物仍有可能留在水中，因此其纯度不如纯净水，而且营养物质含量不高，因此不宜做饮用水。

饮料的品种更是繁多。虽然某些饮料中含有一些营养物质，但其含量很有限，即使含乳饮料，其蛋白质也不过是1%，远低于牛奶的和鸡蛋，因而孕妇不可能从饮料中获取足够的人体所需营养素，充其量只是为人体补充水分。有的饮料中含有色素或防腐剂，这些成分对人体有害无益。所以孕妇应慎重选择饮料，尽量不喝或少喝这些饮料。

通常情况下，喝干净的自来水或矿泉水即可。选择既纯净又富含矿物质的水，对孕妇尤其有利。

四、准妈妈不应该食用的食物

每个人都有自己的口味和饮食习惯，但是，从现在开始你就必须尽量克制自己的欲望，避免食用一些食品，即使你对它有很大的偏爱，为了孩子，你也必须忍痛割爱。孕妇不宜食用的食物有：

①含有酒精的饮品以及咖啡、可口可乐等饮料。含有防腐剂、色素的各种罐头等食品也应尽量避免食用。

②油炸食品及香辣调料。

③腌熏制品，如香肠、腌肉、熏鱼等。因含亚硝胺可致胎儿畸形。

④生肉、生鱼、生鸡蛋及未煮熟的肉类食物。

⑤可疑的食物，如不新鲜的肉、鱼、贝壳类动物，发芽的土豆、霉变的花生，不能确认的野生蘑菇，以及开始变质的水果、蔬菜等。

⑥热能过高容易使人发胖的食品以及过咸和过分辛辣的食品，如奶油、冰激凌、肥肉、糖果、糕点、巧克力等。

可乐等饮料如今已走进许多家庭，尤其是年轻人格外偏爱，作为生活习惯，这些都无可非议。但作为孕妇，则应另当别论。

提示

据报道,医学专家曾做过这样的试验,将成活的精子加入一定量的可乐饮料中,1分钟后,早期配方的可乐饮料可杀死全部精子,新配方的可乐饮料则杀死58%。因此,专家建议孕妇应少喝或不喝可乐。其原因在于,多数可乐型饮料以及咖啡、巧克力等食品都含有咖啡因。咖啡因是一种中枢神经系统兴奋剂,很容易通过胎盘的吸收进入胎儿体内,危及胎儿的大脑、心脏等重要器官,使其致畸或患先天性疾病。所以,既然这些饮料不是必需的营养食品,孕妇还是以不饮为好。

五、准妈妈要注意饮茶

现实生活中,许多人都有喝茶的习惯。那么怀孕后还能喝茶吗?这是每一个孕妇都急于了解的问题。有人说,喝茶影响胎儿发育,会导致胎儿畸形,影响孩子智力。这是一种偏见。其实,茶叶中所含的多种成分对人体都有好处,如茶多酚具有收敛、解毒、杀菌、生津的作用。新近的研究证明,茶多酚具有很强的抗自由基作用,可延缓人体衰老进程;茶素可降低血脂,茶叶中的氯化物对牙齿有保护作用。更值得称道的是,茶叶中含有多种维生素,可补充人体的需要,因此喝茶是有益的。

如果你有喝茶的习惯,怀孕后完全可以继续保持饮茶的好习惯。特别是一些草本茶,如甘菊、蒲公英、生姜根、薄荷等,有助于减轻怀孕后的不良反应,均可酌情选用。当然,孕妇喝茶要适度,不可过量、过浓。浓茶含有高浓度鞣酸,在肠道内易与食物中铁结合沉淀,影响肠黏膜对铁的吸收利用。同时,要注意饮茶卫生。茶叶生长过程中往往受到污染,如果加工过程未处理干净,孕妇饮用后容易发生细菌感染。因此,建议用沸水泡茶,头道茶弃之,饮用二道茶。

六、准妈妈不宜多吃盐

盐,不仅是重要的调味品,而且还是人体必不可少的营养物质。但是,医学家们一致认为,孕妇在妊娠期内,尤其是在妊娠的最后几个月里,应该少吃盐。因为只有这样做才能够有效地防止妊娠高血压疾病的发生。孕妇每日盐的摄入量应在5克以下。那么,有没有一个既能减盐又能刺激孕妇食欲两全其美的调味方法呢?

最近,日本营养学家和医学家们提出了一些方法,你可借鉴一下。

①若菜肴为两种以上,切莫在每盘中均衡施盐,应把盐集中撒在一种菜内。

②强烈的咸味感能唤起人们的食欲,所以炒菜时不宜先放盐,而应把盐直接撒在

菜上。

③充分利用酸味，如用醋拌凉菜等，因为酸味能刺激胃酸分泌，增强食欲。也可以使用山楂、柠檬、柚子、橘子、西红柿等，这些水果蔬菜均有促进食欲的酸感和风味。

④对于鱼和肉类，烹制的时间稍长一些，使之色、香、味俱佳，以增进食欲。

⑤用蘑菇、紫菜、玉米等有天然风味的食物，制成各种不加盐而味美诱人的膳食。

⑧肉汤中含有丰富的氨基酸，可以诱发强烈的食欲，因而在制作各种菜肴时，应充分利用肉汤。

⑦少用酱油，尤其是在拌凉菜时不宜用。

⑧灵活运用甜食和肉冻，合理搭配，花样翻新。

七、准妈妈禁用的美发品和化妆品

爱美之心，人皆有之，化妆本来并非禁止之事。虽然我们提倡怀孕期间可以化淡妆，但是准妈妈们要特别注意一些化妆品中所包含的有害化学成分，以免伤害到你的宝宝。因此，我们强调有些化妆品应禁用。

①染发剂。据调查，染发剂会引起皮肤癌、乳腺癌，并导致胎儿畸形。

②冷烫精。女性怀孕后，头发非常脆弱，极易脱落。若再用冷烫精烫发，更会加剧头发脱落。同时，冷烫精还会影响孕妇体内胎儿的正常生长发育，少数女性还会对其产生过敏反应。

③口红。口红中的油脂能吸附空气中各种对人体有害的重金属微量元素，还可能吸附大肠杆菌进入胎儿体内，而且还有一定的渗透性，使腹中的胎儿受到伤害。鉴于此，孕妇最好不涂口红，尤其是不要长期抹口红。

八、胎教的环境禁忌

环境对胎儿就像大自然对于禾苗一般，提供了生长的各种必要因素，由此可以说，胎儿的优劣程度则完全取决于环境的条件。所以，在进行胎教时，准妈妈们就要注意一些不利于胎教的环境因素，主要包括外环境和内环境。

(1) 应禁忌的外环境

①忌家用电器。随着生活水平的提高，家用电器日益成为我们生活中的一部分，

为我们的生活提供了便利。然而家用电器所造成的污染和危害是不容忽视的，尤其是对于怀孕的准妈妈们，例如孕早期使用电热毯容易引发流产和胎儿畸形，微波炉的微波辐射也容易导致胎儿死亡或流产。因此准妈妈不宜生活在放有太多家用电器的房间里，尤其是电脑、电冰箱等不宜离准妈妈太近。

②忌噪声。我们大都不喜欢噪声，我们知道人若是长期接触强烈的噪声就会损伤听力。然而，你是否知道接触噪声对孕妇和胎儿有什么影响呢？

孕妇在怀孕初期可出现恶心、呕吐等反应，以至于影响进食，甚至还会在孕晚期得一种叫做“妊娠高血压综合征”的病，主要表现是血压高、浮肿和蛋白尿。并且噪声对胎儿也会产生许多不良影响，由于噪声经常引起子宫收缩，因而影响了胎儿的血液供应，使胎儿的神经系统功能发育不全。并且噪声还能对胎儿的听觉发育产生不良后果，使婴儿听力下降的可能性增大。所以，怀孕期间，孕妇应远离噪声环境。

③忌化学污染。准妈妈若长年接触化学物品或经常呼吸到污染严重的空气，就容易使胎儿发育迟缓，出现畸形儿或发生流产。因此准妈妈应改变生活环境，远离污染源，避免胎儿受到伤害。

(2)应禁忌的内环境

即孕妇本身的情绪和心情对胎儿的影响。孕妇应忌担忧、焦虑、发怒、多愁善感、惊恐不安等不良情绪。

九、准妈妈不宜长时间看电视

工作之余看看电视，调节一下情绪是令人十分愉快的。特别是一些孕妇，在不能光顾剧场影院及其他公共场所的时候，自然而然地转向电视机。然而，孕妇经常长时间看电视，对胎儿有影响吗？这是许多孕妇经常提出的问题，答案是影响是十分严重的。

有人曾经调查过，孕妇若每天收看电视 8 小时以上，将发生不良反应。调查 56 名早、中期妊娠的女性，发生不良反应者占 9% 左右，不良反应有眩晕、疲倦乏力、食欲减退、心情烦躁、焦虑不安、妊娠期高血压疾病。孕妇长时间看电视还可能影响胎儿的正常发育。

研究人员发现，电视机在工作时可使室内产生高压静电的环境，这种高压静电环境会使大量的阳离子从电视机的荧光屏中释放出来，结果将室内空气中的阴离子吸引过去，而孕妇就处在这种缺少阴离子的环境之中。而空气中的阴离子不仅具有促进孕妇的机体代谢、改善人体生长发育与清除代谢废物的作用，而且还可以增强孕妇的免疫力、维持血压、清除疲劳及催眠等作用，故阴离子的缺乏，势必给健康带来影响。

综上所述，为了腹中宝宝的健康，还是少看一些电视吧。专家建议孕妇看电视应注意：

①每天不应超过 2 个小时，每看 1 个小时左右应休息几分钟。

②应选择轻松、欢快的节目，不宜看情节紧张或场面惊险的节目。

③距电视机的屏幕应在 2 米以上，注意坐的姿势。

十、准妈妈不宜戴隐形眼镜

孕妇在妊娠期间因体重改变，造成眼角膜出现各种变化，应绝对禁止戴隐形眼镜，否则有角膜发炎、溃疡，甚至失明的危险。孕妇角膜的含水量比常人高，尤其是怀孕末期，造成角膜透气性差，此时如果戴隐形眼镜，容易因为缺氧而使角膜变肿。软式隐形眼镜（紧贴眼角膜）比硬式隐形眼镜更糟。

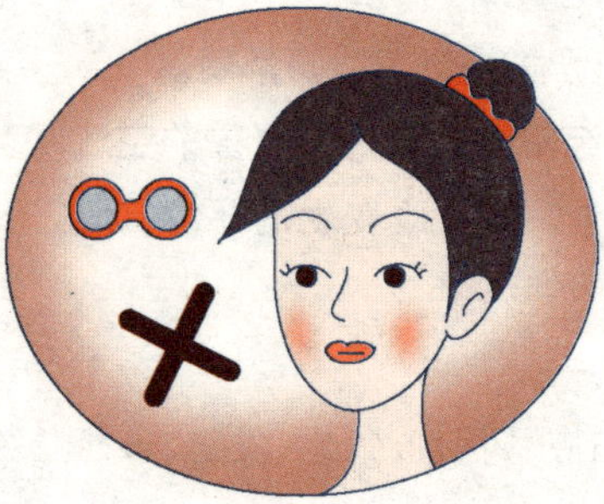

同时，孕妇角膜的屈度也会随着怀孕月龄及个人体质而改变，使近视的度数增加或减少。如果坚持戴隐形眼镜，容易造成不适。隐形眼镜一旦不洁，将会因为感染造成角膜发炎、溃疡，甚至失明。

此外，一些妊娠并发症也会造成眼睛的变化，如妊娠高血压会导致视网膜血管收缩，进而产生视网膜病变，甚至出血及剥离，对视力产生极大的威胁，必须及时给予治疗。一般产妇大约要在产后 2 周后视网膜病变才会渐渐消退。因此，怀孕期间不宜戴隐形眼镜。

十一、准妈妈不要打麻将

恰到好处的娱乐活动可以使人心情愉快、精神振奋有利于身心健康，而过分的娱乐或者说不利于健康的娱乐活动相反会使人心情烦躁、紧张，甚至导致不良后果。例如目前流行的一种娱乐活动——打麻将，这种娱乐对人体健康不利。据报道，我国患有“麻将综合征”的人越来越多，而孕妇玩麻将更是弊多而利少。因为它可以影响到下一代的健康，可导致后代智力低下、发育障碍、习惯不良，精神和行为的异常等，所以为了后代的健康，孕妇忌玩麻将。下面我们谈一下孕妇玩麻将对胎儿各方面的影响。

（1）对胎儿行为的影响

据国外许多专家报道，胎儿在母体内的听觉、感觉、记忆和理解等能力已经逐渐形成，胎儿对来自母体内外的各种刺激反应非常敏感，而且母亲的各种情绪变化通过血

液中化学物质变化和信息传递都能影响到胎儿。研究证明，积极的情绪会使血液中增加有利于健康的化学物质，而消极的情绪则会使血液中增加有害于神经系统和心血管组织的化学物质。可见母亲保持心情愉快，情绪安定对胎儿的健康发育是很重要的。并且古人也认为，未出生的胎儿，在母体内就要开始接受母亲言行的感化，因此要求孕妇在怀孕后要清心养性，谨守礼仪，循规蹈矩，品行端正，给胎儿以良好的影响。而玩麻将则与此恰恰相反，由于好胜的心理往往产生激烈的相互争论，免不了恶言恶语，加上想赢怕输造成精神紧张，使人的心境处于不佳的状态，另外赢者大喜，输者大悲，使孕妇的情绪波动太大不易平衡；再者大脑神经高度兴奋，母体内的激素分泌出现异常，这些都给胎儿带来危害。

(2) 对胎儿脑发育的影响

许多专家认为，孕妇在良好的环境中可以促进胎儿脑细胞的发育，因而主张孕妇多去景色秀丽、空气清新的地方，多看美好的东西。这样既开阔视野使人心情愉快，又可以给胎儿上一堂“大自然课”，为孩子今后有一个聪明的头脑奠定基础。如果孕妇整天泡在麻将桌上，伴随着一片稀里哗啦的麻将洗牌声，如此胎教怎能培养出具有高尚道德情操的下一代呢？而且“长城之战”的场面多是烟雾弥漫，加上门窗紧闭，室内一片乌烟瘴气，孕妇在这种环境中会导致胎儿供氧不足。

(3) 对胎儿体格发育的影响

怀孕期间的女性要注意多休息，防止过度的劳累，保证血液畅通，只有这样才能有利于胎儿发育。而孕妇在打麻将时需要长时间保持坐姿，脑子又处于高度紧张状态，这样会造成身心极度疲乏，全身血液循环不良。我们知道，供给胎儿发育所必需的营养物质是通过母亲的血液循环由胎盘输送给胎儿的，如果母亲血液循环差，那么供给胎儿的营养物质就会减少，造成胎儿发育迟缓，智力低下，出生后低体重、体质差、多病，等等。有时还会因劳累过度发生流产。此外，打麻将对孕妇本人身体健康也是不利的。长时间坐位使胃肠蠕动减慢，使本来在孕期易出现的便秘症状更加重了。新陈代谢减慢、厌食、呕吐、食欲不振等症状也会出现或加重，同时腹部的压迫使静脉血回流受阻，会引起脚、腿部浮肿。

(4) 易引起胎儿感染

一副麻将牌长年累月地被人抓来抓去，上面不知有多少细菌。病菌进入人体可导致人体发病。孕妇如果感染上病毒就容易感染胎儿，使其患病，尤其在流行病季节可以导致胎儿畸形的风疹、流感等可怕的病毒，如果通过麻将传染给胎儿，那将是无法弥补的损失。

(5) 对胎儿习惯的影响

母亲的习惯可以直接影响胎儿的习惯。专家在调查中发现，早睡早起生活有规律的母亲所生的孩子习惯同母亲一样，而晚睡晚起生活无规律的母亲生下的孩子也同其母亲一样，所以专家们提出，孕妇生活一定要有规律，尤其在早孕期。而麻将一旦打上，往往是身不由己，废寝忘食，昼夜颠倒，甚至冷热、饥饱都不顾，完全打乱了正常的生活程序。有这种不良习惯的母亲肯定会给孩子带来不良影响。

十二、合理安排好妊娠初期的性生活

在妊娠初期，尤其妊娠 12 周内，由于早孕反应的影响，孕妇不但要适应妊娠带来的身体的变化，还要牵挂胎儿，所以性反应一般多少受到一定的影响。这时期，胎盘还没有完全形成，处于不稳定状态，具有把胎儿维护在子宫里的功能的孕激素分泌还不充分。因而，这时是最容易流产的时期。此间性交次数要节制，最好避免性生活，如果性交，应尽量避免直接压迫下腹部。性高潮时不宜过于剧烈抽动，以减少对子宫的刺激。因为这期间子宫受到刺激引起收缩，容易导致流产。

十三、让胎儿平安地度过致畸的敏感期

妊娠头 3 个月受精卵在子宫形成胚胎。各器官开始分化、形成的一般时间是：脑在受孕后 2 ~ 11 周；眼、心脏在 3 ~ 7 周；四肢在 4 ~ 8 周；口唇在 5 ~ 6 周；牙齿在 6 ~ 10 周；上下腭是 10 ~ 12 周；耳朵在 7 ~ 12 周；腹腔器官在 9 ~ 10 周。3 个月后，胚胎已长成 9 厘米，20 克重，是初具人形的胎儿了。由上可知，所有的先天发育缺陷（如腭裂、四肢不全或无肢、盲、聋哑等）都是在母亲妊娠头 3 个月内发生的。

提示

致畸敏感期是妊娠 30 天左右及第 55 至 60 天以后，敏感性很快下降。如何使胎儿平安地度过生命的头一个月，这对胎儿本身的存亡、健康与否都是一个严峻的考验。因此头 30 天应避免药物、疾病、射线、母亲不良的情绪、严重营养不良、农药及其他化学物质、烟酒等致畸因素的影响，以防不幸的发生。

十四、孕妇不能随便接受免疫预防注射

免疫接种是将生物制品如疫苗或类毒素等接种到人体内，使人体产生对传染病的

抵抗力，达到预防疾病的目的。但这些生物品是异种蛋白质，能使接种部位发生红、肿、痛等反应，或发生全身反应如高热、头痛、寒战、腹泻等。

孕妇接受免疫接种的反应与非孕妇并无多大差异。如局部反应及高热等不适在某些免疫接种中较为明显时，可引起流产、早产。因此，凡有流产史的孕妇，为安全起见，均不宜接受任何预防注射。某些免疫接种如风疹疫苗可致胎儿畸形，孕妇禁用；其他如流行性腮腺炎、脊髓灰质炎、麻疹、水痘、黄热病等疫苗亦忌用，因为它们都是活疫苗，可以通过胎盘到达胎儿体内，造成不良影响；狂犬病与伤寒疫苗孕期应该慎用，但在必需接种时还是可以进行接种的。

生活在乙肝高发地区的孕妇，孕妇的家庭成员有 HBsAg 阳性及 e 抗原阳性者，从事有高度感染乙肝危险工作的孕妇应该注射乙肝疫苗。如果孕妇本人 HBsAg 阳性，尤其伴 e 抗原阳性，给孕妇注射乙肝疫苗则收不到效果，可以在分娩后给婴儿注射乙肝疫苗。

人血或人胎盘丙种球蛋白适用于已经受到或可能受到甲型肝炎感染的孕妇。

十五、孕妇腹形明显大时应到医院检查

假如此时你的腹形明显大于与你同样妊娠月份孕妇腹形的话，要想到可能是胎儿过大、双胎、羊水过多（可伴有胎儿畸形）、过度肥胖等。此时，你要到医院检查，通过 B 型超声来判定你有无异常。如果胎儿过大或你过度肥胖，要设法控制饮食，并查血糖，看有无糖尿病。如果是双胎，要注意休息，防止流产。如果羊水过多伴胎儿畸形要及时中止妊娠。

十六、胎动是了解胎儿发育状况的一个标准

开始感觉到胎动的时间因人而异，早的从妊娠 17 周即可感觉到，晚到 20 周才感觉到。经产妇由于有经验，往往察觉得早。即便在这个月仍未感觉到胎动，也不必过分忧虑，等到下个月再看看。

最初孕妇感到在肚脐下边肠子经常转动，好像是腹泻时的感觉。初次妊娠的人往往不理会这就是胎动。最初的胎动不很活跃，不是每天都能感觉到。但是，随着妊娠周数的增加，在一天里能感觉到数次，觉得好像是胎儿在肚子里伸胳膊、伸腿。

胎动也是了解胎儿发育状况的一个标准，因此要记录首次胎动的日期，以便做产前检查时告诉医生。如果怀孕 5 个月还未感觉胎动时，应及时就医做进一

步检查,以确定胎儿情况。

十七、判断胎儿是否健康的简单方法

胎儿异常的机会很小。多数的异常状态发生在妊娠最初几周内,并以流产而告终。到了妊娠13周,胎儿完全形成,很少再会出现问题。回忆一下整个孕期,如果没有损害胎儿的经历,就应该确信你的胎儿是健康的。

十八、甲胎蛋白测定(AFP)的作用

一般在妊娠15~18周时检查,AFP是胎儿产生的一种物质,通过胎盘循环进入孕妇的血液中。

AFP值较正常稍高可能提示双胞胎,或者胎儿有畸形。引起AFP值升高的多数常见畸形是神经管缺陷,例如脊椎裂、无脑儿。

如果检查结果显示AFP值升高,你可能要做超声波扫描以及其他的血液检查。若畸形的可能性未被排出,可能要做羊膜腔穿刺术。

十九、超声波检查的主要项目

这是一项令人兴奋的检查,因为可以使你第一次"看到"正在活动的胎儿。妊娠16周左右你可能接受一次扫描检查。请示一下医院工作人员,看看是否可以把你丈夫带来一起看看。当你们两人在荧光屏上看到胎儿时,那情景简直是迷人的。

超声波用来检查以下项目:

检测胎儿是否正常地在生长。

确定胎儿的孕龄及预产期。

检查胎儿及胎盘的位置。

发现某些异常,例如脑和脊柱的疾病。

查明你是否怀有1个以上的胎儿。

检查过程只需5~10分钟,对你及胎儿都是安全而无痛的。

二十、做胎儿镜检查的利弊

利用胎儿镜,不仅可进行产前诊断及对胎儿进行羊膜腔内治疗,而且为进行胎教提供了可信的科学依据。

医生将胎儿镜伸入子宫腔内直接观察胎儿的全身及体表各部位，就能一目了然地对胎儿做出畸形与否的诊断。通过取胎儿的皮肤，可诊断白化病。取胎儿的肌肉，可诊断假性肥大肌营养不良或者进行性肌萎缩症。取胎儿的血液检测，可诊断血红蛋白病。用微量方法进行病理、生化、DNA（脱氧核糖核酸）分析，可以诊断染色体病等 50 多种遗传性疾病。可以通过对胎儿输血、宫内给药为胎儿治疗。

日本、美国、中国、澳大利亚等国家的妇科医生，在用胎儿镜治疗时还直接观察胎教的情况，以证实胎教的可靠程度并回收数据。

提示

胎儿镜检查的流产率达 6%，操作过程中偶尔可以引起羊水感染、脐带创伤、胎盘早剥、母子间血液渗漏等并发症。正常妊娠者只要没有疑难情况，则不必做这种检查。

二十一、孕妇一定要经常洗手

预防疾病的关键在于：把住一张口，清洁一双手。

虽然手皮肤表面的汗液和脂肪酸有杀菌的作用，但是，不清洁的手却为细菌提供了孳生的环境。细菌学实验表明，置指甲大小的手指皮肤于显微镜下，细菌数可达 3500 个；指甲缝中可找到细菌近 5 万个。一张公用报纸可染有肝炎、结核、蛔虫、痢疾杆菌、伤寒杆菌、沙眼病毒等 30 多种病原体；黏附在电话筒上的细菌和病毒达 480 种之多。由此可见，病从口入，手是媒介。所以要经常洗手。

提示

研究表明，把化脓性球菌涂在清洁的手上，3 分钟后有细菌 3000 万个，1 小时后剩下 170 万个，2 小时后有 7000 个。如果用清水冲洗双手，细菌可以立即减少 80%。如果用肥皂水冲洗，可以立即洗掉 90%。如果将大肠杆菌涂在不清洁的手上，20 分钟后只死掉 5%。而涂在清洁的手上，20 分钟后大多死亡。所以，孕妇上厕所后，用手触摸钱币、报纸；电话机等杂物及参加各种社交活动归来，一定要洗手。以避免“一指之疾，可毁数尺之躯”的后果。

二十二、妊娠性牙龈炎的自我保健

妊娠后唾液分泌增多，常与恶心伴发。从妊娠 8 ~ 12 周始，孕妇的齿龈可能出现充血、软变、肿胀，有时有疼痛出血，医学上称为“妊娠性牙龈炎”。这是由于妊娠期间内分泌的变化所引起的，不必紧张，随着分娩和产褥期的一段调节，妊娠性牙龈炎可以自行消失。

但是，妊娠性牙龈炎也不容忽视：如果妊娠期间保健不当，可以在产后形成牙石或不洁性牙龈炎，影响美观和牙齿的健康。因此，孕期除了坚持每日刷牙3次外，还应该常用洗干净的手按摩牙龈，增加牙龈的血液循环。妊娠早、晚期各去医院口腔科检查1次口腔，以了解有无牙菌斑，以便及时矫治。因为牙菌斑是造成龋齿及牙周炎的主要原因。如果孕妇缺钙，可以出现牙齿松动；缺乏维生素C可以发生牙龈肿胀出血。了解上述科学知识，可以根据自觉症状予以保健及补充相应的营养素。

分娩后要坚持刷牙。以往一些地区的产妇在产后1个月甚至100天内不刷牙，说产后刷牙会使牙齿松动，这是没有科学根据的。

二十三、孕妇居室内不宜铺地毯

地毯，美观舒适，行走时给人以轻松感。脚掌踩在地毯上，其承受的重力容易向四处分散，因而比踩在硬邦光溜的水泥板或大理石上舒适。尤其在寒冷的季节，更能使双脚保暖。同时，地毯可以吸收噪音及室内的尘埃，使居室内清洁。但是，孕妇的卧室内不宜铺地毯。

地毯虽然有上述优点，但它也是一个“蓄污池”。据测定，地毯上储藏有人们从室外带入的铅、镉等致胚胎发育畸形的有毒物质；地毯对蔬菜或水果上残留的农药及家用防腐剂吸附力特别大。即使停用多年的有毒物品，在地毯中仍能找到；地毯中暗藏的细碎颗粒比光地板高100倍，且地毯越厚，含藏量越大。螨最喜欢温暖舒适的房间，地毯是螨虫栖身的好地方，而螨所排泄的小颗粒衍生物极容易被孕妇吸入而发生过敏性哮喘。即使用吸尘器或化学药剂喷洒，也不能解决上述问题。

为了确保孕妇有一个符合妊娠期卫生保健的外环境，室内的地毯应暂时拿掉。这样也便于孕妇室内活动。

二十四、不可忽视家用电器噪音的危害

妊娠期间不可忽视家用电器等噪音的危害。医学研究表明，某些声波对于成年人无损伤，但对胎儿稚嫩的生命却有重大的伤害，甚至可以导致畸形。所以，妊娠期间，应格外注意孕妇卧室内环境的宁静，避免一切不良刺激。

据测定，电视机、收录机所产生的噪音可达60～80分贝，洗衣机为42～70分贝，电冰箱为34～50分贝，高声说话为60分贝。按照卫生标准规定：住宅区的噪音白天不能超过50分贝，夜间应低于45分贝。如果超过此规定，轻者可以引起头晕、头痛、失眠、多梦、记忆力减退，重者可导致耳聋、眼痛、色觉和视野异常及视力下降。同时，恶性噪音被视为是致死性“瘟疫”，更是严重损害胎儿致畸的祸因。

值得强调的是，电冰箱不能放在孕妇的卧室内，因为除噪音之外，电冰箱工作时放出的电磁辐射会损害人体的白细胞，降低免疫功能。其制冷剂氟利昂是一种化学污染源，属于致畸物质。所以，家庭里应严格控制各种家电的音量及开机时间，不要在家中大声喧哗或用钉锤敲打。

二十五、孕妇夏天不要用冷水冲脚

炎夏，人们总是爱穿轻便的凉鞋或者拖鞋，当脚上沾染泥或出汗后，又总是喜欢用冷水冲脚，觉得这样方便；舒适、清洁、凉爽。其实，这种做法对于孕妇的身体无益。

脚，是人体血管分支的最远端末梢部位。脚的脂肪层较薄，保温性能差，脚底皮肤的温度是全身温度最低的部位。如果孕妇夏天经常用冷水冲脚，使脚进一步受冷遇寒，会通过血管传导到全身，容易引起感冒。祖国医学认为：感冒为外感风寒，正气不足，形寒饮冷，病邪侵袭所致。同时，脚底的汗腺较发达，突然用冷水冲脚，会使毛孔骤然关闭阻塞，反复冷刺激会引起排汗机能迟钝。另外，脚上的感觉神经末梢受冷水刺激后，血管会剧烈地收缩，久而久之可以导致风湿病及关节炎等疾患。

如果脚脏，孕妇可以用温水或经过太阳晒过的水冲洗。如果脚出汗较多者，最好不要穿塑料凉鞋，因为塑料底不透气，不吸收水分，不利于孕妇脚部的新陈代谢，而且容易脏。因此，孕妇夏天要讲究足部卫生，不要用冷水冲洗脚。

二十六、孕妇忌养鸟、狗、猫等宠物

养鸟，被视为是一种爱护野生动物、有益于身心健康的爱好。但是，孕妇的居室内忌养鸟。因为室内养鸟可污染空气，如鸟羽中的蛋白质、毛垢、鸟的涎水、鸟身上的细菌、尘埃、畸形反应物等都是污染物。这些物质一旦吸入肺部，可导致肺部感染，引起刺激性干咳、哮喘、胸闷、乏力等症，严重时可出现高热（体温39℃～40℃）、痰中带血、鼻衄、肝脾肿大等。

狗身上寄生着一种“慢性局灶性副黏液病毒”，这种病毒进入人体的血液循环后侵害骨细胞，可导致骨质枯软变形，引起畸形骨炎。对妊娠母体及胎儿都不利。

猫的身上是弓形虫寄生的主要地点，也是主要的传染源。孕妇如感染了弓形虫，不仅影响胎儿的正常发育，造成流产、早产及先天畸形，也对新生儿的健康造成影响，出现亚临床感染，在出生后数月或数年时出现耳聋、智力低下等缺陷。如果孕妇养猫感染弓形虫，约有40%会将弓形虫传染给胎儿。